《华侨大学哲学社会科学文库》编辑委员会

主　编　徐西鹏

副主编　曾　路

编　委　（以姓氏笔画为序）

马海生　王丽霞　毛浩然　邢尊明　许少波　许斗斗　许培源
孙　锐　李志强　宋　武　张向前　陈历明　陈文寿　陈旋波
林怀艺　林宏宇　林俊国　郑向敏　赵昕东　胡日东　胡培安
姜泽华　贾益民　徐　华　徐西鹏　郭东强　郭克莎　黄远水
常　彬　梁　宁　曾　峰　曾　路　蔡振翔

华侨大学 哲学社会科学文库·法学系列

民国初期商法本土化
——以票据法为视角

IN THE EARLY OF THE REPUBLIC OF
CHINA COMMERCIAL LAW LOCALIZATION:
IN THE PERSPECTIVE OF NEGOTIABLE INSTRUMENT BILL LAW

林伟明 著

社会科学文献出版社
SOCIAL SCIENCES ACADEMIC PRESS (CHINA)

国家社科基金青年项目成果（优秀）
华侨大学哲学社会科学学术专著专项资助计划资助

构建原创性学术平台　　打造新时代精品力作
——《华侨大学哲学社会科学文库》总序

习近平总书记在哲学社会科学工作座谈会上提出："哲学社会科学是人们认识世界、改造世界的重要工具，是推动历史发展和社会进步的重要力量。"中国特色社会主义建设已经进入新时代，我国社会的主要矛盾已经发生变化，要把握这一变化的新特点，将党的十九大描绘的决胜全面建成小康社会、夺取新时代中国特色社会主义伟大胜利的宏伟蓝图变为现实，迫切需要哲学社会科学的发展和支撑，需要加快构建中国特色哲学社会科学。当前我国的哲学社会科学事业已经进入大繁荣大发展时期，党和国家对哲学社会科学事业的投入不断增加，伴随我国社会的转型、经济的高质量发展，对于哲学社会科学优秀成果的需求也日益增长，可以说，当代的哲学社会科学研究迎来了前所未有的发展机遇与挑战。

构建中国特色哲学社会科学，必须以习近平新时代中国特色社会主义思想为指导，坚持"以人民为中心"的根本立场，围绕我国和世界面临的重大理论和现实问题，努力打造体现中国特色、中国风格、中国气派的哲学社会科学精品力作，提升中华文化软实力。要推出具有时代价值和中国特色的优秀作品，必须发挥广大学者的主体作用，必须为哲学社会科学工作者提供广阔的发展平台。今天，这样一个广阔的发展平台正在被搭建起来。

华侨大学是我国著名的华侨高等学府，多年来始终坚持走内涵发展、特色发展之路，注重发挥比较优势，在为侨服务、传播中华文化的过程中，形成了深厚的人文底蕴和独特的发展模式。新时代，我校审时度势，积极融入构建中国特色哲学社会科学的伟大事业中，努力为学者发挥创造力、打造精品力作提供优质平台，一大批优秀成果得以涌现。依托侨校的天然优势，以"为侨服务、传播中华文化"为宗旨，华侨大学积极承担涉侨研究，努力打造具有侨校特色的新型智库，在海外华文教育、侨务理论与政策、侨务公共外交、华商研究、海上丝绸之路研究、东南亚国别与区域研究、海外宗教文化研究等诸多领域形成具有特色的研究方向，推出了以《华侨华人蓝皮书：华侨华人研究报告》《世界华文教育年鉴》《泰国蓝皮书：泰国研究报告》《海丝蓝皮书：21世纪海上丝绸之路研究报告》等为代表的一系列标志性成果。

围绕党和国家加快构建中国特色哲学社会科学、繁荣哲学社会科学的重大历史任务，华侨大学颁布实施"华侨大学哲学社会科学繁荣计划"，作为学校哲学社会科学的行动纲领和大平台，切实推进和保障了学校哲学社会科学事业的繁荣发展。"华侨大学哲学社会科学学术著作专项资助计划"是"华侨大学哲学社会科学繁荣计划"的子计划，旨在产出一批在国内外有较大影响力的高水平原创性研究成果。作为此资助计划的重要成果——《华侨大学哲学社会科学文库》已推出一批具有相当学术参考价值的学术著作。这些著作凝聚着华侨大学人文学者的心力与智慧，充分体现了他们多年围绕重大理论与现实问题进行的研判与思考，得到同行学术共同体的认可和好评，其社会影响力逐渐显现。

《华侨大学哲学社会科学文库》丛书按学科划分为哲学、法学、经济学、管理学、文学、历史学、艺术学、教育学8个系列，内容涵盖马克思主义理论、哲学、法学、应用经济、国际政治、华商研究、旅游管理、依法治国、中华文化研究、海外华文教育、"一带一路"等基础理论与特色研究，其选题紧扣时代问题和人民需求，致力于解决新时代面临的新问题、新困境，其成果直接或间接服务于国家侨务事业和经济社会发展，服务于国家华文教育事业与中华文化软实力的提升。可以说，该文库是华侨大学展示自身哲学社会科学研究力、创造力、价值引领力的原创学术平台。

"华侨大学哲学社会科学繁荣计划"的实施成效显著，学校的文科整体实力明显提升，一大批高水平研究成果相继问世。凝结着华侨大学学者智慧的《华侨大学哲学社会科学文库》丛书的继续出版，必将鼓励更多的哲学社会科学工作者尤其是青年教师勇攀学术高峰，努力打造更多的造福于国家与人民的精品力作。

最后，让我们共同期待更多的优秀作品在《华侨大学哲学社会科学文库》这一优质平台上出版，为新时代决胜全面建成小康社会、开启全面建设社会主义现代化国家新征程作出更大的贡献。

我们将以更大的决心、更宽广的视野、更精心的设计、更有效的措施、更优质的服务，加快华侨大学哲学社会科学的繁荣发展，更好地履行"两个面向"的办学使命，早日将华侨大学建成特色鲜明、海内外著名的高水平大学！

华侨大学校长　徐西鹏
2018 年 11 月 22 日

序

中华法系源远流长，制度思想，泽被中外。然历来论者，多盛赞其行政与刑事法制的完备精密，对于民商事及其余法制，则颇有微辞。更有甚者，直以"中国古代无民法""中国古代无商法"等一语抹杀古人在私法上的贡献。此种谬论，诚不足辩，唯令人憾者，将中国所有民商事法律智慧，拱手让与欧陆英美。遂使传统私法，明珠蒙尘，对之后立法的潜在影响，亦被有意无意地忽视。

可喜的是，近年来法学学术界和实务界一味学习西方的风向有了很大的转变，人们在学习、工作和生活中日益发现，现代和传统是难以截然切割的。中国人之所以为中国人，正是因为其血脉中流淌着祖先的血，承继着传统的根。优秀的传统文化是我们国家、民族传承与发展的根本和精神命脉。而独树一帜的中华传统法文化，恰恰是优秀传统文化的典型代表。这就要求我们在现代社会主义法制建设中，必须正视传统法文化，真正地发现"本土资源"，择善而从。

但知难行易，这需要我们立定脚跟，发潜德之幽光，上下求索，挖掘传统法文化中新鲜活泼的内涵。林伟明博士的这本《民国初期商法本土化——以票据法为视角》，亦可视为这方面的一番尝试。民国初期，上承清末变法修律之遗绪，下开仿欧陆法典化立法之先河，本是一新旧杂陈、处士横议之年代。然而就在这政局动荡、兵连祸结之际，立法却取得了长足的发展。更为难能可贵的是，当时立法诸公，尤能保持冷静，秉持公心，放眼世界，立足本土，在吸收世界先进法制之余，更不忘本来民族法制之地位。上至庙堂，下至江湖，都为立法贡献过绵薄之力。

伟明博士此书，以民初票据法为研究视角，透视民初商事本土化的问题。虽然如其所言，这样做是为了"藏拙"，诚确有其意，然未尝不是突出重点，兼及其余这一研究思路使然。票据一法，向为商法支柱之一，且票据一物，于中华传统中历史最为悠久。本来如沈家本在其《寄簃文存》中所云，"今日法律之名词，其学说之最新者，大抵出于西方，而译自东国"，诸如"身份""支配""但书""取缔""权利""义务"等比比皆是。但"票据法"此名，恰恰是地地道道的中国固有名词。日本票据法称"手形法"，清末变法修律时，日本专家亦曾想以"手形法"来命名中国新立之法，然终究因为难为中国广大人士所接受而作罢，改以国人喜闻乐见的"票据"一词为法律定名。由此一端，即可见传统法文化力量之深。所以伟明博士以票据法来研究商法本土化，恰恰是抓住了事物的本质，亦可见其学术眼光之独到。

　　除此之外，伟明博士此书另一个独到之处，就在于将民初票据法置于中华整个商法发展框架内论述，上溯至传统票据规则种种，下探至民国商事立法法典化始末与商事裁判之影响，如此源流悉备，探微索隐，勾勒出"本土化"这一重要议题。让人益发信服，"本土化"非为立法诸公"开历史倒车""故步自封"，也不是整个社会向历史形势的妥协。恰恰相反，是在经过多方调研、反复实践之后，寻找到的最佳方案，某种程度上，的确带有"择善而从"的地位。其间自然也经历了挫折和种种失败，最终才明白，不管"走向世界"的口号有多好听，然而举数千年中华法系良法美意而一朝弃之，不唯广大国人在心理上无法接受，在实践中亦无可能。这应该就是民初商法本土化给予当下最深刻的启示。

　　当然，伟明博士此书，亦非尽善尽美，诸如民初商事立法的比较研究、民商事习惯调查中的利益考量、民初商法实践中的规范与事实之冲突等重要议题，或蜻蜓点水，或语焉未详，不可不说是白璧微瑕。

　　但无论如何，伟明博士此书，关注的是法律史上的一个重要问题，这个问题迄今仍具有学理意义和现实意义。如何将传统优秀法文化与现实法制建设对接，如何让传统法文化精华在社会主义法制理论中得以凸显并成为重要构成部分，使得"中国法"真正因其"中国性"而屹立于世界法制之林，这是每一个热爱国家、关心中国社会主义法制建设的人不可回避的问题。

是为序。

张晋藩

2018 年 12 月

前　言

一　民国初期（1912～1928年）商法本土化的研究意义

民初上承清末修律变法，下启民国六法全书，是我国传统法律近代化转型的重要阶段。在商事立法方面，清末主要采取移植的办法，民初则广泛开始本土化尝试。尽管清末商事立法因抄袭色彩浓厚遭到诟病，但我们不能忽视立法者对本土资源的重视。清末进行的民商事习惯调查表明，清政府曾经认真考虑将传统习惯与外来法进行融合。只是清朝大厦将倾之际，修律变法被作为救亡图存、苟延残喘的手段，立法者何曾有时间对传统习惯详加斟酌、仔细推敲？民初秉承会通中外的立法精神，积极进行商法本土化尝试。北洋政府也曾进行大规模民商事习惯调查，调查成果较好地被立法吸收，无论是已颁行的商事法还是未颁行的草案，传统习惯和法理都开始融入国际通行规则，我们可以轻易发现其中的本土化色彩。遗憾的是，因为政局动荡、战乱频仍，立法机关几近瘫痪，大量商事法草案被长期搁置，使立法者的努力付诸东流。

然而，正所谓失之东隅，收之桑榆，在立法机关频繁变动，商法残缺不全的困难情况下，民初司法机关和商事公断处组成的商事裁判体系却以独特的方式推动商法本土化进程。大理院充分发挥法令解释权，通过颁布判解要旨，确认和规范传统习惯的效力和内容，并将它们与法理、国际通行规则相融合，创制新的商事规则，弥补商法的空白，对民初商法本土化进程起到决定性的推动作用。地方各级审判厅和商事公断处遵循大理院判例要旨确立的无法律依习惯、无习惯依条理的原则，在商事裁判中广泛应用传统商事习惯解决纠纷，并将习惯和法理有机融合，也为推动商法本土化进程做出很大贡献。

民初商事立法成果和判解要旨大部分被南京国民政府所继承，而会通中外的立法精神和严谨务实的立法态度更是对南京国民政府时期的商事立法和司法产生极大影响。如果抛开政治因素，我们不得不承认，民国六法全书是中国法律近代化和本土化的标志性成果。而追根溯源，很大程度上有赖于民初打下的坚实基础。因此，民初商法本土化是中国近代商法本土化的重要组成部分，我们决不能因为诸多商事法草案并未颁行而否认它的研究意义，正如再高的摩天大楼也无法否认地基的存在和价值一样。

二 为什么以票据法为研究视角

关于中国近代法律的移植与本土化研究，在过去的二三十年中，已有很多法史学界的前辈为我们奉献出丰硕成果，也为本书的写作提供了重要参考。在传统法制如何向近代法制演变方面，有张晋藩先生的《中国法律的传统与近代转型》（法律出版社2009年版）；在移植法如何与本土资源相结合方面，有何勤华先生的《法的移植与法的本土化》（法律出版社2001年版）和苏力先生的《法治及其本土资源》（中国政法大学出版社2004年版）等；在传统习惯法研究方面，有朱勇先生的《清代宗族法研究》（湖南教育出版社1987年版）和高其才先生的《中国习惯法论》（中国法制出版社2008年版）等；在近代民商事立法研究方面，有徐立志先生的《清末商事立法研究》（载法律史学术网）和张生先生的《中国近代民法法典化研究》（中国政法大学出版社2004年版）等；在大理院功能和商事裁判研究方面，有黄源盛先生的《民初法律变迁与裁判》（台北政治大学法学丛书2000年版）和虞和平先生的《商会与中国早期现代化》（上海人民出版社1993年版）等。

民初商法本土化研究应该从什么方面着手？通常来说，自然以全面研究为宜。本书以票据法为视角，并非着意另辟蹊径，而是基于如下考虑。

首先是作者的能力有限。商法涉及部门众多，既有总则、商行为，又有公司、保险、票据、证券、破产、海商，要想面面俱到，非有高屋建瓴的眼光或者异常扎实的功底不可。以力微而负重，虽然勇气可嘉，却殊非明智，因此作者只选择其中的票据法作为视角。当然，单纯从某个部门法的角度出发来研究商法，难免有管中窥豹之嫌。不过，如果能结合其他部门法的内容，或可收一叶知秋之功，这也是作者努力的方向。

其次是资料的收集问题。本书是作者课题研究的结项成果，研究期间适逢国家图书馆封存民国资料档案进行电子化整理，此等行为利国利民，于我辈研究大有裨益，原本无可厚非。但这一整理持续3年，直到前一阶段才陆续开放，对以民国商法为研究对象的作者来说，未免苦不堪言。众所周知，法史研究对资料的依赖性是很强的，巧妇也难为无米之炊，何况是能力有限的笔者？因此，本书最终选择笔者手中资料较为齐全的票据法作为出发点进行研究，并在写作过程中不断补充新的内容。

最后是票据法在民初商法本土化中的代表性。我国票据的使用从唐宋开始到民初已历经千年，其他商法部门无法比拟；清末、民初曾进行大规模民商事传统习惯调查，目前保存下来的成果以票据习惯为最多；金融界还专门组织票据法研究会，单独进行全国范围的票据习惯调查，在商法各部门中独一无二；民初票据立法反复斟酌推敲，历经三年五稿，在商法各部门中历时最久、草案最多；在大理院发布的商法判例要旨中，除总则（商人通例）之外，票据判例要旨以40条居于首位；"五草"最终吸纳十余项传统票据习惯，票据判例要旨中也有8条关于票据习惯的内容，在商法各部门中对本土资源的吸收最为充分。

三 本书的研究内容

本书以票据法为视角，分别从民商事习惯调查对立法的影响，票据立法的移植与本土化，商事裁判对商法本土化的推动几个方面出发，结合其他商事部门法内容，对民初商法本土化进程、结果及其影响进行研究和反思。全书分为五章。

第一章介绍我国传统票据的沿革，并对清末的"志田案"进行分析评价。票据在我国有上千年历史，从唐代的飞钱、宋代的交子到明清的会票，传统票据在小农经济的中国缓慢发展。清末以来，民族工商业和国内外贸易发展迅速，带动票据业务急剧增长，以票号会票和钱庄票据为代表的传统票据一度占票据流通领域的主导地位。随着外资银行和垄断资本强势崛起，传统票据逐渐被现代票据取代。由于国家对商事立法极不重视，我国票据立法长期缺失，直至清末才出现第一部票据法草案——

"志田案"。"志田案"带有浓厚的抄袭色彩，在体例结构和具体内容上存在较大缺陷，也很少吸纳我国传统票据习惯。但是，作为第一部票据法草案，它对我国票据法制的建立起到重要的补白作用，是中国近代票据立法移植的首次尝试，为此后民国的票据立法提供了重要的参考和借鉴。

第二章评述清末、民初的民商事习惯调查和传统票据习惯的整理，以及它们对民商事立法本土化的推动。在重刑轻民的传统中国社会，习惯在解决民商事纠纷的过程中长期发挥着重要作用。清末制定民商法之前，曾进行大规模的民商事习惯调查，希望在立法中将外来移植法与本国传统习惯进行融合。民初秉承会通中外的立法精神，在制定民商法之前也组织大规模的民商事习惯调查并获得大量宝贵资料。民间金融组织和法学界还组织票据法研究会，发起传统票据习惯调查研究活动，其成就毫不逊色于官方调查。票据法起草小组成员李炘、王凤瀛对传统票据习惯专门进行整理，为此后的票据立法本土化打下坚实基础。与清末相比，民初的民商事立法更注重社会实用性，在公司、票据等领域，大量传统商事习惯调查成果被立法所吸纳，客观上推动了民初商法本土化的进程。

第三章比较民初五部票据法草案的优劣，并对票据立法进程中移植与本土化的冲突和调和进行评析。民初票据业务的发展使得票据立法的内在需求大大增强，北洋政府为收回治外法权，也致力于商法的完善，在商人阶层的强烈呼吁下，票据立法拉开序幕。"共同案"是民初第一部票据法草案，在广泛参考国外立法例和国际票据规则的同时，大量吸纳清末、民初以来传统票据习惯调查成果，为此后的票据立法本土化树立起比较成功的典范。北洋政府出于政治需要，同时聘请法国顾问爱斯加拉起草商法典，其中包括票据法草案。"爱氏案"全面移植国际票据规则，对传统票据习惯未予重视，在立法精神、票据观念等诸多方面与"共同案"存在巨大分歧。这种分歧体现出全盘西化与本土化观念的冲突，也反映了商事立法本土化的曲折性。修订法律馆难以取舍，只好重新组织修订第三部草案。"三草"试图调和前两部法案的矛盾，却未能成功，因此又有随后的第四部和第五部草案。"四草"和"五草"淡化政治功利性色彩，转向以社会实用性为目标，彻底抛弃"爱氏案"，全面继承"共同案"的精神和内容，最终完成票据法的修订。遗憾的是，因修订法律馆改组和北伐战争爆发，民初票据法草案胎死腹中，未能施行。但是，民初票据立法成果和立法精神被此后的南京国民政府所继承，1929年《票据法》全面采纳"共同案"涉及传统票据习惯的条文，为中国近代以来的票据立法本土化进程画上比较圆满的句号。

第四章探寻民初的司法实践和商事公断对商法本土化的推动作用。民初的立法机关因政局动荡频繁变动，严重影响商事立法进程，大量商法草案被长期搁置，法源不足导致司法机关在审理商事案件时处于无法可依的尴尬境地。作为最高司法机关的大理院，除履行审判职能外，还积极行使法令解释权，甚至承担起造法的任务。在审理商事案件和解释法令的过程中，大理院广泛参考传统商事习惯，结合法理，通过颁布判解要旨创制商事规则，厘清法律疑难问题，弥补商事立法的空白。地方各级审判厅处理商事纠纷时，除遵循现行法律法规和大理院判解要旨之外，也广泛参考传统商事习惯进行判决。此外，商事公断处也对商事纠纷的解决起到重要的补充作用。在商事公断中，传统商事习惯被作为主要依据，发挥着法律难以比拟的实际效用。大理院、地方各级审判厅和商事公断处共同组成商事裁判体系，传统商事习惯被广泛运用并融入商事规则中。在立法机关几近瘫痪的情况下，民初商法本土化奇异地依靠着商事裁判得到极大推动。

第五章对民初商法本土化进行反思，并提出三个问题：如何对待传统商事习惯？如何发挥商会的作用？如何看待判例要旨对商事立法的补充？传统习惯在民初商事立法和商事裁判中发挥着重要作用，在同样面临商事立法国际化目标与本土化追求的今天，民初对待传统习惯的态度仍然值得我们借鉴。商会从清末以来一直积极参与商事立法，并通过商事公断对民初商法本土化进行推动。此外，商会和下属各种行业公会经常就传统习惯问题接受司法机关咨询，对习惯在司法实践中的应用产生重大影响。目前我国商会组织的职能受到严重限制，应当赋予它更大的自治权。判例要旨是大理院解释权的扩充甚至是造法权的体现，在性质上比较复杂，在司法实践中发挥着几乎与制定法相同的效力，对民初商法本土化起到决定性的推动作用。但我们应当看到，大理院的这种造法功能是在立法机关无法发挥作用的情况下产生的，并不具有普遍的参考意义。作为最高法院，还是应当回到审判和法律解释的功能上。

内容摘要

民国初期是我国传统法律近代化转型的重要阶段。民族工商业和金融业的迅速发展引发了对商事立法的内在需求。在社会各界的强烈呼吁下，北洋政府开始了票据立法的进程。在制定票据法之前，北洋政府曾对本国传统票据习惯进行了大规模的调查研究和整理活动，并尝试在立法中将它们与国际票据规则相融合，体现了民初法律移植与本土化结合的努力。民初票据法草案前后五易其稿，反映了在商事立法进程中，全盘西化与会通中西两种立法思想的碰撞与协调。在五部草案中，共同案（第一部草案）以其对国际规则的广泛参考和对本土习惯的高度重视与充分吸纳，成为了以后诸案的典范和蓝本。由于政局动荡等原因，票据法诸案最终并未施行，但该时期的审判机关和商会却通过商事裁判这一特别的渠道对商法本土化做出了很大的贡献。

本文共分五章：

第一章介绍了从唐宋时期到清末一千多年来我国传统票据制度的产生及其缓慢发展，并对我国第一部票据法草案即志田案的立法背景和体例内容进行分析，指出其立法动因主要来自于清政府的自救行为，并对志田案的缺陷及其意义进行了评价。

第二章指出金融业的快速发展使得民初票据立法的政治功利性逐渐淡化，而转向以满足经济发展的内在需求为主。为实现会通中西的本土化目标，民初重新开始了民商事习惯调查。在介绍官方和民间组织对传统票据习惯的调查研究活动时，着重介绍了修订法律馆和上海银行公会的整理成果，指出这些调查研究活动对实现票据立法本土化的重要作用。

第三章介绍了民初五部票据法草案的立法过程和主要内容，通过数据统计分析了第一部草案即共同案参考法源分布的情况和比例及其对传统票据习惯的采纳程度，肯定了共同案融合国际票据规则与本土习惯的努力。通过共同案与第二部草案即爱氏案的冲突以及从第三次草案到第五次草案对二者的协调，指出了民初票据立法过程中本土化的曲折性。

第四章介绍了民初的立法困境，分析票据法草案无法施行的原因。同时结合审判机关的司法实践以及商事公断中传统习惯与其他商事规则的融合，分析了在民初独特的立法环境下，商事裁判对商法本土化的推动作用。

第五章提出并讨论了三个值得我们反思的问题：如何对待传统商事习惯？如何发挥商会的作用？如何看待判例要旨对商事立法的补充？

关键词： 民初　商法本土化　票据习惯调查　共同案　商事裁判

Abstract

The early of Republic of China (ROC) is an important stage of modern transformation of the Chinese traditional laws. The rapid development of National industry and business and financial sector demands for Commercial legislation. At the request of the peoples, the Beiyang Government began the process of the legislation of negotiable instrument. Before the development of Negotiable Instrument Law, the Beiyang Government had ever undergone large-scale of investigation and researches of Chinese traditional custom and had tried to combine it with international rules of negotiable instrument to realize the combination of legal transformation and its localization. The legislation of negotiable instrument of the early ROC has undergone five drafts, reflecting the conflict and reconciliation of the western oriented legal idea and the legal idea of the combination of the western and the east. In the five drafts, Gong Tong An (the first draft) became a model and base for other drafts due to its wide reference to international rules and its high emphasis to and full adoption of local custom. Because of the political instability and other reasons, Negotiable Instrument law was not eventually implemented, but the judiciary and chamber of commerce made a great contribution to the localization of negotiable instrument legislation by Commercial referees during that time. This dissertation is divided into five chapters:

In chapter one, the author first introduced the birth and slow development of Chinese traditional negotiable instrument during a period of more than one thousand years which ran from Tang and Song Dynasty to late Qing. Then he analyses the legislative background and the constructure and content of Zhi Tian An, indicated that the motive of its legislation came mainly from the self – help behavior of the Qing government and evaluated the defects and significance of Zhi Tian An.

In chapter two, the author discussed the demand for legislation and the investigation of local custom of negotiable instrument in early ROC. The rapid development of financial sector made the political utility of negotiable instrument legislation fade and turn to meet the internal needs of economic development. In order to achieve the objective of the combination of china and the west, the government of ROC resumed the investigation of civil and commercial custom. In introducing the investigation and research of traditional negotiable instrument by official and non – government organizations, the author emphasized the results by the Law Revision Body of Qing Government and Shanghai Banking Association, indicating that these activities is of great importance in achieving the localization of negotiable instrument legislation.

In chapter three, the author deals with the conflict and reconciliation of internationalization and localization in the process of negotiable instrument legislation. The author introduced the process and main content of the five drafts of negotiable instrument, through statistics, analyzed the distribution and ration of sources and the degree of adoption of traditional negotiable instrument of the first draft, namely Gong Tong An, and confirmed the effort to combine international rules and local custom embodied in Gong Tong An. The author pointed out the twists and turns of the localization of negotiable instrument legislation in early ROC through the introduction of the conflict of Gong Tong An and second draft, namely Escarra Draft and the reconciliation of late three drafts to the first two.

In chapter four, the author first introduced the plight of the legislation of early ROC and analyzed the reason why drafts of negotiable instrument could not be implemented. Then he analyzed the Commercial referees to promote with the localization of commercial law by judicial practice and the fusion of Commercial arbitration traditional habits and other commercial rules.

In chapter five, the anthor proposed and discussed three questions worth reflecting: How to treat traditional commercial habits? How dose the chamber of commerce take efforts? How to treat the case gist to the legislation of commercial supplement?

Key words: The early of Republic of China (ROC); Localization of commercial law; Investigation of negotiable instrument custom; Gong Tong An; Commercial referee

目 录

第一章 千年票据一朝立法 ································· 1
　第一节 我国传统票据的千年沿革 ······················ 1
　　一 从唐飞钱到宋交子 ····························· 2
　　二 明清早期会票的发展与不足 ······················ 7
　　三 票号会票的盛行与没落 ·························· 19
　　四 钱庄票据的兴衰 ······························· 25
　第二节 我国第一部票据法草案——"志田案"评析 ·········· 37
　　一 "志田案"的立法背景 ·························· 37
　　二 "志田案"的内容及其评价 ······················ 41

第二章 民商事习惯调查与传统票据习惯的整理 ················ 48
　第一节 清末民初的民商事习惯调查 ······················ 48
　　一 会通中外的思想与清末民商事习惯调查 ············· 49
　　二 民国初期民商事习惯调查的继续展开 ··············· 54
　第二节 传统票据习惯的整理与介绍 ······················ 59
　　一 官方调查报告的整理与介绍 ······················ 60
　　二 民间调查报告的整理与介绍 ······················ 82
　　三 传统票据习惯的特点 ·························· 106
　第三节 民商事习惯调查对立法本土化的推动 ·············· 110
　　一 传统民事习惯与近代民事立法的本土化 ············ 110
　　二 传统商事习惯与近代商事立法的本土化 ············ 113

第三章　民初票据立法的移植与本土化 …… 117
第一节　票据立法的内在需求与政治功利性 …… 118
　　一　经济发展与票据立法的内在需求 …… 118
　　二　收回治外法权的期盼 …… 120
　　三　重商思潮的影响与维护商权的需要 …… 121
第二节　"共同案"的本土化尝试 …… 123
　　一　"共同案"对"志田案"的全面修正 …… 124
　　二　"共同案"的移植与本土化 …… 138
第三节　"爱氏案"与"共同案"的冲突 …… 154
　　一　"爱氏案"与"共同案"的分歧 …… 154
　　二　王凤瀛和李炘对"爱氏案"的质疑 …… 161
第四节　从"三草"到"五草"的调和与完善 …… 172
　　一　"三草"对"共同案"和"爱氏案"的调和 …… 173
　　二　"四草"和"五草"对"共同案"的继承和完善 …… 183

第四章　商事裁判对商法本土化的推动
　　——以票据法为典型 …… 192
第一节　民国初期的法制困境 …… 192
　　一　立法机关的频繁变化 …… 193
　　二　商事立法的长期搁置 …… 196
　　三　司法体制的缺陷与法源的不足 …… 199
第二节　司法实践对民初商法本土化的推动 …… 202
　　一　大理院判解要旨与商法本土化 …… 203
　　二　地方各级审判厅的司法实践对商法本土化的推动 …… 231
第三节　商事公断对民初商法本土化的推动 …… 240
　　一　商会裁判权与商事公断处的沿革 …… 240
　　二　商事公断中传统习惯与其他商事规则的融合 …… 243

第五章　民初商法本土化的反思 …… 251
第一节　如何对待传统商事习惯 …… 251

  一 传统商事习惯及其近代演变……………………………251

  二 民初商法本土化对待习惯的态度及其反思…………254

 第二节 如何发挥商会的作用……………………………………257

  一 商会对民初商事立法的积极参与………………………258

  二 商会对民初司法实践的重要影响………………………260

  三 可资借鉴之处……………………………………………267

 第三节 如何看待判例要旨对商事立法的补充………………270

  一 民初判例要旨的性质分析………………………………270

  二 判例要旨对商事立法的补充及其反思…………………273

结 语……………………………………………………………………277

附录点校说明……………………………………………………………280

附录一 前清宪政编查馆票据法草案（志田案）………………281

附录二 前北京修订法律馆票据法第一次草案（共同案）……299

附录三 商法法典草案票据法编（爱氏案）……………………350

附录四 前北京修订法律馆票据法第三次草案…………………367

附录五 前北京修订法律馆票据法第四次草案…………………386

附录六 前北京修订法律馆票据法第五次草案…………………401

参考文献…………………………………………………………………417

Contents

Chapter I Legislation in thousand years / 1

Section I One thousand evolution of our country's traditional instrument / 1

1. From Tang dynasty "Fei money" to Song dynasty "Jiaozi" / 2
2. The development and shortage of "Huipiao" during early Ming and Qing dynasties / 7
3. The prevalence and fall of an old–style Chinese negotiable instrument / 19
4. Ups and downs of the negotiable instrument bill old–style Chinese private bank / 25

Section II The first draft negotiable instrument law in China——"Zhitian an" / 37

1. The legislative background "Zhitian An" / 37
2. The content and evaluation of "Zhitian An" / 41

Chapter II Put investigation of Civil and commercial custom and traditional paper habits in order / 48

Section I Civil and commercial custom investigation during the qing dynasty and the early republic of china / 48

1. Integration of Chinese and foreign thoughts and civil and commercial custom investigation in the late qing dynasty / 49
2. In the early of the republic of China civil and commercial custom investigation continues to expand / 54

Section II Sorting and introduction of traditional negotiable instrument bill habit / 59

1. Official investigation report and introduction / 60
2. Collection and introduction folk survey reports / 82
3. The characteristics of the traditional negotiable instrument bill habits / 106

Section III The localization of civil and commercial custom investigation on legislative push / 110

1. The localization of traditional civil habits and modern civil legislation / 110
2. The localization of traditional commercial habits and modern commercial legislation / 113

Chapter III Negotiable instrument legislation in the early days of the transplantation and localization / 117

Section I Negotiable instrument bill legislation internal demand and political utilitarianism / 118

1. Inside need of economic development and negotiable instrument bill legislation / 118
2. Looking forward to recover the extraterritoriality / 120
3. The influence of the right of mercantilist and maintenance business needs / 121

Section II Localization trying of "Gong Tong An" / 123

1. Overhaul of "Gong Tong An" to "Zhi Tian An" / 124
2. The transplantation and localization of "Gong Tong An" / 138

Section III Conflicts between "Ai shi an" and "gong tong an" / 154

1. Differences between "Ai Shi An" and "Gong Tong An" / 154
2. Wang Fengying and Li Xin wonder about "Ai Shi An" / 161

Section IV Harmonic and perfection From "3rd draft" to "5th draft" / 172

1. 3rd draft do harmonic to "Gong Tong An" and "Ai Shi An" / 173
2. To inherit and improve the "Gong Tong An" from "4th draft" and "5th draft" / 183

Chapter IV Commercial referees to promote with the localization of commercial law, negotiable instrument law as typical / 192

Section I Legal Trouble In the early of the republic of China / 192

1. Frequent changes of the legislature / 193
2. The commercial legislation had been on hold for a long time / 196
3. The defects of the judicial system and the shortage of source / 199

Section II The localization of the judicial practice of commercial law in the early days of driving / 202

1. Dali court sentenced the gist and localization commerical law / 203
2. Local trial with the localization of the judicial practice of commercial law / 231

Section III Commercial arbitration promote The localization of the commercial law in the early days / 240

1. Evolution of The chamber of commerce jurisdiction and the commercial arbitration in evolution / 240
2. The fusion of Commercial arbitration traditional habits and other commercial rules / 243

Chapter V The reflection of the localization of commercial law in the early days of republic of china / 251

Section I How to treat traditional commercial habits / 251

1. Traditional commerical habits and its evolution in modern times / 251
2. Attitude towards the habit and reflection of commercial law localization in the early days of republic of China / 254

Section II How dose the chamber of commerce take efforts / 257

1. Chamber of commerce taken an active participate in the commercial legislation in the early of republic of China / 258
2. The important influence of Chamber of commerce in the judicial practice in the early days of republic of China / 260
3. For reference / 267

Section III How to treat the case gist to the legislation of commercial supplement / 270

1. Analysis of the nature of the case gist in the early days of republic of China / 270
2. The supplement and reflection on the commercial law from case gist / 273

Conclusion / 277

Appendix punctuation and collation / 280

Appendix I Zhi Tian An / 281

Appendix II Gong Tong An / 299

Appendix III Ai Shi An / 350

Appendix IV The 3rd draft regulation of negotiable instrument law / 367

Appendix V The 4th draft regulation of negotiable instrument law / 386

Appendix VI The 5th draft regulation of negotiable instrument law / 401

References / 417

第一章　千年票据一朝立法

票据在我国有上千年历史，从唐代的飞钱、宋代的交子到明清的会票，传统票据在小农经济的中国社会艰难地生存着。近代以来，工商业和国内外贸易发展迅速，票据使用范围急剧扩大，以票号会票和钱庄票据为代表的传统票据一度占据国内票据流通领域的主导地位。但是，票号和钱庄的固有缺陷限制了传统票据进一步发展。随着外资银行和垄断资本的强势崛起，传统票据逐渐被现代票据取代，湮没于历史长河中。由于国家对商事立法极端不重视，我国票据立法长期严重缺失，直至清末变法修律，才由日本专家志田钾太郎制定出第一部票据法草案——"志田案"。"志田案"基本抄自海牙统一票据草案和德、日票据法，在体例结构和具体内容上存在较大缺陷，也很少吸纳我国长期以来形成的传统票据习惯。但是，作为第一部票据法草案，它对我国票据制度的建立起到重要的补白作用，是中国近代票据立法移植的首次尝试。因此，我们不能否认它在我国金融立法史上的重要地位。

第一节　我国传统票据的千年沿革

票据是商品经济发展到一定阶段产生的金融工具，有什么样的经济发展水平，就有什么样的金融工具。从唐代开始，当商品流通范围随着唐王朝开疆拓土的脚步扩展到大江南北的广袤领域后，为解决金钱长途运送的安全性与便捷性问题，票据便应运而生。在传统票据产生的最初阶段，其形式、内容都比较简单，与现代票据有较大的差距。到明清时期，传统票据的形式和内容有了长足的发展。然而，由于重农抑商思想的盛行，中国社会的商品经济发展水平长期以来驻足不前，商人地位和商业流通受到严重抑制，商事立法一直未受到应有的重视。因此，传统票据并没有像欧洲那样逐渐制度化和规范化，而是仍然停留在比较零散和杂乱的自发性阶段。在清末变法修律前，非但没有出现关于票据的相关立法，甚至在全国范围内都没有统一的票据规则。传统票据就如先天不足的孩子，又缺乏后天的妥善照顾，基本处于自生自灭的状态中。

一 从唐飞钱到宋交子

票据在产生的最初阶段大多只具备汇兑功能，以解决大量现金长途输送问题，中外皆然。我国票据的产生，通说认为起自唐代的飞钱，虽然在形式和内容上都还比较简单，但不可否认，它已经具备现代票据的基本特征。①

（一）飞钱——我国最早的汇票

飞钱始于唐代。唐代中前期是我国封建社会发展的一个高峰，商品经济有了较大发展，国内外贸易相当发达，南来北往的商家络绎不绝，民间商品的大宗买卖比比皆是。因此，大量钱财在长途运送过程中的安全性和便捷性问题便凸显出来。唐代货币主要是铜钱、帛与白银，② 携带既不方便，输送又不安全，大宗买卖尤其如此。寻找一种安全便捷的工具替代沉冗笨重的钱银，以满足日益庞大的交易需要，这是飞钱产生的直接原因。考察各国票据的产生，最主要的目的也无非用于资本的输送和移转，所以在票据产生的最初阶段，它都是被作为送金工具来使用的，中国传统票据的产生也不例外。

同时，随着唐代中期国家赋税制度逐渐从实物制改为货币制，地方钱银交割、政府赋税上缴、财政费用拨付等，都促成对货币的大量需求，而

---

① 从民国时期开始直至当代，学者几乎一致认为我国最早的票据起源于唐代。关于国外票据的产生，一般认为是在 12 世纪的意大利，其最初阶段仅仅是作为现金的替代品，形式和内容也很简单。参见王敦常《票据法原理》，商务印书馆，1922；丘汉平《中国票据法论》，世界书局，1933；陈天表《票据通论》，商务印书馆，1937；谢怀轼主编《票据法概论》，法律出版社，1990；王小能《中国票据法律制度研究》，北京大学出版社，1999；等等。

② 彭信威主编《中国货币史》（上册），群联出版社，1954，第 175 页。

以金属铸造的硬通货无论在成本上还是资源上都有着现实限制。以低成本的金融工具替代金银通货，便成为飞钱被官方认可的最主要原因。实际上，票据除作为送金工具之外，还有一个重要的作用就是充当代金券。票据作为送金工具经过发展和完善便成为现代票据，作为代金券经过发展和完善便成为纸币，只不过这种区别在刚开始的时候并不是非常明显而已。

所以，到了唐代中后期，在商业比较发达的地区便出现飞钱这种全新的送金工具，这是我国最早的票据。当时往来京师的商贾将钱银存于本地官府，官府出具券纸交付商贾，商贾至京师时凭券向该官府驻京分支机构兑付钱银，这种凭券就是飞钱。商贾、本地官府与驻京机构三者构成票据法律关系：商贾为持票人，本地官府为发行人，驻京机构为付款人。持票人将款项预存于发行人处，发行人开出票据交与持票人，付款人因资金或业务关系按发行人的委托或指示进行支付，持票人在异地凭票向付款人请求兑款。按现代各国票据法和学者解释，票据是指发行人依票据法规定发行，由自己或委托他人无条件支付一定金额给收款人或持票人的一种有价证券，一般包括汇票、本票和支票。① 飞钱在性质上类似于现代票据中的异地发行汇票，虽然在一些具体规则，例如背书、承兑、保证等方面还不太完善甚至有所缺失，但无论在主体方面的票据关系人，还是在客体方面的资金委托与支付，以及规则方面的凭票付款等方面，都已具备现代票据的基本特征。遗憾的是我们现在并无飞钱的实物以资证明，只能凭借史书记载略窥其要。

据《新唐书》载："宪宗以钱少复禁用铜器，时商贾至京师，委钱诸道、进奏院及诸军、诸使当家，以轻装趋四方，合券乃取之，号'飞钱'。"② 唐宪宗在位年间为公元805年~820年，而据后文所引元和六年（811年）曾禁飞钱的记载来推算，飞钱的出现在805年~811年，距清末修订第一部票据法草案"志田案"（1911年）的时间约有1100年，历

---

① 欧美近代票据立法中，支票曾长期被视为一种与汇票、本票不同的金融工具而被单独立法，如法、德等国。但经过国际票据法统一运动之后，这种差别已日渐消失。而在美国票据立法中，除汇票、本票和支票外，还将存款单列为票据的一种。但在大多数国家，票据的种类都分为汇票、本票和支票三种。

② （宋）欧阳修、宋祁：《新唐书·食货志》标点本第五册，中华书局，第1385页。

史非常悠久。由于当时钱贱铜贵，铜原料大多被用于铸铜器，导致货币供应量不足，所以飞钱的流通得到政府的默许。按《新唐书·食货志》载，当时"千钱为铜六斤，铸器则斤得钱六百"，即同样一斤铜，如果用于铸币，只能得一百六十余钱；如果用于铸铜器，则可以得六百钱。这种不合理的价值关系使得铜钱被大量私藏铸器，导致铸币原料紧缺和通货大量减少，飞钱的出现一定程度上缓解了这个困难。

但是，因为飞钱的发行和兑换没有统一的规则和机构，容易引发金融纠纷，也不利于国家控制货币发行与流通，所以朝廷对于飞钱的态度是时存时废。按《新唐书·食货志》载，唐宪宗元和六年（811年），"京兆尹裴武请禁与商贾飞钱者，搜索诸坊，十人为保"，于是飞钱被禁。第二年五月，户部、度支、盐铁三司鉴于"京都时用多重现钱，官中支出，近日殊少。盖缘比来不许商人到三司便换，因兹家有滞藏，所以物价转高，钱多不出"，①于是请求诏告商人可于三司便换飞钱，但每一千文须加收一百文。因手续费过高，商人不愿交纳，所以后来改为"敌贯与商人兑换"，不收手续费，飞钱又开始使用。在此后相当长的时间内，飞钱应该都是存在的。据《册府元龟》记载，唐懿宗咸通八年（867年），户部侍郎、判度支崔彦昭还曾因飞钱问题上奏，要求禁止地方私自扣留应当兑付商人的钱财，"当司应收管江淮诸道、州、府咸通八年以前两税、榷酒及度支米价，并二十文除陌诸色属省钱，准旧例，逐年商人投状便换。自南蛮用兵以来，置供军使，当司在诸州、府、场、监钱，尤有商人便换，赍钱司便换文牒，至本州、府请领，皆被诸州称准供军使指挥占留。以此商人疑惑，乃致当司支用不充，乞下诸州、府、场、监院，依限送纳及给还商人，不得托称占留。"②

飞钱的出现具有重要的意义和深远的影响。作为中国最早的票据，它比欧洲同类票据早了大约三百年，称之为世界上最早的票据也不为过，我们也可以因之推知唐代社会经济的发展程度。虽然传统票据此后的发展曲折缓慢，但不能因此否认它对于金融史的创造性意义。飞钱的出现不仅为

---

① （宋）王钦若、杨亿：《册府元龟·邦计部·钱币》，中华书局影印本第六册，第6002页。
② （宋）王钦若、杨亿：《册府元龟·邦计部·经费》，中华书局影印本第六册，第5792页。

商人提供一种便捷安全的金融工具，促进商品在全国范围的流通，而且大大缓解了当时通货短缺的困难，稳定了社会经济秩序的运行。唐代之后，飞钱历经演变，宋代的便钱、明清的会票都来源于此，其使用范围之广、时间之长，在中国金融史乃至世界金融史上都值得一书。

(二) 交子——我国最早的本票

宋初仿唐代飞钱旧例但改称"便钱"，这是汇票使用的延续。据《宋史·食货志》载，太祖开宝三年（970年）曾设"便钱务"，管理便钱业务。从资料记载看，其使用时间相当长，汇款数额相当大。[①] 同时，宋代还出现我国最早的本票——交子。宋代交子的使用分为两个阶段：私人发行时期和官方发行时期。因发行人不同及票面金额是否固定等因素的差异，交子性质也有所不同。私人发行的交子，性质显然为本票；官方发行的交子，无固定金额者可视为本票，有固定金额者则类似于纸币。

交子最早由四川地区的商家私人发行。四川地区物产丰富、战乱较少，因而商业贸易一向比较发达，对货币需求量很大。从五代以来直到宋初，因铸币原料短缺，曾以铁代铜铸钱。铁币沉冗笨重，携带自然极不方便，给往来商家带来不少麻烦。为解决这个问题，北宋中期的四川地区出现一种新的代金工具，名为交子。关于交子的产生，史籍中记载颇多，例如《宋史·食货志》《文献通考》《续资治通鉴长编》《玉海》《蜀中广记》《群书考索》《鼠璞》《湘山野录》等，但认定的具体年份有所不同，大致在宋真宗景德年间（1004年~1007年）或稍前。按这些相关史料文献记载，交子最早由四川商人成立交子铺零星发行，用以替代钱银货币。景德年间，益州知州张咏见交子市场"奸弊百出，狱讼滋多"，对其进行整顿，剔除不法之徒，专由16户富商经营。至此，交子的发行开始取得官方认可。

交子的发行与流通程序大致如下：存款人（一般为普通商人）将现金存放于交子铺，交子铺按存款数额制作不同面值的交子交付存款人。制作交子时，"诸豪以时聚首，同用一色纸印造。印文用屋木人物，铺户押

[①] 据马端临的《文献通考·钱币考二》载，宋太宗至道年间（995年~997年），便钱汇款额达到170多万贯，宋真宗天禧（1017年~1021年）末年，汇款额增加了113万贯，总额将近300万贯。

字，各自隐秘题号，朱墨间错，以为私记，书填贯，不限多少"。① 交子铺兑现时收取一定手续费，一般为每贯三十文。存款人可以持票随时向交子铺兑现，交子铺凭票付款。在这个票据法律关系中，票据发行人为交子铺，持票人为存款人，但付款人是否为发行人本身，并未明确记载。依常理推测，发行人固然可能与付款人不同，例如本铺与分铺分别发行与付款，或者本铺发行、他铺付款，发行人再与付款人进行结算，在这种情况下，交子的性质依然是汇票。但我们在史料中只看到十六家交子铺实行联保，并没有发现由此铺开票而由彼铺兑现的记载，因此发行人和付款人应该为同一人，他铺只担任保证人而不是付款人。无论如何，由该交子铺发行的交子，持票人自可向它要求兑付。如果将交子铺的性质界定为一般商业组织，这种交子显然带有类似于现代商业本票的性质。如果将交子铺界定为类似于银行的金融组织，这种交子的性质似乎接近于现代银行的存单。但如前所述，在有些国家例如美国，存单也被视为一种票据。况且交子在流通过程中也常有转让的情况，这点与存单还是有较大区别，因此将交子视为一种类似于现代银行本票的票据，似乎更为合理。② 总之，不管交子铺的性质如何，这种私人发行的交子都可以视为一种带有本票性质的票据。

交子作为代金工具出现后，解决了钱款往来携带不便的问题，同时具有更高的安全性，受到商人的欢迎与官府的认可。但是，由于交子发行无定时定额，流通与兑付也缺乏严密监管，交子铺在逐利心态下不免多发空券，导致数量膨胀与价格贬值。加上不久后四川爆发农民起义，商业贸易受到影响，16家富商里有多家财力不济，发生不能及时兑付和交子铺倒闭的现象，引致讼累不断，私人发行的交子因此被禁止，中国商业本票的发展之路戛然而止。

私人发行的交子虽被禁止，但商业贸易对票据的实际需求仍然存在，并不因官府的一纸文书而消灭。交子的便捷性和安全性毕竟是钱银无法取

---

① （宋）李攸：《宋朝事实》卷十五《财用》。
② 汇票与本票的一个重要区别在于发行人与付款人是否为同一人：如不属同一人为汇票，反之则为本票。本票以发行人类型为标准，可以分为由非银行的个人或组织作为发行人的商业本票与由银行作为发行人的银行本票。银行本票与存单的重要区别是银行本票可以用于流通，持票人可以变动；存单一般不能流通，请求付款人只能是存款人。

代的，因此在不久后，禁令就被取消，交子重新回到金融流通领域，但发行人变为官方。

据《宋史·食货志》载，宋仁宗天圣元年（1023年），考虑到实际需要，当时的益州转运使薛田奏请设置益州交子务，由政府发行交子，获得同意。官交子发行初期，其形制仿照私交子，加盖本州州印。只是临时填写的金额不同，一般是一贯至十贯；宋仁宗时一律改为五贯和十贯两种，宋神宗时又改为一贯和五百文两种。发行额也有限制，规定分界发行，每界三年（实足二年），以新换旧。首界交子发行一百二十五万余贯，备本钱三十六万贯（以四川的铁钱为钞本）。官交子的流通范围基本限于四川境内，后来在陕西、河东地区曾流通过一段时间。宋徽宗大观元年（1107年），改交子为钱引，改交子务为钱引务，除四川、福建、浙江、湖广等地仍沿用交子外，其他诸路均改用钱引。

关于官交子的性质，学者多认为是一种纸币。据彭信威先生的考证，该种交子有固定的用纸、统一的票面格式、一定的流通期限，但最初并无固定金额，系临时填写，后来才改为有固定金额。① 金额固定的官交子应可视为代金券甚至是纸币，但金额不固定的官交子，似乎应视为类似于现代票据中由国有银行发行的可流通银行本票。

二 明清早期会票的发展与不足

两宋之后的元代，曾经仿唐宋之法印制纸币，称为交钞。但据《元史·食货志》称，"其制无文籍可考"。至于汇票的使用情况，史料中未曾提及，我们现在无法了解。到明清时期，使用的票据多为汇票，名称则改为"会票"。按明末清初的学者陆世仪在《论钱币》中的说法："今人多有移重资至京师者，以道路不便，委钱于京师富商之家，取票至京师取值，谓之会票，此即飞钱之遗意。"② 可见，在明代——更准确地讲，在明末以前，会票应该是存在并流通着的，因为这种会票的发行与流通毕竟需要一个过程，不会是清初突然出现的。而且以清初满族地区的经济发展

---

① 彭信威主编《中国货币史》（上册），群联出版社，1954，第176页。
② （清）贺长龄：《皇朝经世文编》卷五十二，《户政》二十七《钱币》上。

水平和金融专业知识，不太可能创造出会票。因此，会票的使用极可能为明代一种金融习惯的延续。另外，我们还可以大胆猜测，既然明代存在着使用汇票的情况，那么它会不会是从唐宋时期以来一直沿用呢？这种可能性是存在的，而且以笔者个人的看法这种可能性是相当大的。因为宋之后的元朝疆域广阔，外贸和国内贸易相当发达，客观上存在着使用汇票的需要。在经济管理和金融制度创设方面，元朝统治者仍然有赖于原汉族的官吏士人，这也为飞钱的延续创造了条件。如果在以后的考古中能发现元代的汇票，那么我们就可以断定明清的会票是从唐代的飞钱一直延续使用和发展而来的。

在清代的山西票号出现之前，会票已在商业往来中大量使用。以当时商业团体中影响很大的徽商为例，会票的使用非常广泛。据许承尧的《歙事闲谈·北京歙县义庄》等文献记载，徽商的商业活动在明清时期非常昌盛，在京师经商者中极为常见，商业往来中多使用会票。但因为有关资料欠缺，对清末之前会票的使用情况及格式、内容，我们只能根据有关史料的一鳞半爪进行猜测。

20世纪80年代，由于历史文物的发现，关于清代会票的研究取得重要进展。1982年，在安徽休宁县渭桥谢氏家族发现一组收藏的清代会票，汪宗义、刘宣两位先生对其进行了比较详细的介绍。这组会票共有23张，另有存款收票1张，保存相当完好，字迹、图章清楚，会票落款时间上起康熙二十二年二月，下迄康熙二十五年十月，收票落款时间为康熙三十四年十月。为使大家更具体地了解会票的使用情况，兹按两位先生的文章所列会票内容介绍于下。①

会　票

第一件

立会票吕子嘉今收到

处实兑纹银壹千两整（一）。其银约至都中日成字号许明远兄处，叁月

---

① 汪宗义、刘宣：《清初京师商号会票》，《文献》1985年第2期。会票格式、内容、说明一按原文。

内准兑无误。立此会票存照。

平日成布法每百两亏五钱左右兑。

康熙二十二年二月　日立会票吕子嘉[二]。

说明：（一）"壹千两整"四字上钤"子嘉氏"朱色方形图章二方。

（二）于署名下，毛笔花押，钤同上图章一方。

（三）此票面未批兑清字样和划勾销符号。

第二件

立会票吕子嘉今收到

处实兑纹银壹千两整[一]。其银约至都中日成字号许明远兄处，肆月终兑无误。立此会票存照。

平日成布法每百两亏五钱左右兑。

康熙二十二年二月　日立会票吕子嘉[二]。

说明：（一）（二）标志同上件。

（三）此票面亦未批兑清字样和划勾销符号。

第三件

立会票吕子嘉今收到

处实兑纹银伍百[一]两整。其银约至都中潘禹宣、谢定五二位长兄见票兑付，准在前六月内兑清无误。立此会票存照。

其法照日成布法每百两亏陆钱[二]左右兑。

康熙二十二年五月　日立会票吕子嘉[三]。

说明：（一）（二）"伍百""陆钱"上各钤"子嘉氏"朱色图章一方。（三）标志同第一件。

（四）此票面毛笔批"口口一并兑清讫"，并于全票面划勾销符号。

第四件

立会票吕子嘉今收到

处实兑纹银伍百[一]两整。其银约至都中日成字号潘禹宣长兄见票即兑无误，此照。

平日成布法每百两亏陆钱[二]左右兑。

康熙二十二年八月十一日立会票吕子嘉[三]。

说明：（一）"伍百"二字上钤"子嘉氏"朱色图章一方。

（二）"陆钱"二字上钤同上图章一方。

（三）标志同第一件。

（四）此票面批："九月十八日兑清讫"，并于全票面毛笔划勾销符号。

第五件

立会票吕子嘉今收到

处实兑纹银伍百（一）两整。其银约至都中日成字号潘禹宣长兄见票即兑无误，此照。

平日成布法每百两亏陆钱（二）左右兑。

康熙二十二年八月十一日立会票吕子嘉（三）。

说明：（一）（二）（三）标志同第四件。

（四）此票面毛笔批"九月十八日兑清讫"，并于全票面毛笔划勾销符号。

第六件

立会票吕子嘉今收到

处实兑纹银五百（一）两整。共银约至都中日成号潘禹宣长兄见票即兑无误，此照。

平日成布法每百两亏陆钱（二）左右兑。

康熙二十二年八月十一日立会票吕子嘉（三）。

说明：（一）（二）（三）标志皆同第四件。

（四）此票面所批兑清字样，全同上二票，笔迹亦皆出自一人之手。

第七件

立会票吕子嘉今会到

处实兑足纹银陆拾（一）两整。其银约至都门日成布店内舍亲谢定五见票即兑无误，立此存照。

京平日成号（二）法左右兑。

康熙二十二年十二月二十一日立会票吕子嘉（三）。

说明：（一）"陆拾"二字上钤"子嘉氏"朱色方形图章一方。

（二）"成号"二字上钤同上图章一方。

（三）标志同前票。

（四）此票面毛笔墨批："｜｜三二月十九日兑付清讫"，并于全票面划勾销符号。"｜｜三"系康熙二十三年之简写。

第八件

立会票吕子嘉今收到

处京封银陆百^(一)两整。其银约至都中日成字号潘禹宣长兄见票即兑无误，立此存照。

康熙二十三年正月十七日立会票吕子嘉^(二)。

说明：（一）"陆百"二字上钤"子嘉氏"朱色方形图章一方。

（二）标志同前。

（三）此票面毛笔墨批："｜｜三三月初八出支兑清讫"，并划勾销符号。

第九件

立会票谢惟宽收到

处玖捌色银叁百^(一)两正。其银至京中前门外日成布店内舍弟谢定五验票，蒋鼎谦号布价兑付无误，此照。

其平照封来钱法左右兑^(二)。

康熙贰拾叁年五月　日立会票谢推宽^(三)。

说明：（一）"玖捌色银叁百"六字上钤"春草堂"朱色长条图章一方。"春草堂"系取谢灵运诗句"池塘生春草"之意，亦知"春草堂"乃为出票人谢惟宽之堂名。

（二）"封来钱法左右兑"七字上钤同上图章一方。

（三）标志同前。

（四）此票面分二次批兑，一为："六月廿四日付票内了贰佰两"，一为："五月廿八日付票内艮（银）壹佰两正"，并于全票面划勾销符号。

第十件

立会票谢鼎谦收到　　　　　　　　　　　　　　不列号^(一)

处纹银叁千两整^(二)。其银至京中前门外日成号布店内舍亲程彦升手见票兑付无误，此照。

其平照市法左右兑^(三)。

康熙贰拾叁年九月　日立会票谢鼎谦^(四)。

说明：（一）"不列号"为此票面右下角所书双联骑缝半边字，上钤长条形"春草堂"朱色骑缝图章一方。是知该票据为双联。

（二）"纹银叁千两整"六字上钤同上图章一方。

（三）"照市法左右兑"六字上钤同上图章一方。

（四）于署名下花押，钤小长方形"惟宽"朱色图章一方。

（五）此票面分先后两次批写兑换字样，并有一附注，一处为："十二月初六日付票内纹银贰千两整。"一处为："十二月十四日付票内纹银壹千两正。"附注为："此票代英记会乙千，代鼎谦会贰千。"

第十一件

立会票吕子嘉今收到

处九八色银伍百^(一)两整。其银约至都门许明远见票付兑无误，此照。

其银日晟法左右兑亏陆钱^(二)。

康熙贰拾叁年十一月　立会票吕子嘉^(三)。

其银次年正月^(四)内兑。

说明：（一）"伍百"二字上钤"子嘉氏"朱色方形图章一方。

（二）"陆钱"二字上钤同上图章一方。

（三）标志同前。

（四）"年正月"三字上钤同上图章一方。

（五）此票面未批兑清字样，亦未划勾销符号。

第十二件

立会票吕子嘉今收到

处九八色银伍百^(一)两整。其银约至都门许明远见票即兑无误，此照。

其银日晟法左右兑亏陆钱^(二)。

康熙贰拾叁年十一月　立会票吕子嘉^(三)。

说明：（一）"伍百"二字上钤"子嘉氏"朱色方形图章一方。

（二）"陆钱"上钤同上图章一方。

（三）标志同前。

（四）此票面未批兑清字样，亦未划勾销符号。

第十三件

立会票许信有今收到

处九八色银壹千^(一)两整。其银约至都门许明远见票即兑无误,此照。

每百两日晟布法左右兑亏陆钱^(二)。

康熙贰拾叁年十一月　立会票许信有^(三)。

说明：(一)"壹千"二字上钤"子嘉氏"朱色方形图章一方。

(二)"陆钱"二字上钤同上图章一方。

(三)标志同前。

(四)此票面未批兑清字样，亦未划勾销符号。

第十四件

立会票谢鼎谦收到　　　　　　　　　　甲字第三号^(一)

处足纹银伍百两正^(二)。至京中前门外日成号布店内程彦升验票兑付无误，此照。

其平照封进钱法带纸左右^(三)兑。

康熙贰拾叁年拾壹月　日立会票谢鼎谦^(四)。

说明：(一)"甲字第三号"上钤朱色长条形"鼎谦益受图书"一方。

(二)"见纹银伍百两正"七字上钤同上图章一方。

(三)"封进钱法带纸左右"八字上钤同上图章一方。

(四)于名下花押，钤小长方形"惟宽"朱色图章一方。

(五)此票而未批兑清字样，但划了勾销符号。

第十五件

立会票谢禹九今会与

处银伍两^(一)整。其银在日成号布店内家叔惟挹验票兑付无误，此照。

康熙贰拾叁年十一月　日立会票谢禹九^(二)。

说明：(一)"伍两"上钤"谢鼎铉"朱色图章一方。

(二)标志同前。

(三)此票未批兑清字样，亦未划勾销符号。

第十六件

立会票吕子龄今会到

岑年翁处九五银叁拾伍^(一)两正。其银到都中日成店谢定五兄见票兑付无误，此照。

康熙贰拾伍年贰月　日立会票吕子龄^(二)。

平日成法^(三)，又照。

说明：（一）"九五银叁拾伍"六字上钤"子龄信印"朱色长方形图章二方。

（二）标志同前。

（三）"日成法"三字上钤同上图章一方。

（四）此票面批："三月初二付了十两，清讫。"并划勾销符号。

第十七件

立会票吕玉衡今收到

处银壹百贰拾两^(一)整。其银至北京前门外打磨厂长巷头条胡同日成布店舍亲谢周生处，见票兑付不误，此照。

平照市口砝左右^(二)兑。

康熙贰拾伍年三月　日立会票吕玉衡^(三)。

见票黄禹山^(四)。

说明：（一）"壹百贰拾两"上钤"玉衡"朱色图章二方。

（二）"左右兑"三字上钤同上图章一方。

（三）标志同前。

（四）署名下花押，未钤图章。

（五）此票面未批兑清字样。

第十八件

立会票谢定五收到

潘处纹银陆佰^(一)两正。其银至京中前门外日成号布店内舍弟吁三手验票、六月内兑付无误，此照。

其平照封来铜法两^(二)个计伍拾^(三)两除纸左右兑。

康熙廿五年又四月　日立会票谢定五^(四)。

见会许有光^(五)。

说明：（一）"陆佰"二字上钤"定五"方形朱色图章一方。

（二）（三）"法两""伍拾"二字上各钤同上图章一方。

（四）标志同前。

（五）姓名下花押，未钤图章。

（六）票面批："十一月廿二日兑清。"并划勾销符号。

第十九件

立会票谢定五收到

潘处纹银壹千^(一)两正。其银至京中前门外日成号布店内舍弟吁三手验票、六月内兑付无误，此照。

其平照封来铜法两^(二)个计伍拾^(三)两除纸左右兑。

康熙廿五年又四月　日立会票谢定五^(四)。

见会许有光^(五)。

说明：（一）"壹千"二字上钤"定五"朱色方形图章一方。

（二）

（三）"法两""伍拾"二字上各钤同上图章一方。

（四）标志同前。

（五）于名下花押，未钤图章。

（六）此票面毛笔批："八月廿九日兑清讫。"并划勾销符号。

第二十件

立会票谢定五收到

潘处纹银壹千^(一)两正。其银至京中前门外日成号布店内舍弟吁三手验票、六月内兑付无误，此照。

其平照封来铜法两^(二)个计伍拾^(三)两除纸左右兑。

康熙廿五年又四月　日立会票谢定五^(四)。

见会许有光^(五)。

说明：（一）（二）（三）（四）（五）标志皆同上票。

（六）此票面毛笔批："九月初八日兑清讫。"并划勾销符号。

第二十一件

立会票许有光今收到

潘处纹银伍百两，期至^(一)都门日成祥记布店明远舍弟见票六月中兑还，不致迟误。恐无据，此照。

其平悉照惟宽兄封法^(二)左右较兑。

康熙廿五年闰四月廿六日立会票许有光^(三)。

见友谢惟宽^(四)。

说明：（一）"伍百两期至"五字钤"许金亦"朱色方形图章二方。

（二）"封法"二字上钤同上图章一方。

（三）标志同前。

（四）署名下花押，末钤图章。

（五）此票面毛笔批："兑清讫。明手兑。"并划勾销符号。

第二十二件

立会票吕玉衡^(一)今会到

处九八银贰百两^(二)整。其银至都中日成布店许明远兄处，见票兑付不误，此照。

平照日成砝左右兑，每百两轻陆钱，又批。

康熙二十五年九月　日立会票吕玉衡^(三)。

说明：（一）"玉衡"二钤"玉衡"朱色方形图章一方。

（二）"贰百两"三字上钤同上图章一方。

（三）标志同前。

（四）此票面未批兑清字样，亦未划勾销符号。

第二十三件

立会票周文伯今会到

名下纹银陆拾^(一)两整。其银约至都中前门外长巷头条胡同日成布店内杨符先仁兄见票即兑无误。恐后无凭，立此会票为照。

其平兆贞法左右兑。

康熙贰拾伍年十月　日立会票周文伯^(二)。

说明：（一）"陆拾"二字上钤"周文伯"蓝色方形图章一方。

（二）标志同前。

（三）此票面毛笔墨批："十二月廿一付清。"

收票

立收票谢鼎元收到^(一)

丛宅寄存银贰万伍千伍百伍拾两正，听凭支取无误，此照。

本日面与丛五爷言过不俱，外人不得擅取，只候有店中付去胡芦图书一方验明为凭再发，外有暗号胡芦印柄用墨描黑者为真，如不描者系假，不可发，切切。

康熙三十四年十月廿三(二)日立收票鼎元号押约图书。

经收程子见押图书。

说明：（一）此票面批："ⅠⅠⅠ8三月初六日付过艮（银）壹万壹千贰佰两，净存艮（银）壹万四千参百五十两，拟去新票一纸。"同时将原票"寄存银贰万伍千伍百伍拾两"上用毛笔点涂，以示原票作废之意。"ⅠⅠⅠ8"，康熙三十五年之简写。

（二）"廿三"下钤有带柄亚胡芦形朱色图章一方，胡芦柄用毛笔描黑，图章字为"一片冰心在玉"，即"一片冰心在玉胡（壶）"之意。

我们可以看出，经过唐宋到明清上千年的使用，票据制度有了一定发展。

首先，从票据主体和流通范围上看，会票在贸易发达地区的商业往来中广泛地发挥异地汇兑作用。该组票据的出票人共有吕子嘉、谢惟宽、谢鼎谦、许信有、谢禹九、吕子龄、吕玉衡、谢定五、许有光、周文伯十人（其中谢鼎谦钤谢惟宽印，谢禹九钤谢鼎铉印，前者显为后者的代理人），付款人共有许明远、潘禹宣、谢定五、程彦升、谢惟抱、谢周生、谢吁三、符先仁八人。按史籍所载，会票一般用于世家大族转移资财或科举之士与某人捐官捎寄钱银，但通过上述资料我们可以看到，会票在商业流通和贸易往来中也是普遍使用的工具。例如上述第九件会票中就有"蒋鼎谦号布价兑付无误"的内容，从付款机构皆为日成布号这一点看，其他会票也应为布匹交易中的钱款汇兑所立。而从出票人中含有吕、谢、许、周四姓，付款人中含有许、潘、谢、程、符五姓，也说明票据关系人并不仅限于亲族之间，还包括亲戚、朋友、贸易伙伴等。

其次，从票面格式上看，会票完全符合现代票据的要求。该组会票所有票面都记载有会票或收票字样，与现代票据关于汇票的记载要求相吻合；有支付的意思表示，例如准兑无误、终兑无误、兑清无误、即兑无误、兑付无误等，与汇票的委托支付要求相吻合；还有关于汇票金额、出票人及其签章、付款人、出票时间、付款时间、兑换率等事项的记载，格式非常完整。

再次，从付款期限上看，会票已初步区分即票和期票。即票就是见票即付的汇票，期票就是定日付款或出票后定期付款、见票后定期付款的汇票。该组会票的付款时间既有见票即兑或见票兑付、验票兑付者（第四至第十七、第二十二、第二十三件），也有出票后定期兑付者（第一、第二件），又有见票后定期兑付者（第三、第十八至第二十一件）。这说明付款形式比较灵活多样，比之前的传统汇票更为完善。同时，所有票面均未记载收款人，说明无记名式汇票在当时比较通行。

最后，从兑换率上看，兑银平砝的习惯普遍存在。① 该组会票所有票面都标明兑换率，有"日成布法"（或"京平日成布法"）、"封来法"、"市法"、"封进钱法"、"市口法"、"封来铜法"、"唯宽兄封法"、"兆贞法"等八种之多，这说明使用会票进行钱银往来的商家相当多，流通也很普遍。

但是，与现代票据相比，明清会票制度仍然存在一些不足。

首先是缺乏全国性的统一规则。明清会票制度基本上是由各地商家在长期金融实践中逐渐摸索完善，不同地区、不同商家所制定和遵循的规则各有不同，习惯做法也不一致。例如上述关于兑银平砝的习惯，在同一组会票中居然有八种之多，从一个侧面反映出规则的不统一和习惯的散乱。

其次是某些重要程序的缺失。例如背书制度，现代票据除充当送金工具之外，还可以充当代金工具，用于融通资金，背书制度对于提高票据流通性、发挥融资功能至关重要，该组会票中完全没有出现背书，说明汇票使用还停留在简单的送金主义阶段。又如承兑制度，能极大提高汇票的信用度和流通性，实为确保付款必不可缺的程序，然而在该组会票中完全缺

---

① 兑银平砝是指由于银的种类和成色不同，在兑换中相互转换的标准。清代钱银并用，但重银轻钱，银的种类颇多，成色也各有不同，因此民间和各商家在不同的银种上兑换标准也有所不同。如果打个比较勉强的比喻，就如现今不同货币种类之间的汇率一样。相关内容参见史若民《票商兴衰史》，中国经济出版社，1998，第71~75页。

失，据此我们大致可以推知承兑程序在当时的汇票制度中很可能并不存在。再如见票期限与到期日的规定，按现代票据制度的要求，为使承兑人或付款人免于长期担负付款准备的压力，对于持票人提示承兑或者请求付款的时间应当进行一定的限制，或为出票后半年，或为出票后一年，不能放任其无限拖延。但由于承兑制度的缺失，持票人应于何时见票提示付款，汇票到期日如何确定均不明朗，假设持票人在出票三五年后才见票，则付款人不免长期陷于准备付款的压力中，影响资金流通与票据信用。其他如保证、参加承兑、参加付款、伪造与变造、遗失、追索权等方面的规定也完全缺失，与现代票据制度仍然存在一定差距。

最后是票据的文义性原则并没有得到严格遵守。文义性原则是现代票据的重要原则，票据关系人应当严格遵守票据约定，不得以其他票据外原因变更票据内容，以保证票据的安全性，促进票据流通。但在该组会票的第九件和第十件，票上所载为验票兑付和见票兑付，出票时间分别为康熙贰拾叁年五月和康熙贰拾叁年九月，显然从性质上属于见票即付的即票。按现代票据制度，即票不允许付款人拖延支付或分期付款，然而按票上所记载批兑的内容来看，付款人都是分两次付款：第九件的兑付时间分别为五月廿八日和六月廿四日，第十件的兑付时间分别为十二月初六和十二月十四日，可见会票的付款并不严格遵循票据文义性原则。

虽然明清会票仍然存在着缺陷和不足，但我们知道，事物的发展总是需要一个过程，好比每个人都要经历蹒跚学步的阶段，谁也无法一出生就健步如飞。任何一种金融制度的完善，不仅需要相对成熟的经济发展水平，而且需要官方的统筹与规制。考虑到中国古代重农主义思想的盛行和明清时期对商业贸易尤其是外贸的打压，以及官方对于商事立法的漠视，商人们几乎完全自发地在金融实践中进行摸索与创制，会票制度能有如此发展已属不易，我们在钦佩之余，也无法要求他们在那样的情形下能发展出更成熟的票据制度来。

三 票号会票的盛行与没落

票号又称票庄，是专门从事票据发行、流通，以钱款汇兑为主要业务，兼营存放款的金融组织。因其产生于山西平遥、祁县一带，经营者多以山西商人为主，故被称为山西票号或山西票庄。从清代中后期创立后①，对近代中国的社会经济生活产生过重要影响。民国时期，随着现代票据制度的逐渐引入和发展，票号的经营模式因无法适应近代社会经济而纷纷倒闭。尽管如此，山西票号在中国近代经济史上仍占有很重要的地位。从时间上来说，它有近百年的历史；从地域上来看，它的势力范围在极盛时曾北起莫斯科、蒙古，南至广东、新加坡，东至日本，西达新疆、四川。其影响力不但及于国内边陲地区，甚至走出国内、扬名海外。

清代长期以来实行闭关锁国的政策，外贸基本陷于停滞状态。但国内商业贸易却随着国家的稳定在绝对数量上有很大的发展，特别是在鸦片战争前的康雍乾一百多年中，全国各地的商贸往来相当频繁。由于钱银货币本身固有的携带不便和不安全的缺点，使得票据业务在这个阶段有很大的发展，也促使汇兑制度逐步完善。在票据广泛使用的过程中，诞生了中国最早的规模化和专业化的票据金融组织——日升昌票号。

日升昌票号的前身是山西平遥西裕成颜料庄，其创始人为山西商人雷履泰，成立的时间在 1821 年~1824 年。② 山西矿产丰富，盐铁交易自古以来极为发达，当时的晋商往来京师者众多，西裕成颜料庄在北京开有分号，实力雄厚，与其他晋商常有大笔钱银往来。为保证钱款往来安全，晋商常通过晋京两地的票据汇兑来实现款项移转，西裕成经常受其他晋商委托代为移转往来钱银，并收取一定手续费。雷履泰敏锐地发现这条生财捷

---

① 关于山西票号的产生时间，自清末、民国以来，学者们就有不同的说法，大致有四种观点：(1) 认为产生于隋末、唐朝者，如清末上海著名的传教士艾约瑟博士（Dr. Joseph Edkins）于 1905 年编著的《中国金融财政史料丛书》第三本《中国银行与物价》中持此观点；(2) 认为产生于明代中期者，上海《银行周报》1917 年第七号、第八号所载东海先生"山西票号"一文持此观点；(3) 认为产生于明末清初者，如民初学者徐珂所撰《清稗类钞》(1917 年) 第十七册中持此观点；(4) 认为产生于清代乾嘉时期者，如近现代考古学者卫聚贤的《山西票号史》(1944 年) 即持此观点。前三种观点可参见陈其田《山西票庄考略》，商务印书馆，1937，第 1、7 页。由于前三种观点缺乏有力的证据证明，作者取第四种观点，认为山西票号产生于清代乾嘉时期。
② 关于日升昌的确切成立时间，学界还存在争议，有的认为是 1821 年，如卫聚贤的《山西票号史》；有的认为是 1823 年，如黄鉴晖的《山西票号史》；有的认为是 1824 年，如史若民的《票商兴衰史》。但这个问题与本文无太大关系，所以不必深究。

径，便将西裕成改为日升昌票号，专营票据和钱银汇兑业务。由于异地票据汇兑业务既方便又安全，所以受到客户广泛欢迎，日升昌也逐步发展壮大起来。日升昌的成立带动全国各地票号的发展，在最初的30年里，绝大多数的票号集中在山西平遥、太谷和祁县3个地区，其中尤以平遥票号实力最为强大，例如实力较强的日升昌、蔚泰厚和日新中3家票号在道光三十年（1850年）就已在各地设立35处分号，业务范围遍布北京、南京、上海、广州、武汉、长沙、西安、济南、成都等全国各大城市，因而票号在习惯中也被称为山西票号。此后，南方各省才陆续出现一批票号（见表1-1）。据统计，到1906年为止，全国共有票号27家，分号475家，分布于全国95个城镇码头，收汇总额达到四亿两以上。① 其中日升昌十四家分号全年汇兑总额就达到3222万5204两（银）。② 到1911年10月为止，全国尚有票号26家。

表1-1 1823~1853年山西票号

帮别	1823年	期内歇业者	1853年
平遥帮	日升昌、广泰兴、蔚泰厚、蔚丰厚、天成亨、新泰厚、蔚盛长、承光庆、聚发源、隆和永、日新中、隆盛长、义兴永、万成和、万盛长、光泰永	广泰兴 承光庆	日升昌、蔚泰厚、蔚丰厚、天成亨、新泰厚、蔚盛长、聚发源、隆和永、日新中、隆盛长、义兴永、万成和、万盛长、光泰永
太谷帮	志成信、大德玉、会通源	会通源	志成信、大德玉
祁县帮	合盛元、巨兴和		合盛元、巨兴和
不 明	三和世		三和世
合 计	22家	4家	18家

资料来源：黄鉴晖：《山西票号史》，山西经济出版社，2002。

票号的票据业务主要是票汇和信汇，票汇运用会票进行汇兑，信汇则不运用会票。在前人运用会票的基础上，山西票号在实践中发展出一套较为完整的票汇制度，在票据种类、格式、内容、防伪，票据付款、流通、贴现，票据权利保全等方面有一定发展。

---

① 史若民：《票商兴衰史》，中国经济出版社，1998，第246页。
② 黄鉴晖：《山西票号史》，山西经济出版社，2002，第341页。

票号会票分为即票与期票，不论即票、期票，一般由收汇到付汇都存在一段时间的宽限期，叫得空期，通常在三五天之内。得空期不但为票号融通资金、牟取利差提供便利，而且逐渐形成一种类似于现在票据制度中提示付款后的恩惠日习惯。另有一种用于联号之间异地汇兑的对票，分为两联，一联交客户、一联票号自留。在异地联号付款后，将客户联寄回本号，类似于现代银行的通存通兑，既方便客户取款又能保证付款安全。

会票格式虽然在各票号间有所不同，但都有自己统一的用纸和规格，一般采用折纸形式。从现存会票来看，其高约 23 厘米，宽约 10 厘米，有四个折面，首面印有"会券"两字和图案，中间一面有竖格，用来书写汇兑客户等内容，年月日另占一面，尾面印"信行"二字。汇票书写后加盖三种图案形状的印章，交汇款人持票取款。其内容载明会票或会券字样，并有汇款人、付款人、付款地、付款金额、利息、兑银平砝、付款时间等，相当规范完整（见图 1-1）。

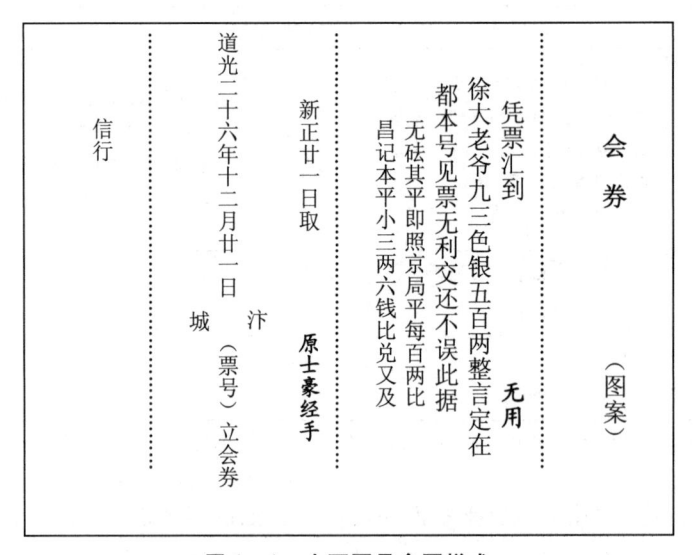

```
┌─────────────────────────────────────────────────────────┐
│ 信  道光二十六年十二月廿一日  新正廿一日取  凭票汇到      会  │
│ 行                              徐大老爷九三色银五百两整言定在  券  │
│         汴                      都本号见票即照京局平每百两比  （图案）│
│         城（票号）立会券         无砝其平即照京局平每百两比      │
│                    原士豪经手    昌记本平小三两六钱比兑又及  无用  │
└─────────────────────────────────────────────────────────┘
```

图 1-1 山西票号会票样式

说明：
1. 资料来源：黄鉴晖：《山西票号史》，山西经济出版社，2002。
2. 票中"无用""原士豪经手"系后面加记载，表明汇票已经兑付后作废。

为防止他人假冒，票号在长期实践中形成一套完善的票据防伪方法，主要有字迹比对和暗码。字迹比对是指票号中每个分号都有专人书写汇票，其字迹都要通报各联号与分号，所有在号人员都能识别其字迹。如果书写汇票的人员变动，第一要务就是向各分号与联号通报新的字迹。暗码是指票号创造出一种以汉字为暗号的代码，作为汇票签发的日期及银两数目的密押，以防止伪票。各票号的汉字代码各不相同，而且不断变更，以防泄密。例如全年12个月的代码可以是："谨防假票冒取，勿忘细视书章。"每月30天的代码是："堪笑世情薄，天道最公平，昧心图自利，防谋害他人，善恶终有报，到头必分明。"代表银两数目和单位的代码分别用"赵氏连城璧，由来天下传"10个字代表"壹贰叁肆伍，陆柒捌玖抬"，"国宝流通"四个字代表"万千百两"等单位字。①

票号会票多为无记名式，虽然票面一般都记载汇款人的姓名字号，但对于收款人多不记载，付款以认票不认人为一般原则，如确认是联号签发的会票，比照图章无误，持票人只需凭票即可兑付。但如客户为保障安全，可在票据上注明"面生讨保"等字样，或可另外开出一单，对受款人详细情况进行说明。② 无记名式会票和认票不认人原则的通行说明票号会票与传统票据相比，流通对象已超越亲朋好友的范围，逐渐成为一般商业贸易的重要金融工具，流通程序也走上规范化和制度化道路。

票据贴现业务在这一时期也已经出现，持票人在付款期限未到时，可将未到期票据向银行或其他金融机构兑现，充分体现票据作为有价证券的融资功能。票号会票允许客户在急需用款而期票付款期限未到时提前兑付，但须按月息支付利息，称为"认利预兑"，实际上就是票据贴现业务。蔚泰厚苏州分号道光二十四年（1844年）清河四月《京都往来信稿》就有"认利预兑"的记载。③ 票据贴现业务的出现和发展反映了票号会票已经初步摆脱汇票作为简单汇兑工具的送金阶段，进入作为融资工具

---

① 卫聚贤主编《山西票号史》，中央银行经济研究处，1944，第107～109页。
② 卫聚贤主编《山西票号史》，中央银行经济研究处，1944，第242～243页。
③ 例如道光二十四年（1844年）四月初五蔚泰厚京部分号在致苏州分号的第八次信中就有："又姚宅关批足纹银四百两，又伊足纹银一百二十两，各立去会票一张，均注定五月初七、八日在苏无利交伊，其平均照园（原）砝兑，比咱平每百两大四钱，共贴过咱费银七两二钱八分。并报会去姚宅之项，伊系执事人送票，诚恐失落票券，今将送票人年貌姓氏开去一单，至日照单盘问，连四次信内会去伊之五百两，一并照票妥交妙是。"黄鉴晖：《山西票号史》，山西经济出版社，2002，第123页。

的代金阶段。

此外，票号已采用挂失止付来保全票据权利。票号出现之前，会票遗失如何救济，因为缺乏相关资料，我们无从了解。按山西票号习惯，持票人如不慎遗失票据或被盗，应立即向付款票号挂失止付，并向当地官府报告备案（商会成立后改向当地商会报告备案），经过一定期限，若是无人主张票据权利，则可要求出票人重新出票或付款。挂失止付接近于现代票据制度中的公示催告制度，能够有效防止无权持票人恶意兑付票款，保护正当持票人利益，是传统票据习惯中值得赞许的创制。

山西票号在兴起之后的几十年间，曾经盛极一时，几乎垄断全国南北票据汇兑市场。究其原因，一方面是因为国内政治平稳，商业贸易较为发达，异地往来钱款较多；另一方面是因为当时的交通不便，运现麻烦，商人们需要凭借票号进行汇兑，即使地方各省与中央政府官银往来也缺乏适当机关代办，不得不委托于票号，遂使票号暂时形成一家独大的局面。然而，票号本身在组织机构方面存在致命缺陷：作为旧式的经济组织，票号重人事而不重制度，与现代公司制度大相径庭。财东与经理人（掌柜）之间完全依赖于个人信任，财东以全权委托经理人，却没有严密的监督管理机制。票号兴盛时因人获利，衰落时经理人往往伪造账目甚至卷款潜逃，财东无法救济。在放款业务中，票号与借款人之间过于注重个人信用且没有制度保障，最典型者莫过于借款不用抵押，一旦遭逢政局变乱，欠款难以追回，势必导致周转不灵，影响正常运营，甚至威胁到票号的生存。

20世纪以后，随着社会经济、金融、交通等方面的急剧变化，票号业务每况愈下。首先是交通、通信的发展对票号业务产生很大的影响。随着火车、轮船等新式交通工具的运用和邮政、电信事业的发展，往来各地所需的时间大为缩短。加之银元通行，无论民间还是官方的钱款往来不再依靠票号汇兑，票号的自然垄断地位逐渐丧失。其次是竞争对手的急剧增加极大地压缩票号的利润空间。光绪年间，随着交通银行、户部银行等国有银行的设立，票号的官银汇兑业务丧失大半。南方汇兑业务逐渐遭到钱庄侵蚀，通商口岸汇兑业务也遭遇实力强劲的外资银行的阻截。激烈的竞争和业务量的萎缩使票号利润大幅缩水，陷于风雨飘摇之中。最后是辛亥革命爆发成为压垮票号的最后一根稻草。革命怒潮所至，全国经济萎靡，票号损失尤其严重。山西票号一直以来奉行"北存南放"的营业政策,辛亥之后南北对峙,北方存款被提取一空,南方放款则所收无几。一时资金周转不灵、举步维艰,票号纷纷关门倒闭。1914年,山西票号的旗帜日升昌宣布停业,犹如柱梁中断,票号大厦轰然倒塌,最终被钱庄和近代银行所取代。

实际上,山西票号的消亡并非不可逆转。如果管理者能够顺应时代潮流,勇于改革,未尝不能挽狂澜于既倒。光绪二十九年(1903年),北洋大臣袁世凯请票号加入天津官银号,票号拒不奉命;光绪三十年,户部尚书鹿传霖奉谕组织大清户部银行(国家银行),曾邀票号入股并请出人组织,山西各票号总号不顾各地分号经理的反复恳请,回函拒绝;之后在户部银行改组为大清银行时,再次招请票号协办,仍然遭到拒绝。[①] 入股国家银行不仅能够维持票号在官银汇兑中的优势地位,更重要的是,国家银行按照现代公司制度进行组建,机构更完善、制度更严密,可以为票号的组织机构改革提供极好的参考借鉴,对票号来说无疑是雪中送炭。然而,由于财东和高层管理者的保守昏庸,葬送了几次重整旗鼓的机会,票号毫不意外地走向坠落的深渊。

山西票号是中国土生土长的金融组织,在近代商品经济的发展中曾起到很大作用,特别是对传统票据制度的发展做出很大贡献。但是,组织结构的严重缺陷和管理者的保守思想限制了票号的成长和完善,正如先天不足而又拒绝锻炼的孩子绝对无法长成壮汉一样,当它遭遇到剧烈的社会、经济变动,面临严酷的外部竞争时,最终只能被机构更为完善、制度更为严密的近代银行击败,消失于历史长河中。山西票号的消亡也说明旧式金融组织和传统票据习惯在遭遇社会转型期的剧烈变动时不应故步自封、抱残守缺,只有在发挥固有优势的情况下,勇于吸纳国际规则中有益的内容,改革创新,才能获得生存的空间、发展的余地。

四 钱庄票据的兴衰

与山西票号相比,钱庄的崛起时间稍晚,但其大多处于沿海发达地区或通商口岸,对现代公司制度和票据制度的借鉴也优于票号,所以发展非

[①] 陈其田:《山西票庄考略》,商务印书馆,1937,第44~45页。

常迅速。到 19 世纪末叶，钱庄已经取得足以与票号相抗衡的地位。20 世纪初，钱庄逐渐取代票号成为国内头号金融组织。但在 20 世纪 30 年代以后，国内外政治、经济形势陡然剧变，钱庄在外资银行和本国垄断资本的双重挤压下一落千丈，最终惨遭淘汰。

（一）钱庄的兴起

钱庄与银号性质相同，只是名称有异[①]，据李胜渝教授考证，它来源于明代中期以后产生的钱铺，最初只经营金、银、钱等兑换业务，到明末时其经营范围开始涉及存款、放款、汇兑等。[②] 清朝时，钱庄在钱铺的基础上产生并逐步发展。清末数十年间，山西票号日渐式微，钱庄却是方兴未艾。鸦片战争后，随着五口通商和沿海地区主要城市的开放，钱庄在这些地区逐渐发展起来。不过，这个阶段的钱庄普遍规模不大，钱庄票据的流通范围也多在本地。以五口中的福州和上海为例，福州于 1844 年被开辟为商埠，钱庄随之兴起。到 19 世纪 60 年代，在福州的 90 家钱庄中，开设在城内的有 20 家，资本额最多的不过四五万两；开设在城外的有 70 家，其中有大钱庄 12 家，资本在 15 万至 20 万两，而在外地设立分号的却只有 2 家。[③] 上海在开埠之前，贸易已经较为发达，出现一批以存放款为主要业务的小钱庄。1843 年上海开埠，特别是 1845 年租界开始设立后，上海逐渐取代广州成为外贸中心，钱庄的数量和规模也有很大的发展。1866 年，只上海一地就有钱庄 116 家。[④]

钱庄是继票号之后兴起的传统金融机构，其主要业务已经从货币兑换扩大到存放款、办理划汇和发行票据与贴现等，可以说已具备近代早期银行的性质。由于钱庄的票据业务时常涉及外国人，因此它在坚持传统习惯的同时也比较注意对国际规则的吸收。19 世纪末，近代银行纷纷成立，与

[①] 我国旧式金融机构之名称，有钱庄、银号、票号等，而钱庄与银号实为一类，大致在长江一带名为钱庄，在北方各省及广州、香港多呼银号。参见杨端六《清代货币金融史稿》，三联书店，1962，第 146~147 页。

[②] 李胜渝：《中国近代票据立法通论》，重庆出版社，2001，第 28 页。另外，关于钱庄的产生，也有认为是 18 世纪时由于浙江绍兴商人在上海经商时，因放款于临近商店及北洋船帮而产生的。参见中国人民银行上海市分行编《上海钱庄史料》，上海人民出版社，1960，第 7 页。

[③] 中国海关编《海关贸易报告》，1867，福州，第 62 页。

[④] 李胜渝：《中国近代票据立法通论》，重庆出版社，2001，第 30 页。

钱庄存在一定的竞争关系，而竞争是天然的进化剂，迫使钱庄不得不在经营中借鉴银行某些有益的做法，以求得生存和发展。与票号相比，钱庄起码在三个方面更为完善：一是能够借鉴银行的公司制，完善自身的组织机构，明确财东与经理人的权责；二是能够联合其他钱庄的力量，共同承担风险，尤其是 20 世纪初上海钱业公会的成立大大增强钱庄应对金融危机的实力；三是借鉴现代票据制度的有益内容，制定钱业营业规则，对传统票据习惯进行规范，使之更适应近代社会经济的发展。到 20 世纪初，钱庄成为沿海地区实力最强大的金融组织，与新兴的近代银行一起将票号逼向没落的边缘。其中心也逐渐集中于上海地区，因此我们有时把它统称为上海钱庄。

（二）钱庄票据的通行

近代学者王敦常曾编有《票据法原理》，对上海钱庄的票据进行详细的介绍。[①] 钱庄票据除传统汇票之外，还有庄票、期票、支票。汇票有合同汇票、普通汇票、外行汇票和凭信汇票；庄票有即票与期票；期票有普通期票与钱庄期票；支票有普通支票与带有支票性质的划条，普通支票又有三联支票、四联支票与散根支票。在这些传统票据中，庄票在近代以来特别是鸦片战争后随着外贸的发展而日益盛行，成为 19 世纪末、20 世纪初最为通行的票据。与票号会票相比，钱庄票据的种类更为多样、内容更为复杂、规则更为详细，既保留传统票据的某些习惯，也吸收现代票据的通常做法，体现出传统票据向现代票据转变的特点。

钱庄汇票是以甲钱庄为发行人而以乙钱庄为付款人，或以常人为发行人而以钱庄为付款人的票据。按付款期限可分为即期和远期两种：即期汇票为见票即兑，远期汇票可分为板期和注期。板期有固定的付款日期，相当于现代票据中的出票后定期付款汇票；注期为见票后定期付款，相当于现代票据中的见票后定期付款汇票。按票据关系人的身份或流通区域的不同，钱庄汇票又可分为合同汇票、普通汇票、外行汇票和凭信汇票。

合同汇票是基于汇票当事人之间的合同而开出的票据，有合同才有汇票，无合同则无汇票，各埠庄号向上海庄号支解款项多用此种汇票（见图 1-2）。

---

① 王敦常：《票据法原理》，商务印书馆，1922。

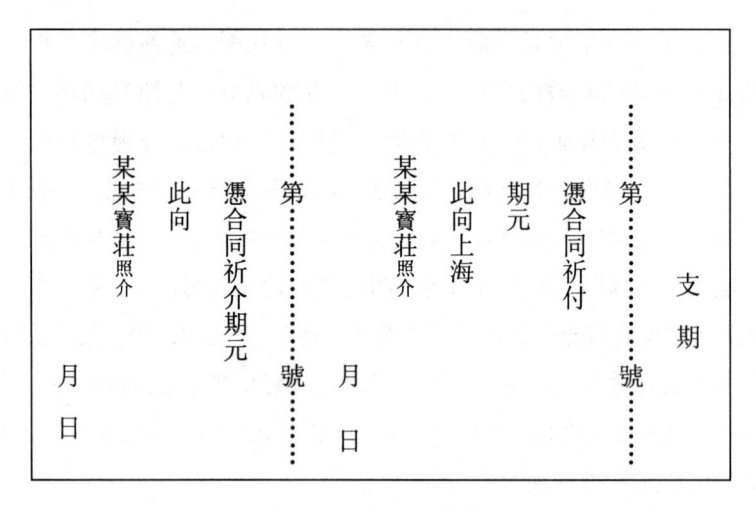

```
┌─────────────────────────────────────────────┐
│                                             │
│    某    此   憑    第      某    此  期  憑    第                        │
│    某    向   合           某    向  元  合                              │
│    寶        同           寶        上     同           支              │
│    莊        祈           莊        海     祈           期              │
│    照        介                     照             付                   │
│    介        期                     介                                  │
│          月  元                          月                            │
│              號                               號                       │
│          日                              日                            │
│                                             │
└─────────────────────────────────────────────┘
```

图 1-2　合同汇票样式

资料来源：王敦常：《票据法原理》，商务印书馆，1922，第三章，以下汇票样式同。

普通汇票是上海最通用的汇票，无论常人、商号、钱庄都可充当发行人，向另一钱庄支解款项（见图1-3）。

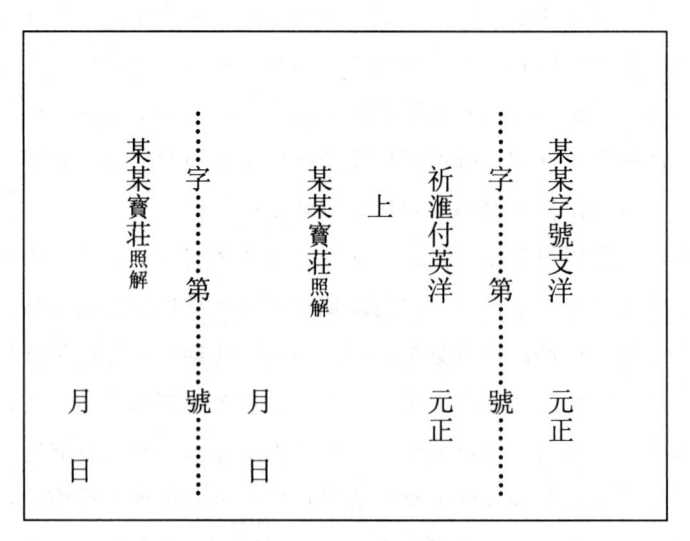

```
┌─────────────────────────────────────────────┐
│                                             │
│   某    字        某        祈    字    某              │
│   某            某        滙          某              │
│   寶            寶    上   付         字              │
│   莊            莊        英          號              │
│   照            照        洋          支              │
│   解     第     解                    洋              │
│                                                      │
│        月                      元      元             │
│           號                   正      正             │
│        日                                             │
│                                             │
└─────────────────────────────────────────────┘
```

图 1-3　普通汇票样式

外行汇票是由甲商号发行，由钱庄向乙商号付款的汇票。汇票须经钱庄承兑，故有向某某庄解的注明。票面一般记载"言明汇至某处，见票迟期几天，无利交付莫误，倘有遗失作为废纸，无保不付"等字样（见图1-4）。

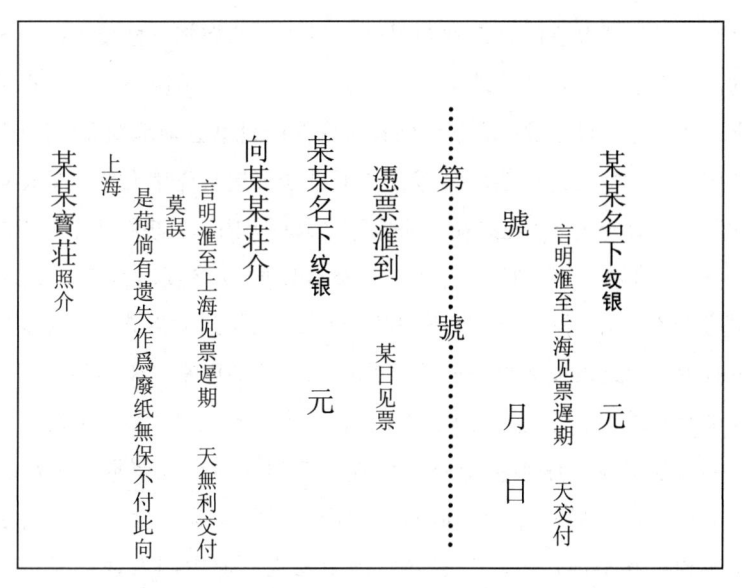

图 1-4　外行汇票样式

凭信汇票为两开式，分正信、附信，中间以骑缝分开，正信由出票人寄与承兑人，附信交领款人收执，其票面记载与外行汇票相似，多为外埠商号所用（见图 1-5）。

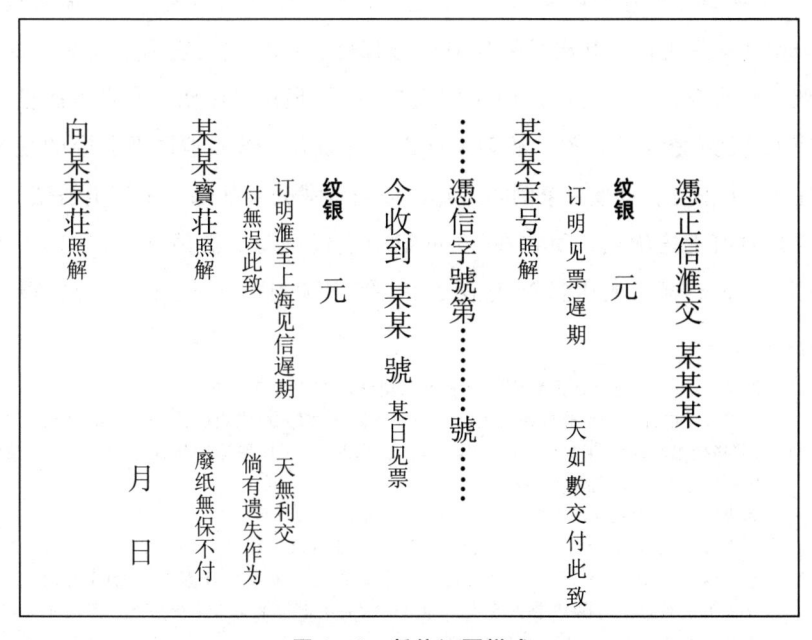

图 1-5　凭信汇票样式

庄票是钱庄所开立的允诺到期付款于持票人的票据,性质上属于现代票据中的商业本票,在各种传统票据中最为通行。一般情况下,除非存款的庄户要求,钱庄并不自己发行庄票,因其对庄票的付款必须承担无限连带责任。上海钱庄何时开始发行庄票已难考证,不过据戴建兵先生介绍,早在道光年间(1821年~1850年),庄票在上海地区已通行无阻,有现存于上海豫园的告示碑为证。① 同治二年(1863年),上海钱庄同业整顿时规定,钱庄不入钱业同业公会者不得发行庄票。② 1853年太平天国运动兴起,上海地区白银供应量减少,导致该地区更普遍地采用庄票。长期以来,庄票甚至可以代替现金在市面流通,按时人的说法:"无论任何人执有庄票,视为现款。"③

在对外贸易中,庄票深受外商信赖,起到其他传统票据所无法替代的作用。五口通商之后,外商大量涌入中国,对外贸易迅猛增加。由于内外商言语不通、互不信任,需要买办作为中间人。但中间人往往只是精通外语,经济上资力不足,缺乏信用保障,因此钱庄起到作为中间人信用保证的作用。一般由钱庄发行庄票提供给中间人,中间人用庄票向洋商购货,洋商可将庄票向洋行贴现,洋行到期向钱庄收款,而买方货款未汇到之前由钱庄垫付。这样,中间人对钱庄负责,钱庄对洋商负责,对外贸易得以进行。④ 外商信任庄票的原因,首先是他们对中国商情不太了解,需要钱庄充当中间金融机构;其次是钱庄有资金保障,比中间人更值得信赖,即使庄票遭到钱庄止付,还可以向中间人追讨。⑤ 最后是庄票具有卓著的信用。钱庄无论是独资还是合资,都必须承担无限责任。按钱业同业公会的规定,钱庄还实行联保,即使一家倒闭,其债务由钱业公会从基金中负责清偿。由于庄票具有上述优点,使它在20世纪初盛极一时。据估计,在1919年,全国庄票发行额大概达到34亿两,其中上海钱庄庄票占到一半的份额。⑥

---

① 戴建兵:《上海钱庄庄票略论》,《档案与史学》2002年第2期。
② 中国人民银行上海市分行编《上海钱庄史料》,上海人民出版社,1960,第20页。
③ 《北华捷报》1853年5月7日,第158页;魏友棐:《庄票信用问题之研究》,《钱业月报》1933年第13卷第11号。
④ 戴建兵:《上海钱庄庄票略论》,《档案与史学》2002年第2期。
⑤ 马寅初:《汇丰银行》,《商业月报》1925年第5卷第7号。
⑥ 上海钱庄发出的庄票,年约80万张,每庄每年发出的票面金额少则1500万两,多则3500万两,总额约在17亿两左右。参见中国人民银行上海市分行编《上海钱庄史料》,上海人民出版社,1960,第551~552页。

庄票向来都为无记名式，不记载受款人姓名，允许自由流通，前手须向后手承担付款担保责任，市面上流通最广，信用最为卓著。票面记载编号、票面金额、到期日、出票人等内容，有的还标明"汇划"或"汇划双力"字样，由发行人签章（见图1-6）。按付款期限可分为即票和期票，凡票面未注明期日者为即票，按惯例，在付款日提示见票后，钱庄并不于当日付款，而于次日付款。凡票面注明期日者为期票，在见票后一定期限内付款。未到期的庄票虽不能兑款，但可以贴现。按商事习惯和司法判例，钱庄破产时庄票有优于其他票据和债权受偿的权利，所以在清末民初的各种传统票据中占有最重要的地位，实为传统票据的典型代表。

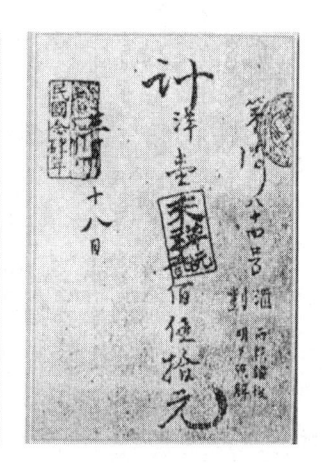

图1-6 无记名式庄票样式

说明：

1. 资料来源：戴建兵：《上海钱庄庄票略论》，《档案与史学》2002年第2期。

2. 从现存的庄票原件看，一张普通的庄票通常有三个印章：一为骑缝章（箝口印），盖于编号处；二为庄章，盖于面额处；三为年份章，盖于日期处。此外，有的庄票还盖有"汇划双力"的图章。

3. 双力实指手续费，钱庄与非同行业在票据融通中扣除一定比例的手续费，称为双力；与同行业在票据融通中扣除的手续费一般是非同行业的一半，称为单力。

期票是发行人开立的允诺于一定期限后由自己或委托钱庄付款的票据，包括由他人委托钱庄付款的一般期票和钱庄自己开立的庄票（期票）。一般期票的出票人由于担心自己的信誉不够、所出期票不被他人所接受，所以常委托钱庄付款以增其信用，钱庄是否负承兑或付款责任，视发行人是否有款项存于钱庄而定。因此从形式上看，一般期票尽管在付款地、当事人的责任方面与传统汇票略有区别，但性质上仍然是一种远期汇票。而庄票中的期票显然属于商业本票，二者都称为期票，由此可见在票据种类的划分上，传统票据习惯显得比较混乱。其原因在于汇票、本票（庄票）是以当事人的不同及权利义务为划分标准，而期票则是以付款期限为划分标准，一种票据却有两种不同标准，难免让人对期票的性质不明所以。期票有记名式与不记名式的区别，二者皆可流通转让（见图1-7）。记名式期票的转让须在票据背面注明"请付某某照收"字样，由让与人盖章签押；无记名式期票的转让只需当面交付即可。

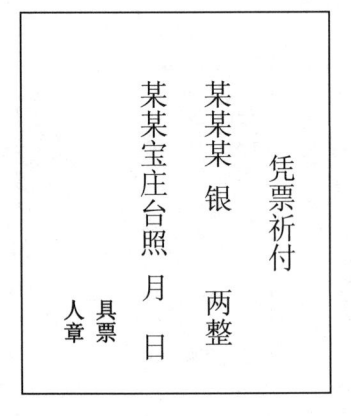

```
┌─────────────────────────┐
│                         │
│  某     某       凭     │
│  某     某       票     │
│  宝     银       祈     │
│  庄              付     │
│  台          两         │
│  照  月      整         │
│      日                 │
│  人  具                 │
│  章  票                 │
│                         │
└─────────────────────────┘
```

图1-7　记名式一般期票样式

资料来源：王敦常：《票据法原理》，商务印书馆，1922。

支票在传统票据中出现最晚。清末以后，随着社会经济与贸易金融的发展，在沿海地区与通商口岸的钱庄也开始发行支票，其流通范围相当狭窄。钱庄支票又称兑条，凡在钱庄开立往来存款户的工商庄号，可以通过使用支票在其存款的范围内随时取款。钱庄支票从种类上来看，主要有三联支票、四联支票和散根支票。三联支票除正票之外还有上下票根，上根存发行人处，下根存钱庄（见图1-8）。

四联支票除正票之外，还有三联票根，一存于发行人，一存于钱庄，余下一联或连于支票或存于钱庄（见图1-9）。

散根支票除正票及发行人存根之外，还有散页票根由发行人寄交解银钱庄，上海钱庄南市多用此票（见图1-10）。

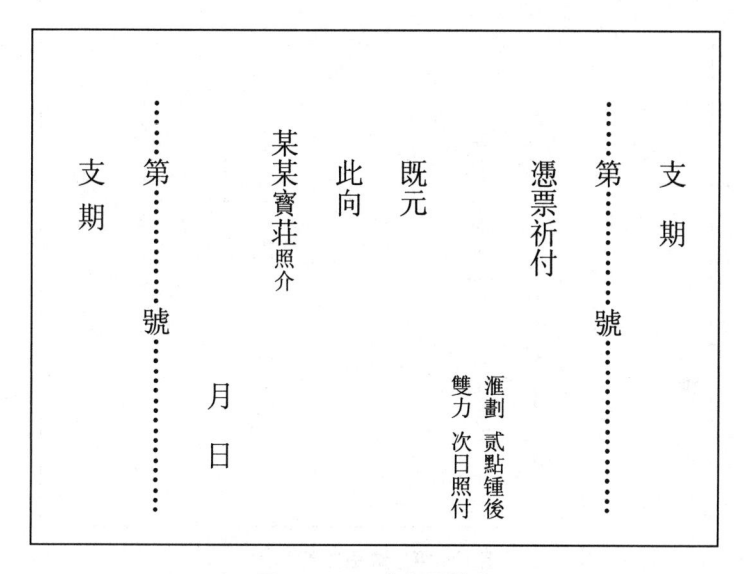

图 1-8　三联支票样式

资料来源：王敦常：《票据法原理》，商务印书馆，1922，第五章，以下支票样式同。

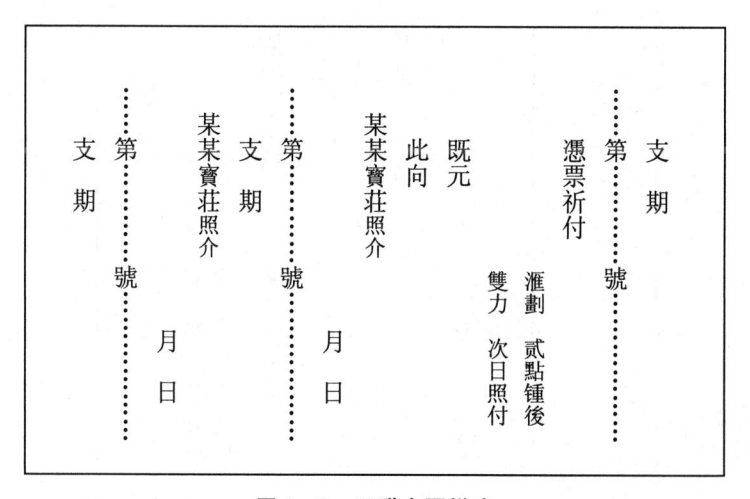

图 1-9　四联支票样式

除此之外，还有具备支票性质的划条。发行人开出划条，指示钱庄将发行人存款支出某数划归指定人账内或付款于持票人。普通划条只起到转账的作用，不能取现，如欲取现须经发行人盖印回单（见图 1-11）。

钱庄支票在样式方面并无严格要求，一般记明付款期限、金额、钱庄庄号等事项即可，通常还记明"汇划双力""二点钟后次日照付"等文

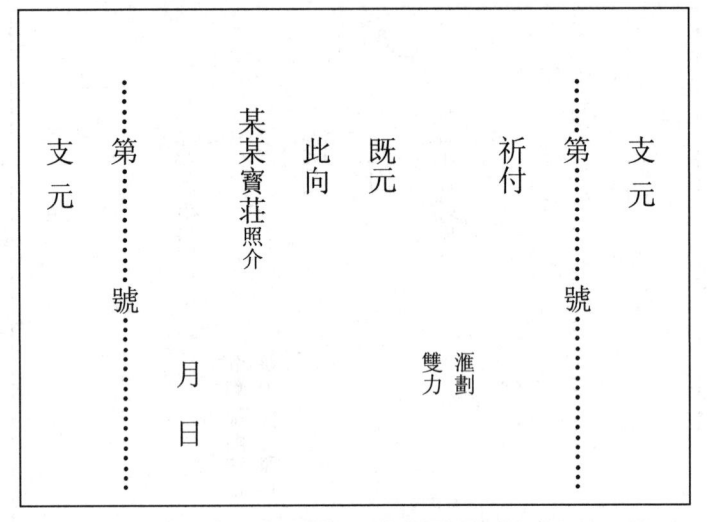

图 1-10　散根支票样式

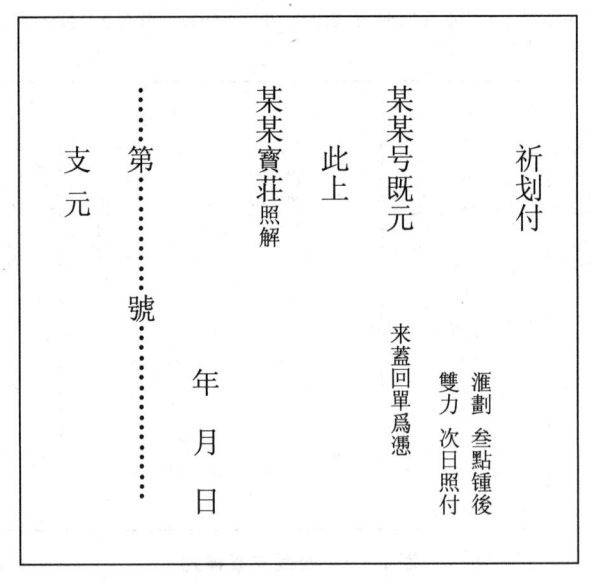

图 1-11　划条样式

字，另于存根上注明领款人姓名以备查询。

在付款期限方面，钱庄支票不限于见票即兑，而是有即期和远期之分，即期当然为见票即兑，远期支票不得超过 10 天，这是它与现代银行支票的最大区别。

在流通方面，钱庄支票可以自由转让，持票人到期不获付款可以向出票人追偿。若遇出票人破产倒闭，持票人可以在3日内将票据退还前手，若超过3日不退还前手，后果自负。按上海钱业营业规则第35条规定，支票以压脚之字号（图章）为重，在支票上加盖压脚图章者应负绝对清偿责任。

在票据遗失方面，按上海钱业营业规则第36条规定，持票人若因失窃或遭水火不测及确系遗失，曾经登报存案作废者，得向钱庄挂失，暂行止付。过100日后，失票人可觅保立据收银。担保之人须为该钱庄所信任，监守自盗者不在此例。但如钱庄已在支票上注明照准付款或已付款，则无论如何止付不得生效。

（三）钱庄的衰落

钱庄虽然盛极一时，但也存在着隐忧：其一是规模小，资本不够雄厚，抵御金融风险的能力不强；其二是组织不够严密、制度不够完善，虽然相比票号有所改进，但总的来说还是属于旧式金融组织，没有摆脱重个人信用不重制度建设的窠臼；其三是它的优势地位是建立在充当内外商中间人的基础上，当国内新式银行逐渐成长起来后，这种优势将逐渐丧失。在经过19世纪末、20世纪初的辉煌之后，到20世纪30年代，随着国内外政治局势的动荡和经济危机的蔓延，钱庄的固有弱点不可避免地暴露出来，内外交困之中，钱庄雄风不再，逐渐走到被淘汰的边缘。据统计，1925年上海钱庄票据（庄票）占全市票据流通额的85%，1931年下降为50%，到1936年下降到了20%，20世纪40年代以后，庄票遂湮灭无闻。①

考察钱庄衰落的原因，除其自身存在的问题之外，还有几点重要的外部因素。第一是1931年以后的频繁战乱。从"九一八事变"之后，国内外政治形势骤然紧张，战争的阴影笼罩在华北大地，南方的"剿匪"如火如荼，兵燹所至，生灵涂炭，经济形势一片萧条，内外贸易大受影响，依附于工商贸易的金融业自然难以独善其身。第二是行业竞争的加剧。在20世纪初以前，上海钱庄犹能通过汇划总会把持票据清算大权，借以巩固地位。随着以汇丰为代表的外资银行羽翼丰满，新式银行票据大量发

---

① 引自戴建兵《上海钱庄庄票略论》，《档案与史学》2002年第2期。

行，商人可以选择的金融工具大大增加，钱庄的相对垄断地位逐渐被蚕食。而内资新式银行也相继成立，1897年盛宣怀创立中国通商银行，此后内资银行蓬勃兴起，特别是国有银行，以政府为后台，财大气粗、实力雄厚，是小本经营的钱庄无法比拟的。到20世纪30年代，南京国民政府控制的四大银行成为垄断金融的庞然大物，钱庄已将成鲸口之食。在局势平稳的时期，钱庄固然有船小好掉头的优点，一旦政治、经济形势风云变幻、风暴袭来，难逃灭顶之灾。第三是白银风潮与币制改革的影响。白银风潮是指在20世纪30年代，因美国的白银法案引起的银价畸形上涨，导致中国白银出口剧增，国内通货不足引起的金融危机。[①] 1933年，南京国民政府宣布废两改元，实行币制改革，完全废止银两流通，以银元代替银两。但废两改元仍然无法遏制白银出口，1935年，国民政府只好宣布废除银元，以"法币"作为法定货币。白银风潮对钱庄造成致命的重创，通货紧缺使得钱庄不得不紧缩放贷，大量减少庄票的发行，中小工商企业因为钱庄放款收缩而周转不灵，纷纷倒闭，反过来又影响钱庄的资金周转和信用，洋行开始拒收庄票，钱庄陷入空前危机。而废两改元和发行法币使得大量钱庄赖以盈利的金银钱币兑换业务化为乌有，尽管各钱庄和钱业公会使尽浑身解数救险图存，然而动荡的时代只有强者才能生存，钱庄这艘缺乏雄厚实力的小船最终还是湮没于金融危机的巨浪之下，通行大江南北的庄票也成为明日黄花。

纵观中国传统票据的沿革，其发展相当缓慢。在民族工商业长期受到压制的时代，票据制度不可能有很大发展。虽然在某个时期、某个地区，传统票据也曾有过比较广泛的流通，形成一些比较实用的方法和习惯，但是与现代票据制度相比，仍然体现出不规范、不完善的特点。以汇票为例，长期以来缺乏背书、承兑、保证等重要制度，票据的文义

---

① 20世纪20年代以后，欧洲许多国家放弃银本位制，改用金本位制，使得国际货币市场出现金贵银贱的现象。而中国是用银大国，传统以来一直是银本位制，国际上大量从通货中退出的白银廉价涌入中国，银价持续下跌，在当时的金融中心上海库存了巨量白银。通货充足使得中国在1929年世界经济危机爆发初期没有受到太多影响，1933年，美国总统罗斯福签署白银法案，宣布高价收购白银以充足通货，借以转嫁危机。银价随之飙涨，在利润的刺激下，上海白银源源不断出口，导致通货枯竭，引发金融危机。如果不及时制止白银外流，中国金融将濒临破产。

性、无因性原则也没有得到严格遵守。即便在民族工商业蓬勃兴起的近代，传统票据虽然慢慢参考和采纳某些国际通行规则进行自我完善，但在遭遇现代票据的激烈竞争时，依然和处于初生期的民族工商业面对外国银行与垄断资本一样，显得幼稚单薄。当然，我们要清楚地知道，作为金融工具的票据，无论如何难以超越整体经济发展水平而独自完善，正如孱弱的母体和贫乏的营养难以孕育出强壮的后代一样。传统票据的生存和发展道路就像一面镜子，反映了民族工商业艰难的生存和发展现状。

第二节　我国第一部票据法草案——"志田案"评析

清末最后十年，风雨飘摇的清政府在国内外多重压力下进行大规模变法修律。票据法作为商法的重要组成部分也被列入立法规划，并由日本人志田钾太郎制定出第一部草案——"志田案"。① "志田案"的制定虽然出于仓促，有抄袭海牙统一票据草案之嫌，但不可否认，它对于中国票据立法有着开创性的意义。随着清政府迅速垮台，"志田案"也被束之高阁。

一　"志田案"的立法背景

法律总是为适应政治或经济需要而产生，"志田案"作为第一部票据法草案，理应是金融业发展到一定阶段的产物。然而考察清末变法修律的大背景，多数立法带有强烈的政治功利性，从根本上讲是清政府自救行动的组成部分。从"志田案"制定时间的仓促、体例内容的缺陷来看，它固然是经济发展的产物，但更是一部急就章性质的权宜之法。

（一）清政府的自救与收回法权的期盼

从 19 世纪下半叶开始，被打破国门的清政府终于意识到，中国其

---

① 通常我们把志田钾太郎制定的《大清商律草案》称为"志田案"，票据法只是"志田案"的一部分，但因为专研于票据，本书姑且把票据法草案称为"志田案"，特此说明。

实根本不是幻想中居于世界中心的天朝大国。列强的坚船利炮轰碎贵族官僚们的迷梦，一系列丧权辱国的条约撕毁大清帝国的脸面，高高在上的清朝统治者这才发现洋人们并非想象中野蛮落后的夷狄之辈，一时师夷呼声高起，洋务运动接踵而至。译洋书、讲天演、开公司、办洋务、造轮船、练新兵、建工厂、修铁路，轰轰烈烈、沸腾喧嚣，仿佛中兴在即，眼看起死回生。然而，资本主义列强之所以崛起，依靠的绝不只是器物之利，而是制度的先进性。当张之洞、李鸿章之辈满口中体西用，拒绝对政治体制进行变革的时候，洋务运动的失败几乎已经注定。果然，1894年甲午中日之战，中国一败涂地，洋务派耻辱谢幕，洋务运动宣告破产。而向来被视为蕞尔小国的日本，那帮只会劫掠流窜的倭寇从此成为中国人的噩梦。

洋务运动的失败使国人认识到，要使国家富强，如果不对政治经济体制进行大手术，结果只能是黄粱一梦，因此就有了1898年的戊戌变法。以康梁为代表的资产阶级改良派高举维新旗帜，试图学习日本，自上而下进行改良。一时之间三权分立漫天飞舞、宪政改革沸沸扬扬，尊君与法治同举、卢梭与孔子并列，政令频出，让人目不暇接。笼罩在中国头上的乌云似乎被撕开了缺口，依稀令人看到希望的曙光。然而，百日之后风云突变，慈禧太后血洗京城，维新派人头落地，刚刚点起的改良之火被马上扑灭。或许，慈禧扑灭的也是清政府最后的生存希望吧！

历史的车轮驶入20世纪，迎接清政府的是一场规模浩大的义和团运动和八国联军的炮火，以及此起彼伏的资产阶级革命派暴动。终于，连以慈禧为代表的最顽固的清朝统治者也感受到前所未有的危机，决定进行变法，试图挽救摇摇欲坠的政权。在戊戌变法被扑灭短短几年之后，镇压维新的刽子手却带上改革者的面具，让人不得不感叹政局的波诡云谲。1902年，清政府发布上谕，称"世有万古不易之常经，无一成罔变之治法"，"大抵法积则弊，法弊则更"，在无可奈何的情况下宣布变法，要求"将一切现行律例，按照交涉情形，参酌各国法律，细心考订，妥为拟议，务期中外通行，有裨治理"，[①] 从而拉开清末修律的大幕，对整个法律体系

---

① 《清实录·德宗景皇帝实录》卷四七六、卷四九八，中华书局，1987。

进行全面重构。从这点上讲，包括票据法在内的商律修订，只是清政府自救行动的一个部分，这也是修律的根本目的。

同时，收回法权的期盼也是立法的一个重要原因。《南京条约》的签订击穿清政府耻辱的底线，随之而来的是《虎门条约》《望厦条约》《黄埔条约》《瑷珲条约》《北京条约》《伊犁条约》《马关条约》……清政府所能做的似乎只剩下割地、赔款、通商……当英国人以强悍的姿态闯入国门后，美国人、法国人、俄国人等一帮强盗蜂拥而至，甚至一直以来被我们视为东夷小族的日本人也昂着头进来洗劫，中国成为冒险家的乐园、列强的盘中餐。举国上下谈洋色变，仿佛一夜之间，夷狄之辈都变成三头六臂的恶魔，清政府则沦为匍匐在恶魔脚下的奴隶，麻木地接受着各种凌辱。一系列丧权辱国的不平等条约，使中国的领土和主权逐步沦丧。领事裁判权和会审公廨的出现使本国司法权的完整性和独立性受到极大破坏，也成为国人和司法界的耻辱。

1902年，清政府宣布变法修律之后，列强出于自己的考虑做出回应。英国在《马凯条约》中允诺："中国深欲整顿本国律例，以期与各国律例改同一律，英国允愿尽力协助以成此举，一俟查悉中国律例情形及其审断办法，及一切相关事宜皆臻妥善，英国即允弃其治外法权。"① 此后，美国、日本、葡萄牙等国纷纷表示，欢迎清政府进行变法，并与清政府修订了商约。列强之所以做出这些举措，一方面是因为经过义和团运动之后，他们认识到中国民众强烈抵御外族入侵的决心和愿望，"故谓瓜分之说，不啻梦呓也";② 另一方面是因为清政府的对外彻底投降立场使他们领悟到，要想更好地控制中国，"总须以华人治华地"，只要清朝这艘破船还能浮起，就要尽力予以扶植，以便通过它保持和扩大在华利益。③ 列强的承诺只不过是梦幻泡影，然而对于积贫积弱的中国来说，却不啻于一针针强心剂，刺激得举国上下欢腾雀跃，以为外国强盗们良心发现，从此洗心革面、费厄泼赖起来。即将溺毙的清政府更是犹如抓住救命稻草一般，连

---

① 朱寿朋、张静庐编撰《光绪朝东华录》光绪二十八年八月，中华书局，1958。
② 王其矩：《有关义和团舆论》，载中国史学会主编《义和团》（第4册），神州国光社，1951，第250页。
③ 张晋藩：《中国法律的传统与近代转型》（第三版），法律出版社，2009，第498页。

颁上谕，投以十二万分的热情。当然，也有头脑清醒之士提出质疑，例如张之洞以他与列强多年交涉的体会提出，治外法权能否收回，关键是"视国家兵力之强弱，战守之成效以为成违"，① 不能专恃法律。然而，正如久经困顿的人不愿意美梦醒来一样，一大批具有爱国思想的官僚和法律界、实务界人士仍然满怀希望，投身变法修律，希望借此挽回法权、自强独立。修订法律大臣沈家本便表示："中国修订法律，首先收回治外法权，实变法自强之枢纽。"② 为达到"中外通行"的目标，清政府甚至不惜重金延请外国专家参与立法，以便尽快完善各部门法律，达到与国际接轨的目的。

（二）金融活动的增加与解决票据纠纷的需要

票据作为一种金融工具，与一国的经济发展和金融业的发达紧密相关。清末以来，外国资本纷纷进入中国，外资银行也开始在中国登陆，它既带来资本的控制和掠夺，也带来先进的管理和制度，包括现代票据制度。在与外国资本和银行的接触过程中，本国商人和金融组织也逐渐了解和适应国际票据规则，并对某些方面进行改进。与此同时，民族资本主义工商业也有较大发展，特别是经过甲午战争之后，受到日本工商业兴国示范作用的刺激，实业救国的思想十分盛行，投身工商业的实业家明显增加。清政府不再限制民族资本主义工商业的发展，而是采取鼓励的态度，所以这一阶段工商业的发展尤为明显。据统计，1872年~1894年，兴办万元以上新式企业的本国资本共72家，投资总额2089.3万元，其中官办、官商合办的19家，投资额1619.6万元，占投资总额的78%；民间资本53家，资本额496.7万元，仅占投资总额的22%。③ 1895年~1900年，万元以上的本国企业上升为104家，投资总额2302.4万元，其中民间资本86家，投资额总1767.9万元，占投资总额的比例达到了76.8%。④

与此相适应的是商业贸易和金融业的快速发展以及资金融通速度的加

---

① 《张文襄公全集》（第2册），奏议卷六十九，中国书店，1990，第153页。
② （清）沈家本撰《寄簃文存》卷一，《删除律例内重法折》，中华书局，1985。
③ 严中平编《中国近代经济史统计资料选辑》表一，科学出版社，1955，第93页。
④ 汪敬虞编《中国近代工业史资料》第二辑，中华书局，1962，第870~919页。

快，商人对票据这种金融工具的需求大大增强，钱庄和票号的业务范围和总量也有很大的发展。据统计，到 1906 年为止，全国票号有 27 家，分号 475 家，分布于全国 95 个城镇码头，收汇总额达到 4 亿两以上。① 只上海一地的钱庄，1903 年的盈利额也达到 15 万 9800 两（银）。② 业务量的扩大不可避免地引起票据纠纷的增加。如果说过去的国内票据纠纷可以依靠各地票据习惯来解决的话，那么在外资进入中国和外贸进一步扩大的情况下，由于本国票据习惯与国际票据规则之间常有冲突，华洋商人之间的票据纠纷就很难适用这种解决方式了。因此，早日制定出华洋商人都可以接受的票据法，也成为清政府一项紧要的任务。

就清末票据立法的动机来看，清政府的自救和收回法权还是其根本原因。尽管工商业和金融业的发展也产生一定的立法需求，但如果不是因为清政府在内外压力之下不得不变法修律，票据法的修订绝不会那么迅速。否则我们就很难解释为什么在 1898 年维新变法遭到残酷镇压的情况下，短短几年后马上就进行大规模的修律。从清末一系列法律法规的仓促出台可以看出，这次变法修律带有很强的政治功利性，根本不可能有时间对本土的固有习惯进行充分吸收和采纳，因而也不可避免地影响到立法效果。

二 "志田案"的内容及其评价

清末修律的一个重要组成部分是完善商事立法。近代以来，外国资本的入侵使得传统手工业濒于破产，处于幼年期的民族资本主义工商业也岌岌可危。为生存计，商人们奔走呼号，以为富国必须重商，重商必须完善立法，方能匹敌列强。焦头烂额的清政府也心存幻想，试图通过工商兴国，另辟一条苟活之路。于是上谕初颁，商事立法迅速启动，各种章程条例纷纷出炉。为求与国际接轨，清政府甚至聘请外国专家操刀制定商法典，"志田案"由此而生。延续千年的传统票据终于一朝立法，却是在清政府行将就木、万分无奈的情形下催生出来并由日本人完成的，令人不知

---

① 史若民：《票商兴衰史》，中国经济出版社，1998，第 246 页。
② 中国人民银行上海市分行编《上海钱庄史料》，上海人民出版社，1960，第 97 页。

道是应该感到欣慰还是悲哀。"志田案"是我国第一部票据法草案,虽然由于政权更迭的原因没有颁布施行,但不可否认,它的出现弥补了我国票据立法的空白,具有特殊的历史意义。

(一)"志田案"的制定

从清政府决定变法修律开始,修订法律馆相继制定、颁布一系列振兴商务所急需的商事法规,如 1903 年颁布的《奖励公司章程》,1904 年颁布的《商人通例》《公司律》《商标注册试办章程》《公司注册试办章程》,1906 年颁布的《奖给商勋章程》《破产律》,1908 年颁布的《银行通则条例》《殖业银行则例》《储蓄银行则例》等。然而仓促之中,但求形式完整,内容方面却难以细加考究,故而在实际运用过程中很难达到理想的效果。于是从 1908 年开始,日本法学博士志田钾太郎受修订法律馆之聘共同起草商法。自 1909 年起,《大清商律草案》陆续脱稿,共分为五个部分。第一部分:总则;第二部分:商行为;第三部分:公司法;第四部分:票据法;第五部分:海商法。其中第四部分票据法草案于 1911 年完成,因其由志田钾太郎所起草,故被称为"志田案"。

(二)"志田案"的体例和主要内容

从《工商法规辑览》及现存的资料看,"志田案"采用单行立法模式。其原因可能是商律各部门法都是分开立法,或者是各部门法单独立法后再进行统编。从体例结构来看,该案分为三编共十五章九十四条。第一编总则,下设两章:第一章法例;第二章通则。第二编汇票,下设十二章:第一章汇票之发行及款式;第二章票背签名(里书);第三章承诺(承兑);第四章代人承诺;第五章保证;第六章满期日;第七章付款;第八章拒绝承诺及拒绝付款之场合执票人之请求偿还权;第九章代人付款;第十章副票及草票(复本及誊本);第十一章汇票之伪造、变造及遗失;第十二章时效。第三编期票,设第十三章期票。从内容来看,该案未将支票列入票据法,第三编也不是以本票命名,而是以期票命名。

"志田案"在第一编总则中设立法例、通则两章。法例部分共有四条,规定票据事项的法律适用原则、法律冲突的解决等问题。第一条规定票据事件的法律适用原则依次为票据法、习惯法和民法。第二条规定票据债务人的行为能力依本国法确定，本国法规定适用他国法律的，即适用他国法律。依前项所指定法律虽为无能力者，然而依他国法律若为有能力者时，则在他国领土内所发行的票据仍然有效。第三条规定票据款式的法律适用问题："票据缔结之款式，依其缔结所在国之法律。"第四条规定票据权利的保全行使方式。

通则部分共有五条，规定票据种类、代理、票据抗辩等内容。第五条规定票据的种类包括汇票及期票。关于票据种类，各国立法例有所不同：依英美等国立法例，支票为票据的一种，与汇票、本票一起规定于票据法中；而依海牙统一票据草案及德、法、日本旧商法，支票被认为与汇票、本票不同而单独予以立法。"志田案"采用海牙草案的规定，不列支票，同时将本票称呼按中国本土习惯改为期票。第六条规定票据签章人责任，"署名票上者，依票上所记文义而负其责任"。该条参照国际惯例，对票据的文义性做出严格界定，票据当事人只能依照票据上的记载行使权利、承担义务，不得以票据以外的方法予以变更或补充。第七条规定代理意旨不明的法律后果："代理人不于票上记明为人代理意旨而自行署名者，其本人得不负责任。"民法上的委托代理经本人追认后由本人承担法律后果，而票据因其文义性，代理意思如不于票据上表明，则由代理人自己承担责任，其目的在于维护票据的信用。第八条规定票据记载之外事项的效力："票据上记载本法所无规定之事项，不生效力。"票据为要式证券和无因证券，票据上记载的基础关系内容如被视为有效，则必将基础关系引入票据关系中，大大影响票据的流通性。受让人如果必须面对出票人与转让人的基础关系纠纷，无疑使票据权利的实现处于一种不确定的状态，因而对于记载不符合票据法规定者，视为无记载。第九条规定票据债务人的抗辩限制："票据上应负债务者，不得以本法所无规定之事项，以抗执票人之请求。"由于票据的无因性，使得票据关系与基础关系相互分离，持票人如属善意受让，皆得行使票据权利，无论转让人是由于何种原因获得票据，在所不问，发行人或其他票据债务人不得以对抗其直接当事人的原因对抗持票人。

"志田案"的第二编是汇票。汇票制度是票据法的核心，其大部分规则都可以适用于本票、支票。我国票据立法长期一片空白，"志田案"参考国际通行立法例，对汇票的发行及款式、背书和承兑、偿还请求权等汇票制度进行创设。

"志田案"按照文义性原则，对汇票的记载事项做出严格规定。第十条列举了汇票字样、一定金额、付款人姓名或商店字号、一定满期日、付款地、执票人姓名或商店字号、发行日及发行地、发行人署名盖章等八项必要记载事项。而且，"志田案"还规定汇票字样应以表示本国文字为准，金额应载明委托付款之文义。汇票未载明期限者，视为见票即兑；未载明付款地者，以付款人地址为付款地；未载明发行地者，以发行人地址为发行地。其余事项缺乏记载者，汇票无效。第十三条至第十六条规定各种票面记载事项及其效力，包括转移事项的记载、预备付款人地址的记载、利息的记载和票面金额冲突的解决等。

关于汇票种类，第十二条规定已受汇票和已付汇票两种变式汇票，并确定汇票认票不认人的原则。以发行人为受款人的汇票为已受汇票，以发行人为付款人的汇票为已付汇票。但发行人不得兼任付款人和受款人。区分变式汇票的意义在于：票据关系中当事人的资格具有特殊性，当执票人为善意时，票据权利的行使和保全也具有特殊性。即使某些票据权利因时效而消灭，但不影响其他票据权利和民事权利的行使。

"志田案"参考国际通行规则，对背书制度进行规范。关于背书签名及其效力，第二十条规定背书须于票背或副票、草票上记明转让意旨，指定被背书人姓名，由本人签名盖章方为有效；第二十一条规定部分金额转让或转让附条件者无效；第二十二条规定背书人对受让人须负担保汇票承兑及付款责任；第二十五条规定背书应当以其连续性证明其效力。关于空白背书，第二十三条承认空白背书的效力，规定汇票上有空白签名者，持票人可以享有四项权利——于空白签名内署自己姓名、于空白签名内署他人姓名、用空白签名让与第三者、记载他人姓名而作成票背签名款式；第二十五条规定空白背书不影响背书连续性。另外，从第二十六条到第二十九条还规定背书的抗辩、委托代理背书、票据质押背书、背书作成日期等。

承兑是汇票的一项重要制度，① 但在我国传统汇票制度中一直缺乏相关内容，"志田案"的规定弥补了这一重要缺陷。关于承兑的方式、地点、期间，第三十条规定持票人应当在到期日前的营业日向付款人提示承兑，提示地点为付款人住所地；第三十二条规定见票后定期付款的汇票，从发行日起必须在六个月内向付款人提示承兑，发行人及背书人有权缩短期限，但延长期限的权利只能由发行人行使，延长不得超过六个月。关于承兑的效力和拒绝承兑，第三十七条规定付款人承兑后届满期日，对于持票人应负付款责任，若不如期付款，持票人虽自为发行人，对于承兑人仍有追偿的权利；第三十九条规定付款人除明示拒绝承兑之外，或于持票人提示次日不明示承兑之意或乘机抹杀承兑字样或当承兑之际涂改票上数字及文义者等情况均被认为拒绝承兑。关于拒绝承兑或拒绝付款如何救济，"志田案"采用期前偿还主义立法，规定持票人只有偿还请求权而没有担保请求权，同时也不区分拒绝承兑与拒绝付款的不同后果。例如第六十五条规定："署名于票据者不论为承诺人、为票背签名人，其对于执票人均负担共同债务之责任。付款人拒绝承诺或拒绝付款时，执票人对于发行人与票背签名人及其他票据债务者，不拘债务次序对一员或数员或总员，均得行其请求偿还权。"另外，"志田案"第六十六条、第六十七条还规定请求偿还的金额。

除以上所列之外，"志田案"还对保证、满期日、付款及参加付款等重要制度进行完善。但不知出于何种考虑，"志田案"对涉及票据一般规则的汇票伪造、变造及遗失、时效等问题，并没有放在总则中，而是放在汇票的最后两章。

"志田案"的第三编是期票。期票是我国传统票据中的一种，相当于见票后定期付款的本票。"志田案"采用期票一词或许是出于顾及本国习惯的考虑，但在我国票据习惯中，本票并不仅包括见票后定期付款的期

---

① 在清末、民初的票据法草案中，有关名词、术语时有变动，例如承兑在"志田案"中称为"承诺"，在"共同案"中称为"承受"，在"四草"中称为"承兑"；又如追索权在"志田案"中称为"请求偿还权"，在"爱氏案"中称为"溯求权"，在"四草"中称为"追索权"等。本书在引用法条时采用原称呼，其他通常采用现代票据制度上的称呼，例如草案中的"执票人"即现代票据中的持票人，"出票人"即现代票据中的发行人等，特此解释。

票，还包括见票即兑的即票。"志田案"最后一条将见票即付的本票排除在外，事实上，这种本票在我国应用范围是非常广泛的。

（三）对"志田案"的评价

"志田案"制定后，未等颁布施行，辛亥革命一声炮响，中华民国成立，清政府垮台，"志田案"被束之高阁、成为废纸。尽管如此，"志田案"作为中国第一部票据法草案的历史意义仍然值得我们充分肯定。如前所述，票据在中国存在一千多年的历史，但在清末之前从未有过专门立法，甚至没有全国统一的规则。"志田案"不但弥补了立法空白，而且也是近代中国移植西方票据法律制度的首次尝试，在近代商法史上占有重要的地位。"志田案"将国际通行的票据规则，如背书、承兑、保证、追索等制度引入中国，虽然它对传统票据习惯造成一定冲击，但通过交易实践和司法实践，使人们逐渐了解和接受一种全新的、更为严密的制度和规则，也促使传统票据习惯逐步向国际通行规则靠拢。"志田案"的制定标志着中国票据立法近代化的开始，也为以后的票据立法提供了参考。

作为我国第一部票据法草案，"志田案"存在着很多不足。由于我国没有相关立法先例，缺乏具有经验的立法者，所以只能聘请外国专家进行立法。志田钾太郎本人对中国传统票据习惯缺乏充分的了解，在清末功利性立法的背景下，时间仓促，难免带有全盘抄袭的痕迹。

从编章体例来看，它主要是模仿海牙统一票据草案，未将支票纳入票据法，结构不太合理。例如将总则分为法例和通则实属不必要，而关于票据伪造、变造和遗失以及时效的规定，本属各种票据通用的一般规则，却放在汇票一章。同时，以期票来替代本票，看似尊重本国习惯称呼，实则未考虑到见票即兑的本票在我国的实际应用情况。

从具体内容来看，它在参考海牙规则的同时，也参考德、日票据法的有关规定，但对于英、美票据法的长处并未吸收，更重要的是对我国行之有效的票据习惯几乎未加采纳。具体条文之间也存在着相互抵触、概念不清、不够严密等缺点。例如对于票据抗辩及其限制，第九条以列举方式做出规定，第二十六条却以概括方式做出规定，有相互抵触之嫌；又如对票据遗失的保护，第八十九条采用失票人担保请求开立新票据的办法，不但与传统习惯的挂失止付不同，更直接与现行的民事诉讼条例相抵触；再如

第九十四条规定"本法于凭票付款之期票不适用",然而在我国发行的本票,包括信用最为卓著的庄票,绝大多数都属于无记名式;另外,对于手续费,第六十六条、第六十七条规定为六百分之一,也不符合我国商界习惯。

  由于"志田案"系仓促之作,且翻译过程中难免有所差误,所以导致时人对其评价不高:"唯缺漏抵触,所在皆有。并辗转移译,与志田原稿亦多出入,此后各票据法草案均未加以采用。"[①] 但无论如何,我们都不可否认它作为我国第一部票据法草案所具有的开创意义以及为此后票据立法提供经验、教训的作用。

[①] 谢振民编著《中国民法立法史》(下册),张知本校订,中国政法大学出版社,2000,第814页。

第二章 民商事习惯调查与传统票据习惯的整理

在重刑轻民的中国传统社会，习惯在解决民商事纠纷的过程中长期发挥着重要作用。清末变法修律之前，清政府曾组织进行全国范围的民商事习惯调查，希望在民商事立法中将外来移植法与本国传统习惯进行融合。然而，在清朝大厦将倾、革命暴风骤雨即将来临之际，立法者根本不可能有时间仔细斟酌、详加考究，因此传统习惯在清末民商事立法中并未被充分吸纳。

民国初期，立法者秉承会通中外的立法精神，在制定民商事法律之前也组织了大规模的传统习惯调查，并获取大量宝贵资料。李炘、王凤瀛对传统票据习惯专门进行整理，为此后票据法草案的制定打下坚实基础。此外，民间金融组织和法学界还组织票据法研究会，发起传统票据习惯调查研究活动，其成就与官方调查相比毫不逊色。民初的民商事立法比清末更注重对中西法制进行融合，在公司、票据等领域，大量传统习惯被立法吸纳。尽管民初的众多商法草案因政局动荡未能实施，但其立法成果却被此后的南京国民政府所继承。同时，立法者们努力融合中西的立法精神和严谨务实、注重调查研究的立法态度也对南京国民政府的民商事立法本土化产生重要影响。

第一节 清末民初的民商事习惯调查

清末以来，尽管商事立法主要采取移植的模式，但是立法者从未放弃将传统习惯融入国际通行规则的努力。在会通中外思想的指导下，清末在立法之前曾组织大规模民商事习惯调查活动。由于种种原因，调查成果并未被立法所充分吸纳，但其注重本土习惯的立法态度却对民国时期的立法产生很大影响。民初秉承融合中西法制的立法精神，再次组织全国范围的民商事习惯调查，并获得大量资料，为此后的民商事立法与司法打下坚实基础。

一　会通中外的思想与清末民商事习惯调查

鸦片战争以来，中国在饱受列强凌辱时，不得不叹服它们的强大实力，师夷之说由此兴起。洋务派提出"中体西用"，专重于学习器物之利，试图在不触动政治体制的情况下富国强兵。甲午之后，洋务运动惨淡收场。西学东渐扩大国人的视野，越来越多的有识之士提出，西方列强值得学习的绝不仅仅是器物之利，更重要的是制度文明。戊戌变法无疑是向西方制度学习的尝试，虽然被扼杀在襁褓之中，却对传统政治制度带来巨大冲击。当八国联军的炮火轰到北京，慈禧仓皇西去，痛定之后不得不重启维新老路，宣布变法修律。1902 年，清政府颁布上谕："现在通商交涉，事益繁多，著派沈家本、伍廷芳将一切现行律例，按照交涉情形，参酌各国法律，细心考订，妥为拟议，务期中外通行，有裨治理。"① 所谓"中外通行"，首先要取法国际，"专以折冲樽俎、模范列强为宗旨"②，即可迎合世界潮流，又能取得列强认可。按沈家本的说法："今者五洲悬绝，梯航毕通……为前古未见之变局，人不得而诋为虚妄矣。惟是智力日出，方有进无已。天演物竞，强胜乎？弱胜乎？不待明者而决之。然则处今日之变、通列国之邮，规时势、度本末，幡然为计、发愤为雄，将必取人之长以补吾之短。"③ 其次要吸纳传统习惯、考虑本国实际，"参考古今、博稽中外"④。作为主持变法的修律大臣，沈家本当然知道变法修律不可能只是简单移植外国法，无论出于政治妥协还是法律实

---

① 《清实录·德宗景皇帝实录》卷四七六、卷四九八，中华书局，1987。
② 沈家本等：《奏请编定现行刑律以立推行刑律基础折》，参见故宫博物院明清档案部编《清末筹备立宪档案史料》，中华书局，1979，第 852 页。
③ （清）沈家本：《寄簃文存》卷六，《政法类典序》，中华书局，1985。
④ （清）沈家本：《寄簃文存》卷六，《重刻明律序》，中华书局，1985。

用，如果不能将国际规则与传统习惯相结合，就不可能取得变法的成功。"余奉命修律，采用西法互证参稽，同异相半。然不深究夫中律之本原而考其得失，而遽以西法杂糅之，正如枘凿之不相入，安望其会通哉？"① "当此法治时代，若但徵之今而不考之古、但推崇西法而不探讨中法，则法学不全，又安能会而通之，以推行于世？"② 因此，会通中外成为贯穿整个修律过程的指导思想。

  然而，要做到会通中外绝非易事，其中涉及政治权力的争夺、经济利益的博弈、伦理观念的冲突、民俗风情的改变、交易习惯的差别等难题。就公法领域尤其是宪法、行政法及刑法的修订而言，因其多涉及国家权力的变更，政治色彩浓厚，在移植和本土化问题上常常需要考虑与既得利益集团妥协，同时还要顾忌对传统伦理观念的冲击，些许变革往往就能引发对立和争论，可谓动辄得咎、举步维艰。例如《钦定宪法大纲》中关于君权的限制几乎被整体删除，又如修订《大清新刑律》所引发的礼法之争和暂行章程的产生就是其中的典型。就私法领域而言，除亲属、继承等伦理性较强的部分之外，其余部分政治色彩相对淡薄，遭遇的阻力也比较小。尤其像商法这样比较纯粹的技术性立法，更多地考虑到实用性，如果能够真正了解本国商事习惯并与国际规则相融合，是有可能做到会通中外的。基于这种考虑，清政府在积极翻译外国民商法的同时，对本国传统民商事习惯也进行广泛调查。从目前的资料看，调查开始时间大概在光绪三十三年（1907年），主持调查的机构主要有宪政编查局和修订法律馆。

  宪政编查局主要通过各省设立的调查局进行调查。光绪三十三年九月，清政府谕令各省设立宪政调查局。《各省设立调查局各部院设立统计处谕》称："各省民情风俗及一切沿革习尚参差不齐，现在该馆开办编制、统计二局，由该省督抚遴选妥员，按照此次奏定章程切实经理，随时将调查各件谘报该馆。"③ 民商事习惯调查由调查局之下的法制科负责，其调查内容包括本省民情风俗、地方绅士办事习惯、民事习惯、商事习惯

---

① （清）沈家本：《寄簃文存》卷六，《裁判访问录序》，中华书局，1985。
② （清）沈家本：《寄簃文存》卷六，《薛大司寇辞稿序》，中华书局，1985。
③ 故宫博物院明清档案部编《清末筹备立宪档案史料》（上），中华书局，1979，第52页。

及诉讼习惯五个方面，其调查方式主要有表格式调查和问答式调查。

修订法律馆主要通过派遣调查员到各地，与地方调查机构及宪政调查局配合。① 按《修订法律馆调查员章程》规定，调查员或由法律馆馆员担任，或就各处通晓法律之员由法律馆派充。光绪三十四年正月，沈家本奏派翰林院编修朱汝珍调查"关系商律事宜"，调查内容主要是民事和商事两个方面。"该编修遍历直隶、江苏、安徽②、浙江、湖北、广东等省，博访周谘，究其利病，考察所得至数十万言。"③ 修订法律馆专门制定《调查民事习惯章程十条》与《法律馆调查各省商习惯条例》，并据此编印《调查民事习惯问题》和《商习惯调查问题》作为各省调查局与调查员的参考。本书限于研究范围，只对票据部分进行介绍，其余留待日后余篇。

《商习惯调查问题》分五章，即总则、组合及公司、票据、各种营业、船舶，第三章票据所设问题有以下几方面。

（1）有汇兑票据、定期票据及支银票据否？试详查其区别。

（2）有止许持往购买物品之银票否？

（3）详查银行券。

（4）有货物汇票否？

（5）作成票据，或让与之原因无可考，或被批销，或为不法时，则其票据是否无用？

（6）票面是否无论为何记载，皆可作成后之计入如何？

（7）代理人使其票据时，要以其事计入票据否？

（8）详查票据遗失时所处之方法。

（9）关于汇兑票据，详查左列诸事项：作成；伪造变造；副本、誊本、补笺；流通；保证；担任；证明无担任之方法；因无担任之救济方

---

① 张勤、毛蕾：《清末各省调查局和修订法律馆的习惯调查》，《厦门大学学报》（哲学社会科学版）2005 年第 6 期。

② 按《各省区民商事习惯调查报告文件清册》（第 1 期）所载，此次调查并未涉及安徽，而此处却有提及。是否调查无果，或是其他原因，不得而知。参见前引《司法公报》1927 年第 232 期，第 60 页。

③ 李贵连：《沈家本年谱长编》，台湾成文出版社，1992，第 329～331 页。

法；因无担任而第三者为支付；前记以外之显著事项。

（10）关于定期票据，详言左列诸事项：作成；伪造变造；流通；保证；支付；证明无担任之方法；因无支付之救济方法；因无支付而第三者为支付；前记以外之显著事项。

（11）关于支银票据，详言左列诸事项：作成；伪造变造；保证；流通；担任；证明无担任之方法；因无担任之救济方法；因无担任而第三者为担任；支付；证明无支付之方法；因无支付之救济方法；因无支付而第三者为支付；前记以外之显著事项。①

在《直隶调查局法制科第一股调查书》第四部"商事习惯调查书"的"商事总问题"部分，第12项"钱银票"提出如下问题。

（1）支付银钱之票纸，除银号钱铺以外，是否无论何种商店皆可支付银钱票纸？抑习惯上有数种商业可以出票纸？

（2）支取银钱之票纸，其种类有几，兹列举普通者如下：（甲）现付票；（乙）期票；（丙）三联票；（丁）汇划票。右列四者望各书一式，四者之外尚有何种名且逐一详列之。

（3）凡支取银钱之票纸，其出票之店铺与兑付之店铺，多于票上写明其支取人姓名，是否可写可不写？有无一定区别？

（4）若写明支取人姓名者，是否必由本人自来支取？

（5）若写明支取人姓名，是否必与其人熟识，苟在他处支付，不能认识其确系某人，有何方法证明之？

（6）有在本店铺支付之票，有在他店铺支付之票，其名目有无区别？其原因何在？

（7）何种票失去可以挂号？何种票失去不可以挂号？其区别何在？其方法若何？

（8）期票之向他店支付者，是否从支付之日，由支付之店铺向出票人算取利息或在其存款上扣除？

（9）期票最长之期，大约离出票日若干时候？

---

① 修订法律馆编《商习惯调查问题》，光绪三十四年，第5~7页。

(10) 未到期之票是否由支取人认付利息，早日支取？其利息是否按照行市？

(11) 凡由他店铺支取之票，应否将票根立时送去？

(12) 三联票是否不认现付与约期，可随便填写？

(13) 用三联票写支付票者，是否必凭票根送到对照方可照付？

(14) 凡用三联票者，是否认明写票人笔迹并其图章？

(15) 若三联票之支票数目与票根不符，应否由支付之店询明改正？

(16) 异地汇划之票有几种方法并其式样？

(17) 异地汇划之票是否认票不认人？若有遗失有何防弊之法？

(18) 异地汇划有无约期与现付之别？

(19) 异地汇划有无记名与不记名之别？

(20) 市面上有不盖图章、不编字号之字条，其通用有何种事由？何种商人可出此种字条？是否认定笔迹？

(21) 除以上所问外，所有支取兑付银钱之票纸，尚有几种？并何方法及其用意之所在？均望一一详答。①

上述调查涉及大量票据问题，如票据与其他证券的区别，汇票、本票与支票的区别，票据的当事人资格，票据的作成、记载事项、伪造、变造，票据的流通、付款、保证、挂失止付，签章的形式、效力，票据的追索等，基本包含票据立法的最主要内容。遗憾的是，对这些问题的答复因相关资料佚失不得而知。不过据王凤瀛称："吾国票据习惯向无系统之记载，前清因拟编民商法，曾令各省调查习惯。关于票据部分亦经分别款项，设为问题。唯各省答复者寥若晨星，通都大邑往往付之阙如，即就造送者观之，非依样葫芦即牵强附会、不足凭信。"② 可见，这次调查中关于票据习惯的内容很少。

此次调查获得民事习惯调查报告 828 册，调查区域涉及当时全国除安徽之外的所有省区；商事习惯调查报告 53 册，调查区域包括直隶、江苏、浙江、福建、湖南、四川、广东、广西、贵州、奉天、吉林 11 省，另有

---

① 直隶宪政调查局编《直隶调查局法制科第一股调查书》（四），宣统年间，第 31~32 页。
② 王凤瀛：《起草票据法之管见》，《法律评论》1924 年第 37 期。

附属文件6册，共计887册。① 其内容主要为民事习惯，胡旭晟先生在《民事习惯调查报告录》中做了详细介绍，不再赘述。② 商事习惯内容较少，目前资料严重佚失，能查到仅有直隶宪政编查馆所编的《直隶调查局法制第一股调查书》（宣统年间）、四川宪政调查局所编的《调查川省民商事习惯报告书》（宣统年间）以及山东宪政调查局所编的《山东调查局商事习惯报告书》（宣统年间）。

二 民国初期民商事习惯调查的继续展开

清末的民商事习惯调查随着清政府垮台无疾而终，大量调查报告来不及整理就被束之高阁，更谈不上在立法中被吸纳。因此，清末仓促出台的商律和相关部门法草案基本未被北洋政府继承。可以说，民国初期的民商事法律正处于青黄不接之时：一方面是民商事纠纷随着工商业的发展急剧增加，另一方面是相关立法严重缺乏。随着商事立法重新被提上日程，北洋政府继清末之后，又开始新一轮的民商事习惯调查，以期达到会通中外的目标。

1917年10月底，奉天省因审判实践需要，呈文司法部拟请设立民商事习惯调查会，对当地民商事习惯进行调查，并对设立调查会的起因、调查会人员组成、机构运作及经费筹措等问题做了说明。③ 此举得到司法部的大力肯定，其复文称："该厅所拟设奉省民商事习惯调查会专任调查各地

---

① 《各省区民商事习惯调查报告文件清册》（第1期），载前引《司法公报》1927年第232期，第60页。
② 胡旭晟等点校《民事习惯调查报告录》，中国政法大学出版社，2000。
③ 按民国六年（1917年）奉天省高等审判厅厅长沈家彝呈司法部"呈请创设民商事习惯调查会"文称："奉省司法衙门受理诉讼案件以民事居多，而民商法规尚未完备，裁判此项案件，于法规无依据者多以地方习惯为准据，职司审判者苟于本地各种之习惯不能尽知，则断案即难期允惬。习惯又各地不同，非平日详加调查不足以期明确。""呈为拟设民商事习惯调查会，谨将组织及支费办法报请鉴核示遵事……民商事调查会，以高等审判厅长推事及各地方审判厅长推事并推检资格相合之承审员为会员，并另举检察长、检察官如有愿入会者为会员，各就所在之地及所遇事件随时调查报告，以便比较研究，并另举编纂员分类采集。俟汇集成册即付刊印，分送各会员并报告法律编纂会，俾资采用。会所暂设高等厅内，一切事务由本厅指派书记官一人暂行兼理，每月酌给津贴若干，另置雇员二人分任收发缮写各事……谨呈司法总长。"参见《民商事习惯调查录》，载北洋政府司法部参事厅编《司法公报》1927年第242期（增刊第38期），第2页。

习惯,所见极是,殊堪嘉尚。查民商习惯甚为复杂,不独奉省为然,该厅率先设立民商习惯调查会,拟将调查所得汇集成书以为编订民商法之材料,并将历年积存之律师登录费作为调查常年经费,各节办理亦甚切当,自应照准。将来调查成绩应即陆续报部以凭采择,所有会则仍应呈报核阅。"①次年2月,时任司法总长的江庸先生核定司法部参事厅草拟的第六十八号训令,通告各省高等审判厅效仿奉天省设立民商事习惯调查会。② 对于此次民商习惯调查,司法部也极为重视,特别委任参事汤铁樵负责此事。在组织机构方面,中央由司法部负总责,其附设的修订法律馆专其事。③

司法部第六十八号训令发往全国后,各省高级审判厅陆续仿照奉天高审厅设立民商事习惯调查会,各调查会均制定专门的章程、编纂规则及调查规则。章程一般包括组成人员的产生、调查报告制度、调查经费、调查事务的协助等内容;编纂规则一般包括调查的习惯分类办法、编纂体例等内容;调查规则一般包括调查事项、调查方法、调查编录及格式等内容。1918年3月7日,京兆地方设立民商事习惯调查会,并拟定调查会章程、编纂规则与调查规则。④ 3月8日,直隶高等审判厅书呈司法部组织成立

---

① "司法部指令第一〇〇四号",参见《民商事习惯调查录》,载前引《司法公报》第242期,第2~3页。
② 训令称:"(民国)六年十一月二日,据奉天高等审判厅厅长沈家彝呈称拟设民商事习惯调查会,开具组织暨支费办法请予核示前来本部,旋于六年十一月九日指令照准,并着将所调查成绩陆续报部在案。查民商习惯甚为复杂,不独奉省为然,果能随时随地调查明确汇集成书,岂唯为将来编制法典之基础,即现在裁判案件亦复足资参考,是此项调查为切要之图。本部正在筹划,拟即通令举办,适据奉厅呈报正与本部意见相同,合将原呈要件发行该厅,仰即仿照办理,切实进行,并限自令到日起四十日以内,将设立情形妥速拟定,呈部核夺。务必详细规划,以期广收博采,情伪必陈,本部实有厚望为此令。"参见《民商事习惯调查录》,载前引《司法公报》1927年第242期,第3页。
③ 民国成立后,撤销前清宪政编查会与修订法律馆,另设法律编查会附属于司法部。民国七年,司法部又撤销法律编查会,恢复修订法律馆。习惯调查是修订法律馆的一项重要职责,因此,在《修订法律馆条例》第2~4条规定,该馆设调查员若干,各省区设调查长一名,调查长人选由法律馆总裁选任,经司法总长荐派,调查员由总裁委派,并报告司法总长。该条例还规定,总裁、副总裁在管理职务之外,并得任自行编纂或调查事务调查员,调查习惯或任用有关中外法制特定调查事务。参见《修订法律馆条例》(教令第二十七号),载前引《司法公报》1918年第93期,第3页。
④ 民国二年,北洋政府废顺天府,翌年置京兆地方,直隶中央,其范围包括今天的北京大部分地区。民国十七年废京兆地方,改北京为北平。《京兆师民商事习惯调查会章程》《编纂规则》《调查规则》参见《民商事习惯调查录》,载前引《司法公报》1927年第242期,第6~13页。

民商事习惯调查会，并对习惯调查计划做了部署。5月7日，该厅再次呈报调查会成立情形，并缮具调查规则十条。① 3月29日，吉林高等审判厅书呈司法部成立民商事习惯调查会。②

随着各省调查会的陆续成立，新一轮民商事习惯调查在全国逐步展开。1919年1月，司法部鉴于部分省区报送的首期材料形式繁杂、方法各异，由参事汤铁樵拟定统一的民商事习惯调查会报告书样式和编制办法，以司法部第32号训令向全国颁发施行。该训令称："查各省厅处民商事习惯调查会第一期报告书，有用装订式者、有用折叠式者，形式既不整齐、编辑亦多不便，本部现为划一起见，特定办法列左。"该办法共计6条如下。

（1）报告书用纸尺寸以营造尺为准，长八寸宽五寸二分，如该纸中印刷直行，其周围一线上下距离为五寸九分，左右距离为四寸，上层余纸为七分，左边余纸为二分，右边余纸为一分，行数以十行至十一行为限，其不印刷直行者听。（2）用纸或毛边光堆及他项纸类得从各地之便，随意采用，唯以本国纸为限。（3）报告书无论页数多寡，应用装订式，勿用折叠式，装订时另附壳面，其纸宜用稍厚者。（4）报告书壳面左角应记明某省民商事习惯调查会第几期报告云云。（5）报告书内首列报告目录，而每项目录下又须记明页数，如有跋或例言应附列于目录之后低二格写。（6）报告书编制内容除照章分类标题（如关于债权之习惯、关于人事之习惯、关于商事之习惯等题应顶格写）外，其各项细则（如债权内有某项，某项即为细目）应低于二格写，细目下又应用细字记明此系某一县或数县或全省之习惯字样，其细目外叙述事实应顶格写，叙述毕如有按语或历举实例（如某县甲与乙一案即系为此之类）应就事实后低三格写，以清眉目。③

经司法部连续发布训令，各地高等审判厅相继成立民商事习惯调查

---

① 《民商事习惯调查录》，载前引《司法公报》1927年第242期，第13~15页。
② 《民商事习惯调查录》，载前引《司法公报》1927年第242期，第22~23页。
③ 《民商事习惯调查录》，载前引《司法公报》1927年第242期，第4~6页。

会，并陆续将调查报告送呈修订法律馆。此次调查的时间主要集中在民国七年（1918年）至民国十年（1921年）之间，从现有资料和调查报告所显示时间看，最早提交的是江苏海门县调查报告，时间为民国六年（1917年）十月底，而最迟提交的也是江苏海门县，时间为民国十年八月初。① 调查的地域涉及16个省和3个特别区域（当时全国共计22行省及3个特别区域），所缺者为广东、广西、云南、贵州、四川和新疆6省。其中广东、广西、云南因"迭次宣告独立，中央政令有所不受"；四川、贵州两省"曾经民国七年先后呈报民商事习惯调查会成立情形，本部当于是年八月分别指令切实进行在案，迄今尚无报告到部"。② 此外，京兆地区虽于民国七年就成立调查会，但由于高等审判厅和各地方审判厅事务繁忙，一直没有提交调查报告，最终呈请将调查事务划归修订法律馆。"民国八年一月二十五日，由京师高、地审判厅厅长会衔，呈请将民商事习惯调查会事务改归修订法律馆办理，此案虽未明令照准，然京师高、地审判厅审判事务较为繁重确系实情。修订法律馆近在咫尺，调查民商事习惯原属分内职责，所有京师民商事习惯自以划归修订法律馆较为便利，故京师一区调查事务无形中遂归停顿。"不过，修订法律馆专任调查员李炘先生曾于民国十年至十四年间，"对于商事部分之票据习惯，多方采访，编有北京票据习惯调查报告书一种，列入附属文件类，备作京师商习惯之一"③。

此次调查获得调查报告67册，另获1册商事习惯单独调查报告（《山东商事习惯第一期调查报告书》），此外还有4册附属文件，共计72册。其中不乏涉及票据习惯的重要资料，例如李炘编呈的《票据习惯参

---

① 据此后的南京国民政府报告录显示，江苏海门县第一份调查报告时间早于司法部发布训令时间，"右据调查员简员于民国六年十月二十七日，根据倪有明与杨联寿田土纠葛案内调查报告"，令人不解。依常理，该报告时间应晚于训令发布时间，该时间或为案件发生或审理时间。海门县的最后一份调查报告为民国十年八月七日，"右据调查员奚侗于民国十年八月七日调查报告"。参见民国南京政府司法行政部编《民商事习惯调查报告录》，司法行政部，1930，第345～346页。

② 《各省区民商事习惯调查报告文件清册》（第1期），载前引《司法公报》1927年第232期（增刊第37期），第61页。

③ 《各省区民商事习惯调查报告文件清册》（第1期），载前引《司法公报》1927年第232期，第62页。

考资料报告书》《北京商界及银行票据习惯调查报告书》各有 1 册。① 虽然与清末民商事调查报告相比,在数量上大为不及,但因司法部曾训令对报告书的格式进行统一,且各省区调查会对所获资料基本都按照当时的民律草案和商律草案的体例进行过编辑与整理,报告全部采用陈述体,其内容较清末而言,显得重点突出且富有地方特色。

对于此次调查所获报告,北洋政府司法部民事司在调查结束后曾任命汤铁樵为专员进行编辑整理,但因其另有公干,致使编辑整理之事一直迁延未果。后来此事由司法部民事司民商习惯编纂室委员、修订法律馆专任调查员李炘先生负责,遂于民国十五年(1926 年)四月编成《各省区民商事习惯调查报告文件清册》,并以北洋政府司法部第 232 期《司法公报》(第 37 期增刊)刊出。② 该《清册》将当时司法部及修订法律馆所获清末、民初全部民商事习惯调查资料悉加整理,编成目录。目录分为两部:第一部为"前清时代之民商事习惯调查报告文件",其下又分为"民事习惯调查报告文件"、"商事习惯调查报告文件"及"附属文件"三类;第二部为"民国时代之民商事习惯调查报告文件",其下又分为"民事及商事习惯调查报告文件"、"商事习惯单独调查报告文件"及"附属文件"三类。各类之下,又按省、县分"项"与"目"。

按北洋政府司法部的计划,以上资料拟汇编成《民商事习惯调查录》,由司法部民事司编纂,李炘主其事,经参事厅校勘后付印成书。但因卷帙繁多,故分期编纂,由《司法公报》以临时增刊的形式陆续发表。据 1927 年《司法公报》第 232 期所载"司法部整理民商事习惯分期编印预告",所有调查资料拟分 13 期刊出:第 1 期为《各省区民商事习惯调查报告文件清册》;第 2~6 期为《民商事习惯调查录》上卷(民国时代),具体分为卷之一民法总则习惯、卷之二物权习惯、卷之三债权习惯、卷之四人事习惯、卷之五商事习惯;第 7~12 期为《民商事习惯调

---

① 《各省区民商事习惯调查报告文件清册》(第 1 期),载前引《司法公报》1927 年第 232 期,第 60 页。
② 《各省区民商事习惯调查报告文件清册·叙》(第 1 期),载前引《司法公报》1927 年第 232 期,第 1 页。

查录》下卷（前清时代），具体为卷之一民法总则习惯、卷之二物权习惯、卷之三债权习惯、卷之四亲属习惯、卷之五继承习惯、卷之六商事习惯；第13期为附编（前清时代）：民情风俗。遗憾的是，在第1期、第2期出版后不久，北洋政府垮台，民商事习惯编纂活动随之半途而废。民国南京政府成立后，司法行政部于民国十九年（1930年）将北洋政府司法部所汇编的《民商事习惯调查录》中有关民国时代民事习惯部分进行修订后，出版了《民商事习惯调查报告录》。① 该报告录分两卷，但内容只涉及民事习惯，分为民律总则习惯、物权习惯、债权习惯、亲属继承习惯四编。至于商事习惯部分并未录入，但以报告录名称推测，当在其下一步出版计划中。可惜因时局变动，此后商事习惯部分再也不见出版，相关资料随之不见踪影。

第二节　传统票据习惯的整理与介绍

北洋政府大张旗鼓进行民商事习惯调查，所获资料颇丰。但因整理时间有限，各具体部门法都没有专门的调查报告。所幸李炘、王凤瀛二位先生曾根据调查报告，撰文对传统票据习惯进行专门整理和介绍。令人赞许的是，在官方进行民商事习惯调查的同时，民间组织特别是金融组织，以及法学界也发起各地票据习惯的调查研究活动，其成就与官方调查相比毫不逊色。尤其是上海银行公会更是专门成立票据法研究会，投入大量的人力、物力和财力，在全国范围内调查各地票据习惯，并发行《票据法研究》专刊，对调查成果进行介绍，在票据研究领域甚至是立法领域都产生巨大影响，这在民初商事立法中是绝无仅有的。与其他商法部门相比，票据在我国的使用最悠久，内容最丰富，但由于历史的原因，传统票据习惯不可避免地带有重内容不重形式、重信用不重程序的农业社会的鲜明特征。

---

① 台湾进学书局曾于1969年出版《民商事习惯调查报告录》影印本，由古亭书局发行，全二册；1999年，由胡旭晟、夏新华、李交发点校，中国政法大学出版社重新出版《民商事习惯调查报告录》，并根据实际内容将其更名为《民事习惯调查报告录》。

一　官方调查报告的整理与介绍

历时三年多的民初民商事习惯调查渐渐落下帷幕，随着资料的汇聚与整理，票据立法进程随之展开。与此同时，作为此次调查与立法的重要人物，李炘和王凤瀛根据整理所得，分别撰文对此次调查有关票据习惯的部分进行介绍。由于有关调查报告佚失，票据部分的详细内容无从了解，但通过李、王的介绍，我们对传统票据习惯也能窥其大概。

（一）李炘的介绍

李炘是北洋政府司法部民事司编纂室委员、修订法律馆负责整理调查报告的专任调查员，也是民初票据法第一次草案起草小组成员。他在1922年撰文重申票据立法会通中外的目标，"本馆特拟修订票据法，唯一以事关我国营业之荣枯，不能徒袭各国成规，而背适当之习惯；一以事涉国际贸易，又不应株守习惯，有碍外商，至为收回法权之障害"[1]，并提出三个问题进行讨论。

第一问：我国商界通常观念，对于纸币与票据之区别若何？

（1）题义　票据法上纸币与票据区别甚严，唯恐混同。如无记名式票据，其票据金额不得过三十元（日本商法第四百四十九条），又凭票付款之期票不适用票据法（前清票据法草案第九十四条）之类，盖源于斯义。

（2）题解　我国货币制度久未确立，生银往来诸多不便。故有汇票、期票、支票等发生。此类票据命名各殊，或曰兑条、或曰期条、或曰支票、或曰红条、或曰庄票，要不外便利生银流通之券票。近来模仿欧制广铸银元，各银行发行钞券，颇有限制。而纸币与票据之观念固大不相同，唯查我国社会上言及票据，遂连想为纸票。所谓纸票似与纸币无殊，致生种种误会。本问题只在求我国商界上通俗思想，究竟纸币与票据有无区别？若有区别，试条举其要点安在，各就其耳闻目见者说明，俾资考证。

---

[1]　李炘：《调查票据法习惯设问》，载前引《票据法研究·建言》，第3页。

第二问　我国票据与外国票据是否互相通融？

（1）题义　票据法有国际倾向，故各国有统一票据法之运动及其实行，我国固不能反此大势。然亦须察实际上内外票据融通之状况，以便适合内外商情。

（2）题解　我国发行之票据，外国人承受付款；或外国人经我国人背书转让而为让受人；或我国通行票据，外国人为之保证、参加付款等行为；又外国人发行之票据，我国人承受付款；或我国人经外国人背书转让而为让受人；或外国通行票据，我国人为之保证、参加付款等行为；以及我国人以外国人为取款人发行期条；或外国人以我国人为取款人发行期条；并我国人与外国银行支票关系若何，各就实际情况，希望为详加考查，究竟有无其事？或若有之，其融通之状况若何，亦须叙及。

第三问　我国金融界上通行票据之种类有几？其所特具之效用若何？

（1）题义　本题在欲立法律上之票据界限。此种界限为修订票据法首先应行解决者也，如日本商法第四百三十四条及前清票据法草案第五条是。

（2）题解　各国立法例关于票据之种类至不一揆。德国、意国仅以汇票及期票称为票据，支票不认为票据；日本旧商法支票与票据亦非同类；英美法系以支票视同汇票。英国票据法第七十三条及美国流通证券法第三百二十一条曾有规定，故支票亦为票据之一种；日本新商法第四百三十四条明定票据为汇票、期票、支票三种。查我国商界事实上所称票据之种类，曰庄票、曰汇票、曰即票、曰期票、曰支票、曰折票，其他附属于此者，又有所谓更票、存票、立票等，名目滋多，不可胜举。试列图于左：

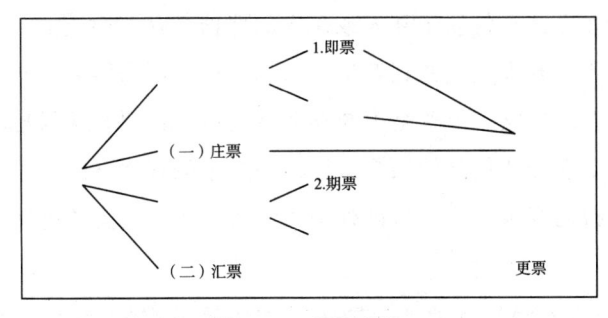

图 2-1　票据种类

甚至曰某单、曰某条者，亦具有票据之意焉，足见通俗观念对于票据之种类极为复杂。然在法律上以某种有流通性之债权的有价证券厘定为票据法，自有一定之标准。故欲详查我国金融界上最为一般通行之票据果有几种？其票据所具效用，如能替代付款、汇款、支付等之实际情况，一一详叙，以便与法律上所应规定之票据内容互为参照。①

1923年，李炘根据所获的调查资料，在《法学会杂志》上发表《我国票据固有习惯之调查》一文，对传统票据习惯进行比较详细地介绍，②其内容主要包括如下几个部分。

第一，关于票据的起源、性质与种类。对于票据起源于唐飞钱，李炘持肯定的态度，并认为清代以来作为硬通货的铜钱与银货由于品质、数量极其复杂，各地兑换方法又不一致，致使流通面临很大困难，而票据相比于通货具有灵活简便的优点，这是清代票据比从前流通更为广泛的原因。关于期票的性质，从文义上理解即为见票后有一定付款期限的票据，但上海南北钱业公议重整条规的附则中却有"见票即付之期票"的语句，则期票是否包括见票即付也很难确定。

此外，李炘着重介绍上海地区的票据种类，并对汉口、广东、天津、北京、烟台等重要城市、地区票据的特殊之处做了简单说明。上海地区金融业发达，冠于全国，其票据种类繁多，主要有庄票、支票、存票、拆票、汇票五种。庄票在性质上属于本票，是由钱庄发行并承担付款责任的票据。根据支付硬通货的不同，庄票可以分为银票与钱票两种：支付银货者为银票、支付铜钱者为钱票；根据支付期限的不同，庄票又可以分为即票和期票两种：见票即兑者为即票，限期付款者为期票。支票是不定期存款人向金钱业主请求付款于某人或来人的票据。存票性质上属于存单，是金钱业主对于存款人发行的到期付款票据。拆票则为钱业经营者之间因互相拆兑所发行的票据。汇票是由金钱业者发行，持票人至异地向特定商店或金融机构要求照票付款的票据。汉口现票中的钱票设定一千文面额，普通商人与官钱局都可以发行，被外国人视为纸币。其支票范围则包含汇票

---

① 李炘：《调查票据法习惯设问》，载前引《票据法研究·建言》，第4~7页。
② 李炘：《我国票据固有习惯之调查》，《法学会杂志》1923年第10期。

与支票两种。广东票庄发行的银票不能流通，银号经常发行无记名本票，称为凭单，限于亲信相识之人流通，以定期凭单最为常见。天津金钱业者发行的本票称为银条，与上海本票的差异之处在于：上海票面有所谓双力、单力即手续费的记载而天津没有；上海票面有汇划习惯而天津没有。天津支票称为拨条或番纸，或为临时存款人提取存款之用，或为超过存款而向钱庄告贷之用。此外，天津又有拨码的习惯，或称为拨账，即商业账簿上的拨付。北京、烟台的钱票都记载有面额，从铜钱百文乃至二三千文不等。烟台还有一种特殊的竹钱票，在长方形竹片上烙刻钱额，限于五百文或一千文，发行者为马店，供马夫在内地旅行时通用。

第二，关于票据的发行与流通。本票发行没有固定用纸，异时异地各有不同，一任金钱业者自由决定，仅在纸面上载明应付金额（银两、铜钱、洋元）若干，标明年月日，加盖铺印即可生效。支票发行也没有固定格式，但发行人应速向付款人发送通知，否则不生效力。汇票发行形式比较规范，接近各国通用汇票，其记载事项包括明示汇票的文字、金额、到期日、出票年月日、收款人商号、付款人商号、付款地以及发行人签名、盖用戳记八项。

按北京习惯，票庄发行汇票，每日应就其发出的汇票款额等情形通知委托付款人，使其预先准备并查对款额、收款人姓名、期限等是否相符。此外，各地汇票，无论见票即兑或见票后定期付款都没有支付利息的习惯。各地本票大多为无记名式，其转让方法与动产无异，流通中基本上没有背书的习惯。有些地方例如汉口，在接受转让时于票据背面记明上家姓名或商号，但其作用在于一旦请求付款遭拒绝时向上家追偿，与现代票据的背书制度有较大差别。支票流通也没有背书的习惯，虽然支票票面上常记有抬头人为某某，但实际上大多为来人即付性质。汇票发行时一般为记名式，流通中虽有以背书转让者，但不是很通行。而且背书方法并非指示某人或商店为受款人，仅由转让者于票据背面签名盖章而已，内容并不完整。总之，各种票据的流通，绝大多数为当面授受，缺乏严格程序。对于转让人责任的追究，主要靠在票据背面注明转让人或在商业账簿上记明上家。

第三，关于票据的承兑、付款与偿还请求权。各地本票向来有照票习惯，但照票的目的在于验明真伪，若为真票则付款人承担清偿责任，若为假票或有其他纠葛，即使付款人已经承兑，在经公论议定是非之前不再付款，与现代票据中的承兑制度还是有一定差别。

　　李炘详细介绍了上海票据的承兑、付款程序：本票的照票手续是先由持票人向发行人提示票据、请求付款，发行人验明日期、数目后，如确认无误，于票面上印一个"真"字。如属面生之人持票请求付款，必须究问其商店字号或住所后才付交现银。其人或寓旅舍，或在住宅而形迹可疑者，必须有素具信用之人或店员前来钱庄方可付款，类似北方地区"面生讨保"的习惯。同时，如果银票票面上印有"汇划"，即为当日即付款；印有"双力"，每千两银收取二百文手续费；印有"单力"，每千两银收取一百文手续费；而以票易票的贴票则无须支付手续费。汇票如属异地同业者所发行，付款时应验明骑缝章。如发行人欲停止付款，必须于一日前以书信或电报通知付款人，否则即使当日通知也不能止付。支票如为异地发出见票后定期付款，则钱庄见票即确定付款日期；如果票上日期已定，则不得止付。按照绝大多数地方的票据习惯，如果流通票据被拒绝承兑或付款，除直接前手之外，持票人不得向发行钱庄或其他前手追偿。因此，持票人大多于票据背面载明上家商店字号或姓名并计入账簿，如果未记明上家，被拒绝承兑或付款的责任由自己承担。

　　第四，关于票据的保证、遗失与期日。上海有钱业组织，开设钱庄必须得到钱业组织许可并由几名同业成员联名保证，与连环保无异，信用卓著。连环相保的方法主要有两种：一为贴票，即以票易票，使同业信用互相利用；二为拆票，即同业者交换票据，而以余数发行拆票以促进融通。

　　北京票庄经常与其他票庄订立"一市通脉"（Garrespondence）契约，互相通融付款。此外，北京小票比较泛滥，因政府无所限制，故常有逃避付款者，上至掌柜下至徒弟、店员逃避一空。但常有该财东的同业者或好朋友出于义气，以第三人名义自愿参加付款。按上海习惯，如票据因盗难、水火、遗失等情况丧失，失票人可登报声明无效，钱庄应立即止付。经过百日后，失票人可以在觅得保证人后领取票款，其他情形一概不能止付，保证人必须由发行钱庄确认为有信用之人方为合格。但票据的丧失如果是由于自己疏忽而交付他人或者作为购货的代价支付他人，在查明事实真相后不得以此为借口要求止付。遗失的票据若经他人拾取自行送还，持票人应向拾得人支付票面金额1%的报酬。北方地区如天津、北京、烟台等地的汇票，票面上常写明"面生讨保"四个字，凡是取款人为不知底细之人，必须有妥实的保证人方能取款。取款之后，若查明取款人非正当权利人，保证人须负连带责任。

票据的期日依各地习惯，极不一致。李炘着重比较上海和汉口习惯的不同：上海庄票有即票、期票，即票见票即付，期票有见票后10日付和5日付两种。支票为见票即付，见票日期一般为10日；拆票流通期限只有2日；定期存单则以约定存款期限届满为满期日。汇票的期日有见票即付、出票后一周间付款、10日付款、15日付款和见票后定期付款五种。付款具体时间为当日午后二时以前，但在农历腊月十五日起至三十日止随时可以付款。而汉口汇票付款期日有即期、限期两种，由汇款人随意而定。按照汉口习惯，普通汇至上海者为10日、汇至长沙、重庆者为30日。庄票自提示签注后定期付款者称为期票，其付款时间以月底（30日）或月中（15日）居多。拆票的期日少则7日、多则1个月，与上海习惯有较大差异。此外，李炘还对芜湖、富阳、屯溪、景德镇等地的期日习惯进行简单介绍，在此不再赘述。

第五，关于票据的资金关系与涉外关系。各地钱庄的资金关系原先都依赖钱庄信用，登记于账簿上，即使票据金额超过持票人存款，或者个人未送达资金而开出支票，钱庄仍可凭信用付款。后来由于经济关系的复杂化和社会个人信用的普遍下降，钱庄逐渐要求持票人以折子（类似于存款单）作为存在资金关系的证明，而票据上记载对价关系则非常罕见。按上海习惯，庄票票面记载有双力、单力（相当于手续费），对于本国银行有效，但对于外国银行无效；汉口期票付款日期较长，但对于外国商人却大大缩短；天津拨条快捷简便安全，外国银行也普遍接受；北京票庄虽素来注重信用，但票据形式粗杂，外国人大多不肯接受。

最后，李炘根据资料，整理出33种各地票据样本：（1）~（3）无记名式庄票之样本；（4）本票之样本；（5）银票之样本；（6）钱票之样本；（7）天津银条之样本；（8）~（10）天津拨条之样本；（11）湖北官票之样本；（12）湖北民间钱票之样本；（13）拆票之样本；（14）凭单之样本；

(15) 山西票庄存款票据之样本；(16)~(17) 存票之样本；(18) 烟台竹票之样本；(19)~(22) 既成汇票之样本；(23) 空白三联汇票之样本；(24)~(25) 天津汇票之样本；(26) 票号发行汇票之样本；(27) 烟台汇票之样本；(28) 三联支票样本之图解；(29) 付期联支票之样本；(30) 见票即兑联支票之样本；(31) 三联式支票之样本；(32)~(33) 无记名式支票之样本。以上33种票据样本存于修订法律馆，遗憾的是没有公布，之后随着修订法律馆的改组，这些样本也不知所踪。

(二) 王凤瀛的整理

王凤瀛是修订法律馆官员、票据法专家，也是民初票据法第一次草案起草小组的负责人。他根据各省高等审判厅的民商事习惯调查报告，专门对票据部分进行归纳并撰写了"票据习惯目次"。① 该目次分为关于票据种类、关于汇票事项、关于期票事项、关于支票事项、关于票据贴现事项、关于票据效力事项以及关于他项票据七个部分共49项（见附表2-3），每项不仅有具体的票据习惯内容，还有习惯来源地、报告人，是目前能够见到的对民初票据习惯最为详细的介绍，也为我们研究民初票据习惯提供了非常重要的参考。本书根据"目次"，参考相关调查报告归纳如下。

1. 关于票据种类

钱票种类（陕西第一、二期报告襄城县习惯）：襄邑钱票可分为有限期、无限期两种：有期限者即票上须载明取钱期限，无论该票流通至何人，到期皆可取钱；无期限者相当于见票即付的票据。按已有资料，传统钱票种类颇多，不知此处为何只列出襄城钱票。不过各地钱票大同小异，实无赘述必要。

认票不认人（甘肃第二期报告皋兰县习惯）：按甘肃习惯，茶票持有人可直接持票向官茶司取茶，无须出票商号同意。甘肃茶叶畅销西北，茶叶贸易相当发达，茶商销售茶叶的习惯是出具茶票给买家，买家可将茶票再行转让，最终持票人只需持票即可向官茶司要求取茶，称为认票不认人。认票不认人之意并非仅此一种，此处只涉及该

---

① 王凤瀛：《票据习惯目次》，《法学会杂志》1923年第10期。

地区习惯。

2. 关于汇票事项

汇票付款人拒绝支付，发行人应负支付之责（浙江旧温处两府习惯）：汇票付款人如果拒绝支付，该票即对其不发生效力。持票人可向发行人索取票款，而发行人不得以非付款人为由拒绝支付。此项习惯为永嘉地方审判厅因办理龙泉县叶大文与杨炳森为票款纠葛案时，询自永嘉县商会。该习惯类似于票据法上的追索权制度，为票据基本规则之一，但仅限于向发行人追索。如果票据流通之后持票人不获付款，应当向何人追索，此处则未交代。

汇票支付期（福建第三期报告建瓯县习惯）：按建瓯县习惯，商家代人汇款或互相汇兑，现票须缓3天，例票须缓20天始行照兑，汇费视金融状况而定。该习惯对付款人要求比较宽松，例如例票可缓20天，对持票人颇为不利。

汇票种类（湖北第一期报告襄樊习惯）：商家发行的汇票有记名式与无记名式两种：记名式即记载持票人姓名或商号于票内；无记名式仅载明汇款金额及付款人姓名或商号，不记明持票人姓名，认票不认人。

汇票内记载之事项（湖北第一期报告襄樊习惯）：襄樊汇票记载事项有六：一为表示其为汇票的文字，例如票上载明汇款字样；二为一定的金额，例如所汇款为若干钱银；三为付款人姓名或商号，例如向某人某号汇款；四为受取人姓名或商号，例如载明所汇为某人之款，由某人往兑；五为一定的满期日，例如某日兑付；六为付款地，例如由襄樊汇往汉口。该习惯中并无出票日期，出票日期一般记于存根内而非票内，似欠周密，其余各项比较规范。

汇票之满期（湖北第一期报告襄樊习惯）：汇票到期日若仅载明上半个月兑付，则为该月的15日；若仅载明下半个月兑付，则为小月的29日、大月的30日。付款人若是发行人所分设的钱庄或委任的庄客，持票人可于到期日径行要求付款，该钱庄或庄客不得拒绝，其实质即为见票即付。付款人若非发行人分设的钱庄或委任的庄客，则持票人于到期日要求付款时，视发行人是否先将款项拨兑于付款人而定。若已拨兑，则付款人不得拒绝付款；若未拨兑，付款人得以未接受发行人拨款为由，请求暂缓付款，一俟款项拨至即可兑付。票面也可先载明迟几日兑付字样，则该票虽已届到期日，付款人仍得以延迟几日兑付。

汇票让与应为里书（湖北第一期报告襄樊习惯）：商家发行记名式汇票，持票人如果不愿自己向付款人兑取，可以将汇票转让他人。但转让记名式汇票须于票据背面做出背书（里书），背书人只需让与人署名钤章即可，让受人及年月日例不载明。如让与人载明不得再为背书，则该票不得再行转让。王凤瀛称襄樊该习惯与日本商法中"为替手形"的规定略同，但不载明年月日及受让人姓名，背书的连续性无以保证，且持票人载明不得背书后禁止再行转让，与现代票据规则中背书人载明不得背书仅免除对后手的票据责任相比，不利于票据流通。然而传统票据习惯中明确转让应为背书者颇为少见，该习惯实属难能可贵。

汇票不兑款向前手请求偿还（湖北第一期报告襄樊习惯）：商家发行汇票，持票人须届期向付款人呈示汇票，要求兑付，若付款人拒绝兑付，持票人应及时通知前手或发行人请求偿还。若届期未向付款人求兑，而付款人嗣后发生倒闭或破产，持票人前手或发行人可拒绝偿还。王凤瀛称襄樊该习惯与日本商法"为替手形"的引受方法相同，允为善良风俗。

汇票（山西第四期报告高平县习惯）：商号遇市面紧急，周转不灵时，可通过中人向他人开立汇票以借款。票面应载明钱款数额、期限、利息（至多不过二分），并钤盖本号图记（见图2-2）。

拨码（直隶第一期报告天津县习惯）：天津商家惯用拨码，即由商号用一张小白纸条记明款项数额、拨款之铺号与年月日，交与持票人，拨款铺号为与本商家素有钱银串换的其他商号。使用拨码是天津商业的特色，其目的在于减少现金往来，提高安全性及便利性。商家开出拨条必以与自己有钱银往来的他号为付款人，持票人如与付款人素无钱银往来，则由付款人再出拨条，以与自己有钱银往来的他号为付款人，直至最后付款人为与持票人也有钱银往来的商号。拨码例不取现，只于账目上来往，且须当日拨清，所以即使持票人于拨款途中遗失票据，也可以立即要求付款人挂失。即使挂失之前付款人已拨款，因为只是账目往来，仍可以由付款人挨查拨兑铺号，绝无损失之虞。

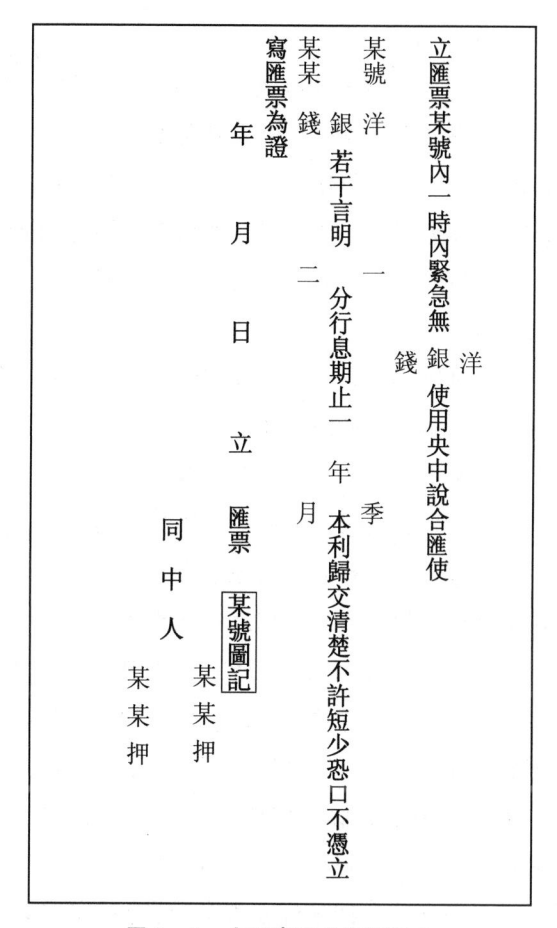

```
立匯票某號內一時內緊急無銀洋使用央中說合匯使
某號洋銀若干言明一分行息期止一年季
某某錢                二月  本利歸交清楚不許短少恐口不憑立
寫匯票為證
     年 月 日 立 匯票  [某號圖記]
              同中人  某某押
              某某押
```

图 2-2 山西高平县汇票样本

商场汇券（湖南第二期报告常德县习惯）：常德县商家之间或商家与常人之间支付款项，可以立汇券，券面载明立券人、付款人及受款人商号或姓名、支付金额及地点、期限，立券的年月日，并可用于交易流通，立券人与付款人不得异议，这种汇券形式上已具备汇票的基本特征。然而对于受款人是否应记载并无特别要求，而且对于转让相关事宜，例如是否要求背书、拒绝付款的追索等均未涉及，或与调查未深入有关。

汇票支付期（福建第一期报告南平县习惯）：南平商家向银行汇款到省城，例有 20 天的犹豫期始行照兑，各商家有时互相汇兑也是如此。福建向来有此习惯，例如前述的建瓯县，然而南平不分现票、例票，一律迟缓 20 天，若是市面吃紧、资金周转不灵时，恐怕难起救急之功，于持票人颇为不利。

倒汇（绥远第一期报告归绥县习惯）：按归绥县习惯，他省之人在归化贸易，可将钱款交由某商号收用，该商号再委托位于存款人省份的商号于该人回去时付款；或该人在归化需付款于某商号时，可令其家人在本省该商号的连号付款，称为倒汇。此项习惯类似现代银行的通存通兑，于贸易者极为便利，然而与票据关系似乎不大。

3. 关于期票事项

商店滥出期票（江苏第四期报告阜宁县）：阜宁县小本商家常滥出期票，报告称亟宜取缔。票据流通需要商业的发达，阜宁地处偏僻、风气闭塞，少有通商大贾，小本经营者资力微薄，为扩张营业竟至滥发期票，数额甚至有超过本店数倍者，届时不能应付，则借口搪塞引发诉讼，于过路商客与本地债权人损害甚大。然而究其原因在于商业欠发达与票据相关制度不完善，非在于票据之故，取缔票据之说无异于因噎废食。

商号期票（江西第三期报告九江习惯）：九江商号期票为无记名式，以商号名义发出，记明金额、兑款日并加盖商号招牌图记及商店自制的长方形或正方形戳记、篆文，可当作现金给付，通行市面、信用卓著。另外，个人可发出手票，手票类似于期票，二者区别在于：手票为对人信用、期票为对商号信用；手票兼有利息、期票则无利息。

竹行期票之一（浙江第二期报告安吉县习惯）：安吉县北乡梅溪镇竹行向卖竹客付款时例搭期票，票上载明卖客某人货样若干元，下盖该行图章，期限迟至二三个月或半年始可兑现，但可于市面流通。梅溪镇竹行众多，每年交易不下十余万元，竹行向卖竹客付款时向来洋票两搭，甚至洋三票七，其付款期限或至半年之久，于持票人颇有不便。但该票推行已久，尚无坠失信用之处，故流通相当便利。若因距离及兑期较远，则略加贴水即可兑现。

竹行期票之二（浙江第五期报告孝丰县习惯）：孝丰县之竹销往梅溪竹行，竹行所发期票付款期限自一个月至四五个月不等，但信用显著，期满前可做现洋使用且可完纳钱粮。孝丰产竹销往梅溪竹行，竹业贸易为大宗生意，年逾40万两（此处与安吉县数目显有出入），因该票信用显著、流通便利，卖客长途往来携带现洋不便，故乐为接受。

期票（福建第一期报告顺昌县习惯）：顺昌商家通行一种期票，票面载明凭票支付某种货币若干，不署明出票时间，由债务人及担保人署名、画押，票面上的年月日为偿还日期，而非出票日期。此项习惯既有币种，又有担保人，对票据权利的实现相当有保障。可惜其通行地域不广，且未涉及流通事项。

期票不记债权人姓名（安徽第一期报告通县习惯）：商家钱银往来常约定给付期限与金额，由支出人预先开出期票作为届期取款的证明。发行人只于票上署名盖章即可生效，不载明取款人姓名。无记名期票在安徽商家中最为通行，持票人可随意抵押或转让，无须发行人同意。因记载简略，不知此期限究竟为出票后定期付款或是见票后定期付款。无记名期票固然可以增加其流通性，然而因票据制度并不完备，所以票据纠纷也在所难免，因此引发诉讼时有所见。例如安徽高等审判厅民国四年审理的丁阮与厚生庄为期票涉讼案、章干臣与萧濂为期票涉讼案、民国七年童焕亭与范李贞儒为债务涉讼案等都属于此类纠纷。

有期凭贴得随意移转（山西第一期报告杨高县习惯）：商号出具凭条，记明期限、给付金额，称为有期凭贴。持票人可在本县周行拨账，无须发行人同意。报告中未提及是否记明受款人姓名，因而不知其为记名式或无记名式。此项习惯在山西杨高县甚为通行，该贴流通转让遵循认票不认人原则。

定期票（山东第四期报告肥城县习惯）：定期票是指由出票商号于票面记明将来兑款月日，期限届满该票回号方能付钱。该票并不记名，持有人可随意转让，实为现代票据中的无记名式定日付款商业本票，多为商家因资本短少，为周转或融通资金，遂预定几月为期，将期内所生利息折算加入，待到期票收回时再按票面金额支付。

定期收票（山东第四期报告齐东县习惯）：按齐东县习惯，发行钱票的商号歇业时，号东必将该号所发钱票自一号起至若干号止，订明收回日期，遍贴广告以便持票人赴号取钱。倘若持票人逾期不取，其钱票即为无效。该习惯对保护持票人利益有一定作用，因传统票据习惯中背书制度并不完备，流通性受到影响，往往只限于发行人和持票人之间，缺少足够的背书人作为承担票据责任的保障，因而一旦发行人歇业，对持票人取款影响很大。商号出于信用考虑订明收回票据日期，遍贴广告，一定程度上减少了持票人可能遭受的损失。

商号期票之效力（热河第二期报告平泉县习惯）：按平泉县习惯，期票必须记载一定期限，持票人如至期懈怠不取钱款，其票以无效论。而发行人履行给付后，期票效力即行消灭。该票为无记名式，认票不认人。传统票据习惯中未将基础关系与票据关系分开，按此习惯，倘若发行人与持票人有真实债权债务关系，因票据权利保护期限较短，一般债权保护期限较长，对债权人反而相当不利，在一定程度上也会影响票据的流通性。

4. 关于支票事项

无记名商业支票以压脚字号图章为重（江苏第三期报告上海习惯）：无论钱庄或普通商家所立的定期、即期支票，均以支票上压脚字号图章为重。除因不法行为取得外，发行人均应对持票人负完全责任。该习惯由江苏上海地方审判厅因黄济香与丁其昌票款纠葛案询自上海总商会。按现代票据基本原则，凡签名于票据者，自当负其票据责任，以保障信用，因此，该习惯与票据的文义性相符。

上单及支票之习惯（浙江杭嘉湖杭县习惯）：该习惯因杭县地方审判厅在审理两起案件时询自杭州总商会，但原报告未注明为第几期，也无习惯内容要点，本处系由作者归纳而来。第一，上单、支票的发行人必须负最终偿还责任。但持票人的票据如系贴现或转让而来，只能向其直接前手追偿。票据遭到拒付，发行人自然应付其责，古今中外同理。但依照该习惯，持票人只能向其直接前手追偿，与现代票据持票人可向任何前手及发行人追偿颇有不同，不利于保障票据信用，影响流通性，这也是传统票据习惯的一大弊端。第二，商家发行支票，到期前倒闭，经理或行主应邀集债权人公议偿还办法。若行主或经理已亡故或失踪，可向其家属求偿。商家发行支票可因原因不同而致性质有别，支票上有"不凭支取"字样应为无效。行主亡故而由其家属代偿，清偿责任皆为无限，自与当时公司制度不完善有关。支票性质因原因有所不同，则体现基础关系与票据关系并未分离，与现代票据观念不符。此外，报告中还有一些概括的内容：上单票由钱庄将联票簿送交交易商人自行填写，称为送根上单票。也有不送交联票簿而由商号自行填写，委托钱庄代付，但商号必须确有款项存于该钱庄，或与该钱庄向来交易定有借款数目、其委托款数未超过约定借款金额，或向来虽无往来而已将票面应付之洋如数送到该庄，有上列情事之一，付款人届期始行照付，否则该票视为无效。但交易对象如果为货物，定货不到，则发行人有权要求钱庄止付。

借用上单票之习惯（浙江杭嘉湖报告杭县习惯）：该习惯由杭县地方审判厅因程寿臣与俞光禄票据纠纷案询自杭州总商会。借用上单票给付他人，遵循凭人不凭票原则，持票人被拒绝付款时，应向借用人而非发行人求偿。案中该票为无记名式支票，依票据基本理念与规则，自当遵循认票不认人原则，持票人有权向发行人求偿。然而各地习惯迥异，依杭县习惯持票人只能向借用人求偿，显然与现代票据通行规则相悖。其弊端有二：一是发行人可滥发支票而无须承担票据责任；二是将基础关系与票据关系混为一谈，持票人的票据权利无法保证。

5. 关于票据贴现事项

贴给现洋先期兑款（江苏第一期报告）：该习惯因审判外之案件，由江宁地方审判厅询自南京总商会。按照宁垣县习惯，持票人可于票据到期前向出票商号贴现，一般按未到期时间所应付利息补偿出票商号。贴现在传统票据中也常有所见，出票商号在到期日前没有付款义务，其款留在手中自可生息获利。若持票人欲提前支款，当然需要给予补偿，其理与借钱付息相同。

期票贴现（浙江第六期报告杭县习惯）：此项习惯由杭县地方审判厅因审理徐龠川与徐炳林票款涉讼控诉案询自杭州总商会。钱庄发行的期票到期前可由他庄通融贴现，持票人如属非正当取得或形迹可疑，贴现庄可拒绝付款。另外，如果出票庄并非贴现庄平日所深信者，或持票人非贴现庄所素来相识者，可令持票人觅得保证人担保方可贴现。倘若到期发生纠纷或不获付款，由保证人负完全责任。

帮给现钱先期兑款（陕西第三、四期报告吴堡县习惯）：持票人对于未到期票据多向出票庄之外的他庄贴现，称为帮现钱。该习惯与上条略同，由他庄接受持票人贴现，对出票庄未到期票据进行付款，一般要求出票庄必须为信用素来卓著者。出票庄多不接受本庄票据贴现，其原因据称是碍于情义，不便接受自出之票的先期得利。

拨兑银低于现银（甘肃第三期报告甘肃全省习惯）：拨兑银即由本债务人之债务人（次债务人）出立拨兑银条交付债权人。按甘肃习惯，拨兑银的价值远低于现银。拨兑银实际上就是债务移转，甲对乙负有债务，而由自己的债务人丙出立拨兑银条（不标日期）交付乙，乙又可拨于丁，丁拨于戊之类，彼此相拨，相沿成风。按照一般民法原理，债务人转移债务须经债权人同意，但甘肃省内似乎并无此项限制，债务人得以随意移转债务。因无人肯出现银，只以一纸拨条转移，以致拨兑银条价值下降，只能折抵现银的十分之七甚至十分之五六，无疑助长赖账之风，是故调查员称此习惯于商务上大有妨碍，亟应设法禁止。

6. 关于票据效力事项

照即后始发生效力（浙江第一次报告）：照票即在票背或票面上书写"照即"表明支付之意，票据始生效力。期票、汇票应由支付人照票，凭票由发行人照票或请人代为照票，类似现代票据制度中的承兑，但承兑只是发生在非见票即付的汇票中，而此处无论期票、汇票或凭票都需照票，实际上否认见票即付。照票办法是由期票或汇票的付款人在背面书写"照即"二字或在表面日期下书写"即"字，表明愿意到期付款之意。也有书写照10日、照15日或照1月不等者，意即到期后须经10日不等再行付款。凭票因发行人和付款人同为一人，故由发行人照票，但如发行人信用不孚，则可以请信用卓著者代为照票。如果持票人到期不获付款，则代照票者须负偿还责任，类似保证。期票、汇票的照票习惯在浙江甚为通行，但凭票的照票只在永嘉县特定区域才有。

注票（浙江第四期报告鄞县习惯）：钱庄发行的期票经流通后，持票人可向钱庄要求确认，钱庄在票上加注日期以示确认付款。按报告内容看，该票性质当为商业本票，可见鄞县也允许本票无须见票即付。

商号银钱票据之付款时期（江西第六期报告赣县习惯）：赣县商号发行的钱银票分三种：其一为凭票即兑，其二为见票即兑，其三为见票即发。其付款期限各有不同：票面上写明凭票即兑，到期并不能立刻兑付，须经13日始行付款；写明见票即兑也须到期日后再经3日始行付款；只有见票即发才没有付款期限的限制，持票人见票时，发行人必须即时付款，不得迟延。

钱票有连环保（山东第四期报告滕县习惯）：山东滕县商号发行钱票，票面载有三家连环保，持票人如遇发行人歇业不能兑款时，由保证人负责。按票据规则与一般民法原理，保证人越多，对持票人当然越有利，在提高保障的同时大大加强了流通性。不过依报告内容看，似乎只有在发行人歇业无法兑款时，保证人才承担责任。若发行人并未歇业却拒绝付款，则结果如何不得而知。

钱票须经商会盖章（山东第四期报告齐东县习惯）：齐东县钱铺或杂货铺发行钱票，必须经过该县商会查明确系殷实商号，在票面盖上商会图章方准使用。由商会在票面上盖章固然可以提高票据信用，但盖章的法律效果、商会在票据关系中的地位如何则大有疑问。按票据法一般原理，在票据上盖章者应当承担票据责任，那么商会是否属于保证人？如果该票不获付款，商会是否应负偿还责任？这些问题在报告中并无答案。

钱票损失之负担（山东第四期报告掖县习惯）：钱铺发行无记名钱票，票面注明十千、五千、三千或一千不等，不载明持票人姓名，在本地流通，无论买卖、兑换一律当作现款。倘若发行人先期倒闭，则由持票人自负损失。按该习惯，持票人权益实在难以保证，因票据能否兑现只能视发行人信用如何而定。而票面金额庞大，一旦发行人不能兑付，持票人损失巨大。

凭条取款（甘肃第四期报告红水县习惯）：红水县少有富商大贾，钱银往来多凭一纸为据，债务人出立凭条，盖章载明取款年月日及金额，即可自由流通，届期凭条取款。按一般民法原理，债权人得自由转让其债权，仅需通知其债务人，该条实质与债权转让无异，只不过不用履行通知义务而已。

票据以图章为凭（甘肃第五期报告陇南天水一带之习惯）：陇南天水一带商号发行票据专以图章为凭，倘若商号成员盗用图章发行票据，该商号不得以伪造为名否认债务。票据法一般原则为认票不认人，其形式合格尤为重要，若是票据上的图章果为商号图章，自当保护善意持票人的合法权益。

挂失办法（浙江温处习惯）：按温处习惯，票据遗失后，失票人可向出票商号声明挂失，另请商会悬牌作废或登报声明，失票人应及时通知付款人挂失止付。但因票据具有无因性，假如不当得票人将票据转让他人，善意持票人于票据到期日支取款项，则失票人只能向不当得票人追偿。

退交来手（湖南第一期报告湖南全省习惯）：湖南商号间互存有对方发行的未到期票据，假如一店现行倒闭，另一店可将双方开立的票据抵销，如有剩余者可退交来手。商号互存有未到期票据，或因通融贴现或因票据流通或因彼此交易而来，按传统票据习惯，商号只能向贴现人或前手追偿。但既有一方倒闭，为避免循环追偿，将双方发行的未到期票据相互抵销，有利于债务及时清结，不失为一种好办法。

7. 关于他项票据

商号计数不缴票据不能持票兑款（江西第四期报告江西全省习惯）：江西各商店出立计条，盖有"计数不缴"图章，该条实质并非票据，而是商店为便利计数起见而开立的收条或欠条，不能持此票兑款。所记何数报告里并未交代，疑为往来账目数额，以便结算时统计及凭据之用。

回票（山东第二期报告平度、惠民等县习惯）：商号发行期票，票面注明票回取付钱银若干，期至某年月日，不载明持票人姓名，可以自由流通。倘若发行人先行倒闭，则由持票人自负其责，与发行人无关。该票为无记名式期票，形式上尚属完整。但发行人倒闭专由持票人承担损失，缺乏安全性与保障基础，严重影响其信誉与流通，并可能引发商家滥发期票。

上票（湖南第一期报告长沙、常德等县习惯）：长沙、常德等县商人间如有债权债务关系，由债务人以他人名义出票付与债权人，该票为借自己之手而为他人开出的本票。付款人必为开票之人确有存款于该处的第三人，或是彼此交情很深而信用卓著者。但此处未交代照兑程序如何，付款人是否在票据上签名盖章等事项，到期如付款人拒付后果如何，不得而知。

红票（湖南第二期报告宝庆县习惯）：红票是买卖中买方在无现钱交付时，以本人名义开出的期票，到期付款，性质上属于商业本票。买卖中欠款用欠条固然可以，但用票更具有保障，而且还有流通功能，所以此类行为也很常见。红票与上票的区别在于前者以本人名义发行票据，后者以他人名义发行票据。

钱庄兑票性质（湖北第二期报告武汉习惯）：武汉钱庄发行的兑票分实票和虚票两种：实票指甲庄确有存款于乙庄而以乙为付款人出票于他人的票据；虚票是指甲并无存款于乙庄而以乙庄为付款人，出票与他人的票据。实票允许自由流通，无论持票人为何人，乙庄均须照票付款。虚票能否兑付，则基于钱庄彼此信用，乙庄有拒绝兑付的自由。不过持票人遭拒绝后由谁负责，此处没有交代。虚票的流行会助长商家滥发空头票据的风气，容易产生纠纷。

付贴、凭贴及周使贴之区别（绥远第一期报告绥区习惯）：绥区商家发行的钱贴有三种：付贴、凭贴及周使贴。付贴是指甲商号发行的，以向来有存款的乙商号为付款人的票据；凭贴是指甲商号发行的以自己为付款人的票据；周使贴只限于本镇或本县流通，但始终不能兑现。此习惯适用于绥远地区，付贴类似汇票或支票，凭贴类似本票，并无奇异之处，而周使贴却为该地所独有，该贴的使用是因为绥区现钱短缺，经全区商会与各商号议决，呈报官厅核准立案始能发行，性质上类似代金券甚至纸币，但此处并未交代何人可以出票。

过账票（浙江第二期报告鄞县、镇海县及旧宁波府属各县习惯）：过账票是指发行人以其他钱庄为付款人开出的票据，持票人必须先由付款人注实日期，到期才能付款或过账。该习惯流行于旧宁属六县，由鄞县及镇海县地方审判厅在审判实践中得来，并得到宁波总商会的确认。该票既可支取现金，也可过账，故称过账票，又名上票，性质上类似远期汇票，分为即过票与过票两种，兑付期各有不同。即过票为出票后七日方可取现或过账；过票为出票后十四日方可取现或过账。其特别之处有二：其一，持票人必须先向钱庄要求注实日期（即到期日），至期方可过账或取现，再由钱庄将该票圈销收回。该行为虽然形式上为注实日期，但从性质上看符合承兑的特征，持票人必须提示见票，钱庄注期后即负有兑款或过账义务，不注期则无此义务。其二，如钱庄在注期后倒闭，或账虽过、该票亦已圈销收回，但持票人在钱庄所过账之下家无法对账时，可选择发行人或付款人行使追偿权。一般传统票据中，持票人遭拒绝付款，只可向直接前手或出票人追偿，此处要求发行人与注期人（承兑人）承担连带付款责任，持票人可选择向发行人或承兑人追偿，类似现代票据中持票人向发行人或承兑人行使追索权，无疑大大增加票据安全性与流通性，实属难能可贵。

交人银票（绥远第一期报告萨县包镇习惯）：发行人开出票据，在票面上记载凭条向某号问某人取银字样。持票人请求付款时，商号如果将某人交出即脱离关系；如不能交人，该号应清偿债银。该习惯流行于蒙古族地区，因与蒙古交易的商人自己没有固定店铺，往来不定，常以某商号作为自己交易的根据地，商号由此负有交人的义务并承担保证责任，以保障交易信用。但此处并未交代何人为发行人，商号是否在票据上盖章，如果因此发生纠纷，恐不易解决。

近年来，有学者对清末、民初民商事习惯进行专门研究，其中也有涉及票据者。眭鸿明先生在专著中根据《山东民商事习惯调查会报告书》，列出了11种山东票据习惯，除回票、定期票、钱票有连环保、钱票须经商会盖章、定期收票和钱票损失负担六种与上述目次相同之外，另有五种为上述目次所未见，对民初票据习惯的研究起到一定的补遗作用（附表2-4）。① 这五种票据习惯分别为以下所述。

钱票认来手（临沂县习惯）：凡经手使用钱票，必须在票内注明来手，例如甲以票给乙，须注明甲的姓名及年月日，乙再转给丙亦然。若发现票为伪造，即可辗转退回，无论年月长短均为有效；又如持票在手，遇到出票钱铺倒闭，则城关管当日、四乡管一个月，可将票退还来手，逾期不许再退。

期票清账有定期（黄县习惯）：黄县与他县交易时，往年多用现宝银，近来偶尔也使用现大洋。现银、现洋每值用途过多时，价值必致高昂，往他县卖货者所进皆为现款，进项既多，行市必然跌落。于是用期票作为现银、现洋的替代品，当市面现款紧缺时，可以买迟期几日的银票以资周转；而卖票一方在某款指日可到时，也可以预卖迟期几日的银票，于是出款人、进款人都可以先期预备，以免贵买贱卖。期票结账各有定期大洋，以每月二十日清账，宝银以每月二十五日清账，其清账方法与月底钱清账相同。

---

① 眭鸿明：《清末民初民商事习惯调查之研究》，法律出版社，2005，第238~239页。

粉票（黄县习惯）：粉票为粉干行发行的钱票，因在乡镇收买粉干，运钱不便，遂以粉票代替现钱。例如买某人粉干若干斤，票面注明付某人钱若干，有时由本行照付，有时由川换家照付，票回付钱，票即作废。

瓦票（黄县习惯）：瓦票以瓦片或瓷片作成，长不过寸，一碎为两片，称为一副，钱数不拘多少都可以使用。商号留一片称为瓦底，以另一片交与持票人随便使用，认票不认人，来瓦与瓦底相合即须付钱，兑过即作废物。

竹签作钱票（海阳县习惯）：海阳县境郭城、朱吴等处商号除通用银票、钱票外，还有一种竹签，每支竹签定为大钱一吊，但仅能通行于郭城、朱吴一带，若是流通到县城，则每支须扣水钱三五十文不等。

表 2-1 票据习惯目次

类别	项序	目次	报告来源与习惯归属地	报告人
（一）关于票据种类	1	钱票种类	陕西第一、二期报告襄城县习惯	不详
	2	认票不认人	甘肃第二期报告皋兰县习惯	不详
（二）关于汇票事项	3	汇票支付人拒绝支付，出票者应负支付之责	旧温处两府属习惯（浙江）	永嘉地方审判厅吕会员
	4	汇票支付期	福建第三期报告建瓯县习惯	建瓯县赵知事、刘承审员
	5	汇票种类	湖北第一期报告襄樊习惯	不详
	6	汇票内记载之事项	同上	不详
	7	汇票之满期	同上	不详
	8	汇票让与应为里书	同上	不详
	9	汇票不兑款向前手请求偿还	同上	不详
	10	汇票	山西第四期报告高平县习惯	高平县承审员孔宪谟
	11	拨码	直隶第一期报告天津县习惯	不详
	12	商场汇券	湖南第二期报告常德县习惯	常德地方审判厅王会员

续表

类别	项序	目次	报告来源与习惯归属地	报告人
（二）关于汇票事项	13	汇票支付期	福建第一期报告南平县习惯	南平县袁知事、刘承审员
	14	倒汇	绥远第一期报告归绥县习惯	归绥县孔承审员
（三）关于期票事项	15	商店滥出期票	江苏第四期阜宁县报告	不详
	16	商号期票	江西第三期报告九江县习惯	不详
	17	竹行期票之一	浙江第二期报告安吉县习惯	安吉县公署陈、郭会员
	18	竹行期票之二	浙江第五期报告孝丰县习惯	孝丰县公署戴、陈会员
	19	期票	福建第一期报告顺昌县习惯	顺昌县张承审员
	20	期票不记债权人姓名	安徽第一期报告通县习惯	不详
	21	有期凭贴得随意移转	山西第一期报告杨高县习惯	不详
	22	定期票	山东第四期报告肥城县习惯	不详
	23	定期收票	山东第四期报告齐东县习惯	不详
	24	商号期票效力	热河第二期报告平泉县习惯	不详
（四）关于支票事项	25	无记名商业支票以压脚字号图章为重	江苏第三期报告上海习惯	江苏上海地方审判厅
	26	上单及支票之习惯	杭嘉湖习惯杭县（浙江）	杭县地方审判厅询自杭州商会
	27	借用上单票之习惯	同上	同上
（五）关于票据贴现事项	28	贴给现洋先期兑款	江苏第一期报告	江宁地方审判厅调查员莫宗友
	29	期票贴现	浙江第六期报告杭县习惯	杭县地方审判厅询自杭州商会
	30	帮给现钱先期兑款	陕西第三、四期吴堡县习惯	吴堡县知事钱增堡会员
	31	拨兑银低于现银	甘肃第三期报告甘肃全省习惯	甘肃第一高等审判分厅彭、张会员

续表

类别	项序	目次	报告来源与习惯归属地	报告人
（六）关于票据效力事项	32	照票后始发生效力	浙江第一期报告永嘉县习惯	永嘉地方审判厅吕会员
	33	注票	浙江第四期报告鄞县习惯	浙江高等审判厅张会员
	34	商号银钱票据付款时期	江西第六期报告赣县习惯	第一高审分厅傅济泰会员
	35	钱票有连环保	山东第四期报告藤县习惯	不详
	36	钱票须经商会盖章	山东第四期报告齐东县习惯	不详
	37	钱票损失之负担	山东第四期报告掖县习惯	不详
	38	凭条取款	甘肃第四期报告红水县习惯	红水县朱会员
	39	票据以图章为凭	甘肃第五期报告陇南天水一带习惯	各省民商事习惯调查会冯会员
	40	挂失办法	温处习惯（浙江）	不详
	41	退交来手	湖南第一期报告湖南全省习惯	长沙地方审判厅郭会员
（七）关于他项票据	42	商号计数不缴票据不能持票兑款	江西第四期报告江西全省习惯	不详
	43	回票	山东第二期报告平度、惠民等县习惯	不详
	44	上票	湖南第一期报告长沙、常德等县习惯	常德地方审判厅易会员
	45	红票	湖南第二期报告宝庆县习惯	宝庆县公署凌会员
	46	钱庄兑票性质	湖北第二期报告武汉习惯	武昌地方审判厅推事李群秀
	47	付贴凭贴及遇使贴之区别	绥远第一期报告绥区习惯	不详
	48	过账票	浙江第二期报告鄞县、镇海县及旧宁波府属各县习惯	镇海县公署谢、洪会员
	49	交人银票	绥远第一期报告萨县包镇习惯	不详

资料来源：王凤瀛：《票据习惯目次》，《法学会杂志》1923年第10期；山东民商事习惯调查会编《山东民商事习惯调查会报告书》，1921；南京国民政府司法行政部编《民商事习惯调查报告录》，1929。

表 2-2 增补票据习惯目次

项 序	目 次	习惯归属地
1	钱票认来手	临沂县习惯
2	期票清账有定期	黄县习惯
3	粉票	黄县习惯
4	瓦票	黄县习惯
5	竹签作钱票	海阳县习惯

说明：
1. 资料来源：眭鸿明：《清末民初民商事习惯调查之研究》，法律出版社，2005。
2. 这五项习惯来源于《山东民商事习惯调查会报告书》，但究竟为第几期，报告人是谁，原书未提及，故本表未列报告来源与报告人。

二 民间调查报告的整理与介绍

北洋政府决定重新进行票据立法，激起法学界、金融界人士的极大热情。他们纷纷撰文著书，介绍传统票据及习惯，提出立法建议。最早对传统票据习惯进行研究的是学者王敦常，他在1922年出版的专著《票据法原理》中，对钱庄的营业、作用、功能，庄票、汇票、期票、支票及我国相关的传统票据习惯进行总结和归纳，得到王凤瀛的肯定。很多金融界人士也对票据习惯进行整理并提出中肯的立法建议。例如当时的金融巨头胡孟嘉专门撰文就票据习惯和法理的关系进行探讨："编订票据法，必须求诸法理；而采访习惯，又须范以法理；两者并进，庶几不悖。"① 又如浙江兴业银行上海总行副经理徐寄庼根据多年从事金融业务的经验，总结了20条票据习惯。

1. 票据分期票、汇票两大类，期票、汇票各有即期、远期两种。凡出票人允于即期或一定日期交付款项于抬头人者，为期票；凡出票人令接票人于即期或一定日期交付款项于抬头人者，皆得谓之汇票。

2. 凡出票人为顾客，接票人为银行时为支票。按各国通例，支票皆系即期，但本埠习惯得出远期。出票人为甲地银行或庄号，接票人为乙地银行或庄号时为汇票。出票人、接票人同为银行时为本票。

---

① 胡孟嘉：《敬告票据法研究委员会》，载前引《票据法研究·论丛》，第1页。

3. 抬头人未经指定，但书明交持票人者，不须收款人于票背盖章或签字即可付款；抬头人指定为某某者，必须某某于票背盖章或签字方得付款；抬头人为某某或持票人者，某某即未盖章或签字亦得付款。

4. 抬头人于票背签字，无印鉴可证者，本埠外国银行非得他银行签字担保不予付款，本国各银行亦应仿行。

5. 凡盖有凭某某庄亲收图记之票，非由该庄亲收不得付款。但此项图记并非担保抬头人签字，应须注意。

6. 凡接票人为本行之票，应核对出票人印鉴是否符合方得付款。

7. 抬头人得于票背签明转让他人收款，受让人复得如法辗转移让。

8. 抬头人但于票背签名，不指定让与者，任何持票人皆得收款。

9. 抬头人得于票背限定交款于某某，非某某或其代理人亲收不得交付。

10. 抬头人得于票背指定代理人收款，代理收款人但能签名收款，不能转让。

11. 凡未经书明抬头人之票，任何持票人得于票背指定某某为收款人，该票非经某某签字不得转让或收款。

12. 凡票面划有横线两道，中书 Co. 某某银行或 Not negotiable 不得流通字样，或但书横线二道者，非经银行签字或盖章收款不得交付。其横线之间书明某某银行者，非经该银行签字或盖重要图章收款不得交付。

13. 票面原无横线者，任何持票人得补画之。其原有横线而未书明某银行者，任何持票人得于横线之间加入之。

14. 本行支票，出票人、抬头人或持票人皆得向本行要求保付。如查核该出票人款项充足，该票款式合法者，应于票面加盖保付戳记，负付款之责。

15. 有期汇票，应由持票人于接收之日向接票人照票。于票面加盖某某日见字样。到期之日，复应由持票人向接票人即见票人收款。倘接票人拒绝照票或到期拒绝付款，接票人应立即声明缘由，退回原手或出票人，向其补偿。

16. 本行支票，得由出票人、抬头人或持票人声明理由，向本行挂失止付。倘未经原人声称取消止付，本行不得付款。

17. 保付支票不得挂失止付。

18. 有抬头人之本票如有遗失,应由失主邀同保证人证明并登报三月,声明作废。其无抬头人之本票或抬头人已经于票背签字者,不得挂失止付。如遇水火盗贼或途中遗失者,由失事人觅得殷实保证人证明并登报存案,银行得暂时止付,俟手续办妥再行付款。

19. 有抬头人之汇票如有遗失,可由出票人或抬头人来行请求挂失止付。如票背业已盖章签字,或有遗失,须邀同出票行或保证人请求挂失止付并登报一月,声明作废。

20. 一切汇票、支票,得根据下列各理由退回,不予付款:

(1) 出票人款项不足;(2) 出票人签字不符或不全;(3) 出票人托收款项尚未收到;(4) 出票人向无来往;(5) 出票人往来账已经结清;(6) 数目不符,西文票中字句与数码不符;(7) 票面字迹已经更改;(8) 日期不同;(9) 尚未到期;(10) 银行汇票票根未到;(11) 收款人未曾签字或盖章;(12) 收款人签字不符;(13) 收款人印鉴无凭,须银行担保;(14) 票面更改之处,须出票人签字或盖章;(15) 已经止付;(16) 横线支票须银行签字收款。①

不过,在对传统票据习惯的研究成果方面,贡献最大的当属上海银行公会(以下简称"上银")下属的银行周报社。"上银"是中国最早成立的金融团体,由于上海处于全国金融业的中心,所以"上银"在中国银行业中有着举足轻重的影响。1922年,在北洋政府决定开始票据立法时,"上银"就向上海总商会提议进行全国范围的票据习惯调查,编订票据法草案,此举得到了上海总商会的肯定。② 为此"上银"还专门设立票据法

---

① 徐寄庼:《对于票据法研究会之管见》,载《票据法研究·论丛》第5页。
② 上海银行公会董事孙景西致函上海总商会称:"现时工商业所用种种票据因无法律规定,各行其是,至不齐一,鄙意应调查全国商业习惯,联合各埠商会及银行公会预为研究,编订票据法草案,以备呈由国会审议通过施行。"上海总商会回函称:"兹因事体大,必先征求各处同意方能筹商通力合作办法。事关商业重要法规,如能折中各地习惯,编成优美充实之草案以备立法机关议决施行,成功似较捷速且免隔阂之弊。贵会有何意见敬祈详细讨论,从速赐教。"参见《上海总商会致上海银行公会函》,载《上海银行公会档案》,上海市档案馆藏,S173-1-206。另见《上海总商会为征求编订票据法意见致各商会函》,载前引《票据法研究》第12页。

研究会，决定从调查入手，拟订票据法调查表一份函致各地银行公会、钱业公会和商会。调查内容包括票据名称、发行及使用手续、习惯或性质等，并要求每张票据寄样纸一张。① 此后，"上银"下属的银行周报社根据收集的各地票据习惯，于民国十一年（1922年）编印《票据法研究》，全面介绍各地传统票据的种类、样式及习惯，为传统票据习惯研究做出很大贡献。

《票据法研究》在"调查"部分收录来自江苏、直隶（含北京）、浙江、福建、安徽、山西、江西、东三省、广东、山东、河南、湖北、湖南、陕西和四川17省52个县市的票据100多种（见附表2-5），样本240余张，在每张样本旁边还有说明、解释以及该地通行的票据习惯。这是民国时期出版的最为全面和权威的调查报告，几乎囊括全国各地的票据样本和票据习惯，可谓集票据习惯研究之大成。就票据样本的收集而言，其成绩远远高于官方与其他民间机构。此后言及票据习惯，即多以此书为本。无论是陈天表1937年出版的《票据通论》论述的几大城市票据习惯，还是朱方的《国民政府新颁行票据法详解》论述的全国37个城市的票据使用习惯，均以这部分资料作为基础。② 因样本图式太多，本书无法列出，故只对各地票据种类及习惯进行介绍。

（一）江苏省（南京、苏州、镇江、扬州、清江浦、无锡、通州）

南京惯用票据有便条、本票、汇票三种。便条既无记名又无庄号图章，专用于同业各庄及素有信用的各商号转账。因无庄号图章，只有暗记，他业之人即使拾得也不知向何处取款，只有同业各庄熟悉暗记才可以互相代付。本票为无记名式，凭票付款，流通范围视发行钱庄信用而定，信用越是卓著，流通范围越广，甚至有流通至他埠者。汇票一般为三联式：第一联由出票庄留根备查，第二联交与持票人向某处某庄验付款项，第三联由出票庄寄往托汇款项的钱庄留存验解。

苏州惯用票据有划条、定期存票、三联他埠汇票、二联本埠支票四

---

① 《上海银行公会致各银行公会、钱业工会和商会函》，载《上海银行公会档案》，上海市档案馆藏，S173-1-206。

② 张群、张松：《北洋时期对票据习惯的调查研究及其与立法的关系》，载《清华法学》第六辑，清华大学出版社，2005。

种。划条是钱庄对于本埠同业及外业汇划款项惯用的票据，见票即付，无异于现金。定期存票是钱庄及非钱庄对于存款户所开出的证明，类似现代银行存单。三联他埠汇票的第一联由钱庄自留存根，第二联裁交用款户向付款庄支取，第三联则由该钱庄寄往付款庄以备对验付款。二联本埠支票的第一联由钱庄盖齐各种图章交与该往来用款户收执。如该户用款，则由其填明银数，在第一联下角盖上本户字号印章向该庄取款，第二联由钱庄留根备查。

镇江惯用票据有汇票、庄票、期票、划条、钩条、汇信六种。汇票为三联式，店名主戳加盖于票字之上，寄根、根条之上有根条戳记，正票与存根、寄根之间须盖骑缝章，正票及寄根的数目上另加正式图记。庄票信用卓著，店名主戳加盖于票字之上，数目上另加正式图记，票面添盖闲章不一。期票即借入信用期款出具之票，图记与庄票同。划条是同业往来临时划拨之条，月日之下盖一某某庄划条戳记。钩条可立刻取现，在钱业中最具信用，条上无戳记，通常以司账之人的笔迹为准凭。信汇可以代替汇票，使客商免于在途遗失之险，并可以任其随时分取票面金额若干，即随出收据，由付款处缴至发信处记账。用这种方法汇款时，客商不必先将存款减少，某日支用若干后始由存款中拨还。如果未曾用款，仍可将原信缴销，客商并无损失。

扬州惯用票据有汇票、存票、红票三种。汇票通常用三联票，甲联存根、乙联交与汇款人、丙联寄往解款庄核对，汇款人持乙联至解款庄兑款。存票近于期票，因借贷而发生，由债务人开出，交债权人收执，其期限、利率全部记入票中，但形式与普通借据相同。红票由扬州钱庄开出，信用颇著，出票庄届时如果不能照兑，即由同业共同负责摊认代兑，因此从未失过信用。该票分现期、迟期，有记名式、也有无记名式。

清江浦惯用票据有汇票、本条两种。汇票按其功能分为转账和付现两种。如票面书明为银元，以付现居多；如书明为银两，以转账居多。因转账是以虚银为本位，所以不能取现。如果急需现银，可以按照市面行情加以兑换，每千两收取十余两至数十两手续费不等。如果用以转账，票面盖明汇划两字小印，付款号一望而知。至于票券信用如何，完全取决于发行人，付款人不负责任。发行人必须先存款于付款人，持票人才能照票面金额取款。如果没有存款，付款人可以停止支付。至于票券保证，并不如何讲究。如果票面书明取款人为来人，自然无须保证；如果票面抬头为某号或持票人面不相识，偶尔也有觅保取款者。而转付手续更为简单，持票人将此票托甲号代取，由甲号盖凭甲号收之印章，继续转付。照此办法，并无所谓背书，但也少有纠葛之事。按其付款期限，分为即期票、板期票与迟期票三种。即期票是指凡票面注明即兑者，则见票即付，并无疑义。支付人未收到发行号票根的，可以延期。此习惯相沿，信用上并无损失，若是发行人无存款或存款不足以应付票面金额，付款人也可以停止支付。板期票是指凡票面注明某日板期者，非届期不能取款。倘若持票人有急需，也可以向钱庄贴现，但这种贴现并无抵押品，全凭持票人的信用，与发行人、付款人无关。迟期票是指凡票面书明迟期者，持票人必须先期持票向支付人见票（即所谓过印），如果发行人确有存款可以应付票面金额，可批明某日见，持票人到期后向支付人取款。在上海一埠，迟期票最具信用。因为按照钱业通例，见票后付款人必须负绝对付款责任，故票面批过见票者，在市面可以作为现金。本条是本埠商家用于转账的凭证，其目的无非省却现金搬运的麻烦，没有太大价值。发行人出票时将票勾销，以防止持票人中途遗失。拾得者如持票向发行人取款，发行人可告知此为销过之票，不能取款，这是商业上的预防手段，并非一般规则。

无锡惯用票据有支票、庄票、划条三种。支票在无锡也被称为汇票，其性质为甲地向乙地支付之票。有板期者、有见票迟若干日者，听顾客之便。该票除钱庄使用外，米业中也有使用者。庄票又称本票，专供他业买卖之用，有即期、迟半个月或一个月几种。划条是钱庄对他业临时付款所用的票据，钱庄之间有时也互相开出划条向对方收款、划付。

通州（南通）惯用票据有本街钱庄通用之庄票、钱庄汇款至他埠之汇票、花布关庄所发行向申兑之汇票三种，性质上均与钱庄汇票相似，信用比较显著，可以先期持票向钱庄贴现。

（二）直隶省（北京、天津、胜芳、芦台、祁县、石家庄）

北京惯用票据有汇票、借据、形式为汇票实际为借据、兑条、存条、划条六种。汇票分为即期汇票（见票即日付款）、迟期汇票（由见票日起迟若干日付款）、板期汇票（于票面书明某月某日付款）。汇票格式大致相同，编列号数或在正页、反页、底页，并不确定，一般在数目、期限、年月日之上盖用挂角图章（即骑缝章）和其他图章，所用图章大小、长短、方圆不一。借据格式大致相同，其数目、日期、利率等关系紧要之处均盖有图章。形式为汇票实际为借据的票据主要是由于按照旧习惯，大商号常以借款为不殷实的表现，因此除与银行往来外，如有其他借贷关系，为保证信誉起见，改用这种票据还款，其日期仿照板期汇票，本息通算于票面金额内。兑条包含存款票据及汇票两种作用，于本埠、外埠均可凭条核兑款项。存条相当于银行存单，只适用于本埠。划条的作用类似银行支票，银业对于同行及字号对于银行，如有存款及往来账户者都可以适用，但限于本埠。与银行支票相比，划条的不同之处在于由支款人照普通惯例开出并盖章。

天津惯用票据有票项信行、银号汇票、番纸、拨码四种。票项信行是商号所使用的普通借据，其余三种并未介绍。

胜芳惯用票据有期条、三联汇票、收条、土票、借条五种。期条也称为存条，一般由钱铺及粮行开立，可以贴现。三联汇票也较为常见，胜芳每年七、八月间稻米收获时，常有天津米庄来胜芳买米，往往携带这种汇票，买妥时应交卖主的现款即由胜芳某钱号先行支付，然后该米庄开出由天津某银行迟三五日或五七日支付的汇票交与钱号，按照惯例，该米庄应酌情贴与钱号利息若干。收条实质与借条无异，只是按胜芳惯例，粮行如需用现款，通常是向当地钱铺借款，立此类收条为证，而不立借条。其利息为一分上下，期限有六个月（半年期）与对期（一年期），但殷实商号借款利息较轻。土票为胜芳钱铺所发行的本票，格式以精色石印者居多，周围都印有花边，票面额为京钱一吊、二吊、十吊三种，市面流通数目并不是很多。

芦台惯用票据有三联汇票、期票、凭票、揭单、信汇五种，其内容、习惯并未介绍。

祁县惯用票据有汇票、存票、期票三种。汇票使用范围最为广泛，数量巨大。祁县50里之外的小樵镇是棉花上市汇聚处，每年八九月间，汇票流通总额可达七八十万元。棉花客约有资本3000元便可以在此买卖百包，走水路10天左右运到天津出售，棉花装船后再开出天津汇票交与安平、深泽两县钱店，换取现洋继续购货。深泽、安平钱店前来祁县，将汇票售与本街钱店，由本街钱店再售与中国银行换回现洋。该票抬头空白，均为见票迟 10 天交付，发行人多为天津义隆、兴隆等棉花栈。存票性质上类似于存单，存款人将现洋存于银号，一定期限后按约定方法收取利息若干。期票主要用于药物贸易，祁县是药物销售的主要市场，各省药客售货完毕后，买主所交付的票据有尚未到期者，药客可向钱号贴现，利息为月八九厘左右。

石家庄通行票据为汇票。石家庄向无各种票据流通市面，只有每年秋冬，天津等处华洋商号来此收买棉花等货才使用汇票。该汇票在本埠流通，持票人须委托货栈、钱铺等代向银行售卖或委托代取，见票迟五七天或 10 天于天津付款。所谓洋商实际上多为买办，其使用习惯并无同行公例可言。该票的缺点是虽然批明见票与交款日期，但往往有顶票不付款之事，而且所用图章并非洋商或银行，例如某商号在某货栈收买货物，汇票上所用压脚图章即盖用某货栈图章，名为"借书"，一旦发生债务，纠葛丛生，急需完善相关票据立法加以调整。

（三）浙江省（杭州、绍兴、海门、兰溪、温州、宁波）

杭州惯用票据有庄票、汇票、支票三种。庄票又名本票，由本地各钱庄发行。汇票是须到异地兑取的票据，分为两种：一种是钱庄所开出的汇票，另一种是发行人自行开出的汇票。该票分三联：左联存根、中联付与持票人、右联为票根，委托往来钱庄转寄各地钱庄照兑。支票又名上单，也分为三联：一联存根、二联交与持票人、三联交与付款号，其信用程度取决于发行人的实力。

绍兴惯用票据有汇票、期票、支票、坐票、签子、同行过账六种。汇票多因外埠买卖货物而开立，例如某号向上海办货或出售土产，货款均可开票委托钱庄收解，只是解款之票必须向钱庄开立，由钱庄发函通知付款方照付；收款之票可由商号自开，交钱庄寄收。无论银、洋，均由钱庄按市价分别合计绍洋与顾客结算。按绍兴习惯，钱庄汇票可以直接在沪、甬、杭、苏等地流通，如果是远省流通，必须委托上海钱庄代理。而票根向来有坐根、飞根两种：坐根是钱庄先将空白填号的票根寄存付款人，遇到开支时将号码、洋数、期份函咨填解；飞根则随开随寄，顾客也可以自己开立，委托钱庄转解。期票在绍兴纯属放款借贷凭据，例如甲庄放与乙铺一笔款项，订期六个月，则乙铺必先立此期票送存甲庄，期满甲、乙分别交还，先洋后票。该票只在定期放款、借款时适用，不能贴现，称为长期票。支票在绍兴一带极少流通，只是在乡僻茶栈收茶时，偶因现金运送不及才开立。按绍兴习惯，支票不先填根，见票即兑，与汇票不同。钱庄见票后只要将票面图印、号码与顾客坐根验对无误，即行付款。坐票在性质上与期票截然相反，是商号预存于钱庄某笔款项的凭证。例如某号与钱庄随时往来，预定欠额若干，由某号预立此票送存钱庄，至款项交清后方可发还。这种办法只是寻常店铺为增加信用起见而由钱庄开立的凭证，其他情况下并不多见。签子以竹片做成，又名竹筹，是市面上划单的替代品。签上两面写字，一面写成语或诗句，一面只写一字，某字则代表某千，不署月日，不标金额、洋数与期份，但凭口述。因绍兴有现洋、划单之别，甲解乙款如为划单，可至往来钱庄取竹签付乙代替。竹签在绍兴地区通行甚久、信用良好、便于取携，但只能过账而不能支现，如需提取现洋须加贴水，即所谓贴现。同行过账与签子性质上基本相同，也是划单的替代品，流通方法与签子大致相同，多用于箔业交易中。绍兴箔业发达，往来货款均以此票收解。该票由箔铺开立，委托钱庄填报代解，所解之款只能通过划单转账，也可以向钱庄贴现。

　　海门惯用票据有汇票、长期票、支票、本票四种。汇票是异地取款的票据，海门商号去宁波办货，先将款项预存于海门钱庄，由钱庄开立宁波某庄照付的汇票，期限及银数随商号之便。该票分三联：一联为存根，注明领款人姓名、付款人号名、银数若干、日期等事项；二联为正票，裁交受款人向指定地点取款；三联为票根，由开票钱庄寄与宁波某庄收存，以便正票到时验明骑缝章和压脚图章，付款后以墨笔勾销寄往开票钱庄。长期票即定期加息的本票，商号借用钱庄长期款项，即由用款商号出票为凭。其期限、利息经双方商定后，由用款商号立票交与钱庄收执，票面银数为期款正数与预计利息相加，到期后钱庄向用款商号凭票取偿。支票是本地钱庄与往来商号为方便取款发行的票据。支票编册，每册双联，五十页或一百页为一册，由钱庄自编号码，加盖骑缝章，发与往来商号。商号预先将压脚图章式样送交钱庄，如需往钱庄取款时，写明银数并加盖商号压脚图章，交与钱庄存验付款。本票即单纯支付的存票，发行人为钱庄，见票验明骑缝章及本庄压脚图章后付款，遵循认票不认人原则。

兰溪惯用票据有凭票、上单、汇票、期票四种。凭票是钱庄所发行的本票，信用最为卓著，无论近期、远期，均可当作现款，即使该庄倒闭，也须由该庄股东设法照付。上单在性质上是以钱庄为付款人的支票，有即日者、有迟期者，即日者均可通用，迟期者以发行人信用如何为标准。汇票通常于苏、杭、宁、绍等处商家来兰溪买卖货物时或兰溪各业往苏杭等处买卖货物时开出，以进行异地汇兑。有即日者、有迟期者，即日者在兰溪本地均可通用，迟期者以发行人及付款人信用如何为标准。期票的性质类似远期存单，例如甲庄存放款项于乙庄，乙庄开出长期票据，如期限未到不能要求付款，到期始能生效。

温州惯用票据有汇票、三联单、期票、计条、上单、合同六种。汇票由本地开出，向外埠支款，例如汇至宁波或汇至上海。有见票即兑者，也有批注"即日"者，按惯例批注后迟五天照兑。三联单性质上为本票，由钱庄发行，一联交与存款人，二联为票根，三联钱庄自存，持票人领款时，凭印鉴与联根对照解款。期票为借贷正式凭券，习惯上以六个月为期，也有以全年为期者。计条如同钞票、支票之类，随到随付，即期、迟期并无规定。上单是专门用于钱庄之间转账的凭证，又称为划单。合同类似于债权凭证，其上并无盖章，只在数目上居中截开，清偿债务时比照核对，即期、迟期应于票后注明，其他事项以合同上内容为准。

宁波惯用票据有三联票、长期票、公单三种。三联票为宁波与外地交易唯一使用的汇票，用以彼此转拨款项，因宁波为过账码头，素无本票，仅借此为凭。若是钱庄之间或钱庄与银行往来，则适用长期票或公单。长期票是钱庄向银行或同行长期借贷所开出的借款凭证；公单是钱庄之间彼此销账所使用的凭证，宁波钱庄习惯逐日出款，一向以收解簿彼此抄送，隔日相互销账，缺家即填用此票交由多家收执，平账后即将此票收回涂销。

（四）福建省（漳州、厦门、延平、浦城、建瓯）

漳州惯用票据有汇票、凭条、借券、凭单四种。汇票是各钱庄款项汇往外埠所用的票据；凭条是各钱庄在本埠流通款项所用的票据；借券是商家向官银号借入款项所用的票据；凭单是商人之间相互借贷所用的票据。

厦门惯用票据有过单、办房单、汇票、收单、收条五种。过单即商号彼此往来的过账单，例如甲取乙款、乙嘱丙付之类。办房单是商家寄存款项于汇丰银行办房，支取时所用的凭据，单中有所谓"大秤银"，是指汇丰银行本位币而言。汇票有二联、三联之分，票上均注明"人单两认，遗失路上，别人拾得，作为废纸"字样。另有二联式收单、收条，内容不详。

延平惯用票据有购买外埠期票、借款票据两种。购买外埠期票分三联，正票交与持票人，左根留为备查，右根寄往付款行验对。正票填载银数及订支日期，加盖付款号照支图章及本字号图章与骑缝章，交与持票人向异地取款。借款票据性质上为借条，借款人只留左根备查，正票只盖其本字号图章，交放款人收执，长短期限计日载于票面。按延平地区商业借款票据惯例，如果利息预约现扣，其票面只记载原借银数；如果约定到期本息并还，其利息若干一并写于票面。

浦城惯用票据有拨条、定期借款凭条、外埠期票、钞票四种。拨条是商户委托或指示他户代为付款的票据，持票人收到拨条，必须先期向付款人照明应允始生效力，习惯上到期后迟3日付款。定期借款凭条是借款户开具的交与放款人收执的凭据，例如某甲向某乙借款1000元，利息1分5厘，订期2个月，某甲应开具1030元凭条交某乙，到期支取。外埠期票是本地商户运货到外埠贩卖而收取的期票，这种期票在浦地流通最广，商户往外地采办货物大多使用它进行结算。钞票是钱庄所发行的面额为英洋一元或龙洋一元的代金券。

建瓯惯用票据有汇票（兑票）、钞票两种。汇票发行人通常为当地钱庄及各大商店，支付地点多在福州，其他各埠比较少见，按付款期限可分为现兑汇票、期兑汇票。现兑汇票按惯例到省见票后3天支付；期兑汇票的付款期限为10天至30天不等，交易时由双方议定。这种汇票在农历四至六月间茶叶上市时最为常见，在这三个月中流通量可达四五十万元，其余各月合计不过20余万元。除这种通行的汇票之外，福建银行建瓯分行也发行汇票，支付地点为福州总行、崇安、延平、漳州三地各分行及洋口、宁德、琯江各经理处。按付款期限可分为即兑汇票、现兑汇票、期兑汇票，即兑汇票见票即可付款，其余两种与钱庄汇票大致相同。这种汇票多用于官厅解款，其流通范围比普通汇票要小得多。钞票实际上是一种代金券，出票机关为福建银行建瓯分行。该行在建瓯专门发行小洋币纸，分为1元、5元、10元三种，支付地点为福建银行各分行及各经理处，按照票面金额、货币种类十足支付。

（五）安徽省（安庆、芜湖、大通）

安庆惯用票据有便条、汇票、长期汇票三种。便条为钱庄发行的本票，在本地可以通用；汇票为专用于外埠兑款的期票；长期汇票为银行所发行的定期存单，各商户在收取款项时也常接受这种汇票。

芜湖惯用票据有汇外埠票、定期借款票、买米支票、本街钱庄流通票四种。汇外埠票是钱庄所发行的汇票，与银行所用的三联汇票大致相同。这种汇票都是指定他埠庄号或本庄水客兑付，或即兑或订明日期到日兑付，不能稍有迟缓，极为慎重。定期借款票是借款后定期几月还款的票据。或为他埠庄号借与此地钱庄，或为此地钱庄借与各外业，都由借户开出，交与贷户存执，到期还款后索回，不能流通。买米支票是当地钱庄对于广潮帮驻芜湖米号发行的特定票据，具有支票的作用，其他行业并无此票。其形式也是三联，票面银钱数如为交付米价，按既定标准兑付，譬如银一千两习惯仅兑九百九十七两，以米行字号抬头为标准。如非米行字号抬头，仍照票面兑付，可在本地汇划或兑现。本街钱庄流通票为钱庄所发行的本票，限于本地流通，各业均可凭此票拨兑或取现。

大通惯用票据有汇票、便条两种。汇票是汇款人将款项存入钱庄后，由钱庄开立交与汇款人异地取款的票据。正票交与汇款人，票根寄往付款号。该汇款付讫后，付款号将正票与票根勾销后仍寄还钱庄，钱庄接收后将正票、票根留底一起黏合，以备查验。便条是本地划账所用票据，如果铺户与本地钱庄向有往来，欲在本地购买货物，可以不付现款，由该往来钱庄出立便条，以减少携带现金的麻烦。例如某甲向某乙购货计和平二七银若干两，某甲即向钱庄打便条交与某乙，如果某乙与钱庄向有来往，即将此条交钱庄收账；如果某乙与钱庄向无往来，需要提取现金，因本地现银缺乏，即按照当日银元市价外加三厘合成钱元以代替现银。便条右角列有号码，另立底簿一本，号码与便条相同。

(六) 山西省(太原、绛县)

太原惯用票据有定期存单、存条、汇票、借约、押券、支票、取款证七种。定期存单的样式以洋纸加印红色花边,其字为黑色,长、宽各26厘米,由晋胜银行山西官钱局印制,其余各钱铺并无定式存单。存条以洋纸加印花边,其字为黑色,长23厘米、宽15厘米,存款有不同限期,3个月以内存款或不定期存款、通知存款(即在提款前5日或10日通知备款者)都填用这种存条为据。寄存条以洋纸加印蓝字,长20厘米、宽16厘米,往来商户不欲携带现款,即用此票以图便利。寄存条票面虽然注明不挂失,与现金无异,然而在市面上流通的期日也不久远,无论大洋、小洋、银两皆可填用,各编列数字表示区别,其号数均自一号起。汇票以洋纸加印红色花边,其字为黑色,长40厘米、宽26厘米,由晋胜银行山西官钱局印制,其余各钱铺并无定式,但大致相同。借约的样式分两折,每折四页,长26厘米、宽11厘米,因信用借款而开立,内容与普通借条大致相同。押券以洋纸加印红色花边,其字为黑色,长31厘米、宽18厘米。由晋胜银行山西官钱局印制,其余各银铺并无定式。支票以毛边纸加印蓝字,共三联,又名三联支票,长25厘米、宽16厘米,是银行发行的交与往来商户的提款凭据。支票右联由银行编字列号、盖章裁留,提款时验对骑缝章相符即可照付;左联由往来商户编字列号、盖章以备查对;正票交与持票人。持票人如在票上载明以"来人"或"去手"等字样,银行即可照付现款;如果未载明,则其他不相识者取款时必须由他人作保。取款证以洋纸加印蓝字,长26厘米、宽20厘米。该证由太原各机关自行印制,其作用是各机关与银行往来提款时须在其上填写金额,随同折据交与银行,取款证上应盖图记及各印鉴样式交与银行存验。

绛县惯用票据有借票、汇票、钱票三种。借票是商家借贷银钱所使用的票据,有一定期限,到期如欲再借必须另换新票。汇票是各商家汇兑款项所用的票据,大小、样式并无一定标准。钱票是钱业所发行的取现凭证,在铜元通行后,商家逐渐收回该票,所以市面上比较少见。

(七) 江西省(南昌、赣州)

南昌惯用票据有支票、庄票、申汉汇票三种。支票是各钱铺所发行的可以随时兑取现款的票据,认票不认人。庄票是各钱铺所发行的汇划或过账凭据。申汉汇票是付款地在上海或汉口的汇票，分为三联：第一联先裁存于沪、汉钱庄，第二联裁交持票人，第三联存于本钱庄，均加盖骑缝章。

赣州惯用票据有三联汇票、长期放款票、计条三种。三联汇票的性质、用法与银行所用汇票相同，骑缝、银两等处及月日下方均盖有图记，唯有"今收"二字之上多盖一章，即所谓起首章。长期放款票没有特定格式，甚至可以用特别信笺或寻常素纸书写，抬头、银两及月日下方均盖有图章，票面中有"今汇到"字样，原本应作"今存到"字样，但习惯如此，所以仍照原样流通。凭条付银之票俗称计条，是一种不记名支票。银两字样及某月某日下方均盖有图记，右角编号上将纸折入一角斜盖图记以为凭记，但月日仍按商界习惯使用农历，加盖本年干支年戳。

（八）东三省（奉天、吉林、黑龙江、营口、长春）

奉天惯用票据有汇票、期飞、支票、存条、凭飞、汇兑券六种。汇票是本埠商号委托他埠商号支付款项或他埠商号委托本埠商号支付款项所使用的票据。期飞是约期付款所使用的票据。支票是同埠甲商委托乙商支付款项所使用的票据，奉天只有各银行使用支票，钱庄一概使用收条，但收条仅限于同行转账，不能用于付现。存条是一种存款收据，与银行存单性质相同。凭飞是奉天钱庄所发行的取款票据，与北京钱票相似，但付现需要有人作保。汇兑券是奉天商业银行所发行的票据，有十元、二十元、三十元不等，凡有商业银行之地都可以通用，见票即付。除票据种类之外，《票据法研究》还对奉天票据使用习惯做了详细介绍。

关于票据作用：奉天票据除汇票外，均有代替现款的作用，但其强弱各不相同，大致可分为四等：甲等为凭飞，通行远近，流通期间有远至二三年者，各商店辗转收用，市面流通最广，但银行有时也拒绝收用。乙等为期飞、支票、存条，市面虽然收用，但一般仅能流通一次，持票人将该票转让他人后，受让人即向发行人或付款人取款，并无辗转流通的惯例。丙等为汇兑券，只有一家银行发行，款小票少，故市面难以辗转流通，作用较小。丁等为汇票，只有负债关系，没有代替现款的能力。

关于票据信用：一般来说，凭飞信用最佳，期飞、支票、存条次之，汇兑券又次之，汇票最差。然而也有因商号殷实与否而导致所出票据信用不同者，另当别论。

关于票据让渡：奉天票据让渡手续没有一定成例，或由让授人盖一印章于票背，或全不做记号。票据让渡双方大都相识，如为不相识者，受票人必须先向发行人或付款人照票，然后才肯收用。

关于票据过印：所谓过印也就是照票，照票手续全凭发行人或付款人意志而定，不需要盖章或其他程序，但汇票有见票迟几日付款者，则付款人于见票日在票面记明何日见票字样，并加盖印章。

关于票据图章：奉天各钱庄开立票据时盖有种种图记，每种票据所盖的图记数量不等，缺一无效。有的钱庄在加盖商号图章之外另由经理人或经手人签名或盖章，各家不一。

关于票据支付期：支票及存条、凭飞、汇兑券一概见票即付；期飞则有一定日期，期间最长者不过 6 个月；至于汇票，则为见票几日或一定期日后付款，但期日较短，一般为 3 日至 10 日。

关于拒绝支付：凡付款人不愿付款可以拒绝，手续全凭付款人意志而定，并无一定程序。

关于保证：除支票、汇兑券外，其他票据必须取保付款，票面上均印有无保不付的戳记。然而也有受票人请求发行人不须取保的，则发行人、支付人均不负误付的责任。支票偶尔也有要求取保的，但却极为少见；汇兑券则绝无取保之例。至于保证人则限于商号，取保手续只需担保，由商号盖一印章于票面上即可生效。

关于票据挂失：凡持票人将票据遗失，除汇兑券绝对不能挂失之外，其他票据均可向发行人或付款人挂失，但须将出票年月日、号码、号数、货币种类、货币数及抬头（记名式）报明，并须登报半个月，才可以取保补票。

关于票据暗记：奉天各种票据并无暗记，但山西帮钱庄偶有票据流通到此地，其票背用暗码记明货币数目，例如以天、地、人当作千、百、万等，但市面极为少见。

关于票据利息：按奉天市面习惯，票据一概为无利息。

关于票据支付附加条件：发行人可以随意附加支付条件，例如可以加盖"无保不付""洋人不付"等戳记。

吉林惯用票据有执贴、收单、汇票三种。执贴专为存款而用，吉林商家囿于旧习，所用的票据格式大多不完备，对于存款人只发给执贴，执贴带有支票性质，票到即付。收单只是用于记账的凭证，表明款已收到，别无他用，绝不能凭此收受现金，也不能让渡于人，实际上相当于回执。汇票与其他各地大致相同，流通最为广泛，但本地所用的汇票纸质既不精细，手续又很简单，稍不留意最易损坏，并且有假冒之虞。

黑龙江惯用票据只有汇票一种。黑龙江地处边陲、风气未开，商业比较萧条、贸易极为简单，唯有商号汇兑才使用汇票，但钱庄也只有寥寥几家，汇款地点大多限于东三省境内，所用汇票形式各异。如有交存款项或代人收受则用信票、存单两种，凭票取款。但这两种票据实际上与暂时存款收据性质相同，形式也颇为潦草，此外别无票据。

营口惯用票据有会票、支票两种，与其他各地的汇票、支票大致相同，并无特异之处。

长春惯用票据有汇票、期票、存票三种，与其他各地的汇票、期票、存票大致相同，并无特异之处。

（九）广东省（广州、汕头）

广州惯用票据有汇票、凭票、借券、收条四种。汇票为三联式，一联存底，一联交与受款人，一联交与付款人对验。按广东商号习惯，发行票据只凭图章，无须经理人签押，盖章与出票都由管账人一手办理，经理人并不过问，程序上存在很大漏洞，但却未尝听闻有弊实发生，可能是商家或个人普遍看重商业信用的缘故。凭票是钱庄或商号代客户发行的本票，例如某甲托钱庄发行凭票若干元，必须先将现金如数交足，钱庄方肯出票，或为即期，或为一月、半月付款，必须在票面填写清楚。借券与一般民间借条并无太大差别。收条形式并不固定，也有随意用便条书写的，既不编列号数，也不加盖骑缝章。

汕头惯用票据有凭票、三联汇票、存欠凭单、送银簿四种。凭票是银庄发行的取款凭证，面额为一元的采用横式，样式如同银行纸币；面额为五元以上的采用直式，样式如同北方钱贴。票面载有华洋牌号、元数、地名，本地买卖常以此为支付工具。三联汇票的内容、样式与各地汇票大致相同。存欠凭单与银行存款单性质相同，内容依期限长短，语句稍有不同，例如4个月或6个月凭单票面特别记明"凭单揭到"等字样，而二三十天的凭单则写"兹收到"等字样。送银簿是银庄与商号之间钱款往来的最主要凭证，凡商号与银庄往来，存入由银庄盖印、支出由商行盖印，作为彼此收到之据。这种簿据并非只对一户而设，例如银庄送银与甲、乙、丙、丁四家商号，照簿内所列牌号挨户分送，由收银之人点明数目，盖印为凭。万一商号急需用款，可以先开出一张便条，加盖号章向银庄支领，事后仍由该庄用送银簿送至商号盖印并缴销原条。此外还有一种寸楮及往来手折，或称往来部形，式样简单，内容只记明某月某日来或去若干存款，凭折即可收支钱款，多用于非商家之间。

（十）山东省（烟台、青岛、临沂、临清）

烟台惯用票据有铜元票、汇票两种。铜元票为钱庄发行的类似代金券的票据。面额以一千文居多，票形有竖式、横式之分，用纸有红、蓝等色之别。汇票在烟台使用最多的是申元票，分为即期、迟期两种。即期票为见票即付；迟期票又分两类：一类是迟期，另一类是板期。前者见票后若干日付款，后者出票后若干日付款。这几种汇票中迟期票最为通行，板期票最少，形式都为竖式。出票方法或用三联式或用二联式，甚至有用一联式而不编号，格式并不统一。

青岛惯用票据有支票、本地汇票、他埠汇票三种。支票是由商家开出的以银行为付款人的票据，样式由银行统一印制，该商家不得记载即期、远期，可用于自己提款，也可以转付他人，由转付人在该票上盖章负责，其方法与背书相同。如果票经数人之手，由最后转付人负责。本地汇票是青岛商号卖出他埠银两所开出的汇票，以上海最多，济南次之。上海汇票一般迟期5天付款，济南汇票多为即期。这种汇票每日在钱市公所交易成交以后，卖主立票交买主收执，买主将票据邮寄他埠收款，在本地也能通用。该票为记名式，年月、图章、支付地点、一切名称应有尽有，其性质、手续与银行卖出汇票相似。他埠汇票是青岛各商号分设他埠的分号或庄客开出的汇票，由该号作为付款人。该票如属即期票，收款人即向该号持票收款；如属迟期3天或5天，收款人应先向该号照票，该号即批定付款日期，到期再去收款，不能转付他人。

临沂惯用票据有汇票、期票、存票三种。汇票在临沂流通较广的是申票，它是上海油商来本地购油所开立的汇票，在临沂各钱店均可贴现，一般为迟期票，见票 5 日后付款。期票的付款期限多由双方自由商定，并无太多限制，利息通常随行就市。存票是各钱庄发行的铜元票，与中国银行的兑换券性质相似。

临清惯用票据有钱票、兑条、存条、汇票四种。《票据法研究》对其种类、性质、习惯进行了详细介绍。

第一项　种类

钱票又名钱贴，由钱庄或银号开出，票面写明制钱数目，或一吊、或五吊、十吊不等，盖上出票商号戳记，可流通市面，无论何人都可持票往出票号兑现。

兑条又名凭条，由钱庄开出，其票面写明制钱若干，不记名，与钱票相似，但钱数大于钱票，或数十吊或百吊不等。钱票委托石印局或公司印成，使用时不加盖其他图章，而兑条则为普通纸条随便填写，数目并不固定。

存条又名浮存修，以制钱为多。票面写明制钱或银元数目及存者何人，可以用来流通，没有取款期限，随时可以提现。

汇票又名期票，该票为当地出票外埠付款，数量庞大，每年不下二三百万元。因临清出产丰富，如棉花、高粱、豆子、小米及各种杂粮、杂货等，由运河运往天津，如使用现款则运费多而且费时间，商人通常用这种汇票以资周转。

第二项　性质

钱票的性质与中国银行、交通银行发行的兑换券相似，可以随时兑现，但只能兑换制钱，属于辅币。官钱局所印制的铜元票，因不能流通到其他地区，只能在本地或邻近村庄使用。买卖或借贷当事人如果不愿使用该钱票，可以直接拒绝。

兑条的性质与钱贴相似，是商人在钱庄或银号存有制钱时，为方便起见，要求该钱庄或银号开出的兑取凭证。

存条类似活期存单，但只有钱庄或银号才能充当发行人。持票人若将存条转让与第三者，受让人也可持票往出票号取现，但非经让与人通知发行人不可。

汇票是有多方当事人的票据，例如甲为发行人、乙为持票人、丙为付款人，甲在临清为裕达号、乙在临清为中国银行、丙在天津为裕通号，乙委托天津中国银行至期持票往裕通号取现。或甲为某商人，来临清买牛皮、牛骨，因担心信用问题，请求借用裕达号之名号开立汇票，乙仍为中国银行，丙仍为天津裕通号等。

第三项　习惯

钱贴使用习惯：临清交易向来以制钱为主，偶尔也使用银两，自银币通行以后也有使用银币交易者。各钱庄、银号在发行钱贴时，常有资金不多却贪图贸易者。每年粮食登场、棉花上市之际，常有钱庄滥出钱贴，约计足有四五十万吊之多，商人借此从中渔利。殷实庄号所发行的钱贴信用较好，乡民往往存留几个月才去兑现，而寻常庄号的钱贴，在粮食、花市一过就被全数兑现，所以此地钱贴有论季之说。但也有庄号明知准备金空虚却滥发钱贴，若有大宗兑现时，则以婉言推拒，或延迟日期，或以他号钱贴支付，至他号取款时又复如之，最后纵能兑现，其钱又多小钱（毛钱）。不少庄号发行时收清钱、收回时付混钱，从中渔利。更有奸商所立的庄号，往往资本不大，发行的钱票却数量惊人，一旦生意萧条导致损亏，即行倒闭，其钱贴即不能支付，或支付也不能足额，所以该票一吊只付数百文。兑条使用习惯与钱贴大致相同。

存条使用习惯：常人将制钱或银元存入庄号，庄号开立存条，一般标有"浮存"字样，记明某人抬头、数目若干，盖上该号图章。至于利息并不记明，也没有"见票即付"字样，因本地商人已习惯"浮存"二字即代表见票即付与无利息之意。

汇票使用习惯：临清汇票多因商人资本不足，难以周转而发行。每年棉花上市、五谷登场时，天津价格高于临清，因此商人们为求多购货物，转运牟利，往往滥发汇票，等货物售出后再付款，有买空卖空之嫌，一旦生意失败，往往关门倒闭。京津地区商人或日本洋行到此地购货也常开出汇票，但信用良好，一般为见票即兑，也有见票后定期付款的，但通常不超过一两天，所以这种汇票在出票后即可转卖当地银行或商号。本地汇票也有即票，但更多的是期票，尤以见票迟5至7日交付者最多，也有迟10日或15日甚至20日者。持票人可将票据向银行或庄号贴现，手续费随行就市，每千元自五六元至二三十元不等。

（十一）河南省（开封、洛阳、道口、周口、禹县）

开封惯用票据只有汇票一种。常见的汇票有本地开出、异地付款的汇票，外地客商来开封购货，很少携带现款，通常在本地开出京、津、沪、汉等处付款的汇票，兑换成铜元或洋元才能买货。汇票多为期票，有约定某月半或月底交银者，有约定见票迟三五天，五七天或十天交银者不等。除中国银行、交通银行以及平市、豫泉官钱局所发行的汇票之外，其他汇票概不流通。

洛阳惯用票据只有汉票一种。洛阳票号、钱庄向来不发行银钞，市面通行钞票。票据只有汉票一种，该票为汉口商号所开出。汉口商号来洛阳购买棉花、牛皮、鸡蛋等物时，并不携带现款，而是开出票据，卖与本地庄号，庄号再将该票转售与前往汉口买卖的商号。

道口惯用票据有钱票、兑条、粮票、汉票、申票五种。钱票又称钱贴，即制钱兑换券，实质为一种本票，见票时即以票面金额如数支付。其形式、大小不一，票文大致相同，周围印有花样。钱票在本地及附近地区的县城与乡镇流通较广，可以用来购物或兑换银元，其信用视各庄实力如何而定，金额自1000、2000至3000不等。发行商号除钱庄外，还有杂货店、放账店、铁货店等，但以钱庄居多。钱票可以转让，但在付款之前如果转让人倒闭的，受让人应向其直接前手求偿，本埠以3日为限，埠外则以1月为限，逾期者只能向发行人求偿。兑条类似于支票，它和钱票的区别在于发行人与付款人不同，由甲号开出而由乙号支付。其形式、大小不一，均用白纸书写。若是发行人与持票人不在同一县城或乡镇，均为见票即付；若在同一乡镇，偶尔也有迟期支付。其流通范围不如钱贴广泛，信用也稍次于钱贴，票面金额有一千五百文、十千文或十五千文不等。粮票实际上就是一种汇票，主要由天津粮客开出，所以又称津票。天津商人来此地购买粮食，往往不携带现款，而在本地开出汇票，以天津的银行或钱庄作为付款人，向本地钱庄兑现或向银行贴现，本地钱庄或银行再向天津钱庄或银行要求付款。其形式、大小不一，有用印板者、有用白纸及信纸者，印板者与普通汇票没什么区别。付款期限多为见票迟五七日至一月不等，定期与即付者较少。票面金额自100元至1000元或2000元不等。汉票一般是本地的蛋厂在购买鸡蛋时所开出的以其汉口本号为付款人的汇票。其付款期限多为见票后迟五七日至一月不等，也有定期支付者，但没有见票即付者。形式多用印板，与普通汇票没什么区别，票面金额为一百两至一千两或二千两不等。申票的形式、性质及支付与汉票相同，只是支付地点为上海。

周口惯用票据有汇票、期票、存票三种。流通最广的是中国银行、交通银行所发行的汇票。偶尔也有票号所发行的汇票，其式样为四折，八寸余长，三寸余宽，以桑皮纸裁制或抄制。没有票根、存根、号数，只在票背书写预定暗记，加盖字号图章，付款人凭其字号图章及暗记付款。期票流通较广，但无一定式样。有的用刻板印制、有的用信笺或普通纸张书写，内容大致相同。该票多为外埠商人前来购货时开立，以兑换现款，银行、钱庄也乐于收用。存票在周口并不多见，按周口习惯，商户存款于各庄号时，通常由各庄号开出借据交与存款人为凭。但个人之间的钱款往来也有开出存票的，其格式、用纸、付款期限、利息等凭个人而定。持票人到期持票向发行人要求支付现款，不得拖延。

禹县惯用票据有汇票、期票、钱票三种。汇票是外地商人来本地办货时开立的异地付款票据，期票、钱票与河南其他地区大致相同，所有票据都仅盖各商号重要图章，掌柜或伙计均不签字。汇票、期票具有几个共同特点：其一是均可挂失，但汇票如果经付款人批明支付日期，到期不能止付；其二是均为记名式，但习惯上仍以取款人是否与付款人熟识为重；其三是均可流通、贴现；其四是均须到期方能付款。钱票则遵循认票不认人原则。

（十二）湖北省（汉口、沙市）

汉口惯用票据有庄票、交票、上条、汇票四种。庄票是钱庄发行的本票，流通最广，其形式为纸长六七寸、宽二三寸，凡存银在一百两以内者使用该票。交票与庄票类似，纸长约五寸、宽约三寸，凡存银在百两以上者使用该票，每天晚间交银。上条与银行支票性质相同，其纸长六七寸、宽约三寸。汇票形式不一，但与银行汇票性质相同，如为转托他人照兑，则票内要写明某处某号某人照解等。

沙市惯用票据有汇票、支票、兑票三种。汇票、支票与其他地方大致相同，只有兑票较为特别。兑票由荆州各钱庄发行，在沙市兑款，其面额零星不齐，由二三两至二三百两不等，又称银条或上条。各种票券均属旧式，票上有各种暗号为凭，有的在票尾书写某字第几号作为骑缝，有的仅书写"信用"二字或其他三四字不等，有的用针刺票面上第几字之一小眼或二三眼，据说均属银数及年月日的暗号，只有兑票票面不记暗号，仅在印泥内掺加辣或苦味汤汁作为暗号。

（十三）湖南省（长沙）

长沙惯用票据有底票、汇票、上票、收条四种。底票即各银行、钱庄向往来铺户发行的本票，银行、钱庄之间彼此拆用银两半个月或一个月，互相放款3个月或6个月，也以此票为据，不另立借券，其期限以农历月半、月底居多。汇票是自当地汇款至他地所使用的票据，凡是在异地有分庄或派人驻异地办事者，则写明某地本庄或某人照兑的字样；或者与异地银行或钱庄素有往来者，则写明某银行或某钱庄照兑，其责任则归发行人庄号负担。抬头都用记名式，但取款时并不限于抬头之某某，只需签字盖章，凭票即可照付，如果取款人为庄号，一般加盖凭某庄兑收图章。上票与银行支票性质相同，形式也基本一样，但此地各钱庄大多使用自己所刻的某堂或某记图章。收条类似于存单，只有一两家银行使用，流通范围较小。

（十四）陕西省（西安）

西安惯用票据只有汇票一种。由于受山西票号影响，汇票格式并不固定，有的只以一张普通字条做成，有的只加盖本号图章，参差不一。但各钱铺发行的汇票都比较注重信守，期到付款，向来没有留难止付的情形，商家习惯也不重票据形式而重信用。

（十五）四川省（成都）

成都惯用票据有红票、汇票、期票三种。红票为无记名式本票，认票不认人，票面不载明受款人或取款商号，习惯上见票付款，没有利息也没有付款期限。汇票形式不一，有的称为汇券，有的称为兑票，有的载明迟期交付，有的载明见票即付，但取款时都具有相同效力。期票又称有期红票或定期存款票，习惯上不许转付他人，如果必欲转付他人，应由转付人加盖印章于票背并须向付款人声明才能生效。以上三种票据都是单纯支付,并不附加条件,红票票面载明凭票兑取字样、汇票票面载明凭票汇到字样、期票票面载明存到字样。

《票据法研究》是银行周报社在调查全国各地票据习惯的基础上产生的,由于是各地银行业人员进行的专项调查,所以它比民初官方开展的民商事习惯调查有关票据部分的内容更具有针对性和专业性。虽然在票据习惯内容方面,或许由于银行业人员熟识业务的缘故,不是特别详细。但在各地票据样式采集的完整性方面,却是官方调查所无法比拟的。此外,上海银行公会还曾着手进行票据法草案的拟订,但由于北洋政府立法进程的加快,在"共同案"修订后,此事最终不了了之。

表2-3 各地票据种类汇总

省份	城市	票据种类
江苏	南京	便条、本票、汇票
	苏州	划条、定期存票、三联他埠汇票、二联本埠支票
	镇江	汇票、庄票、期票、划条、钩条、汇信
	扬州	汇票、存票、红票
	清江浦	汇票、本条
	无锡	支票、庄票、划条
	通州	本街钱庄通用庄票、钱庄汇款至他埠汇票、花布关庄所发行向申兑汇票
直隶	北京	汇票、借据、形式为汇票实际为借据、兑条、存条、划条
	天津	票向信行、银号汇票、番纸、拨码
	胜芳	期条、三联汇票、收条、土票、借条
	芦台	三联汇票、期票、凭票、揭单、信汇
	祁县	汇票、存票、期票
	石家庄	汇票
浙江	杭州	庄票、汇票、支票
	绍兴	汇票、期票、支票、坐票、签子、同行过账
	海门	汇票、长期票、支票、本票
	兰溪	凭票、上单、汇票、期票
	温州	汇票、三联单、期票、计条、上单、合同
	宁波	三联票、长期票、公单

续表

省份	城市	票据种类
福建	漳州	汇票、凭条、借券、凭单
	厦门	过单、办房单、汇票、收单、收条
	延平	购买外埠期票、借款票据
	浦城	拨条、定期借款凭条、外埠期票、钞票
	建瓯	汇票（兑票）、钞票
安徽	安庆	便条、汇票、长期汇票
	芜湖	汇外埠票、定期借款票、买米支票、本街钱庄流通票
	大通	汇票、便条
山西	太原	定期存单、存条、汇票、借约、押券、支票、取款证
	绛县	借票、汇票、钱票
江西	南昌	支票、庄票、申汉汇票
	赣州	三联汇票、长期放款票、计条
东三省	奉天	汇票、期飞、支票、存条、凭飞、汇兑券
	吉林	执贴、收单、汇票
	黑龙江	汇票
	营口	会票、支票
	长春	汇票、期票、存票
广东	广州	汇票、凭条、借券、收条
	汕头	凭票、三联汇票、存欠凭单、送银簿
山东	烟台	铜元票、汇票
	青岛	支票、本地汇票、他埠汇票
	临沂	汇票、期票、存票
	临清	钱票、兑条、存条、汇票
河南	开封	汇票
	洛阳	汉票
	道口	钱票、兑条、粮票、汉票、申票
	周口	汇票、期票、存票
	禹县	汇票、期票、钱票
湖北	汉口	庄票、交票、上条、汇票
	沙市	汇票、支票、兑票
湖南	长沙	底票、汇票、上票、收条
陕西	西安	汇票
四川	成都	红票、汇票、期票

说明：
1. 资料来源：银行周报社编《票据法研究》"调查"部分，银行周报社，1922。
2. 东三省之奉天、吉林、黑龙江并非城市，因列表之便，故放在城市一栏。

三　传统票据习惯的特点

票据归根到底是工商贸易和金融业发展的产物，在金融贸易发展水平低下的环境里，不可能造就完善的票据制度。我国传统票据是在农业社会的母体里产生、发展起来的，由于国家长期以来对工商业的抑制，使得商业贸易的范围、规模受到极大限制，金融业发展缓慢，票据的流通范围基本上固定在特定区域、流通对象基本上固定在熟悉的当事人之间，这也使得传统票据习惯不可避免地带有重内容不重形式、重信用不重程序的农业社会鲜明特征。具体来说，传统票据习惯具有以下几个特点。

（一）注重票据信用

传统中国商人通常很注重商业信誉。其原因除注重面子和尊严的传统思维之外，还在于传统商业社会里，交易范围比较狭窄、交易对象相对固定，商业信誉瑕疵极易传播。除非垄断经营，否则商家一旦名誉扫地、必将关门大吉。因此，商业信誉无疑是商人的第二生命，特别是对于形成规模经营的商家，商业信誉是维持其生存、发展的必备条件。

受此影响，传统票据也特别注重信用。除个人和小本商家开立的票据之外，凡是具备一定实力的商家或票号、钱庄，无不极力维持本号票据的信用。以钱庄本票为例，虽然钱庄的规模、实力远不如银行，但本票流通范围、数量却长期超过银行，关键就在于其信用程度极高，与银行票据相比也不遑多让，甚至被视为现金使用，即使外国商号和银行也普遍承认和接受钱庄本票。钱庄本票之所以信用程度极高，在于钱业同行长期以来形成的某些优良习惯，例如钱庄无力经营、关门倒闭，本票也可以优先于其他票据和债务受偿；又如成立钱庄必须有几家会员连环保证，以增强其安全性。上海钱业公会甚至设立共同基金，对倒闭钱庄的债务进行清偿。

（二）名称、样式极不统一

按现代票据制度，票据名称无非汇票、本票和支票三种，也有将存款单视为票据的，但属于极少数。而在我国传统票据中，无论是汇票、本票还是支票，各地习惯大相径庭，有性质相同而名称不同者，也有名称相同而性质迥异者。例如汇票有称为会票、汇券的，也有称为汇兑券、汇兑信的，甚至也有将借券也称为汇票的；本票有称为庄票、期票、存票的，也有称为红票、新票、凭票的；支票有称为拨条、划条、便条的，也有称之为计条、执贴的。这种混乱的情况严重影响票据流通，大大增加发生票据纠纷的可能，即便法官在审理相关案件时，也常常不明所以，只能求教于当地商会。

至于传统票据样式，更是杂乱无章。按现代票据制度，票据样式一般是银行统一印制，不许私自创设。而我国传统票据却无固定样式，个人开立的票据大多简单潦草，或用信纸，或用便笺，大小、长短、颜色不一，内容随意书写，漫无标准。作为流通最广的钱庄票据，各种款式应有尽有，莫说是异地钱庄，即便是同地钱庄，所发行的票据样式也是五花八门。甚至如上海、北京、天津等金融业发达的大城市，在民初的民商事习惯调查中，呈交修订法律馆的票据样式也各不相同，与票据的要式性要求相去甚远。

（三）缺乏背书、承兑制度

传统票据习惯只注重人的信用，却缺乏严格的流通、确认程序。[①] 流通程序的作用在于从形式上保证票据的真实性，减少付款人承担的审核责任，直接促进票据流通。确认程序的作用在于保证持票人获得付款，增加票据信用、减少票据纠纷，间接促进票据流通。票据不但是一种送金工具、更是一种信用工具，除具备汇兑功能之外、还具备融资功能。商业贸易越发达、融资功能越强，而融资功能的强弱主要取决于流通性的好坏。因此，在保证票据安全的同时，努力提高流通性，是现代票据发展的方向。传统票据对于交易安全极为重视，往往需要持票人与付款人相熟才能付款，在很多地方就有面生讨保的习惯，对于票据广泛流通无疑产生很大阻碍。在流通范围狭窄、交易对象固定的情况下，程序的作用被极大弱化，这与商业贸易的不发达有着直接因果关系。在长期奉行抑商政策的中国传统社会，票据流通、确认程序一直以来都很不完善，最明显地表现为背书制度与承兑制度的缺乏。

背书是现代票据制度中一项重要的流通程序。背书制度一般应包含如

[①] 确认程序在这里指承兑。按现代票据制度，承兑是远期汇票独有的附属票据行为，其最主要的作用是确认付款人是否承担到期付款责任，故本书将其称为确认程序，特此说明。

下内容。持票人在转让票据时应在票背签名盖章，载明受让人姓名，将票据上的一切权利无条件转让与他人。未载明受让人的称为空白背书，受让人只需持票即可证明其权利。付款人在承兑或付款时必须审核背书的连续性，但仅限于形式审查、不进行实质审查，只要背书连续，即可证明持票人具有票据权利，空白背书之后的签名也可视为连续背书。发行人或持票人也可以在背书上载明禁止转让或委托取款等内容。背书制度是近代以来商业贸易发展的结果，随着交易范围与交易对象的不断扩大，票据当事人之间往往素不相识，如果要求付款人对持票人的权利正当性进行实质审核，无疑极大地增加付款人的负担，有违公平。因此，只要付款人基于谨慎义务确认背书连续，即可承兑或付款，不再对持票人的权利正当性承担责任。传统票据习惯中长期缺乏背书制度，持票人转让票据一般只通过交付，极少通过背书，即使偶尔在票背签名，不过是为了确定前后手的身份，以便票据不能兑现时追究责任。付款人也不审查背书的连续性，而是依靠前手的确认来证明后手的权利正当性。当商业贸易不再局限于孤乡僻壤而是扩展到天南海北、交易对象不再局限于张三李四而是扩大到胡客洋商时，这种传统做法已成为落后的、阻碍票据流通的桎梏。

承兑是现代票据制度中一项重要的确认程序。承兑制度一般应包含如下内容：远期汇票的持票人为获得付款保证，可于发行人指定的期限内向付款人提示承兑，付款人在票面载明到期无条件支付的意旨并签名盖章。一旦承兑，付款人必须承担绝对付款责任。付款人也可以拒绝承兑，不负任何付款责任。承兑制度能够保证持票人到期获得付款，对于增加票据信用、促进票据流通起到极大的作用，是汇票制度中不可或缺的程序。传统票据习惯中，大多数远期汇票并没有承兑程序，持票人到期能否获得付款，尚属不确定状态，这无疑大大降低票据的信用，影响票据的可流通性。虽然在某些地区偶尔也有照票的做法，但是其目的主要在于验明票据的真伪和确认持票人的身份，与承兑制度还是有一定的区别。

（四）票据关系与基础关系不分

按现代票据制度，票据是无因证券，票据关系与基础关系相互分离。所谓基础关系，主要是持票人取得票据的原因关系或资金关系等实质性条件。票据行为的效力独立存在，只要形式完整合格，即可证明持票人票据权利的正当性，不受基础关系的影响。付款人只审查票据的形式和程序是否完整，不对持票人的真实基础关系进行审查。在票据债权债务关系中，除直接当事人之外，票据债务人不得以基础关系所产生的抗辩事由对抗票据债权人。

在传统票据习惯中，票据关系与基础关系往往混为一谈。发行人常因与持票人的基础关系变动而指示付款人停付，付款人也常因与发行人的资金关系而对持票人延迟支付或拒绝支付，票面上附加支付条件屡见不鲜，至于以基础关系对抗票据关系在票据纠纷中更是习以为常，这些都与票据的无因性背道而驰。如果不改变这种习惯，票据就不可能更广泛地流通，真正发挥它的融资功能。

（五）追索范围有限

票据提示承兑遭到拒绝或者到期不获付款，持票人可以向发行人和任何签名于票据上的前手及参加人、保证人追偿，上述任何一个票据债务人都负有连带清偿责任，这就是现代票据中的追索权制度。按照追索权制度，票据上的签名越多，越能保证持票人行使票据权利，票据的信用度和可流通性越强。而按我国传统票据习惯，票据不获承兑或到期不付，持票人只能向直接前手追偿或将原票退还直接前手，对于其他前手没有追偿的权利。遭退票的前手再向其直接前手追偿或退票，依次及于发行人。追偿或退还有一定的期限，逾期则票据债务人不再承担票据责任。多人签名的票据被视为票据债务人相互推诿责任，签名越多，兑现能力越差，票据的信用度和可流通性越弱，与现代票据赋予持票人无限追索权以增加信用、促进流通的精神完全相反。

对于传统票据的特点，民初修订法律馆票据法起草小组负责人王凤瀛曾撰文进行分析。他肯定了传统票据注重信用的优点，也指出其缺点：无一定之款式、无确定之种类、无背书制度、无承兑制度、票据非信用证券、票据非抽象证券、拒绝付款之救济不足等，① 这种评价还是比较中肯的。1929年南京国民政府的票据法起草说明书在"吾国票据法不发达之原因"一节就全文引用了王凤瀛的观点。

---

① 王凤瀛：《起草票据法之管见》，《法律评论》1924年第37期。

第三节 民商事习惯调查对立法本土化的推动

清末、民初的民商事习惯调查活动，体现了处于社会转型期和法律西方化大背景下的近代中国政府将国际通行规则与本土习惯相融合的追求和努力。通过一系列调查活动，立法机关获得大量宝贵的第一手资料，充分了解我国传统民商事习惯，并在立法过程中加以甄别和吸收，为中国近代民商事立法本土化打下坚实的基础。而民初金融界和法学界对传统票据习惯的专门调查研究，是对官方调查的重要补充，不仅推动票据法研究的发展，而且对票据立法的本土化进程产生重要影响。同时，这种力图融汇中西的立法精神和深入调查研究、严谨务实的立法态度为此后南京国民政府的民商事立法树立起典范，很大程度上影响和促进了整个近代法制建设的进程。

一 传统民事习惯与近代民事立法的本土化

清末的民商事习惯调查对民事立法本土化产生了一定影响，主要体现在《大清民律草案》的修订上。光绪三十四年（1908年），修订法律馆聘请日本法学家松冈义正和志田钾太郎为顾问，起草民律的总则、债权、物权三编，1909年礼学馆起草亲属、继承两编，最终于1911年完成修订。时任修订法律大臣的俞廉三在奏请审议《大清民律草案》时，专门就民律中采纳传统习惯的过程做了陈述："臣馆曾经延聘法律学堂教习日本大审院判事法学士松冈义正及本馆商律调查员志田钾太郎协同调查，并遴派馆员分赴各省采访民俗习惯，前后奏明在案，臣等督饬馆员依据调查之资料，参照各国之成例，并斟酌各省报告之表册，详慎从事。"[①]

在礼学馆所起草的亲属、继承两编中，大量吸纳传统伦理和习惯，例如亲属编将亲属分为宗亲、外亲及妻亲，规定"同宗不得结婚""结婚须

---

① 俞廉三、刘若曾等：《大清民律草案（不分卷）》，宣统三年修订法律馆刷印，奏折第1、2页。以下有关民律条文引自该草案。

由父母允许""亲等应持之服仍以服制图所定""行亲权之父母于必要之范围内可亲自惩戒其子"等;又如继承编仍然将继承分为宗祧继承和遗产继承、女子无地产继承权等。即使在日本专家制定的总则部分,也相当尊重传统习惯,例如草案的第一条便明确规定习惯的地位:"民事,本律所未规定者,依习惯法;无习惯者,依条理。"该条立法理由称:"谨按凡关于民事应先依民律所规定,民律未规定者,依习惯法,无习惯法者则依条理断之。条理者,乃推定社交上必应之处置,例如事君以忠、事亲以孝,及一切当然应尊奉者皆是。法律中必规定其先后关系者,以凡属民事审判官不得借口于律无明文,将法律关系之争议拒绝不为判断,故设本条。"

关于民事主体的权利能力、行为能力、责任能力等方面,该草案虽然参照大陆法系国家立法例确立自然人的法律人格制度,但也保留了中国传统中"重夫权"的习惯,在第四条、第九条、第二十六条以及第二十八条等条文中对妻子的民事权利能力和行为能力进行严格限制。例如第九条规定:"达于成年兼有识别力者有行为能力,但妻不在此限。"该条立法理由称:"谨按达于成年兼有识别能力者,其智能完全发达,又有识别利害得失能力,则以之为有行为能力者,使得因自己之法律行为而取得权利,担负义务,实为适宜。但妻虽已达于成年兼有识别力,然为尊重夫权与维持一家平和起见,其能力应受限制也。"

《大清民律草案》是清政府努力融合中西法制的一个尝试,尽管结果差强人意,却为此后民商事立法的本土化提供了思路,促使中西法制进一步寻找融合的途径。正如刘广安先生所言:"传统习惯对清末的民事立法确实产生了深刻的影响,这种影响,使清末的民事立法具有明显的承前启后的过渡性时代特色。而清末立法者对传统习惯的强调,则突出地反映了中国古代民法走向现代化初期的特点。"[①]

民国成立后,北洋政府并未采纳《大清民律草案》,而是撷取《大清新刑律》中的民事有效部分作为调整民事关系的基本法。《大清民律草案》未被采纳的一个重要原因是该草案被认为未能充分尊重和吸纳传统

---

① 刘广安:《传统习惯对清末民事立法的影响》,《比较法研究》1996 年第 1 期。

民事习惯。例如北洋政府司法总长江庸先生便认为，"前案多继受外国法，于本国固有法源未甚措意，如民法《债权编》于通行之'会'，《物权编》于'老佃'、'典'、'先买'，商法于'铺底'等全无规定，而此等法典之得失，于社会经济消长盈虚，影响极巨，未可置之不顾"。① 杨元洁先生在《中国民事习惯大全·序》中也认为："我国地大物博、风尚各殊，共和肇始，五族一家，而本其历史、地理之关系，习俗相识，至今不改。溯自前清变法之初，醉心欧化、步武东瀛，所纂民律草案大半因袭德、日，于我国固有之民事习惯考证未详，十余年来不能施行适用。"为此民初还进行大规模民商事习惯调查，其主要目的正是希望在民商事立法中更充分地吸纳传统习惯。

南京国民政府成立后，立即开始起草民法典，在充分吸收民初民事习惯调查成果的基础上，于1928年通过民法总则编立法原则。该原则第一条规定："民法所未规定者依习惯，无习惯或虽有习惯而法官认为不良者依法理。"1929年颁行的《中华民国民法典》第一条再次确认这一原则。第二条进一步规定："凡任意条文所规定之事项，如当事人另有契约，或能证明另有习惯者，得不依条文而依契约或习惯，但法官认为不良之习惯不适用之。"按原起草说明书民法总则编关于"习惯的地位及习惯适用的范围"的解释："习惯之效力，欧美各国立法例本自不同。我国幅员辽阔，礼俗互殊，各地习惯错综不齐，适合国情者固多，而不合党义、违背潮流者亦复不少，若不严其取舍，则偏颇窘败，不独阻碍新事业之发展，亦将摧残新社会之生机，殊失国民革命之本旨。"故而，"此编根据法治精神之原则，定为凡民事一切须依法律之规定，其未经规定者，始得援用习惯，并以不背公共秩序或善良风俗者为限"。② 而在该民法典的其他各编中，都充分吸纳了本土民事习惯。物权编设有典权专章，按立法理由书的解释："我国之有典权由来已久，此种习惯各地均有，盖因典权用找贴之方法即可取得所有权，非若不动产质于出质人不为清偿时，须将其物拍卖，而就其卖得价金内扣还，手续至为繁复。且出典人于典物价格低减时

---

① 杨洪烈：《中国法律发达史》（下），上海书店出版社，1990，第1057页。
② 谢振民编著《中华民国立法史》（下册），张知本校订，中国政法大学出版社，2000，第755页。

尚可抛弃其回赎权，于典物价格高涨时可主张找贴之权利，有自由伸缩之余地，实足以保护经济上之弱者。故本法特设本章之规定。"该编第六十八条第一项关于主物、从物的认定也明文规定习惯优先。债权编第一百六十一条规定："依习惯或依其事件之性质，承兑无须通知者，在相当时期内，有可认为承兑之事实时，其契约为成立。"而在起草亲属、继承两编时，还特别就民事习惯向各地征求意见。"……制定调查表多种，发交各地征求习惯，复就前北京司法部之《习惯调查报告书》妥为整理，以为立法之参考。"① 可见，《中华民国民法典》对本土民事习惯给予高度重视，并且在立法中尽量地吸纳，为近代民法的本土化做出很大贡献。而究其根源，不能不追溯到清末、民初的民商事习惯调查活动和融合中西法制的努力。

二 传统商事习惯与近代商事立法的本土化

清末修律变法制定了一系列的商事法律法规，例如光绪二十九年（1903年）颁行的《商人通例》《公司律》，光绪三十二年颁行的《破产律》、光绪三十四年至宣统元年（1909年）编订的《大清商律草案》（"志田案"）等，虽然清政府宣称修律变法"务期中外通行"，也对民商事习惯进行大规模调查，但风雨飘摇之际，在隆隆的革命炮声中，清朝就像一艘千疮百孔的大船，修律变法如同破船补漏，如何能够精雕细琢？因此，大量仓促出台的商事法律法规基本上是模仿抄袭之作，根本无暇参酌本国习惯。但是，值得赞许的是，民间组织特别是各地商会基于实际需要，对商事立法提出很多中肯的意见，甚至自行起草商法条文，为近代商法本土化做出巨大贡献。《商人通例》与《公司律》颁行后，因其刻意模仿甚至抄袭德、日、英等国法律，严重脱离中国固有的国情、商情，导致实际施行中困难重重，饱受商界诟病。而"志田案"编订之后，各地商会并不认可，认为该案直接采自日本法，恐与国情不合，而商法关系国家权力，与商人利害攸关。于是在1907年，由上海预备立宪公会发起、组织商法起草委员会，决定查访各地商事习惯，结

---

① 杨幼炯：《近代中国立法史》，商务印书馆，1936，第379页。

合此前部分省区调查所得，参照各国最新立法例自行编纂商法草案。1909年，商法起草委员会编成《公司律草案》与《商法总则》两编并附《理由书》，合称《商法调查案理由书》（以下简称《调查案》）。《调查案》以"比较各国"和"参酌习惯"为基本原则，在大量参考外国商事立法的同时，也广泛吸纳本国的商事习惯。例如《商法总则》第二十五条关于"商号"的规定、第七十条关于商业学徒修业年限的规定等；又如《公司律》第二条关于公司的分类、第九条关于无限公司的成立要件、第一百〇七条关于有限责任股东在死亡或禁治产情形下的处置、第一百二十条关于股份有限公司招募股份的规定等，无不体现了现代商事规则与本国商事习惯的融合。同时，对于某些不符合国际通行规则、有碍公司运作的商事习惯，《调查案》也给予否定。例如《公司律》第三十九条关于无限股东对于公司债务之责任、第四十三条、第一百一十四条对于官利、红股的派给、第二百一十六条关于公司账目公示的规定等，都遵从现代公司制度的要求，否定落后的传统商事习惯。《调查案》经预备立宪公会第二次商法讨论会通过后上呈清政府，农工商部在此基础上略加修订，编成《大清商律草案》，奏请资政院核议，但因清政府的垮台而未施行。尽管如此，《调查案》仍然在近代商事立法中占有非常重要的历史地位，虽然它的性质不是一部法律，"但它是商人从自身的立场出发，对法律与习惯进行沟通。它系统的体现了商人的法律要求，不仅是商人参与立法的起点，更是公司法律本土化历程中的一次极有价值的尝试"。①

民国成立后，北洋政府吸取清末的经验教训，在商事立法中非常注意对传统习惯的吸纳。民国三年（1914年），农林工商部将清末农工商部编订的《大清商律草案》参酌《商法调查案》略加修改，订为《公司条例》和《商人通例》，呈请总统袁世凯以教令的形式予以公布施行。法律编查会于民国四年编订的《破产法草案》、民国五年重新编订的《公司法草案》也参酌了不少本土商事习惯。而从民国七年开始，北洋政府更是展开一场规模浩大的民商事习惯调查，表明将国际规则与

---

① 江眺：《公司法：政府权力与商人利益的博弈》，中国政法大学出版社，2006，第100页。

本土民商事习惯融合的态度和决心。特别是票据法的修订，更是得到金融界的大力支持，上海银行公会甚至成立票据法研究会，专门组织全国范围的票据习惯调查。自民国十一年至民国十四年，修订法律馆精心锤炼、广征博取，在参考国际票据规则的同时吸纳大量传统票据习惯，数易其稿，先后编成五部票据法草案，可谓商事立法本土化的模范。尽管北洋时期的大多数商事法律草案，包括票据法在内因时局动荡未获颁行，但融汇中西的立法精神和严谨务实的立法态度却对南京国民政府的商事立法产生重要影响。

南京国民政府时期，工商部在1928年以商法为处理商事之重要法规、亟应着手修订，以为实施之资，特别组织工商法规讨论委员会，负责商法修订事宜。该会成立后，特别强调"准乎党纲，酌诸国情"的原则，重视对商事习惯调查成果的法律认可。考虑到当时公司林立的状态实有规制必要，委员会拟具《公司法草案》8章共256条，经工商部呈由行政院提交立法院审议，于1929年颁行。同年，工商法规讨论委员会继续起草《票据法》，强调"以吾国历来关于票据之习惯为考镜，以期将来推行之合轨"，① 在民初票据法草案的基础上反复斟酌，历经四稿，终于完成《票据法》的修订，经立法院表决通过后，于1929年以国民政府令颁行。至此，从清末开始延续到民初，直至南京国民政府时期，前后历经十稿，中国第一部票据法才得以施行。

纵观中国近代民商事立法，从清末以来一直强调中西法制融合和民商事立法本土化，为此清末、民初政府曾投入大量人力、物力、财力，在全国范围内进行大规模的民商事习惯调查，民间组织积极参与，还曾发动全国范围的票据习惯调查，并获得大量的宝贵资料。虽然在清末、民初，由于政治上的原因，使得这些调查成果无法融入立法或是融入立法之后无法颁行，但是会通中外的立法精神和严谨务实的立法态度却贯穿始终，并对此后的民商事立法产生了重要影响。最终，南京国民政府继承清末、民初以来的立法精神，在政局相对平稳的有限的几年，制定大量民商事法律法

---

① 谢振民编著《中华民国立法史》（下册），张知本校订，中国政法大学出版社，2000，第822页。

规，初步完成中国民商事立法的近代化，也较好地做到中西法制的融合。抛开政治的因素，我们不得不对它的立法成就感到钦佩。当然，这些成就离不开清末、民初立法者们的努力，所谓前人栽树、后人乘凉。南京政府时期的民商事法律法规基本上是在参考原有草案和吸纳习惯调查成果的基础上产生的，从这个角度看，清末、民初的民商事习惯调查和传统票据习惯调查对中国近代民商法本土化的贡献是非常巨大的。

第三章　民初票据立法的移植与本土化

民国初期，工商贸易和金融业因第一次世界大战爆发获得超常发展，票据业务剧增，传统票据习惯无法满足解决票据纠纷的需要，票据立法的内在需求大大增强。北洋政府为收回治外法权，也致力于商法的完善。在商人阶层的极力呼吁下，票据立法拉开序幕。"共同案"作为民初第一部票据法草案，在广泛参考两大法系主要国家和国际组织票据立法的同时，大量吸纳清末、民初以来传统票据习惯的调查成果，对清末"志田案"进行补充和完善，为此后的票据立法本土化树立起比较成功的典范。但是，北洋政府出于政治需要，同时聘请法国顾问爱斯加拉起草商法典。爱氏商法典票据部分被称为"爱氏案"，这是民初第二部票据法草案。"爱氏案"以国际化为目标，全面移植国际票据规则，对传统票据习惯根本未予重视，在立法精神、票据观念、体例结构和具体内容等方面都与"共同案"存在巨大分歧。修订法律馆难以取舍，只好重新组织修订第三部草案。"三草"试图调和前两部法案的矛盾，却未能成功，因此又有随后的第四部和第五部草案。"四草"和"五草"彻底抛弃"爱氏案"，全面继承"共同案"的精神和内容，最终完成票据法的修订，体现了民初票据立法和商事立法逐渐淡化政治功利性色彩，转向以社会实用性为目标的进步。遗憾的是，因修订法律馆改组和北伐战争爆发，民初票据法草案胎死腹中，未能施行。但是，民初票据立法成果被此后的南京国民政府所继承，1929年《票据法》全面采纳"共同案"涉及本土票据习惯的条文，为中国近代以来的票据立法本土化进程画上比较圆满的句号。

第一节　票据立法的内在需求与政治功利性

清末变法修律是清政府在内外压力之下无奈的自救活动，带有很强的政治功利性。其根本目的是希望借此对内平息舆论、消弭暴动，对外迎合列强、通融国际，以挽救大厦将倾的清朝政权。其立法力度之大、部门之全、数量之多甚至超过之前的二百多年，俨然周全齐备、脱胎换骨。然而考察其立法内容，良莠不齐，不乏滥竽充数者。或涂饰耳目、敷衍门面，如《钦定宪法大纲》；或顽梗不化、抱残守缺，如《大清新刑律》暂行章程；或饥不择食、生吞活剥，如《破产律》。就票据立法而言，"志田案"本属仓促之作，又出于日人之手，于国际规则原就难以取长补短，于传统习惯更是不能融会贯通，难掩抄袭拼凑痕迹。清朝覆灭后，"志田案"遭到北洋政府抛弃也在情理之中。民国初期，随着民族资本主义工商业特别是金融业的迅速发展，票据成为经济生活中的重要工具，其使用和流通更为广泛，而法律规制缺失使得大量票据纠纷无法得到妥善解决，重订票据法真正成为经济发展的内在需求。北洋政府仍致力于完善法律体系，试图收回治外法权。不断壮大的商人阶层从维护自身权益的角度出发，纷纷呼吁政府重新进行票据立法，在各种因素的综合作用下，民初票据立法终于拉开序幕。

一　经济发展与票据立法的内在需求

民初的工商贸易正处于难得的快速发展阶段，金融业随之水涨船高。从19世纪中期到1911年辛亥革命前，中国近代民族资本主义工商业在西方资本和封建主义的压制下，发展十分缓慢。民国建立后特别是"一战"前后，由于列强忙于战事，对华资本入侵和商品倾销大为减少。与此同时，交战国还从中国进口大量物资，中国的国内需求并未下降，因此这一阶段的民族资本主义工商业获得巨大发展。以工矿企业为例：从1840年至1911年，历年创办的资本额在1万元以上的企业总数共953家，资本总额共20.3805万元；从1912年至1927年，历年创办的资本额在1万元以上的企业总数达1984家，资本总额约45.8955万元。① 短短15年内，企业总数和资本总额均达到过去70年的两倍有余。工业发展带动商业贸易的繁荣，以进出口贸易额为例：从1909年至1911年出口总值为5.7亿元，进口总值为7.02亿元；从1919年至1921年，出口总值增至9.21亿元，进口总值增至12.03亿元。② 从国内商品流通总量来看，1910年为39.99亿元，1920年为64.97亿元，1925年为84.72亿元，③ 增长速度极快。金融业是工商贸易的伴生物，这一阶段除日渐式微的票号之外，钱庄业和银行业随着上海租界的建立和国内外贸易的增长迅速发展起来。以最具代表性的上海钱庄为例，尽管从清末到民初历经几次钱庄倒闭风潮，但钱庄数量仍从1912年的28家增加到1926年的87家，增长幅度达到3倍以上；钱庄资本总额从1912年的106.4万两（银）增加到1926年的1341.1万两，增长幅度达到惊人的13倍。④ 上海钱庄还经常与外国银行进行拆款，最多时一年达1000多万两，每庄拆进最多达七八十万两。⑤ 本国银行业在"一战"前后也迅速发展起来，1897年，盛宣怀创立第一家华资银行——通商银行，1911年底全国华资银行实存16家，实收资本2155.5万元；到1925年底，实存158家，实收资本16914万元。⑥ 14年间，华资银行数量增长近10倍，实收资本增长近8倍。

票据业务是金融业的重要内容，金融业快速发展扩大了票据的适用范围。除票号会票仍在使用之外，钱庄庄票更是通行大江南北，在经济发达地区，银行也普遍使用现代票据。不仅商家贸易往来使用票据，票号、钱庄和银行这三种金融组织之间也常常进行票据贴现和拆兑业务，致使票据流通速度大大加快，起到活跃和融通资金的效果。据《商业官报》载，在中外贸易中，"率由洋商以银行汇票付之买办，买办则换给支票向钱庄

---

① 陆仰渊、方庆秋主编《民国社会经济史》，中国经济出版社，1991，第117~120页。
② 严中平主编《中国近代经济史统计资料选辑》，科学出版社，1955，第176页。
③ 汪敬虞主编《中国近代经济史（1895~1927）》（下册），人民出版社，2000，第2103~2106页。
④ 中国人民银行上海市分行编《上海钱庄史料》，上海人民出版社，1960，第188~191页附表。
⑤ 中国银行编《各省金融概略》，1915，第213页。
⑥ 唐传泗、黄汉民：《试论1927年以前的中国银行业》，载《中国近代经济史研究资料》第4辑，上海社会科学出版社，1985。

过付，按比期一结"；在上海，"进出口贸易中通用钱庄庄票"；在汉口，"钱、票两庄实属商业枢纽"；在福建，"闽商营业办货，无不恃钱庄票币以周转，钱庄则惟票号、洋行为尾输"，① 票据的使用几乎遍布全国各主要城市。

与清末相比，民初票据业务无论在种类、数量、流通范围还是复杂程度上都有很大发展，但票据纠纷随之大量增加。这些纠纷不仅涉及国内不同地区的商人，也常涉及外商，如果处置不妥，容易造成司法机关的被动，甚至引致外国领事的干涉。由于前清"志田案"被废弃，票据纠纷缺乏相关法律规制，司法机关不得不借助零散的各地票据习惯和法理进行审判。姑且不说本国习惯与国际规则之间分歧明显，即便国内各地区之间，票据习惯也是五花八门、各行其是，一旦事涉华洋或异地纠纷，法官们常常不知所以、束手无策，只能向各地商会咨询。因此，及时进行票据立法，为票据纠纷的解决提供统一的司法标准也属势所必然。诚如时人徐沧水所言："吾国因历年来误于贱商之政策，故前清律例其于商事规定殊少专条，既无关于商业之专门法规，更鲜关于票据之详密条文……关于票据的流通使用，仅有当地习惯相沿之规约，从无专法堪资遵守。因此，遇有纠葛障碍殊多，故票据法之制定，实为必要之图矣。"②

二 收回治外法权的期盼

鸦片战争后，英、美、法、俄等国相继取得在华领事裁判权。这种治外法权不仅严重损害中国国家主权，也严重损害国计民生，"在经济上，他们可以随便设立银行、滥发纸币，操纵金融；在商业上，他们可以在中国境内自由开设商店，不受中国法律的拘束，任意压迫中国的商人"。③因此，收回治外法权成为清末以来各界的共同愿望，也是清政府变法修律的重要动因。然而，清政府的垮台也使得这个愿望很快破灭。

民国建立后，期盼通过完善法制以收回治外法权的愿望依然存在。

---

① 《商务官报》1906年第5期，第23期、第26期。
② 银行周报社编《票据法研究·建言》，银行周报社，1922，第2页。
③ 胡汉民：《国民政府明令撤废领事裁判权的三大意义》，载《革命理论与革命工作》，民智书局，1932，第86页。

1919 年，中国作为第一次世界大战的战胜国参加巴黎和会，提出废除各国在华领事裁判权的要求。但是弱国无外交，不但中国的请求被驳回，而且日本又趁机提出代替德国取得在山东的利益，由此引发著名的"五四运动"。1921 年，中国在华盛顿国际会议上再次提出废除领事裁判权。作为国际政治秩序的主导者，英、法、美等列强当然不可能吐出到口的肥肉。但在以王宠惠先生为首的中国代表团的强烈要求下，不得不虚与委蛇，通过一个决议案，决定设立由各国成员组成的委员会调查中国法制状况，允诺在该委员会认为中国法制状况符合要求后，各委员将向该国政府提出放弃领事裁判权的建议，并拟于 1925 年在北京举行第一次常会。"……上列各国政府应组织一委员会（各该政府各派委员一人），考察在中国领事裁判权之现在办法，以便将考察所得关于各该项之事实报告于上列各国政府，并将委员会所认为适当之方法，可以改良中国施行法律之现在情形及辅助促进中国政府力行编订法律及改良司法、足使各国逐渐或用它种方法放弃各该国之领事裁判权者，建议于上列各国政府。"① 该决议案显然是个空中楼阁，且不说所谓"足使……放弃"本就没有标准，各国委员们自然可以吹毛求疵、横加指摘，即使得到委员们的认可，也仅限于向其本国政府提出建议，要想列强们甘心放弃既得利益，无异于与虎谋皮。面对列强的搪塞敷衍，北洋政府却抱以很高的期望，随即下令修订法律馆负责编纂各类法律，其中就包括票据法在内的商事法律。各界人士欢欣鼓舞、热情高涨，提出各种建议，呼吁加快立法进程。"华府会议，各国议决派员来华考察司法，将觇吾国成绩，为撤回领事裁判权之根据，修订法律，为改良司法之一端，整理司法，尤为修订法律之要著。盖与外人有密切关系者，莫如商法；而商法中有世界性质，又莫如票据法。"② 因此，民初修订票据法虽然主要出于金融业和票据业务发展的需要，但收回治外法权的期盼也是不可忽视的动因。

三 重商思潮的影响与维护商权的需要

任何法律的制定总是或多或少受到当时主流思想的影响，民初票据法

---

① 调查法权委员会编《调查治外法权委员会报告书·缘起》，商务印书馆，1926，第 5 页。
② 王凤瀛：《起草票据法之管见》，载《法律评论》1924 年第 37 期。

在一定程度上是重商思潮的产物。早在清末，以郑观应为代表的商人阶层就提出"商战"的口号，"习兵战不如习商战，然欲知商战，则商务得失不可不通盘筹划，而确知其消长盈虚也。"① 商战论引发的重商思潮不仅得到商人和士大夫的认同，也得到清政府的肯定。1903 年，清政府发布上谕称："通商惠工，为古今经国之要政，急应加意讲求。"② 民国时期，重商思潮的影响有增无减，并对当时的商事立法产生很大影响。孙中山曾多次强调："亟当振兴实业、改良商货，方于国计民生有所裨益。"③ 北洋时期先后担任工商总长的刘揆一、张謇提出"工商立国""农林工商部第一计划，即在立法"等口号，并主持大量商事法律法规的制定工作。修订法律馆票据法起草小组负责人王凤瀛也从维护本国商业利益的角度出发，表达对修订票据法的迫切心情，"近来国际贸易，逐渐发达，非昔日可比，票据者实为国际债权债务相杀之要具，设无法律以资准绳，则往来互易，深滋不便，海外商业，将受停滞"。因此，对于商事立法而言，"票据法尤有急不容缓之势"④。

商人阶层在票据立法过程中起到很大作用。由于历史原因，商人阶层在中国古代的地位并不高。近代以来，尤其是民国成立后，随着民族资本主义工商业的发展，商人阶层的政治地位和社会地位有了明显提高，其上层人士中不乏像张謇等身兼政府要职者。民间商业团体的力量不断壮大，各种商会、同业公会在全国各地纷纷成立，使得他们更有机会表达诉求，对政府的商事立法施加影响，以维护自己的利益。1912 年 11 月，首届全国工商会议（全国临时工商会议）在北京召开。此次会议共通过决议案 31 件、参考案 17 件，另有若干未决案和否决案。其中，"请速定商法案"呼吁政府迅速制定颁布商法，以资时用，反映了商人阶层对完善商事立法的强烈渴望。⑤ 其后由于政局动荡，商事立法进程受到很大影响。1921 年，全国银行公会联合会第二届会议在天津召开，北京银行公会首先提出

---

① 赵靖、易梦虹主编《中国近代经济思想资料选辑》（中册），中华书局，1982，第 89 页。
② 朱寿朋、张静庐编《光绪朝东华录》，中华书局，1958，总第 5613 页。
③ 中国科学院近代史研究所编《辛亥革命资料》，中华书局，1961，第 217 页。
④ 王凤瀛：《起草票据法之管见》，《法律评论》1924 年第 37 期。
⑤ 《请速定商法案》，载《工商会议报告录》第二编"议案"，1913，第 82~91 页。

拟请政府速订票据法议案，称"票据影响于社会经济，既若是之深且切，故票据法之颁行，实不容缓，提请政府速颁票据法，以利票据之流通，而收金融活泼之效果。"① 杭州银行公会随即提出议案，称"票据往来较之他业尤为烦琐，故制定票据法为中国今日商业上最需要最盼望之事。"② 呼吁政府尽快进行票据立法。联合会议将两案合并审查后议决向财政部递交呈文，称"票据法之颁行，实有不容再缓之势。兹经全国银行公会第二次会议共同议决，一致主张陈请政府迅予制定票据法，颁布施行，俾有遵依而裨商业。"③ 并以联合会议名义呈文农商、司法等部，建议尽早制定颁布票据法。

作为修订法律馆主要成员的李炘发表文章表示支持，"查商业随战争之余烈而发达，商法以商业之发达而尤感切要……则为便利商民、保障商权，俾足与外商角胜负、争霸权起见，而商事立法要政，岂容一日缓哉？商事法中尤以票据法为最急务。盖营业之消长，以金融为中心；金融之通塞，常视票据之运用何如以为断。故金融者，营业之血液；而票据者，金融之脉络也。票据之用，全以法律为基础，此票据法之所以为今日立法事业之要图，而亦实业界所最希望其速成者也。"④ 北洋政府在外国资本不断进入中国的情况下，也希望通过维护本国商权达到富国强兵的目的，不论是政府工商部门还是立法部门，都对商业组织和银行公会的提议给予积极回应。在上下一致的呼声中，北洋政府开始进行票据立法。

第二节 "共同案"的本土化尝试

"志田案"因罔顾本国实际遭到诟病，民国成立后未被北洋政府采纳。随着工商贸易与金融业的迅速发展，票据业务急剧增加，导致大量票据纠纷处于无法可依的尴尬境地，票据法的修订势在必行。面对长期缺失

---

① 北京银行公会：《拟请政府速订票据法以利各种票据之流通而收金融活泼之效果之提议案》，载银行周报社编《票据法研究·建言》，银行周报社，1922，第9页。
② 杭州银行公会：《拟请订颁票据暂行条例案》，载前引《票据法研究·建言》，第10页。
③ 《全国银行公会第二次联合会议呈请财政部速订票据法之呈文》，载前引《票据法研究·建言》，第8页。
④ 李炘：《调查票据法习惯设问》，载前引《票据法研究·建言》，第3页。

的票据法制和极为薄弱的立法基础，北洋政府不可能按部就班、从头做起，移植成为完善票据法的必然选择。然而，不同国家、地区有不同的法律文化、法律传统，国情、商情也各不相同，指望全面移植外来法，不加改造就能解决本国实际困难，显然是不可能的。只有将本国传统习惯融入外来法，将移植和本土化相结合，才能全面发挥法的作用。新票据法如何才能做到真正将国际票据规则与本土习惯贯通融合？"志田案"覆辙在前，民初的票据立法者们深感压力，决定先对传统习惯进行全面调查整理。民国七年（1918年），北洋政府开始大规模调查民商事习惯并获得大量的第一手资料。金融界踊跃参与，上海银行公会还成立票据法研究会，专门就票据习惯进行全国调查，并取得很大成就。民国十一年（1922年），在全国银行公会及各地商会的强烈呼吁下，北洋政府决定开始修订新票据法。修订法律馆任命王凤瀛、李炘、许藻容、周继骈、罗鼎五人组成票据法起草小组（以下简称"起草小组"），共同起草票据法。起草小组历经数月，制定出民初第一部票据法草案，因其为五人小组共同制定，故被称为"共同案"。"共同案"吸取"志田案"的教训，在广泛参考国外先进立法经验和国际票据规则的同时，也大量吸纳票据习惯调查成果，力图将国际通行规则与本土习惯加以融合。与"志田案"相比，"共同案"不仅体例结构更为合理，而且内容更为丰富、更贴近中国商情，我们可以轻易发现其中浓厚的本土化色彩。"共同案"的修订是民初票据立法本土化的积极尝试，为此后近代票据立法树立起比较成功的典范。

一 "共同案"对"志田案"的全面修正

"共同案"以"志田案"为基础，对其进行全面修正与补充。与"志田案"相比，"共同案"将票据关系与基础关系明确分离，强调票据的无因性和流通性，更注重发挥票据流通信用功能。在体例结构上，"共同案"总则部分增加大量内容，将支票纳入票据法，将期票改为本票，使体系更完整合理。在具体内容上，"共同案"在广泛参考两大法系主要国家票据立法和国际通行票据规则的同时，更注重与传统习惯结合。尤其在总则和汇票部分，充分吸纳我国沿用已久的一些票据习惯，在尊重国际规则的前提下对其进行变通和改造，使之更具实用性。

（一）体例结构的变化

"共同案"仍然采用单行立法的模式，共分四章109条。① 第一章为总则；第二章为汇票，下设第一节发行及款式、第二节背书、第三节承受、第四节参加承受、第五节保证、第六节满期日、第七节付款、第八节参加付款、第九节偿还之请求、第十节副本及缮本、第十一节拒绝证书；第三章为支票；第四章为本票。在民初五部票据法草案中，"共同案"最为详细具体。该案在每条之后都附有立法理由，这种编纂模式在近代颇为少见，仿佛让我们又看到熟悉的《唐律疏议》。后来，南京国民政府工商讨论委员会在修订票据法第二稿时，也采用这种编纂模式。与"志田案"相比，"共同案"在体例结构方面有几个主要变化。

第一，重订总则。"共同案"删除"志田案"第一编总则的法例一章，将通则一章的内容加以扩充，改为总则列于第一章。"志田案"法例一章是关于法律适用冲突的规定，起草小组认为应适用其他法律，不必置于票据法中，故加以删除。关于总则的设置和内容，立法理由解释："各国票据立法例，有设票据总则者，如德国、日本等国是；有不设票据总则者，如海牙票据统一规则等是。查各种票据既有共通适用之条项，不如特设总则一章，统摄全般精神，借供适用法规之便，故本案依德、日诸国先例。"其条文扩充为15条，将"志田案"散见于各章的一般票据规则纳入其中，使总则内容更完整合理。

第二，增加票据种类，调整章节目次。"共同案"将支票纳入票据法，增设支票一章。支票是否为票据在当时的各国学说中争论很大，立法例各不相同。例如德、法等国及海牙统一票据规则对支票进行单独立法，未将其纳入票据法；日本旧商法和瑞士债务法在票据（汇票、本票）之外将支票另定一章，也不视其为票据；而英、美票据法及日本新商法均把支票视为票据。"志田案"效法德国和海牙统一票据规则，将支票排除在外。起草小组认为，支票与汇票、本票固然有所差异，但在背书、付款、

---

① 本节所引条文主要参见《前清宪政编查馆票据法草案》，载工商部工商法规委员会编《工商法规辑览》第一部，中华书局，1930；另参考徐沧水编《票据法研究续编·特载》，"票据法第二次草案理由书"，银行周报社，1925。以下各节所引条文均来自《辑览》与《续编》，不再赘述。

拒绝付款、请求偿还等诸多方面不乏相同之处。考察我国票据习惯，商人熟知的票据都包含支票，最具代表性的是上海银行、钱庄营业规程。而支票与汇票的区别并不清晰，例如异地汇票有时也称为外埠支票，钱庄所用汇票与支票在样式上几乎相同，在流通中并无不便。况且，德、法等国将支票单独立法，其历史原因是票据立法在前、支票发达于后，早期票据法未将支票纳入票据法不足为怪，而海牙统一票据规则只是不同票据法体系的国家之间妥协的结果。各国票据立法还是应当注重本国国情、商情，以实际效用为目标，日本新商法对旧商法的修正就是最好的例子。因此，宜将支票合于票据法中，不必另起炉灶、节外生枝，以免商民误会、徒增赘文。①

至于支票一章的编排次序，各国票据立法通常置于汇票、本票之后，"共同案"将支票置于汇票之后、本票之前，略显突兀。按立法理由的说明："……又支票与汇票均为委托他人付款之证券，且支票皆为见票即付，而与见票即付汇票之性质复大略相同，故本案特将支票订于汇票之次。"虽然汇票与支票存在某些共同之处，但与本票也不乏紧密关联。"共同案"标新立异固无不可，不过在既有框架内，将存在争议的支票插入汇票、本票中间，自然颇遭微词。

第三，修改期票名称。"志田案"或许出于尊重本地称呼的考虑，将本票称为期票，却在第九十四条规定"本法于凭票付款之期票不适用"。"共同案"将期票改为本票，删除"志田案"第九十四条。按我国传统票据习惯，本票有即票与期票的区分，即票为见票即付，期票为非见票即付。见票即付的本票特别是钱庄庄票流通范围最广、信用最为卓著，不亚于现金。"志田案"将见票即付的本票排除在票据法之外，可谓完全不了解我国实际情况，因而遭到广泛批评，"共同案"对此作出修正。

（二）总则的修订

总则是关于全篇的原则性规定，"志田案"的通则只有5条，内容过于单薄，而且很多一般票据规则，例如无权代理行为的责任，票据行为的

---

① 王凤瀛：《起草票据法之管见》，《法律评论》1924年第37期。

独立性，票据伪造、变造的后果等散见于各章，显得缺乏条理。"共同案"总则除增加支票、将期票改为本票之外，还将"志田案"散见于各章的一般规则都纳入其中，对相关内容进行如下完善。

第一，承认记名画押或记名盖章的效力。票据具有文义性，在票据上签名者应负票据责任，票据当事人的权利义务由票上所载文义决定，不许用票据以外的方法变更或补充，以保护善意持票人利益，这是各国票据立法通例。起草小组认为，"志田案"第六条关于签名的规定仅限于"署名票上者"，范围过于狭隘。按我国传统商业习惯，当事人不用亲笔签名而先以印刷或代书方法记载其名，再于记名之下画押或盖章者屡见不鲜，况且有的当事人因文化水平低下不能自书，也应允许以署名之外的方式替代。考虑到该习惯在我国商界沿用已久，"共同案"第二条扩大签名的方式和效力，规定"签名票上者依票上所载文义负责，记名画押或记名盖章者亦同"。

第二，增加无权代理与越权代理的规定。依据民法一般原则，无权代理或越权代理经追认可对本人发生效力。本人如不追认，无权代理人或越权代理人须负损害赔偿责任，但无履行债务的义务。票据为文义证券，持票人只需审查票据形式是否合格，并无调查票据行为人身份与票据记载事项确实与否的义务，这也是票据法与民法一般原则的不同之处。为保障票据流通性与公信力，"共同案"参酌各国立法，增设第四条规定，责令无权代理人或越权代理人一律承担票据责任。

第三，重订票据抗辩及其限制。各国立法例对票据抗辩的规定主要有三种模式：一是将票据抗辩分为绝对抗辩和相对抗辩，例如德国。绝对抗辩又称对物抗辩，指债务人得以票据法所规定的抗辩事由对抗一般人；相对抗辩又称对人抗辩，指债务人得以票据法外的直接抗辩事由对抗特定当事人。二是采用列举方式规定抗辩事由，例如海牙统一票据法案。三是采取概括方式规定抗辩事由，例如英、美等国。"志田案"第九条采用绝对抗辩主义，第二十六条关于汇票抗辩事由却列举了四种情形。起草小组认为，第一种模式对物抗辩范围过于狭窄，对人抗辩含义不清，不足采纳；第二种模式采用列举方式，难免有疏漏之虞，不够周全。"志田案"兼有二者之失，并且同一抗辩事由或定于总则或定于分章，非但体例抵牾，立法模式也不一贯。因此,"共同案"将这两条合并为第六条,规定票据债务人不得提出自己与请求人之前手间的抗辩事由对抗请求人,但让受出于恶意者不在此限。

第四,规定票据涂销的效力。关于票据涂销的法律后果,在很多国家票据法中并不设明文规定,而由法官裁量或学者解释,但学者间颇有争议:有的主张票据为要式证券,其署名或记载既被涂销,已无要式可言,所以不问涂销人有权、无权及涂销行为故意、过失,均应认为票据效力丧失;有的主张如果涂销是由于无权利人所为或由于有权利人的过失所为,对票据债务并无影响,为保护善意持票人,发挥票据流通性,应认为与未经涂销相同。"志田案"对此未做规定,起草小组考虑到本国票据立法尚未成熟,为统一标准、消除疑义,故参酌英国立法例增设第十条,规定票上签名或记载被涂销时,如果非由票据权利人故意为之,不影响票据效力。

第五,采用公示催告保全票据权利。票据在流通过程中,常因持票人遗失、被盗、毁损等各种原因而丧失,如何保护失票人权利,各国立法不一,大致有三种办法:一是规定失票人提供担保而请求交付新票据;二是规定失票人提供担保而请求判决支付;三是规定失票人依公示催告请求除权判决。"志田案"采用第一种办法,起草小组认为,在北洋政府已经颁行的民事诉讼条例中,明确规定关于票据丧失应适用公示催告程序,而且按我国传统票据习惯,票据丧失大多适用挂失止付办法,经过若干月,在提供担保后,失票人可以要求付款。例如《上海钱业公会修订营业规则》(1920年修订)第三十六条就规定:"各业行用庄票如被盗窃或遭水火不测及确系遗失,曾经登报存案作废者,得向该庄挂失,暂行止付。过一百日后,失票人可觅保立据收银。"因此,"共同案"根据现有法律并参酌本国习惯,在第十二条规定持票人丧失票据时,应申请公示催告,在提供保证或担保后,可以请求债务人清偿。但不提供保证或担保者,仅得请求债务人提存。公示催告与挂失止付在内容上基本一致,更容易为商人所接受。

第六,确定票据行为地。按照商法原理,债权人应当于债务人住所地请求履行。票据为流通债权证券,转辗多人之手,持票人不断变动,债务人很难知道持票人为何人、处于何地，因此应当由持票人前往债务人住所地请求履行。"志田案"第三十条第二款、第三款确定了承兑地点，第六十三条确定了拒绝证书作成地，但对于其他票据行为例如参加承兑、付款、参加付款以及追索等均未规定，而且在住所不明时，应如何确定也未提及，多有疏漏。"共同案"第十三条对此进行完善，规定凡因行使或保全票据权利，对于利害关系人采取的行为应在其营业所进行，无营业所时在其住所或居所进行，但当事人有合意时不在此限。

此外，"共同案"总则还对"志田案"的其他疏漏进行修正，例如第七条规定票据行为相互独立，不因其中某个行为无效或被撤销而影响其他票据债务的效力，弥补"志田案"第十七条只规定无能力者其票据行为无效的缺陷；第十一条规定凡无恶意或重大过失而取得票据者拥有票据权利，扩大票据善意取得范围；第十四条关于期间、第十五条关于时效的规定也在不同程度上对"志田案"进行补充和完善。

(三) 汇票制度的完善

汇票制度是票据法最主要的内容，无论是本票还是支票，除少数特殊规则之外，都适用汇票的相关规定。"共同案"删除"志田案"第二编汇票第十一章汇票之伪造、变造及遗失以及第十二章时效，将相关内容移至总则；拆分第八章拒绝承兑及拒绝付款之场合执票人之请求偿还权，定为偿还之请求和拒绝证书两节，规定于汇票中。此外，"共同案"还对汇票发行和流通各个环节的具体内容进行以下补充和完善。

第一，修改票据发行与款式，取消票面本国文字限制、删除冗文，明晰汇票种类，取消利息文句记载限制并更改利率。

票据为要式证券，票据权利义务以票面所载内容为准，因此必要事项须明确记载，各国立法例均属相同。"志田案"第十条第一款规定汇票票面应记载明示为汇票的字样，且以本国文字为准。起草小组认为，我国对外贸易逐渐发达，不应囿于国内一隅，所以"共同案"第十六条第一款关于票面记载事项取消本国文字限制。"志田案"第十条第二款规定汇票发行可以在异地或同地，票面无须记载对价。起草小组认为，虽然汇票在很长时间内被界定为异地付款工具，但流通信用主义在当今各国票据立法中已被普遍接受，汇票同地、异地付款早已不是问题，毋庸明文规定。而对价文句是法国票据法系独有的制度，体现以汇票为送金工具的旧思想，我国向来没有这种习惯，更谈不上无须记载，所以将该款全部删除。

汇票以是否记明收款人为标准，可分为记名式和无记名式两种，另有兼具记名和无记名的记名式来人付式，例如在汇票上记明"凭票付某某或持票人"。按各国立法例，除英、美、日等国，多数国家票据法不承认无记名式和记名式来人付式两种汇票，认为这两种汇票"有害发行兑换券之特权"。"志田案"第十二条第二款、第三款规定："发行人得对于第三者之计算而发行之""发行人得为认票不认人（所持人拂）之规定而发行之"，似乎承认这两种汇票，但语气含糊、意义不清。按我国传统票据习惯，记名式汇票发行与流通最为普遍，无记名式和记名式来人付式汇票也时有所见。起草小组认为，这两种汇票性质迥异，不至于混同，为促进流通，以承认为宜，但须设立金额限制以防滥发之弊。因此，"共同案"并未采纳多数国家立法例的做法，而是从我国实际出发，在第十八条规定汇票金额在五十元以上者，得以无记名式或以记名式来人付式发行。

票面能否记载利息文句，立法例各不相同：有的规定记载利息文句的票据无效，例如奥地利；有的规定利息文句视为无记载，不影响票据效力，例如德国、瑞士；有的不做规定，由法官或学者解释，例如日本；有的承认记载有效，例如英国、美国；还有的规定记载利息文句限于见票即付或见票后定期付款的汇票，例如海牙统一票据规则。"志田案"第十五条采纳海牙统一票据规则的模式，规定见票即兑及见票后定期付款的汇票，发行人可以就票面金额确定利息，其他汇票无须记载。起草小组认为，汇票除见票即兑及见票后定期付款之外，还有定日付款及出票后定期付款两种，并无特别理由将它们排除在外，因此参酌英、美立法例，不加区别，一概允许记载利息文句。这种变动虽然与我国传统票据无利息交付习惯有异，但为顺应经济潮流，加以变通亦无不可。

第二，修改承兑提示期限，确定付款人撤回承兑的条件，删除拒绝承兑条款，允许持票人拒绝参加承兑，增加推知被保证人的内容。

远期汇票需要付款人承兑，持票人才能获得付款保证。当持票人提示承兑时，付款人是否应有考量期间，各国立法不一：德国、日本等国采取即时承兑主义,不允许付款人拖延;英国、美国、法国及海牙统一法案采取考量期限主义,允许付款人有一定的考量期间。"志田案"第三十六条采取考量期限主义,规定持票人提示承兑,付款人须在提示后次日之营业日复函通知持票人。起草小组考虑到在我国传统汇票中,付款人多为与发行人有资金关系的钱庄,按钱庄习惯,票根未到而持票人提示承兑,往往有一定的宽限期,待钱庄调查账簿或收到票根后才予以承兑,因此也采取考量期限主义。"志田案"规定付款人在次日通知持票人,如果法定或约定提示期限为满期日末日时,不免发生疑义。因此,在"共同案"第三十八条将它修改为"执票人为请求承受之呈示时,付款人得请求其于翌日为第二次之呈示",以便付款人有调查账簿或通知发行人的时间。

付款人承兑后能否撤回,各国票据法规定不一。除德、日、奥、匈等国规定绝对不许撤回之外,其他国家大都允许撤回,但标准不一:有的允许于返还票据前撤回,例如俄、意等国;有的允许于考量期限内撤回,例如葡、比等国;有的允许于返还票据前或通知前撤回,例如英国。"志田案"第三十八条规定不允许付款人撤回承兑,起草小组认为,付款人于返还票据或通知前可能因错误而同意承兑,不许撤回太过严苛,因此参酌英国立法例第四十二条规定:"付款人于交还汇票前,得撤回其承兑。但对于执票人或汇票之签名人已以书面通知承受者,不在此限。"此外,"共同案"还删除"志田案"第三十九条所列关于承兑拒绝情形的规定。起草小组认为,拒绝承兑无须列举各种情形,如果持票人不能或无法获得承兑,自然可以推定拒绝。况且采用列举方式,不免有所遗漏,例如付款人所在不明时,自可视为拒绝承兑,在该案中却没有可适用条款。而"志田案"第三十九条所谓"涂改票上数字及文义"也属赘文,与该案第三十四条第二款重复,因此将该条全部删除。

参加承兑是指在付款人拒绝承兑时,为维持票据信用和流通,减少票据债务的连续追索,允许他人代为承兑的制度。关于持票人是否可以拒绝参加承兑,主要有三种立法例:第一种规定委任参加不能拒绝而任意参加可以拒绝,例如德、日等国;第二种规定无论何种参加均可以拒绝,例如英、美等国;第三种规定无论何种参加均不许拒绝,例如法、葡等国。

"志田案"参考第一种立法例，在第四十一条规定，发行人如果在付款地内记有预备付款人，执票人不得拒绝预备付款人参加承兑，其他情形可以拒绝。起草小组认为，持票人主要是基于发行人或付款人的信用而接受票据，对于预备付款人或其他票据债务人，其信用如何难以了解，应允许持票人对参加承兑人的信用进行判断，赋予他接受或拒绝的权利，如果强迫持票人不得拒绝，过于严苛。因此参酌英美立法例在第四十六条规定，无论何人参加承兑，持票人都有权拒绝。

票据上的保证与一般民事债务的保证有所不同，一般民事债务的保证必须表明保证的意思，可采用单独的保证合同形式，允许对部分债务进行保证；而票据上的保证必须在票据上签名，不允许票据之外的形式，也不允许部分保证。各国立法例对于未表明保证意思而签名于票面上的他人，除付款人签名被视为承兑之外，其他的一般推定其为承兑人提供保证；票据未经承兑时，推定其为发行人提供保证。"志田案"第四十五条第三款规定："保证须记明其为何人保证之旨。其不记明者，认其为承兑人所为。其未经承兑者，认其为发行人所为。"其意在于免除多数人的债务，原无不妥。起草小组认为，我国票据习惯上有虽未记载被保证人而能推知其被保证人为何人的情况，例如有为发行人保证而仅签名于发行人之旁，这种情形自应特别列明。因为我国商人多注重面子，对保证持拒绝心理，认为如果需要他人保证，意味着自己资力不足，有损信誉。即使亲朋好友之间相互提供保证，也不写明保证字样，只由保证人于票面签章，然而其用意一目了然。因此，"共同案"在第五十条第三款增加按习惯推知保证的规定："未载被保证人者，有承受时，视为为承受人保证；无承受时，视为为发行人保证。但得推知其为何人保证者，不在此限。"

第三，重订到期日，删除冗文，允许以习惯确定到期日。

普通债务的偿还期限并无特别的形式限制，由当事人自由确定。而汇票的到期日是付款人开始承担付款责任的日期，对于汇票而言不可或缺，因此各国票据法无不对到期日的确定方式进行规定。"志田案"第四十七条第一款规定："汇票之满期日，因票据之性质而异，须依下列四种之一为准：（一）其确定到期日付款之票，应载明其确定日；（二）其确定签日后定期付款之票，应载明其自确定日至经过一定期日；（三）其见票即兑之票，应载明其见票日；（四）其见票后定期付款者，应载明其见票后经过一定期间之日。"但该条第二款规定汇票以习惯定到期日者作为无效，第三款规定一种票据内而有两种以上到期日者作为无效。起草小组认为，我国传统票据中对期限有一些约定俗成的称谓和内容，商人们沿用已久，不必特设明文排斥。至于有多个到期日，既然条文规定用"四种之一"，当然属于无效，不必赘言。因此，"共同案"第五十二条将"志田案"第四十七条第二款、第三款删除，参照习惯规定："汇票之满期日，应依左列各款方式之一定之：（一）确定日期付；（二）发行日后定期付；（三）见票即付；（四）见票后定期付。"

我国传统票据习惯中，确定期限的计算标准很多，例如"一个月半""数个月半""月初""月中""月底""半月"等，而且大多使用阴历计算。"志田案"因其标准众多，不易统一之故，将习惯计算方法归于无效。虽然条文中允许在年月日之外使用月半、一个月半或数个月半，但应当"合全月计算而半分之"，或者直接用八日、十五日。起草小组考虑到中外使用的历法有所不同，以阴历计算期限由来已久，虽然与国际规则存在差异，但这种差异在短时间内难以消除。如果将其全部归于无效，不但商家难以适应，也将导致无效票据大量出现，影响流通、徒增麻烦。但如果不对其含义进行确定，难免歧义百出，纠纷重重。因此"共同案"第五十五条在承认习惯到期日的同时，对各种称谓进行确定例如出票后或见票后一个月半或数个月半付款的汇票，应计算全月后加十五日，以其末日为到期日，又如票上记载"月初"、"月中"或"月底"，是指该月的一日、十五日或末日，记载"半月"，是指十五日等。

第四，增加担当付款人，区分付款地与付款处所，承认在票据交换所提示付款的效力，赋予付款人调查持票人身份的权利，对持票人允许延期付款的权利进行限制，扩大提存的范围。

担当付款人即受付款人委托进行付款者，通常是与付款人同处一地的往来银行。当付款人的资金存放在银行或是付款人本人无法在付款地承兑或付款时，可以设定担当付款人。①"志田案"没有规定担当付款人，"共同案"参酌德、日等国立法例，在第十九条规定发行人得记载担当付款人。另外，"志田案"中没有区分付款地与付款处所。付款地的概念比较宽泛，例如北京、上海都可以称为付款地；而付款处所只是付款地的一部分，例如北京某街第几号。原则上，付款人应当在其住所地付款，则住所地即为付款处所。但有时付款人为方便起见，往往不在住所地内付款，其付款处所即需另行确定。按"志田案"第十四条规定："发行人得于付款人住所地内记明预备付款人住址，或记明与付款人住所地相异之付款地。"该条既规定有住所地，又有住址和付款地，如果将住所地理解为具体住址或营业场所，那么如何在住所地内再记明住址？如果将住所地理解为具体住址或营业场所所在地区，则预备付款人即可在付款地的异地付款，加重持票人的负担，与一般付款原则不符。因此，"共同案"第二十一条规定，发行人得记载在付款地之付款处所，明确付款地与付款处所的区别，避免造成混淆。

持票人请求付款，自然应向付款人提示。但按照我国传统票据习惯，金融机构之间，例如钱庄之间、钱庄与银行之间清算票据，一向在钱业汇划总会进行，与当面向付款人提示付款有相同的作用。民初正在筹建票据交换所取代汇划总会，所以"共同案"第五十七条规定，提出于票据交换所者，与请求付款之呈示有同一之效力。

对于通过背书流通的汇票，付款人在付款时应当尽到谨慎义务，对票据格式的完整、背书的连续性进行审查。这种审查是形式审查，只要票据外形完整、背书连续，付款人即可付款，票据债务因此消灭。至于持票人身份真实与否，付款人没有审查的义务。因为付款人与持票人往往互不相识，如果让付款人承担辨别持票人身份的义务，对付款人太过苛刻。但是，对于付款人有没有调查持票人身份真伪的权利，各国学说和立法例却

---

① 在票据法中，与担当付款人相近的概念还有预备付款人、参加付款人，三者的区别在于：担当付款人相当于付款人的代理人，预备付款人与参加付款人是不同于付款人的第三人；担当付款人代理付款人承担付款责任，预备付款人与参加付款人则在付款人拒绝承兑或付款时才承担付款责任；担当付款人与预备付款人都是出票时预先设定，参加付款人可以在出票后加入。

不尽相同：德国票据法系一般采取积极说，承认付款人的调查权；法国票据法系及英国票据法系一般采取消极说，否认付款人的调查权。"志田案"未做规定，起草小组认为，我国北京、天津、上海、烟台等处有面生讨保的票据习惯，沿用已久，其用意不外证明持票人是否为正当权利人，以保障票据的安全。因此，"共同案"第五十八条赋予付款人调查持票人身份真伪的权利。为防止付款人滥用权利、拖延付款，又设但书规定无故迟延付款者应负其责。

在我国传统票据习惯中，付款人以发行人资金未到或核对账目等原因延期付款的情况比比皆是，持票人也习以为常。但付款人延期付款势必损害持票人利益，因此票据法应当禁止付款人无故拖延付款，理所必然。但是，是否赋予持票人允许付款人延期的权利，各国立法不一。"志田案"第七十五条赋予持票人允许付款人延长满期日的权利，从条文内容看，并没有对期限进行限制。起草小组认为，"志田案"的规定与我国票据习惯相符，但延期权漫无限制。假设付款人长期拖延之后仍然无法付款或逃逸，除持票人遭受损失之外，付款人之外的其他票据债务人也可能因为被追索而额外承担利息和手续费的损失。因此，"共同案"第六十条参酌本国习惯赋予持票人允许付款延期的权利，但以三天为限。目的在于一旦付款请求被拒绝时，其他票据债务人不至于因此增加额外负担。

提存是民法上消灭债权债务关系的一项重要制度，它是指由于债权人的原因而无法向其履行给付时，债务人有权将标的物交给提存机关而消灭债务。就票据债权债务关系而言，如果持票人不于法定期限内提示付款，债务人势必时时准备款项等待债权人，直到时效消灭为止，颇为不便。为减轻债务人负担，使债权人承担懈怠之责，各国票据法大都规定了提存制度。"志田案"第六十条赋予承兑人在其管辖官厅提存的权利，起草小组认为，只赋予承受人提存的权利，范围过小，应扩展到其他票据债务人。而提存处所在我国尚未明确，除官厅之外，商会、银行、行业协会、公会等都颇具公信力，应可接受提存。因此，"共同案"第六十三条将提存处所扩大为该管官厅或其他得受提存之公共会所。

第五，规范偿还请求权，确定请求偿还的条件，承认略式拒绝证书效力，变更拒绝证书作成期限，调整偿还金额。

持票人请求偿还的原因主要有两种：一是付款被拒绝；二是承兑被拒绝或视为承兑被拒绝。付款被拒绝时，持票人当然可以向其他票据债务人请求偿还，这是各国票据法通例。但是承兑被拒绝或视为被拒绝时，持票人能否请求偿还，各国立法例颇不一致，主要有担保主义、期前偿还主义及选择主义三种：担保主义是指赋予持票人请求担保的权利，例如德、日等国。期前偿还主义是指赋予持票人在到期日前请求偿还的权利，例如英、美等国。选择主义又可以分为两种：第一种是赋予持票人选择请求担保或请求偿还的权利，例如西班牙、阿根廷等国；第二种是赋予前手选择提供担保或清偿的权利，例如法、比、葡等国。"志田案"第六十五条第二款参考英、美等国立法例，确立期前偿还主义。起草小组认为，选择主义徒使法律关系错综复杂，不足采取；担保主义以付款人虽有拒绝承兑等情形，但也不能断定到期日必然无法付款为理由，理论根据虽强，却不合实际需要，因此以采取期前偿还主义立法为宜，与"志田案"一致。但"志田案"存在两个问题。一是该案第七十一条仅就承兑人破产或资力不足进行规定，没有涉及付款人，失之狭隘。二是视为拒绝承兑的情形不严密，除破产或资力不足以外，因付款人无故逃亡，或其营业所、住所、居所不明及其他原因无从请求承兑等情形，都可视为拒绝承兑，在该案中却没有相关内容。而对于资力不足，不必将它归于视为拒绝承兑。如果资力不足是因为一时资金周转不灵，不久之后当可以恢复信用；如果是确实陷于破产境地，待破产宣告后再行使请求权为时未晚。所以"共同案"第七十条规定："付款人不付款时，执票人对于前手，得请求偿还。如有左列各款情形之一者，虽在满期日前亦得请求之：（一）承受被拒绝时；（二）无从请求承受时；（三）承受人或付款人受破产宣告时。"至于"志田案"第七十一条第二款规定的发行人破产时不得行使溯求权，此为当然之事，无须赘述，故予以删除。

持票人提示承兑或提示付款被拒绝，应当作成拒绝证书以行使追索权，这是票据法的基本制度。关于如何作成拒绝证书，"志田案"第四条规定作成拒绝证书一切行为悉依所在国法律；第六十一条规定持票人值债务者拒绝承兑或拒绝付款时，须作成公证证书以确定之；第六十二条规定发行人可于票上载明免除作成拒绝证书。那么，如果发行人没有在票上载明免除义务，持票人必须就要作成公证证书才能行使追索权。起草小组认为，我国传统票据习惯中并没有作成拒绝证书的内容，但付款人在拒绝承兑或付款时，往往在票上注明拒绝的意思或是出具书面说明，也具有充分的证明效力。为简便起见，"共同案"参酌英、美等国立法例，结合本国习惯，在第七十一条第二款规定："付款人或承受人记载呈示之日及拒绝之旨，并签名票上者，与作成拒绝证书有同一之效力。"承认略式拒绝证书的效力。而在承兑人或付款人破产时，以破产宣告书来证明，即可节省费用与时间，也适合本国商业情形。但是对于拒绝证书作成机关，"共同案"第八十九条规定由持票人请求公证人作成，而第七十一条的理由中提到，我国公证人制度尚未确立，公证证书难以作成，有相互抵触之嫌。

关于拒绝证书作成期限，"志田案"第六十一条第二款规定拒绝付款证书不得作于拒绝付款之当日，但须于当日以后两日内作成之。起草小组认为，没有必要规定拒绝证书不得于当日作成，而持票人可能同意延期付款，或承兑人要求第二次提示，则其期限也应相应延长。因此，"共同案"参酌各国立法例，结合我国实际情况，于第七十二条规定，付款拒绝证书应于到期日或之后二日内作成，但持票人允许付款延期的，其期限从延期的末日起算；承兑拒绝证书应于承兑提示期限内作成，但在该期限末日提示而有第三十八条情形时，得于次日作成。

"志田案"第六十六条规定持票人对于债务人可照以下所列金额请求偿还：（一）票据上未交付之金额；（二）作成拒绝证书费用及对于前手人与发行人所通知之各费用；（三）回头汇票之费用；（四）应出六百分之一之手数料（手续费）。前列金额于到期前请求偿还的，其利息依其住址的附近银行及市场日息计算在票据金额内扣除；于到期后请求偿还的，自到期日起以年息五分利率计算。起草小组认为，因"共同案"允许部分承兑，持票人对未承兑的部分票据金额当然有权请求偿还。票面可能记载利息文句，则其利息也应计入金额之内。但债务人在到期日之前偿还的，应从票据金额中扣除自偿还日至到期日的利息，以示公平。此外，持票人的损失及其他费用也应计算在内，例如因债务人居住于付款地之外的异地或其他原因致使持票人不能在付款地收受票据金额而产生的费用，还有持票人因未获付款而导致的汇兑损失等，因此在"共同案"第七十六条做出相应调整。"志田案"还有所谓回头汇票之费用，本指汇兑损失而言，我国向来少有这种汇票，而且该项损失可以包括于其他费用中；又该案有六百分之一手数料（手续费）的规定，我国向来没有这种习惯，因此将它们一并删除。

"共同案"的立法成就远高于"志田案"，无论是结构体例的合理性还是具体内容的完整性，都比"志田案"前进一大步。这种进步是外部政治环境的相对改善、立法者对国情的充分了解、传统票据习惯的调查研究等各种因素共同作用的结果，反映了近代中国票据立法与商事立法水平的整体提高。与"志田案"相比，"共同案"更为注重法律的实用性，功利色彩相对淡薄，尽管仍然有政治性的立法动机，但立法者更多地考虑到本国商业贸易发展程度与金融流通的现实需要，尽力平衡国际通行规则和本土票据习惯的矛盾，在中国近代票据立法本土化道路上迈出了重要一步。

二 "共同案"的移植与本土化

在近代之前，传统票据的流通范围和数量一直保持着与小农经济相适应的较低水平，票据纠纷自然可以依靠各地零散的习惯来解决，票据立法长期一片空白。民初以来，工商贸易和金融业狂飙猛进，票据流通范围膨胀、数量剧增，票据纠纷大量出现，传统票据习惯再也难以应对。而法律规制的缺乏使得司法机关在审判中捉襟见肘，陷于无法可依的尴尬境地，制定票据法迫在眉睫。在这种情形下，移植外来法成为必然和最优的选择。不仅票据法如此，其他的商事部门法如公司、证券、保险、破产等同样如此。因此，从清末开始，"参考古今、博辑中外"就成为修律的口号和目标，修订法律馆也着手进行外国法律的翻译、引进和移植工作。但是移植绝不可能一蹴而就，所谓罗马非一日之功，清末的变法修律本身带着很强的政治功利性，时间极为仓促，根本无暇对外来法进行仔细的研究和比较，所以这个时期的商事立法移植带有明显的抄袭痕迹。"志田案"的失败使得民初立法者们认识到，只有充分了解世界其他国家和地区的相关法律制度，掌握国际通行规则，认真比较和选择，才可能获得移植的成功。因而，民初商事立法逐渐淡化功利性色彩，更加深入研究和比较各国商法的异同，力图寻找最合适的移植对象，"共同案"就是在这种背景下产生的。本着"参以各国法例、准诸本国习惯"的精神，起草小组在移植外来法时并不局限于某个国家或地区，而是广泛参考两大法系几乎所有发达国家的票据法，在经过认真比较之后，选择适合本国的立法例。同时，在本土化的过程中，起草小组还大量吸收本国沿用已久、行之有效的传统票据习惯，努力将国际规则与本土习惯加以融合，为此后的票据立法乃至商事立法树立起比较成功的典范。

（一）参以各国法例

"共同案"的修订参考了大量外国立法例和国际票据规则。该案在每个条文后都附有立法理由，对本条所定的内容、相关理论及其争议、国外立法例及其优劣比较、国际通行规则、"志田案"的规定及其评价、本案参考的法源及原因、涉及的本国习惯等内容详加解释。按照对该案立法理由的统计，其参考法源除本国习惯外，[①]还包括日本、德国、英国、美国、瑞士、法国、葡萄牙、比利时、意大利、匈牙利、俄罗斯、西班牙、奥地利13个国家以及海牙统一票据法会议、国际法学会两个国际组织的20余部票据法及草案、规则（详见附表3-1、3-3）。其参考范围之广、法案数量之多、分析之详细，即使在今日仍然令笔者感到震惊。我们无法想象，90多年前的一部中国法律，竟然参考了世界上几乎所有发达国家的立法。姑且不论其内容如何，仅翻译这些票据法，就已经是非常了不起的成就，更遑论在立法中比较借鉴、评析利弊。这不由让笔者对中国近代的立法者们融汇中西的立法精神和深入调查、严谨务实的立法态度感到由衷的敬佩，也让笔者不吝对"共同案"给予赞美。就参考法源的分布来看，这13个国家既包括大陆法系的主要国家，也包括英美法系的主要国家，还包括两个国际组织。其中日本和海牙国际规则所占的比重大致相当，都达到70%以上；其次是德国，占60.6%；再次是各国立法例和多

[①] 法源一词一般解释为法律渊源，但并非只此一种含义，解释为法律之来源也未尝不可。此处法源指法律内容之参考来源，特此说明。

数立法例，占 37.6%；① 此外，英国、美国及瑞士也占有相当的比例。

通过对数据的分析，我们可以发现"共同案"仍具有明显的移植特征，无论从法律的框架结构还是从总则、汇票、本票、支票等各章来看，其主体内容都完全参照近代以来的国际票据通行规则。其主要参考对象为日本法、海牙国际规则和德国法，与近代以来我国法律移植的大方向一致，但也不限于这几个国家或组织，而是广收博览，几乎囊括当时两大法系主要发达国家的票据法，体现出立法者真正希望做到会通中外的决心和勇气，确实令人叹服。

表 3-1 "共同案"参考法源分布

位次	所在地区	所在条	条数	比例（%）
1	日本	1、2、5、7~9、11~13、15~21、24~28、30~35、37、39~41、43、45~48、50~54、62~64、67~70、72~78、80~92、94~98、102~105、107~109	80	73.4
2	海牙国际规则	6、14~17、20、23、25~29、32~59、61~88、97~99、102、103、105~109	78	71.6
3	德国	2、7、8、12~17、19、24~28、32、34、37、39~41、43~48、51、53、54、56、57、61~64、66~69、72~78、80、83~97、100~102	66	60.6
4	各国立法例与多数立法例	3、4、7~9、11、13~17、19、27、29、31、35、37、43、44、49、50、52、54、55、57、62~67、70、72、74~77、80、83、87、89、100、103	41	37.6
5	英国	1、6、8、9~11、13、18、22、29、36、38、42、61、70~72、76~78、89、90、97、99、100、103、104	27	24.8
6	本国习惯	1、2、12、16、*18*、38、*49*、50、52、55、*57*、58、*60*、*71*、*73*、76、*105*、106、*107*、109	20	18.3
7	美国	1、6、8、9、11、13、18、22、29、36、38、70、72、78、97、99、100	18	16.5

---

① 各国立法例和多数国立法例只根据该理由书所提及进行统计。由于"共同案"系多人起草，风格有所不同，有提及者、有不提及者，故实际条数和比例应当不止该数。但作者限于资料，不敢另下结论。

续表

位次	所在地区	所在条	条数	比例（%）
8	瑞士	7、8、12~16、60、98、100、101、104	12	11
9	法国	7、59、70、97	4	3.7
10	葡萄牙	7、44、69	3	2.8
11	意大利	44、71	2	1.8
	比利时	70、71	2	1.8
13	国际法学会	7	1	0.9
	匈牙利	9	1	0.9
	俄罗斯	44	1	0.9
	西班牙	44	1	0.9
	奥地利	101	1	0.9

说明：

1. 本表统计数字来源：《票据法第一次草案理由书》，载工商部工商法规讨论委员会编《工商法规辑览》第一部，中华书局，1930；《票据法第二次草案理由书》，载徐沧水编《票据法研究续编·特载》，银行周报社，1925；王凤瀛：《票据习惯目次》，《法学会杂志》1923 年第 10 期。

2. 位次按比例由高到低排列，所在条是指参考该法源的"共同案"所在之条，条数指所在条相加之数，比例是指该条数与总条数（109 条）之比例。由于一条中往往有多个参考法源，故所有条数累计不止 109 条，比例不止 100%。

3. "本国习惯"一栏"所在条"中，有部分条文在立法理由中并未提及本国习惯，但根据王凤瀛的"票据习惯目次"及其他相关资料，该部分条文显然参考了我国传统票据习惯，因此笔者也将其列入其中，以斜体表示，包括第 18 条、第 49 条、第 57 条、第 60 条、第 71 条、第 73 条、第 105 条、第 107 条。

4. 海牙国际规则包括海牙 1912 年统一汇票本票规则、1912 年统一汇票本票决议案及 1912 年统一支票决议案。

（二）准诸本国习惯

在接受和采纳通行国际票据规则的基础上，"共同案"也非常注重对本国票据习惯的吸收和改造，使之更具实用性。"共同案"起草小组负责人王凤瀛曾撰文对本国票据习惯与票据立法的关系提出自己的意见：第一，票据法修订应以流通主义、信用主义为根本原则、原理，凡妨害票据流通信用者，宜纠正而改订之；第二，其余习惯苟其无关宏旨、有便商情者，宜斟酌而采用之。第三，参酌习惯既要适合实际，又要力求简易。①

---

① 王凤瀛：《起草票据法之管见》，《法律评论》1924 年第 37 期。

王凤瀛的主张在民初第一次票据立法中得到很好的贯彻，"共同案"一改我国票据仅以送金为目的的传统，以流通信用主义作为根本原则，广泛参考外国立法例和国际通行票据规则，对部分妨害票据流通信用的传统习惯进行剔除和改造。同时又充分考虑到我国的商业实际情况，在总则、汇票和本票部分吸纳了大量有益的传统习惯。

按照对"共同案"立法理由的统计，结合王凤瀛的"票据习惯目次"与其他相关资料，该案吸纳涉及本国习惯的条文共20条，占全部条文的18.3%，其中总则3条，汇票部分13条，本票部分4条（表3-2、3-3，另见本节第一部分相关内容）。虽然本国习惯占参考法源的比例与外国法有一定差距，但在法律移植的大环境中，我们也很难要求立法者们做得更好。与"志田案"相比，传统票据习惯在"共同案"参考法源中所占的比重显然高出很多。

在总则部分，"共同案"在票据种类、票据签章的形式和票据丧失的权利救济三个方面采纳了传统票据习惯。"志田案"未将支票纳入其中，"共同案"根据我国实际情况，将支票纳入其中。"志田案"将签章限定于"署名票上"，"共同案"考虑到记名画押与记名盖章在我国商界沿用已久，而且票据关系人可能因文化水平低下无法自书，因此参酌本国习惯，在第二条承认记名画押与记名盖章与本人署名具有相同效力。"志田案"规定，丧失票据的失票人提供担保后可以请求交付新票据，"共同案"根据民初现行的民事诉讼条例，结合我国传统票据中挂失止付的习惯，在第十二条规定以公示催告加担保付款作为救济手段。

在汇票部分，"共同案"在汇票要件、种类、承兑、保证、到期日及期限计算、付款、拒绝证书作成等方面大量采纳或参考传统习惯。

关于汇票要件与种类，法国系票据法中还规定汇票必须记载对价文句，"志田案"在但书中特别声明无须记载对价文句。同时，很多国家的票据法禁止发行无记名式汇票，"志田案"第十二条规定发行人得对于第三者之计算而发行汇票或得为认票不认人之规定而发行汇票，实际上是承认无记名式汇票的效力，但语句含糊、意义不清。"共同案"考虑到对价文句只见于法系票据法中，我国传统票据向来无此习惯，"志田案"的但书显属赘文，故将其删除，并于第十八条承认无记名式和记名式来人付式汇票的效力，但对票据金额做出限制。

关于提示承兑及考量期限，"志田案"第三十六条规定持票人提示承兑时，付款人可以有考量期限，但必须于提示后次日复函通知持票人。"共同案"考虑到法定或约定的提示期限可能为到期日末日，为避免疑义，参酌我国习惯在第三十八条规定，持票人提示承兑时，付款人得请求其于次日进行第二次提示。

关于保证人资格与保证对象，依各国立法例，保证人资格通常不做限制，至于保证对象，如果票面仅有他人签名，未记载被保证人姓名，依次推定其为承兑人、发行人，"志田案"即是采用这种方法。"共同案"考虑到我国商业惯例，在第四十九条承认无论何人均得为票据保证，在第五十条承认推定保证的一般次序为承兑人、发行人，又另设但书规定："得推知其为何人保证者，不在此限。"

关于汇票的到期日方式，各国大致相同，但在称谓上略有差异。"共同案"参酌我国传统票据习惯，在第五十二条按约定俗成的称谓将汇票到期日定为确定日期付、发行日后定期付、见票即付和见票后定期付四种。

关于期限的确定，我国传统票据习惯常以"一个月半""数个月半""月初""月中""月底"等称谓来计算，而且大多使用阴历。"志田案"第四十七条不承认以习惯计算到期日；"共同案"从实际出发，认可民间对于期限的使用习惯，但为避免歧义、减少纠纷，所以在第五十五条对各种习惯期限进行确定。

关于提示付款的方式，按我国传统票据习惯，金融机构之间清算票据一向在钱业汇划总会进行，与当面向付款人提示付款有相同的作用。民初筹备建立票据交换所取代汇划总会，所以"共同案"第五十七条规定在票据交换所交换票据与请求付款有同一效力。

关于持票人的调查权，按照我国北京、天津等地的票据习惯，面生之人持票取款，付款人有要求提供担保的权利，称为面生讨保。此举固然有保障票据安全的作用，但也有损害持票人权利的弊端。"共同案"在反复斟酌之后，对该习惯进行一定的变通，于第五十八条规定付款人有调查持票人身份真伪的权利，但也做出相应限制，禁止付款人无故拖延付款。

关于付款延期，"志田案"第七十五条赋予持票人允许付款人延长到期日的权利，但未对期限进行限制；"共同案"参酌本国习惯，在第六十条赋予持票人允许付款延期的权利，但以三天为限。

关于付款请求被拒绝时持票人的通知义务及追偿权，"共同案"根据国际通行票据规则，参酌我国传统习惯，赋予持票人及时通知前手及发行人的义务，同时取消了"志田案"所规定的六百分之一的手续费。

关于拒绝证书的作成方式，"志田案"没有规定略式拒绝证书，"共同案"参酌英、美等国立法例，结合本国习惯，在第七十一条承认略式拒绝证书的效力。

在本票部分，"共同案"废弃记载事项中的对价文句，规定发行人与汇票的承兑人负有相同的清偿责任。按我国传统票据习惯，票据无须记载对价文句。同时，考虑到本票特别是钱庄庄票的信用最为卓著，与现款几乎相同，即使发行人破产，按钱业习惯和司法实践，庄票仍有优先受偿的权利。因而，"共同案"基于一般民众和商人对本票的绝对信赖，使发行人承担绝对付款责任。另外，"志田案"将无记名式期票排除在本票之外，不适用票据法。而按我国传统票据习惯，流通最广的庄票几乎都是无记名式，因此"共同案"承认无记名式本票的效力。

"共同案"是我国第一部本土化的票据法草案，不仅立法者完全由本国法学界人士组成，而且在立法过程中很好地贯彻会通中外的精神，既广泛参考国外先进的立法例和国际通行票据规则，又大量吸纳传统票据习惯，较好地将二者进行融合，在迎合国际化潮流的同时，又带有浓厚的本土化色彩。与"志田案"相比，它在立法目的上更为务实，在立法精神上更为进步，在体例结构上更为合理，在具体内容上更为完善，反映了民初票据立法观念和立法水平的进步。

当然，"共同案"也存在一些缺点，例如在立法理由中因多人执笔造成风格不一致，在体例结构上将支票放在汇票和本票之间，在有关简略背书的承认（第二十七条）、拒绝证书作成机关（第八十九条）等具体内容上也存在不合商情之处，其内容总体上仍带有移植西方票据法律制度的特点。但瑕不掩瑜，在西方化成为立法主流的20世纪早期，能够充分进行本土票据习惯的调查研究并加以吸收利用，实属难能可贵，精神尤为可嘉。更重要的是，"共同案"的制定反映了北洋时期的商事立法开始淡化以模范列强、收回治外法权为目标的政治功利性色彩，更多地从商业发展实际需要出发，寻求外来移植法和本土资源的融合并树立起比较成功的典范，为此后民国票据立法乃至商事立法的本土化道路指明了方向。

表3-2 "共同案"对传统票据习惯的采纳

序号	传统票据习惯种类	"共同案"所在条文及主要内容
1	票据种类	第一条　票据种类包含支票
2	票据签章	第二条　承认记名画押与记名盖章的效力
3	票据丧失的救济	第十二条　公示催告与担保付款相结合
4	汇票对价文句	第十六条　汇票要件无须载明对价文句
5	无记名式汇票	第十八条　承认无记名式汇票的效力
6	提示承兑	第三十八条　付款人可要求持票人二次提示承兑
7	票据保证	第四十九条　无论何人均得为票据保证
8	保证对象	第五十条　无被保证人时可按习惯推知
9	汇票到期日	第五十二条　汇票分四种到期日
10	期限习惯	第五十五条　界定民间期限习惯的内容
11	提示付款	第五十七条　于票据交换所交换票据视为提示付款
12	面生讨保	第五十八条　付款人可调查持票人真伪
13	付款延期	第六十条　持票人得允许付款延期三日
14	拒绝证书	第七十一条　允许以简易记载替代拒绝证书
15	持票人的通知义务	第七十三条　持票人应于付款请求被拒绝后及时通知前手及发行人
16	手续费	第七十六条　持票人请求偿还的金额不适用六百分之一的手续费
17	本票对价文句	第一百〇五条　本票要件无须记载对价文句
18	本票发行人责任	第一百〇六条　本票发行人负绝对清偿责任
19	本票付款日期	第一百〇七条　本票发行人须于见票时载明付款日期
20	本票种类	第一百〇九条　承认无记名式本票的效力

说明：

1. 资料来源：《票据法第一次草案理由书》，载工商部工商法规讨论委员会编《工商法规辑览》第一部，中华书局，1930；《票据法第二次草案理由书》，载徐沧水编《票据法研究续编·特载》，银行周报社，1925；王凤瀛：《票据习惯目次》，《法学会杂志》1923年第10期。

2. 本表第5项、第7项、第11项、第13项、第14项、第15项、第17项、第19项未见于"共同案"立法理由，但根据王凤瀛的《票据习惯目次》及其他有关资料，该部分条文显然参考了我国传统票据习惯，故笔者将其归入其中。

表 3-3　"共同案"参考法源总表

条次	主要内容	参考法源
第一条	票据的种类	日商第四百三十四条；英、美票据相关法律
第二条	签名与票据性质	日商第四百三十五条；德票第八十一条；本国习惯；日明治三十三年法律第十七号
第三条	未于票上记明代理关系的后果	各国立法例
第四条	无权代理或越权代理行为的效果	各国立法例
第五条	票据的文义性	日商第四百三十九条
第六条	票据抗辩的限制	英票第三十八条；美证第九十六条；统规第十六条、统案第十七条
第七条	票据行为的独立性	各国立法例；日商第四百三十八条；德票第三条；瑞债第七百二十一条；法商第一百一十四条；英票第二十二条第二款；美证第四十一条；统案第八条；统规第七条；葡商第三百三十六条；国际法学会模范规则第三条
第八条	伪造的效果	各国立法例；日商第四百三十七条第一款；德票第七十五条；瑞债第八百〇一条；英票第五十四条、第五十五条；美证第一百一十二条、第一百一十五条
第九条	变造的效果	多数立法例；日商第四百三十七条第一款；匈票第八十二条；英票第六十四条；美证第二百〇六条；统案第〇〇条；统规第六十九条
第十条	涂销的效果	英票第六十三条
第十一条	善意占有者的保护	各国立法例、英票第二十九条；美证第九十一条；日商第四百四十一条
第十二条	保护丧失票据者的方法	德票第七十三条；瑞债第七百九十一条；日商第二百八十一条；本国习惯
第十三条	应为票据行为之地	多数立法例；德票第九十一条；瑞债第八百一十八条；英票第四十五条第四款；美证第一百三十三条；日商第四百四十二条
第十四条	应为票据行为之日	多数立法例；德票第九十二条；瑞债第八百一十九条；统规第七十二条
第十五条	票据的时效	多数立法例；日商第四百四十三条；德票第七十七条至第七十九条；瑞债第八百〇三条至第八百〇五条；统草第八十二条；统规第七十条

续表

条次	主要内容	参考法源
第十六条	汇票的要件	各国立法例；日商第四百四十五条；统规第一条；德票第四条；日商第四百五十一条、第四百五十二条；德票第七条；瑞债第七百二十二条；统规第二条、本国习惯
第十七条	指己汇票与对己汇票	各国立法例；日商第四百四十七条；德票第六条；统规第三条
第十八条	无记名式及记名或来人付式汇票	日商第四百四十九条；英票第三条第一款、第八条第三款；美证第二十条第四款、第二十八条、本国习惯
第十九条	支付担当人的记载	多数立法例；德票第四十三条第二款；日商第四百五十三条
第二十条	预备付款人的记载	日商第四百四十八条；统规第五十四条第一款
第二十一条	支付处所的记载	日商第四百五十四条
第二十二条	利息文句的记载	英票第九条；美证第二十一条
第二十三条	担保责任及免责文句的效力	统案第十条第二款；统规第九条第二款
第二十四条	抵触金额的效力标准	日商第四百四十七条；德票第五条；统规第六条
第二十五条	记名式汇票及禁止背书汇票的转让方法及其效力	日商第四百五十五条、第四百六十条；德票第九条；统规第十条第一款、第二款
第二十六条	票据债务人取得票据后的转让权	日商第四百五十六条；德票第十条第二款；统规第十条第三款
第二十七条	背书的方式	多数国立法例；日商第四百五十七条；德票第十一条、第十二条；统规第十二条
第二十八条	略式背书汇票的转让方法	日商第四百三十七条第二款、第四百六十一条；德票第十三条；统规第十三条第二款
第二十九条	特殊背书的效果	多数国立法例；英票第三十二条第二款；美证第六十二条；统规第十一条
第三十条	背书人得为预备付款人的记载	日商第四百五十八条
第三十一条	背书人得为免责文句的记载	多数国立法例；日商第四百五十九条

续表

条次	主要内容	参考法源
第三十二条	背书连续的证明力及变例	日商第四百六十四条；德票第三十六条；统规第十五条
第三十三条	委任背书的方式及效力	日商第四百六十三条；统规第十七条
第三十四条	逾期背书的效力	日商第四百六十二条；德票第十六条；统规第十九条
第三十五条	请求承兑的提示	各国立法例；日商第四百六十五条；统规第二十条
第三十六条	承兑呈示自由的限制	英票第三十九条；美证第二百四十条；统规第二十一条
第三十七条	见票后定期付之汇票的提示期限	各国立法例；日商第四百六十六条；德票第十九条；统规第二十二条
第三十八条	付款人的考量期限	英票第四十二条；美证第二百二十四条；统规第二十三条；本国习惯
第三十九条	承兑的方式	日商第四百六十七条、第四百六十八条；德票第二十一条第一款、第三款；统规第二十四条
第四十条	部分承兑及附条件承兑的效果	日商第四百六十八条；德票第二十二条；统规第二十五条
第四十一条	承兑人得为担当付款人及付款处所的记载	日商第四百七十二条、第四百七十三条；德票第二十四条；统规第二十六条
第四十二条	付款人得为承兑撤回与否的标准	英票第二十一条第一款；统规第二十八条
第四十三条	承兑的效力及承兑后不付款的责任	各国立法例；多数立法例；日商第四百七十条；德票第二十二条；统规第二十七条
第四十四条	得为参加承兑的时间及主体	各国立法例；俄票第六十六条、第一百○五条、第一百○六条、第一百一十条；意商第二百七十条、第二百九十九条；葡商第二百九十四条、第二百九十五条、第三百二十三条；德票第一百二十六条、第一百五十八条；西商第五百一十一条；统规第五十五条第一款
第四十五条	参加承兑的方式	日商第五百○三条、第五百○四条；德票第五十二条第二款；统规第五十六条
第四十六条	持票人的拒绝权	日商第五百○一条；德票第五十七条；统规第五十五条第一款

续表

条次	主要内容	参考法源
第四十七条	参加承兑的效力	日商第五百〇五条、第五百〇六条；德票第六十一条；统规第五十五条第三款、第五十七条第二款
第四十八条	参加承兑人的责任范围	日商第五百〇二条；德票第六十条；统规第五十一条第一款
第四十九条	票据债务的保证及得为保证之人	多数立法例；统规第二十九条、本国习惯
第五十条	保证的方式	多数立法例；日商第四百九十七条、第四百九十八条；统规第三十条；本国习惯
第五十一条	保证人的责任及其溯求权	日商第四百九十七条、第四百九十九条；德票第八十一条；统规第三十条
第五十二条	到期日的方式	多数立法例；日商第四百五十条；统规第三十二条；本国习惯
第五十三条	见票即付之汇票到期日的计算与提示期限	日商第四百八十二条；德票第三十一条；统规第三十三条
第五十四条	见票后定期付之汇票到期日的计算	多数立法例；日商第四百六十七条；德票第二十条；统规第三十四条
第五十五条	期限的计算方法	多数国立法例；统规第三十五条；本国习惯
第五十六条	异地日历不同时到期日与期限的计算方法	德票第三十四条；统规第三十六条
第五十七条	付款提示期限及于票据交换所提示的效力	各国立法例；统规第三十七条；德票第四十一条；德支第十二条第一款；德商第四百八十七条、第四百九十条及第二百三十三条第三款、本国习惯
第五十八条	付款人应调查及得调查的事项	统规第三十九条第三款；本国习惯
第五十九条	到期日前能否付款及其效力	统规第三十九条第一款、第二款；法商第一百四十四条、第一百四十六条
第六十条	付款延期的条件	瑞债第七百六十一条、本国习惯
第六十一条	支付的标的及预定货币换算比率的效力	统规第四十条；德票第三十七条；英票第七十二条

续表

条次	主要内容	参考法源
第六十二条	付款的方式	各国立法例；统规第三十八条；日商第四百八十三条、第四百八十四条；德票第三十八条、第三十九条
第六十三条	票据金额的提存	统规第四十一条；日商第四百八十五条；德票第四十条
第六十四条	参加承兑人及预备付款人的付款义务	统规第五十九条；日商第五百〇八条；德票第六十二条；英票第六十七条
第六十五条	第三者得为参加付款的时间及通知义务	统规第五十四条、第五十八条
第六十六条	参加付款的方式	统规第六十一条；日商第五百一十一条、第五百一十二条；德票第六十二条、第六十三条
第六十七条	多人参加付款时的次序及后果	多数立法例；统规第六十二条第三款；日商第五百一十条；德票第六十四条；英票第六十八条第二款
第六十八条	参加付款的金额及持票人拒绝的后果	多数立法例；统规第六十条；日商第五百〇九条、第五百一十二条；德票第六十二条、第六十三条
第六十九条	参加付款人的权利	各国立法例；统规第六十二条第二款；日商第五百一十三条；德票第六十三条；葡萄牙立法例
第七十条	持票人得请求偿还的原因	各国立法例；统规第四十二条；英票第四十七条第二款；美证第二百八十四条；法国、比利时、日本立法例
第七十一条	拒绝承兑或拒绝付款的证明方法	统规第四十三条第一款、第五款、第六款；英票第五十一条；美证第二百六十一条；意商第三百〇七条；比利时立法例、本国习惯
第七十二条	拒绝证书作成期限	多数立法例；统规第四十三条第二款、第三款；日商第四百八十七条；德票第四十一条；英票第五十一条第二款、第四款；美证第二百六十三条
第七十三条	通知的期限及不为通知的制裁	统规第四十四条；日商第四百八十七条第二款至第四百八十八条第四款；德票第四十五条至第四十七条；美证第四十九条、第五十条、本国习惯
第七十四条	免除作成拒绝证书的记载及效力	多数立法例；统规第四十五条；日商第四百八十九条第三款；德票第四十二条
第七十五条	票据债务人的连带责任与持票人的求偿权	多数立法例；统规第四十六条；德票第二十六条、第四十九条、第八十一条；日商第四百七十四条、第四百八十六条

续表

条次	主要内容	参考法源
第七十六条	持票人得请求偿还的金额	各国立法例；统规第四十七条；日商第四百九十一条；德票第五十条；英票第五十七条；本国习惯
第七十七条	偿还的背书人及其权利	各国立法例；统规第四十八条；日商第四百九十二条；德票第五十一条；英票第五十七条
第七十八条	偿还的方式	统规第四十九条；德票第五十四条、第五十五条；日商第四百九十五条；美证第七十八条
第七十九条	部分承兑后的偿还方式	统规第五十条
第八十条	求偿权利人与回头汇票	多数立法例；统规第五十一条；日商第四百九十三条、第四百九十四条；德票第五十三条
第八十一条	懈怠法定或约定期限的制裁	统规第五十二条；日商第四百六十六条第二款、第四百八十二条第二款、第百四八十七条第二款
第八十二条	障碍发生后的救济方法	统规第五十三条、第四十一条第二款、第四十六条第一款、第二款
第八十三条	复本请求的程序及费用的负担	多数立法例；日商第五百一十八条；德票第六十六条；统规第六十三条
第八十四条	复本的款式	日商第五百一十九条；德票第六十六条；统规第六十三条第一款、第二款
第八十五条	复本的付款	日商第五百二十条；德票第六十七条；统规第六十四条
第八十六条	请求承兑时复本的送付	日商第五百二十一条；德票第六十八条、第六十九条；统规第六十五条
第八十七条	缮本的作成及款式	多数立法例；日商第五百二十二条；德票第七十条；统规第六十六条
第八十八条	请求承兑时原本的送付	日商第五百二十三条、第五百二十四条；德票第七十一条、第七十二条；统规第六十七条
第八十九条	作成拒绝证书之人	各国立法例；日商第五百一十四条；德票第八十七条；德草第八十一条；英票第五十一条第七项
第九十条	拒绝证书的款式	日商第五百一十五条；德票第八十八条；德草第八十二条；英票第五十一条第七项
第九十一条	作成付款拒绝证书的方法	日商第五百一十五条第一款、第二款；德票第八十八条 a

续表

条次	主要内容	参考法源
第九十二条	作成付款拒绝以外证书的方法	日商第五百一十五条第二款、第四款；德票第八十八条 e
第九十三条	拒绝返还原本时作成证书的方法	德草第八十四条
第九十四条	拒绝证书的记载位置	日商第五百一十五条第三款、第五款；德草第八十三条第二款、第三款；德票第八十八条 d
第九十五条	数个请求时的拒绝证书	日商第五百一十六条；德票第八十九条；德草第八十五条
第九十六条	拒绝证书的变更及抄本的效力	日商第五百一十条；德票第九十条；德草第八十七条
第九十七条	支票的款式	日商第五百三十条；德支第一条；法支第一条；英票第七十三条；美证第三百二十一条；统支第一条
第九十八条	滥用发不良支票的制裁	日商第五百三十六条；瑞债第八百三十七条；法支第六条；统支第三条
第九十九条	付款人的限制	英票第七十三条；美证第三百二十一条；统支第五条
第一百条	支票的付款日期	多数立法例；英票第七十三条；美证第三百二十一条；瑞债第八百三十三条；德支第一条
第一百〇一条	支票的呈示期间及违反的制裁	德支第十条；奥支第九条；法支第五条；瑞债第八百三十一条
第一百〇二条	发行人的撤销期限及付款人的支付期限	德支第十三条；日商第五百三十条第二款；统支第十七条
第一百〇三条	平行线支票的支付	英票第七十六条至第七十八条；法国 1911 年 12 月 30 日法律；日商第五百三十五条；统支第十九条
第一百〇四条	支票适用汇票的条文	日商第五百三十七条；英票第七十三条第二款；瑞债第八百三十六条
第一百〇五条	本票的发行及款式	日商第五百二十五条；统规第七十七条、第七十八条、本国习惯
第一百〇六条	本票发行人的责任	统规第八十条；本国习惯
第一百〇七条	见票后定期付之本票的见票提示及后果	日商第五百二十七条、第五百二十八条；统规第八十条、本国习惯

续表

条次	主要内容	参考法源
第一百〇八条	见票后定期付之本票的到期日	日商第五百二十七条、第五百二十八条；统规第八十一条
第一百〇九条	本票适用汇票的条文	日商第五百二十九条；统规第七十九条；本国习惯

说明：

1. 资料来源：《票据法第一次草案理由书》，载工商部工商法规讨论委员会编《工商法规辑览》第一部，中华书局，1930；《票据法第二次草案理由书》，载徐沧水编《票据法研究续编·特载》，银行周报社，1925；王凤瀛：《票据习惯目次》，《法学会杂志》1923 年第 10 期。

2. 在"主要内容"一栏，根据现代票据术语对相应的名词进行一定调整，如将"承受"改为"承兑"，"呈示"改为"提示"，"满期日"改为"到期日"，"供托"改为"提存"等。

3. 在"参考法源"一栏，有部分条文在立法理由中并未提及本国习惯，但根据王凤瀛的《票据习惯目次》及其他相关资料，该部分条文显然参考了我国传统票据习惯，因此笔者也将其列入其中，包括第 18 条、第 49 条、第 57 条、第 60 条、第 71 条、第 73 条、第 105 条、第 107 条。

4. 理由书中参考法源多用略语，如日商、德票等，笔者参阅相关资料（王效文：《现代票据法论》，世界书局，1933；余振龙、姚念慈主编《国外票据法》，上海社会科学院出版社，1991），对其全称和实施时间进行了补充，对某些称谓进行调整，例如统一法案调整为海牙 1912 年统一汇票本票决议案。本表所用略语及其全称、实施时间如下：

日商：日本 1899 年商法典

德票：德国 1871 年票据法

德草：德国 1914 年票据法草案

德商：德国 1897 年商法典

德支：德国 1908 年支票法

英票：英国 1882 年票据法

美证：美国 1897 年纽约流通证券法

统草：海牙 1910 年统一汇票本票草案

统规：海牙 1912 年统一汇票本票规则

统案：海牙 1912 年统一汇票本票决议案

统支：海牙 1912 年统一支票决议案

瑞债：瑞士 1911 年债务法

匈票：匈牙利 1876 年票据法

俄票：俄罗斯 1903 年票据法

意商：意大利 1883 年商法典

葡商：葡萄牙 1888 年商法典

西商：西班牙 1885 年商法典

法商：法国 1807 年商法典

法支：法国 1865 年支票法

奥支：奥地利 1906 年支票法

第三节 "爱氏案"与"共同案"的冲突

在王凤瀛等人起草"共同案"的同时，修订法律馆还聘请法国顾问爱斯加拉起草商法典。"共同案"制定后不久，爱氏商法典各编也陆续完成，其中包含票据法草案，这是民初的第二部票据法草案，因出自爱氏之手，故被称为"爱氏案"。"爱氏案"以国际化为目标，注重与国际票据规则的统一，对于我国传统票据习惯并未给予足够的重视。两部草案在立法精神、立法观念、体例结构和具体内容方面存在巨大分歧，王凤瀛和李炘也对"爱氏案"提出质疑。面对二者的冲突，北洋政府难以取舍，最终这两部草案都未能实施。

一 "爱氏案"与"共同案"的分歧

1921年的华盛顿国际会议决定设立一个由各国成员组成的专门委员会调查中国法制状况，列强允诺，在该委员会认为中国法制状况符合要求之后，各国委员将向该国政府提出放弃领事裁判权的建议。北洋政府对此抱以很大的期望，随即加快立法进程，希望在1925年委员会召开第一次常会之前，完善本国法律体系，"爱氏案"就是在这种背景下产生的。

（一）"爱氏案"的全盘西化

"爱氏案"是爱氏商法典第二编有价证券第二卷特别适用条例的第一部分，分三章共115条。第一章汇票，下设十二节：第一节总则，第二节汇票之发行及款式，第三节背书，第四节承受，第五节保证，第六节期满日，第七节付款，第八节拒绝承受及拒绝付款时之溯求权，第九节参加承受或付款，第十节复本和缮本，第十一节遗失、伪造及变造，第十二节时效；第二章本票；第三章支票。

"爱氏案"无论从结构体例还是具体内容都以国际化为目标，对本土习惯并未给予足够的重视。其汇票与本票部分主要参考1912年海牙统一汇票本票规则，支票部分主要参考1917年法国票据法和1922年意大利票据法草案。爱氏在立法理由书中对此做了解释："中国欲扩张国外之贸易，须采用统一票据章程定一票据法，求与各国划一，关系重要，自不待言。关于汇票及本票，鄙人多采用统一票据章程所规定，草案内条文有悉依其原文者，因统一票据章程编定甚为详慎也。""关于支票，鄙人多采择千九百十七年法国票据法之规定及千九百二十二年意大利之草案也。"①

对于我国传统商事习惯，爱氏在起草商法典之前曾表示将认真研究和吸纳，其修订报告称："研究修订中国商法法典，应采何种议论，鄙人力主保存中国旧有之商事习惯。所有商会组合及其他制度必不可废，唯稍加改革，增益其职务可耳。故鄙人起草商法典，将职业规定归入于商人一章，仍不能不参酌中国旧有之习惯。盖中国旧有习惯，商人自成阶级，其商事制度每为国家所不注意者，尤不能不思所保存之。弃旧有之习惯，徒抄袭外国法作纸上空谈，非所取也。修订中国商法法典，能保存中国旧有之商事习惯，复参合以新商法适用之条规，庶法典一颁，自无窒碍难行之虑矣。"② 但在修订票据法的过程中，爱氏放弃这一想法，"爱氏案"很少顾及传统票据习惯，可以说它是一部全盘西化的票据法。爱氏对此的解释是："鄙人起草中国票据法，本拟就中国票据习惯先定大纲，创一总论，求与国际票据之习惯适合。或告鄙人以中国票据习惯上太不划一，欲将各地不同一之习惯规定大纲，颇非易事。故本编所草拟不置重中国各地之习惯，专注意国际统一之规定。"

对于国际票据规则与本土习惯可能产生的矛盾，爱氏认为，既然中国要实现法律与国际接轨的目标，自当接受国际规则。至于本土习惯，因其并未形成立法，在票据法正式颁行之后，自然会随之适应、变通，无须多虑。"万国统一票据章程倘实行于中国或各国，习惯上难保无抵触之虞。然中国既参与该会，且国中从未有正式宣布之票据法，自应以采取该会所规定为宜也。"③

与之前一再声称要研究、保留中国传统商事习惯的说法相比，爱氏在修订票据法草案过程中的变化之大令人惊讶。以我国传统票据习惯不划一

---

① 爱斯加拉：《商法草案第二编票据条例理由之说明》，载《工商法规辑览》第一部，中华书局，1930。
② 爱斯加拉：《关于修订中国商法典之报告》，载《工商法规辑览》第一部，中华书局，1930。
③ 爱斯加拉：《商法草案第二编票据条例理由之说明》，载前引《工商法规辑览》。

而难以在立法中吸收和保留为理由很难让人信服,因为在进行票据立法之前,北洋政府、银行公会和学界都曾对我国传统票据习惯进行认真的调查研究,并且获得大量的第一手资料。在"共同案"中,传统票据习惯就很好地被立法所吸纳。因此,爱氏一味仿效海牙统一票据规则和他国立法的真正原因,与其说是因为本国习惯难以采纳,不如说是为了迎合北洋政府欲短期内迅速完成各部门立法,以应对国际考察的政治需要。

(二)"爱氏案"与"共同案"的分歧

"爱氏案"与"共同案"虽然同为法律修订馆组织起草的票据法草案,但二者之间存在着巨大分歧,这种分歧不仅体现在立法精神上,也体现在具体内容上。近代法学家谢振民在《中华民国立法史》中论及二案时,曾从立法政策、编制形式、票据观念、章节编次、其他细目等几个方面指出它们的不同点。① 李胜渝教授在《中国近代票据立法通论》中也从立法精神、票据观念、编纂形式和章节编次、具体内容等方面对它们进行比较。② 具体来讲,二者的分歧主要在以下几个方面。

第一,立法精神的区别。"爱氏案"以国际化为目标,力求"与各国划一",因而"专注意国际统一之规定",其汇票、本票部分参考的对象为海牙统一票据规则,支票部分参考的对象是法国和意大利票据法,对我国传统习惯未给予充分的重视,在立法中基本未予采纳;"共同案"以本土化为目标,注重票据的实际效用,力图将国际票据通行规则与本国习惯融合起来,其参考的对象既包括海牙统一票据规则,也包括大陆法系的德、日、法和英美法系的英、美等国,同时还大量吸纳了本国传统票据习惯。

第二,票据观念的分歧。近代以来,随着世界各国政治、经济发展的不同以及法律传统的差异,票据立法在19世纪末逐渐形成三大法系,即法国法系、英国法系和德国法系。法国法系的主要特点是强调票据输送现金的作用,不重视票据的流通信用功能,其票据关系和基础关系不可分离,因此被称为送金主义。英国法系和德国法系比较接近,其主要特点是

---

① 谢振民编著《中国民法立法史》,张知本校订,中国政法大学出版社,2000,第816~818页。
② 李胜渝:《中国近代票据立法通论》,重庆出版社,2001,第82~84页。

除把票据作为送金工具之外,更强调票据的流通信用功能,严格区分票据关系和基础关系,因此被称为流通信用主义。[①]"爱氏案"虽然没有直接继受法国法,但仍未脱离送金主义的票据观念,票据关系和资金关系并未完全分离;"共同案"则完全采取流通信用主义,将票据关系和基础关系完全分离。

第三,编纂方式与体例结构的不同。爱氏奉行民商分立的立法模式,采用法典化方式编纂商法典,将"爱氏案"规定于爱氏商法典第二编有价证券的第二卷特别适用条例中;"共同案"则奉行民商合一的立法模式,采用单行立法,将票据法作为独立的商事法进行编纂。在体例结构方面,"爱氏案"并未在各种票据之前设置总则,而是将总则设于汇票章节之内,但关于票据遗失、伪造及变造,以及时效等一般规定并未置于总则内,而是单列为两节。同时将本票一章置于汇票之后、支票之前,凡本票不违反其性质者适用汇票的规定,支票则适用本票的规定,但支票的性质在法律上有相反规定者不在此限。"共同案"则在各种票据之前设总则一章,规定各种票据共同适用的原则,并将有关票据遗失、伪造及变造、时效等内容纳入总则之中。同时,将支票置于汇票之后、本票之前,凡支票、本票不违反其性质者适用汇票的规定。

第四,具体内容的差异。由于立法精神和票据观念的分歧,使得"爱氏案"和"共同案"在具体内容上存在诸多差异。在总则部分,对票据行为是绝对商行为还是相对商行为,票据法规定范围之外的记载事项是否有效,票据债务部分无效的范围如何确定等问题,二者有较大区别。

大陆法系国家的商法中有商行为的概念,它是指商主体所从事的以营利为目的的经营行为。通常来说,采取民商分立的国家比较注重商行为与非商行为的区分,采取民商合一的国家则不太在意商行为与非商行为的区分。商行为分为绝对商行为与相对商行为两种:绝对商行为是指依照行为的客观性质,由法律直接规定的商行为;相对商行为是指依照行为的主观性和行为自身的性质而认定的商行为,凡是由商人所从事的营利行为就是商行为,依据双方是否为商人还可分为单方商行为和双方商行为。多数国

---

① 王效文:《现代票据法论》,世界书局,1932,第 2 页。

家的立法将票据行为视为绝对商行为，无论商人与非商人，凡在票据上签名，即应以其行为承担票据责任，"共同案"即采用这种方式。但"爱氏案"将票据行为规定为一种相对商行为，该案第三条规定："凡非商人在汇票上签名负责者，其行为不视为商行为。"那么，如果票据上有商人和非商人的签名，商人自可适用票据法的规定，而非商人究竟适用票据法还是民法，"爱氏案"却未做规定。

票据记载事项如果超出票据法规定的范围，该记载是否产生票据法上的效力，各国立法有所不同。"共同案"第五条规定，记载本法无规定之事项者不生票据上之效力。所谓的"不生票据上之效力"并非绝对无效，只是不产生票据债权债务，但可以产生民事债权债务，在民法上还是有效的。"爱氏案"第四条则规定，汇票签名人之责任专依汇票上所载而定。如果仅依条文，票上记载超出票据法范围的事项也应被认为可以产生票据上的效力。

票据行为具有独立性，票据从发行到背书、承兑、保证、参加承兑、付款、参加付款等，每个行为相互独立，其中一部分无效不影响其他部分的效力，这是票据法的基本规则。"共同案"第七条规定："票据债务中虽有无效或被撤销者，不影响于其他票据债务之效力。""爱氏案"则在第二条规定："汇票上虽有无能力人之签名，他之签名人仍负票据上之责任。"与"共同案"相比，"爱氏案"规定的范围较小，对于因破产、强迫、无意思能力等原因产生的部分无效未曾涉及。

在其他编章，"爱氏案"与"共同案"的主要差异在于：票据文句是否为必要记载事项，无记名式汇票和变式汇票是否有效，提示承兑的考量期限如何确定，汇票付款地与提示付款期限如何确定，票据金额向何处提存，拒绝证书由什么机关作成，票据丧失如何救济等。

必要记载事项是票据在票面上应当记载的事项或文句，欠缺该事项将导致票据无效。"爱氏案"认为表明票据性质的票据文句不是必要记载事项，在第九条关于汇票的必要记载事项、第九十条关于本票的必要记载事项、第九十五条关于支票的必要记载事项等条文中，均没有票据文句的要求；"共同案"则认为票据文句是票据的必要记载事项，在第十六条关于汇票的必要记载事项、第九十七条关于支票的必要记载事项、第一百〇五条中关于本票的必要记载事项等条文中，均有票据文句的要求。同时，在第十六条第二款、第三款，第一百〇五条第二款、第三款还对汇票、本票未记载到期日、付款地和发行地等事项时如何救济做出补充规定。

无记名式汇票是指票面不记载受款人的姓名，或只记载以来人作为受款人，或以类似的方式确定受款人的汇票，兼有记名式与无记名式的汇票性质上也属于无记名式汇票。变式汇票是指发行人兼有付款人或受款人的身份，与普通汇票相比有所变异的汇票，包括以发行人为受款人的指己汇票和以发行人为付款人的对己汇票。"爱氏案"第九条将受款人之姓名或商号作为汇票必要记载事项，第十五条规定汇票发行人不得以自己为受款人，第十六条规定发行人虽能以自己为付款人，但付款人必须是自己所设商铺的支号且二者不在同地，不承认无记名式汇票和指己汇票，限制对己汇票。"共同案"第十七条规定发行人得以自己为受款人或付款人，第十八条规定汇票金额在五十元以上者，得以无记名式或记名式来人付式发行之，承认指己汇票、对己汇票，有条件地承认无记名式和记名式来人付式汇票。

在持票人提示承兑时，付款人是应当立即答复还是有一定的考量期限，各国立法本就没有统一标准。"爱氏案"不允许付款人有考量期限，对付款人的要求比较严苛；"共同案"则参酌传统票据习惯，在第三十八条规定持票人提示承兑时，付款人可以要求持票人于次日进行二次承兑，对付款人的要求比较宽松。

"爱氏案"基于送金主义，在第十六条规定发行人以自己所设商铺之支号为付款人时，发行地与付款地必须不在同一处；而"共同案"基于流通信用主义，并无异地付款的限制。另外，"爱氏案"在第五十二条规定，"持票人应于期满日呈示于付款人请求付款"，没有给予提示宽限期，对持票人的要求比较严苛；"共同案"第五十七条规定持票人应于期满日或其后二日内呈示汇票于付款人请求付款，并规定提出于票据交换所者与请求付款之呈示有同一效力，对持票人的要求比较宽松。

付款人在持票人怠于行使票据权利时，为免除自己的付款责任，可以将票面金额进行提存。关于提存的处所，二案的规定有所不同，"爱氏案"采用列举的方式在第五十二条规定："于期满日后或于第六条二款所规定外，如期满日后承兑人得以拒绝付款，证书期限之已经过，将汇票金额提存裁判所或商事公断处或本地方之银行，所有寄托费用及危险由持票人负担。"而"共同案"则采用概括的方式，在第十二条第二项规定："公示催告程序开始后，申请人得立保证请求票据债务人清偿，但不立保证或不供担保者，仅就请求票据债务人提存其应清偿之金额于该管官厅或其他得受提存之公共会所。"从我国的实际情况看，除官厅、商事公断处、银行等处所外，商会、钱业公会、银行公会等也是商界信用卓著之处，"共同案"的规定无疑更为切合实际。

拒绝证书须由特定机关作成，"爱氏案"第六十条规定以邮政局管理员为作成拒绝证书的机关，"拒绝证书形式上为一种挂号书函，寄交付款人。此种书函由邮政局管理员作成，当具缮本三通：一寄交付款人、一交与持票人、一存于发函之邮政局"；"共同案"第八十九条则规定以公证人为作成拒绝证书的机关。

票据丧失的情形在票据流通中实属常见，如何救济全赖于法律规定。"爱氏案"在第八十六条规定："于票据遗失之场合，持票人依第五十四条末项规定，能以连续整齐之背书证明其权利时，即视为正当持票人，无交还汇票之义务。除其出于恶意或重大过失时不在此限。"丧失的情形显然不止遗失一种，还有被盗、被抢、因水火而毁损等，"爱氏案"只规定遗失，范围显然过于狭窄。另外，一旦持票人遗失票据，只要他人持有其票据，失票人必须证明对方有恶意或重大过失才能重新取得票据权利，对失票人过于苛刻。"共同案"根据现行的民事诉讼条例，结合传统票据习惯中关于票据丧失的保护方法，在第十二条第一款规定持票人丧失票据时，得以公示催告结合担保付款对票据丧失进行救济。

此外，"爱氏案"在发行人是否担保承兑和付款，是否允许略式背书，是否可以按习惯推知被保证人，是否允许发行无记名式本票等方面也和"共同案"存在很大差异。

通过比较，我们可以清楚地看到"爱氏案"与"共同案"确实存在巨大的分歧：前者以国际化为目标，专门注重与国际规则的统一；后者以本土化为目标，在博采各国法律的同时，尽量吸纳本国传统习惯。前者奉行民商分立的立法模式，将票据法作为一种有价证券纳入商法典中；后者奉行民商合一的立法模式，将票据法单独编纂。前者受法国票据法系的影响，多采送金主义，注重票据的现金输送功能，票据关系和基础关系并未完全分离；后者受德国、英国票据法系的影响，纯采流通信用主义，注重票据的流通信用功能，票据关系和基础关系比较彻底地分离。从整体上看，"爱氏案"存在两个较大的缺陷。其一是奉行送金主义的票据观念。票据在产生之初，长期以送金为最主要功能。但是，随着近代以来世界贸易的发展和国际金融的发达，票据成为融通资金的重要手段，其流通信用功能已跃居首位，送金功能退居其次。送金主义强调票据异地输送，注重票据的安全性，因而"爱氏案"中规定汇票的发行地与付款地必须为异地，不承认无记名式汇票和变式汇票等，在票据流通范围急剧扩大、流通数量迅猛增长的情况下，完全没有必要。其二是严重忽视传统票据习惯。传统票据习惯中虽然多有不合国际规则的地方，但也不乏行之有效的做法，例如无记名式汇票和本票的通行可以促进资金融通，商会作为信誉卓著的民间组织可以成为提存处所，票据丧失适用挂失止付更简便易行等。"爱氏案"但求与国际接轨，不考虑本国实际情况与商人的需求，在实用性方面无疑大打折扣。此外，对于票据遗失、伪造及变造、时效等一般规定，单独设节而未置于总则之中，也不符合篇章之义。

二 王凤瀛和李炘对"爱氏案"的质疑

"爱氏案"的全盘西化，特别是对传统票据习惯的漠视态度，遭到国内法学界的广泛批评。如果"爱氏案"能够颁布施行，就意味着清末、民初以来的民商事习惯和票据习惯调查毫无意义，"共同案"的本土化努力全部化为乌有。毫无疑问，其他的民初票据立法者，尤其是为"共同案"付出心血的起草小组是绝对不能接受这种结果的。因此，作为起草小组成员的王凤瀛与李炘专门撰文，对"爱氏案"进行全面的分析并提出质疑。

(一) 王凤瀛的质疑

王凤瀛曾撰写《起草票据法之管见》一文，[①] 对起草票据法的主要问

---

① 王凤瀛：《起草票据法之管见》，《法律评论》1924年第37期。

题进行探讨，其中就涉及"爱氏案"。他从法典化立法、送金主义、全盘西化和参酌本国习惯四个方面对"爱氏案"和"共同案"进行比较，指出"爱氏案"存在的问题。

票据立法究竟应当采用单行主义或法典主义，应当视编订时的实际情况而定。"共同案"采用单行立法，"爱氏案"采用法典立法，以票据法作为商法典的一部分。在王凤瀛看来，票据立法的法典化应当是在其他商事部门法比较成熟的时候采取的一种方法，民初并不具备这样的条件，所以应当从实际情况出发先行制定单行法，其理由如下。第一，法律配套措施不完善。制定商法典要有其他商事部门法的配合，而爱氏在拟订商法典时，仅有《商人通例》及《公司条例》，其他的商事部门法例如保险、海商、破产等全无端倪。虽然采用法典主义看起来蔚为壮观，然而在其他部门法完全不成熟的情况下，想要兼容并收、同时俱进，决非短时间内所能完成。第二，单行法的制定简单易行。票据立法迫在眉睫，法典化立法耗时太久，而单行立法更为迅速简便。"方今全国商界，急盼票据法之速成，督促进行，屡申请求，而必待诸全部法典完成以后始能应用，恐非所以餍商民之望也。且商法草案全部提交国会，则其审查议决，亦非一时所能为功。何如采单行主义，就各种法律，随时起草，随时提出，较为迅速简易乎？"第三，有利于法律的修改。票据立法尚在探索阶段，法典化不利于其完善修改。"社会经济，日新月异而岁不同，票据法在吾国为草创时代，是否适当尚待修正；苟定为法典一部，则改订稽迟，不便滋甚，此从实际上言之也。"①

送金主义即票据的主要功能以输送现金为目的。在较早的资本主义国家例如法国的票据法中，票据的功能主要是输送及支付现金。而在较后的英、美及德国票据法中，票据以流通信用为其主要功能，这也是当时票据发展的国际潮流。"爱氏案"尽管标榜采用流通信用主义，然而统观全文，却保留很多法国法中送金主义的规定，例如不承认无记名式汇票，不承认非商人汇票，对己汇票限于异地，明文规定委托汇票等。而"共同案"无疑在贯彻流通信用主义方面做得更好，例如不设同地、异地的限

---

① 王凤瀛：《起草票据法之管见》，载前引《法律评论》。

制，不区分商人、非商人，承认无记名式及记名式来人付式汇票等。

"爱氏案"在汇票和本票两部分几乎完全采纳海牙统一汇票本票规则的内容，支票部分基本源自法国和意大利的支票法。针对爱斯加拉提出的海牙统一票据规则比较详慎，我国票据立法应当与各国划一的理由，王凤瀛提出自己的批评意见。他认为，海牙统一规则的意图在于消除法国法系、德国法系和英国法系之间的差别，沟通国际票据规则，以达到促进国际贸易和金融流通的目的。① 就法国法系和德国法系而言，其立法精神存在较大差异，前者奉行送金主义，后者奉行流通信用主义。而英国法系虽也奉行流通信用主义，然而与德国法系却在立法技术和具体内容上也有区别。英国代表在本国提议未获通过后已声明不加入票据会议，仅以私人资格列席，美国也采取同样态度。故而海牙国际会议与海牙统一票据规则从一开始到结束只是法国法系与德国法系之间相互角力与妥协的结果，并不能代表最先进的国际票据立法观念。会议的参加者显然也意识到这一点，所以决定5年后（1917年）再举行国际会议讨论此问题，只是因为一战的原因延迟而已。爱氏以海牙统一票据规则为蓝本，将票据法全盘西化，标榜与各国划一，本身就是错误的。我国票据立法应当取德、英、美、日等各国所长，补海牙规则所短。

关于本国习惯在立法中的参酌，王凤瀛认为，票据立法应当遵循国际规则，但国际规则只是多数国家认可的根本原则和原理，至于细端小节则不妨参酌本国习惯，以便推行无阻。从这个角度看，习惯同样不可小视。海牙国际会议上，英国、美国就因为其票据习惯不易变更而拒绝参与统一规则。"海牙会议，英国代表不赞成订定统一票据法，其最大理由，以为英国票据法，以商业上多年习惯为基础，未能一朝改正；美国亦以流通证券法为各州根据习惯而定，不容中央政府之干涉。然则习惯在票据法上亦未可忽视，而海牙统一票据条约，多设保留条款，殆亦因各国习惯之不能强同欤。"② 就我国而言，传统票据习惯沿用已久，其中不乏行之有效而被商人普遍接受者，在引入国际规则的同时理应考虑本国实际情况，在立

---

① 王凤瀛：《起草票据法之管见》，载前引《法律评论》。
② 王凤瀛：《起草票据法之管见》，载前引《法律评论》。

法中加以融合。

（二）李炘的评议

继王凤瀛之后，"共同案"的另一位起草小组成员李炘也专门撰写《爱氏票据法案评议》一文，对"爱氏案"进行评议。① 他并未一味否定"爱氏案"，而是在质疑之外有所肯定；也并未一味赞扬"共同案"，而是在肯定之外有所批评，甚至对某些条文提出比较尖锐的意见。其原因或许是"共同案"为五人小组制定，在立法过程中对于部分内容的意见并非完全一致。

李炘从宏观的角度出发，在文章的"总说"中就票据法案的形式、票据种类、票据与有价证券合并规定的必要、编订票据法案的准据、票据总则的规定五个方面对"爱氏案"和"共同案"进行比较分析，肯定爱氏将支票纳入票据法以及制定统一商法典的想法，也提出自己的质疑。

各国编纂票据法的方式不同，或订为单行法，或编入法典中。编入法典者又各有不同，或订入普通债务法，或订入商法典。"志田案"与"共同案"均采用单行立法，而"爱氏案"则采用法典立法，订入商法典中列为第二编。李炘认为，究竟采用单行法主义还是法典主义，何者更为妥当，应当根据各国立法传统与实际情形，不可一概而论。各种编纂方式在学理上均有可取之处，并无批评的余地。

票据应该包含哪些种类，各国立法不尽相同：有的仅就本票、汇票进行规定，而将支票别立专法；有的包含本票、汇票、支票三种。"爱氏案"与"共同案"均包含汇票、本票、支票三种，只是"爱氏案"在立法中标榜商业主义，将票据关系人分为商人和非商人，规定非商人在票据上的签名不视为商行为，其目的是要使三种票据均立足于商业而统一；"共同案"采用普及主义，不区分商人、非商人，票据行为一律视为商行为。李炘认为，支票情形复杂，与汇票、本票在法理上难以一贯，不如另订专法较为适宜。

制定有价证券相关法律法规是社会经济发展的必然要求，民初的民法

---

① 李炘：《爱氏票据法案评议》，载徐沧水编《票据法研究续编·论丛》，银行周报社，1925。

草案和商行为法草案并无详细规定。李炘认为,"爱氏案"在票据之前厘定有价证券普遍适用的规则,合为商法典中有价证券专编,不仅充实了商法典的内容,而且也为商法学的研究打开一个新局面,因此极为赞同。

对于票据立法应该以国际规则还是传统习惯为准据,李炘认为,一国商业的消长以金融为中心,金融的通塞常取决于票据的运用情况。金融是商业的血液、票据是金融的脉络,票据的信用有赖法律维持,因此票据法是当今立法事业的重要内容。票据法的修订既关系到我国商业的荣枯,不能图袭各国成规,违背适用已久的习惯;又关系到国际贸易的兴衰,不应株守固有习惯,有碍外商,妨碍收回治外法权。"爱氏案"以海牙统一票据规则为主,厘定我国票据法制,令人钦佩。而对于我国习惯犹能斤斤注意,更为难得。但是,爱氏驻华不久,对本国习惯未能深入调查研究,所拟法案中关于我国习惯的内容多有遗漏误会,在所难免。

"爱氏案"对于各项票据不立总则,而单独在汇票一章内设立总则,本票以不违反其性质者适用汇票总则,与1912年海牙统一票据规则的编次相似。李炘认为,这种编排自成体例,原无不可。只是海牙统一票据规则中并无支票,而"爱氏案"却有支票。既有支票,则支票适用总则之处不少,例如票据能力问题、票据责任问题、各项期限问题、适用法律冲突问题等,"爱氏案"既无通用的总则,支票一章内又缺乏适用条文,令人疑惑。

从微观的角度出发,李炘在文章的"细说"中就票据行为是否仅限于商行为、票据文句是否为必要记载事项、无记名式本票是否可以发行、简略背书效力如何等17个具体问题对"爱氏案"和"共同案"进行比较评议。

票据行为是否仅限于商行为?李炘认为,"爱氏案"专门以商人为要件确定票据权利义务,显然只规定商业票据行为,与爱氏商法典所贯彻的立法主义一致,令人钦佩。只是商行为一般既包括商人之间的法律行为,也包括非商人与商人之间的法律行为。那么,非商人向商人背书转让票据而签名的行为自应视为一种商行为,"爱氏案"第三条否认其为商行为,而将票据行为视为最狭义的相对商行为,有欠妥当。而且,"爱氏案"已将支票纳入票据法,而支票由非商人发行、委托银行付款者屡见不鲜。若是依照该案，则非商人以发行人的资格签名票上，应当视为民事行为，适用民法规定；假设持票人背书转让于某银行业者，而某银行业者又以背书人的资格签名票上，应当视为商行为，适用商法规定。结果必然导致同一支票上的法律关系分别适用民法、商法，徒增法律纠纷。

票据文句是否为必要记载事项？"爱氏案"第九条、第九十条、第九十五条均不承认票据文句为必要记载事项，认为其无关紧要。一般票据采用印刷格式，无不标明某项票据字样，不至于产生误解，以此看来，票据文句确实无关紧要，因此英、法等国并没有将它列为必要记载事项。但李炘认为，我国传统习惯所称的票据，意义极为复杂，种类很难明了，为统一票据称呼起见，应当由法律明定各项票据的发行，标明票据文句以示划一。而且支票与汇票的区别并不是很大，例如银行发行的以其分行为付款人的汇票，与异地付款的支票就非常相近。"爱氏案"既然将支票纳入票据法中，则票据文句绝对不可忽视。因为发行支票重视的是契约及资金关系，与汇票、本票极不相同，所面临的法律关系也有很大差别，为避免混淆，应将票据文句列为必要记载事项。

能否发行无记名式本票？我国汇票较少以无记名式发行，"爱氏案"不承认无记名式汇票，在李炘看来也无不当。但是本票是否能以无记名式发行，尚有讨论的余地。李炘认为，我国本票例如旧式庄票大多为无记名式，金额多少由发行人任意记载，其缘由是我国货币制度未经确立，本票无异于商人的纸币。虽然自政府颁行取缔纸币条例（民国九年六月二十七日）以来，新式本票通常以记名式为多数，但以无记名式发行、数目非整数者也屡见不鲜。"爱氏案"不承认无记名式本票，似乎并未深入了解我国传统票据习惯。所以，"共同案"将本票限于一定金额之内得以无记名式发行，比较符合我国传统票据习惯。

能否发行变式汇票？"爱氏案"第十五条禁止发行指己汇票，第十六条限制发行对己汇票，李炘表示赞成。他认为发行人以自己为受款人的指己汇票在我国传统票据习惯上未有所闻，而且义务人为自己设定权利，利用他人的行为以图私利于理不合。而限制对己汇票，规定发行人只能以自己所设支店为付款人，可以去除发行人向自己发行汇票的流弊，也适合汇票为三方面法律关系的特色。但将付款地与发行地限于不同之处，似乎还抱着"汇票以隔地为要件"的陈旧观念。当今国民经济发达,百里之都、东西相隔者不少,而银行于同一都市有本号、支号者也属常见,不应加以异地的限制。

汇票发行人是否应当担保承兑?李炘认为,汇票是委托他人付款的证券,而他人是否付款尚不确定,有害于汇票信用,所以才有承兑制度的产生。"共同案"第二十三条允许汇票发行人记载不担保承兑(即不论发行人是否定有提示承兑期限,均可记载不担保承兑),与立法上设置担保承兑制度的本意不合。况且按我国传统票据习惯,担保承兑与担保付款连成一片,并无显著界限。这种观念相沿已久,凡不担保承兑即为不担保付款,难免影响票据信用,妨碍流通。"爱氏案"第二十三条规定发行人负有担保承兑及付款的义务,并将该义务限定在提示承兑期限内,比"共同案"更为合理。

简略背书是否有效?按我国传统票据习惯,背书以简略背书为最多,因为我国商人最怕繁文缛节,如果背书时必须详载一切事项,不但与习惯相反,也与理论上商事应当注重简洁的精神不合。"爱氏案"第二十四条以简略背书为原则,与我国习惯相符;而"共同案"第二十七条却以完全背书为原则,为此李炘对它提出批评,认为"比拟爱氏当有愧色"。

承兑制度与我国照票习惯关系如何?爱氏宣称"爱氏案"第一章汇票第四节承兑对海牙统一票据规则多有更改,但具体内容并未说明。李炘提出,我国传统票据习惯向来没有承兑制度,有些地区虽有照票的手续,然而不仅适用于汇票,也适用于本票。所谓照票,不过是验明票据和持票人身份的真伪,与现代票据法的承兑制度有较大差别。但票据经过义务人认真核对后,义务人即应承担付款责任,又与承兑制度相似。至于承兑的方式,按通行票据规制最起码应当于票面签名。而按我国照票习惯,或以口头声明,或加印红圈,认为签名无关紧要,手续极不严密,理应加以完善。其他关于承兑的规定在我国传统票据习惯中几乎没有,只能完全仿效国外法律。

保证是否有必要设专节?保证是现代票据中常见的一种制度,为各国票据法所认同,"共同案"与"爱氏案"都有相关规定。李炘对于保证却有不同看法，他认为我国票据法实际上没有规定保证制度的必要，其理由是：我国传统商业社会中，关于票据付款向来没有保证的方式，如果发生支付困难，多由同业者或好朋友处暗中通挪，习以为常。票据付款期限届临，只要调查同业组合是否坚固、票据发行人或付款人资力如何，即可认定有无付款能力，因而习惯上从来没有以保证的形式来担保付款。即使有实质上的保证，其名目方法也各不相同，最常见的有"贴票"与"拆票"。贴票是指利用同业者之间的相互信用，以票据兑换票据；拆票是指同业者之间交换票据后，为融通资金，以票款冲抵之后的余额再发行的票据。这两种方法都可以直接或间接地确保付款，但从未有人在票面记载保证字样。因为我国传统社会向来看重体面，凡是自己发行的或经自己承兑付款的票据，必定不肯使他人在票上批明保证字样，以保存自己有信用的体面。他人洞悉这种情节，也绝对不会在票面上表示保证的意思，按俗话说就是顾全面子。不单商界如此，一般民众也是如此，实为社会常情。在票据法上设立保证制度以挽救票据信用，为各国立法例所公认，原本无可厚非。但我国商业社会习惯上既然为注重体面，票面上绝对不显露保证字样，而实际另有担保付款的方法以维系票据信用，即所谓"暗示的票据保证"。考察国外立法，英国票据法第五十六条规定，"凡非发行人或承受人而签名票上者，与背书人负同一之责任"，类似于"暗示的票据保证"，可以为我国所借鉴。所以，票据法中只需规定相似的条文，似乎不必专设保证一节，以免成为具文。

到期日如何确定？我国传统票据习惯中，有些地区以端午节、中秋节、除夕或某某市场开会日期为付款期限。但这些期限都属于确定的日期，也就是所谓的"板期"，例如确定端午节为到期日可以标明五月初五、中秋节可以标明八月十五日、除夕可以标明腊月三十日、某某市场开会日期可以直接标明某月某日等。"爱氏案"第四十八条将某某市场开会日期与端午节、中秋节、除夕单列，实无必要。

提示付款期限如何确定？票据于到期日即应付款，持票人须于到期日前提示付款，这是国际通行的票据规则。但按我国传统票据习惯，多有采取宽大主义，赋予持票人允许承兑人或付款人延长到期日的权利，相应地也赋予承兑人或付款人允许持票人在到期日后适当时间请求付款的权利，彼此礼让，习以为常。推测其原因，大概是因为我国民众的时间观念向来不是很严格，而且现金缺乏，调度需要一定时间，是以各方均能谅解。但票据债务比一般民事债务严格，所以不妨对允许延期的权利进行一定限制，例如规定延长到期日不得逾三日、提示付款至迟应自到期日起二日内为之等，较为适当，"共同案"即采用这种规定。"爱氏案"既不承认持票人的延期权，即英、法票据法上的恩惠日，又不许持票人于到期日后提示付款，未免太过严苛，与我国习惯不太相符。

票据金额向何处提存？"爱氏案"在第五十二条第二款对票据金额提存的处所做出规定，列举了裁判所、商事公断处和银行三个地方。李炘认为，我国法院尚未普遍设立，不妨以县知事公署为提存处所，另外还有银行公会、钱业公所、商会之类的组织，实际上与票据的关系最为密切，"爱氏案"将它们都遗漏在外，很不应该。而"共同案"第六十三条概括规定，"票据债务人得提存票据金额于该管官厅或其他得受提存之公共会所"，较为严密。

票上货币价格如何计算？我国传统票据常在票面批明付款地通用银两或银元的字样来表示汇票金额所用货币，如果出现名同价异的情形，大多按照付款数目兑换金价、银价或钱价。而指定货币的情形也颇为常见，例如"凭票汇到某某鹰洋若干元"等，大多是发行人按汇款人的要求记载于票面。发行人也可以预定换算标准，按标准计算票款，付以本地通用银钱。这些习惯与各国票据法制大致相同，被"爱氏案"和"共同案"所共同认可。

拒绝证书由什么机关作成？作成拒绝证书是行使偿还请求权的重要手段，我国传统票据向来没有完整的偿还请求制度，也没有作成拒绝证书的习惯。除直接前手之外，持票人一般无权向其他票据债务人请求偿还。即使向直接前手请求偿还，也没有严密的程序，更没有连带追索的制度。"共同案"和"爱氏案"都规定持票人有偿还请求权，并确定了拒绝证书作成机关。"共同案"第八十九条规定拒绝证书由公证人作成，"爱氏案"第六十条则规定由邮政管理员作成。李炘认为二者都不尽合理，应当另定作成机关。因为我国现在并无公证制度，这种制度是否设立、将来能否符合国情犹在讨论之中，而修订票据法不能以空想的法制为根据，武断地将作成机关定为公证人。然而如果由邮政管理员作为作成机关，证书必须采用挂号书函的形式，制作三份缮本，不但不合习惯、令人为难，而且以交通机关行使司法公证权力，在行政监督上存在诸多不便。因此他提出，我国商事公断制度施行已久，成效卓著，对商业票据关系了解最为深入，应该由商事公断处充当拒绝证书作成机关，一方面是因为商人熟知商事公断处的作用而乐于请其作证，另一方面是因为商事公断处本就处于司法部监督之下，管理上没有隔阂之弊。

请求偿还的通知期限如何确定？付款人拒绝承兑或拒绝付款之后，持票人或背书人应当及时通知前手及发行人，这是各国票据法的共同规定。但是关于通知期限，"共同案"第七十三条规定持票人应于拒绝证书作成后四日内，或在免除作成谢绝证书时应于提示后四日内履行通知义务，背书人应于接到前项通知后二日内再通知前手；"爱氏案"第六十四条则规定无论持票人或背书人，一律应于四日内通知。李炘认为"共同案"与"爱氏案"的规定都值得商榷，因为我国幅员辽阔，有的地区处于城市，交通便利；有的山区处于山村，交通闭塞。因此，他主张凡是涉及票据法所定的行使权利、保全权利或通知义务等期限的，除按照票据本性及固有习惯之外，均应定为"相当期间内"而不做具体要求，使解释条文时有伸缩余地，与国情较为相符。

汇票缮本有无必要经商事公断处证明？"共同案"第七十九条和"爱氏案"第七十一条都规定，持票人如果在部分承兑后请求偿还未承兑部分金额的，票据债务人可以要求持票人在票上加以记载。但"爱氏案"第八十五条又规定，商事公断处对于这种汇票的缮本有证明权。李炘对此提出质疑，这种证明手续是否为强行规定？如果是强行规定，持票人义务未免过重；如果是任意规定，则没有实际意义。

持票人有权拒绝一切参加承兑是否合理？缮本如何返还？参加承兑是指汇票未获付款人承兑，到期日前由他人替代付款人对持票人做出承兑。"爱氏案"第七十五条与"共同案"第四十六条均规定持票人有权拒绝参加承兑，无论参加承兑人是否为发行人或背书人所指定。李炘认为，汇票发行后经过流通、承兑、付款，这是票据的常态；汇票发行后被拒绝承兑，届期不得付款，反向前手追索，这是票据的变态。从维持常态考虑，在汇票被拒绝承兑时，即有所谓参加承兑加以救济，则变态或许不至于发生，参加承兑因此被称为荣誉承兑。我国传统票据习惯中有所谓"搁浅票"，即指被拒绝承兑而又未到付款期的票据。凡存有搁浅票者，常有留待付款期做最后解决的情形。如果急遽追索前手要求偿还，形同逼迫，习惯舆论对此颇为不齿。参加承兑制度正好可以救济搁浅票，恢复票据的流通功能，必为商界所赞同。因此，二案均规定持票人可以任意拒绝参加承兑，不但与我国习惯稍有不符，而且与设置参加承兑制度的立法理论有所出入。因为持票人请求承兑付款是票据上的顺请求，而请求前手偿还是票据上的逆请求，如果逆请求次数过多，必然影响票据整体信用，所以逆请求的发生宁可少不可多。持票人对于参加承兑，若是由发行人或背书人预先于票上指定参加者，不得任意拒绝，待票据付款日过后才做最后决定，可以缓和双方关系，减少纠纷。

此外，"爱氏案"第八十五条规定缮本上应当记载原本持有人，原本持有人遇到正当持票人请求返还原本时，如果拒绝交付，正当持票人非经商事公断处证明不交付的事实，对于缮本的背书人不得请求偿还；"共同案"第八十八条则规定在这种情形下："持票人非以谢绝证书证明其事实，对于缮本之背书人不得请求偿还。"李炘认为，二者大同小异，难分优劣。但是，"爱氏案"第六十条以邮政管理员作为拒绝证书作成机关，而第七十一条和第八十五条却以商事公断处作为拒绝证书的作成者或认证者，前后矛盾。况且既然爱氏已知道商事公断处的作用，则商事作证、认证，当以公断处最为合适，为何又令邮政管理员充当拒绝证书作成机关，令人费解。

支票是否应当单独立法？李炘认为，支票关系情形复杂，新旧习惯颇不一致，而且支票与汇票、本票法理歧异之处较多，例如支票重契约而汇票、本票不重契约，支票重资金关系而汇票、本票不重资金关系等，因此汇票、本票可称为普通票据，支票可称为特别票据，支票关系应当制定特别单行法较为适当。"爱氏案"所定的支票法律关系虽比"共同案"增加20余条，然而是否能符合我国实际情况令人怀疑，例如第九十八条规定超过资金额发行支票的效力、第九十九条规定金钱以外之物不得为支付资金、第一百〇五条规定支票的保证、第一百〇七条规定提示期限、第一百一十三条规定部分付款的手续等，这些条文都值得商榷。①

"爱氏案"与"共同案"的巨大分歧既反映了民初商事立法移植过程中全盘西化与本土化观念的冲突，也反映了立法的政治功利性与社会实用性的矛盾。爱氏基于模范列强、与国际通行规则接轨的考虑，将票据法纳入商法典，试图采取全盘移植西方法律的方法短时间内建立商法体系，迎合北洋政府完善各部门法制以应对国际考察、挽回法权的政治需要。"爱氏案"代表的是一种全面移植的观念，其参考法源多来自海牙规则和法国法，很少顾及我国传统票据习惯。我们可以发现，"爱氏案"与前清的"志田案"有诸多相似之处：同为外国专家制定的票据法，同为政治需要的产物，同样注重移植国际规则而不重视传统习惯。相似的立法背景和立法精神决定了它们相似的命运，"爱氏案"最终和"志田案"一样未被北洋政府采纳。"共同案"代表的是一种追求本土化的观念，王凤瀛、李炘等人基于融汇中西、发挥商法实际效用的考虑，认为商法无须法典化，如果只注重保护商人利益，会与民法产生适用的冲突，② 因而对票据法单独加以编纂，在参考各国立法例的同时，更多地吸纳本国传统票据习惯，甚至以本土习惯变通国际规则，以适应商业实际需要，体现了民初立法者融合外来法的努力。但作为第一部本土化的票据法，"共同案"略显稚嫩，在体例结构方面还不尽合理，例如支票章次的编排；在具体内容方面仍有待完善，例如没有规定简略背书、以不存在的公证人作为拒绝证书作成机关等。因此，除因为与"爱氏案"的冲突之外，"共同案"也因为自身的原因最终未能颁布施行。

第四节　从"三草"到"五草"的调和与完善

北洋政府在组织起草"共同案"的同时，又聘请爱氏制定商法典，体现出它摇摆于功利性与实用性之间的矛盾心理。加上"共同案"和

---

① 李炘：《爱氏票据法案评议》，载前引《票据法研究续编·论丛》。
② 李炘：《商法之沿革及其系统》，《法学会杂志》1922年第5期。

"爱氏案"分歧巨大,众说纷纭、莫衷一是,修订法律馆难以取舍,只得另起炉灶,重新制定票据法,因此也有了之后的第三、第四和第五部草案。"三草"以"共同案"为基础,对体例结构进行较大调整,对具体内容进行大量补充,同时也吸纳较多"爱氏案"的内容,试图调和"共同案"和"爱氏案"的冲突。但是,由于体例结构上存在着重大缺陷,立法态度犹豫,加上立法技术较低,"三草"也未能施行。"四草"和"五草"全面继承"共同案"的精神和观念,并对具体条文进行反复修改和完善,终于完成票据法草案的修订。修订法律馆将"五草"分送各地商会和金融组织征求意见,准备提交立法机关审议。但随着修订法律馆的改组和北伐战争的爆发,"五草"被搁置直至北洋政府垮台。

一 "三草"对"共同案"和"爱氏案"的调和

民国十三年(1924年),修订法律馆重新拟定票据法草案,这是民初的第三部票据法草案。该案采用编章结构,共分五编156条。第一编总则;第二编汇票,下设十一章:第一章汇票的发行及款式、第二章背书、第三章承受、第四章参加承受、第五章保证、第六章期满日、第七章付款、第八章参加付款、第九章拒绝承受及拒绝付款时之溯求权、第十章复本、第十一章缮本;第三编期票;第四编支票;第五编票据的伪造、遗失及被窃。"三草"试图调和"爱氏案"和"共同案"的冲突,但是,由于二者在根本原则上存在巨大的分歧,加上"三草"的立法者水平不高,这种调和并未达到理想的效果。

(一) 对"共同案"的调整

"三草"在编纂方式上仍然采用单行立法,并延续"共同案"融合中西法制的立法精神,对涉及本土习惯的绝大部分内容加以保留,只删除推定保证和面生讨保两项("共同案"第五十条、第五十八条),在票据观念方面同样贯彻流通信用主义,将票据关系与基础关系完全分离,但在体例结构和具体内容方面对"共同案"进行了较大调整。"三草"的立法理由书"票据法简单报告"(以下简称"报告")明确指出:"本报告中之一切观察皆与本馆所编第二次草案有关","本草案对于第二草案之次序大致保守而对其条文之分配往往变更增加"。①

在体例结构上，"三草"设立总则为第一编，将本票改为期票、调整支票编次；将拒绝证书和偿还之请求合并为一章，改名为拒绝承受及拒绝付款时之溯求权；将票据之伪造、遗失及被窃独立修订为最后一编。

鉴于"爱氏案"将总则置于汇票之内，"三草"对其进行改正，仿效"共同案"的体例，在汇票、期票和支票之前设立总则为第一编，将适用于所有票据的一般规则纳入其中。同时将本票改为期票，独立为一编，置于汇票之后、支票之前。"报告"认为，"共同案"将支票置于本票之前，与所有国家的票据立法例不同，为"保守近时立法之习惯"，故将支票置于本票之后。"三草"对于支票编次的调整比较合理，而对于为何将本票改为期票，"报告"并未说明。"共同案"在立法理由中已经反复解释了采用本票称呼的原因，按我国传统票据习惯，期票是与即票相对应的一种称呼，即票为见票即付、期票为非见票即付。以期票来代替本票，确实容易让人误解为只包括期票，不包括即票。因此，前两部草案都不采用期票这个称呼，"三草"重新改回期票，令人不解。

"共同案"将持票人的溯求权分别规定于偿还之请求与拒绝证书两节中，内容过于分散。报告认为，不如将它们合为一章，则"欲知持有未经承受或付款之汇票人之如何境地，即可一目了然，否则对于同一状态须阅多条重文。"② 这一修改使溯求权的适用情况更为明确，体例更为精炼，所以被此后的"四草""五草"所继承。但其名称似嫌啰嗦，按票据一般原理，溯求权适用于拒绝承兑及拒绝付款属于不言自明，此处只需规定溯求权即可。

至于将票据伪造、遗失及被窃独立成编，按"报告"的解释，这种变动是要将"关于票据之伪造、遗失及被窃之一切规定，皆综合于此第五编之内为一种统一的规则"。但既然有总则在前，票据伪造、遗失及被

---

① 因民初修订法律馆从清末沿袭而来，故在其报告中以"志田案"为修订法律馆票据法第一次草案，本处所称第二次草案指"共同案"。参见《票据法草案简单报告》，载工商部工商法规讨论委员会编《工商法规辑览》第一部，中华书局，1930。
② 《票据法草案简单报告》，载前引《工商法规辑览》第一部。

窃作为票据一般规则自然应该规定在总则中，没有必要独立为一编。将票据伪造、遗失及被窃与总则、汇票、期票及支票各编并列，虽属标新立异，但从任何方面看，第五编与前四编都不具有可比性。这种编排完全破坏了全案的体例结构，显然是"三草"的最大败笔。

在总则部分，"三草"明确持票人的定义和条件，增加时效的规定和法律适用冲突条款，并对粘单的性质及用途加以规范。

持票人在票据法律关系中处于权利人的地位，"三草"第八条规定："执票人云者，系指占有票据而能接受其利益之人之谓也。"同时，该案第九条还规定以连续背书或空白背书作为持票人取得票据的条件。按"报告"的解释，正当持票人条件涉及种种利益，属于票据一般性问题，宜在总则做出规定，"共同案"将它置于汇票之内，故而做此修改。对于时效的规定，"三草"第十四条与"共同案"第十五条基本相同，但"报告"认为，票据法的时效具有特别之处，应当加以说明。因此，增设第十五条和第十七条，分别对时效中断和时效经过的后果进行规定。关于法律适用冲突条款，"共同案"在删除"志田案"法例时曾做过解释，认为应当由其他法律规定较为合理，"三草"重新将其纳入票据法。从国际私法的角度看，票据法确实没有必要规定法律适用冲突条款，徒增冗文。粘单是票面不敷或不便记载时黏附于票据的纸张，可视为票据的延续，"共同案"仅在汇票部分提及粘单，但未对其性质和作用进行说明，"三草"增加第十九条进行补充。

在汇票部分，"三草"明确了汇票性质，承认空白汇票的效力，同时删除按习惯推定保证的内容，取消付款人调查持票人身份的权利，修改拒绝证书作成机关，并对背书制度进行完善。

"三草"基于我国传统票据纷繁复杂的实际情况，对汇票的性质加以确定，该案第二十条规定："汇票乃一种证书，证明发行人委托承受人交付一定金额于第三者或其所指定之人。"按"报告"称，其目的是"对其他流通国内的一切有价证券含有同类意义者，亦可适行关于票据法的同一规定。"[1] 同时沿用"共同案"对指己汇票和对己汇票的规定，并在第二

---

[1] 《票据法草案简单报告》，载前引《工商法规辑览》第一部。

十七条规定,"汇票之发行有空白者或见票即付者",取消无记名式和无记名式来人付式汇票的金额限制。

背书制度是票据流通的重要程序,与"共同案"相比,"三草"对背书制度的规定更为详细具体。该案第三十二条规定:"汇票上虽无指图付款,亦得依背书行转让。此种规则在发行人或背书人记载非指图票据同等文字时,均应适行。但发行人或背书人不得对在背书禁止后承受汇票之他人担负债务。"无指图付款是指没有委托付款的意思表示,但对票据效力影响不大,一般只适用于有债务关系的直接当事人之间。这种汇票虽可转让,但发行人和背书人对在背书禁止后接受汇票的他人不再承担票据责任。针对"共同案"没有略式背书的缺陷,"三草"第三十四条允许用空白背书和口头背书等方式。

保证人对票据债务进行保证时,一般要求在票面上签名并记载被保证人姓名,如果只有保证人签名而未记载被保证人时,必须由法律加以明确。"共同案"第五十条规定,保证人只于票面签名,未记载被保证人姓名时,一般推定保证顺序为承受人、发行人,但如果按习惯能推定为其他债务人保证者除外。"三草"第六十七条并未继承"共同案"的规定,而是删除按习惯推定被保证人的内容,"报告"中并未对此做出解释。

我国传统票据中有面生讨保的习惯,"共同案"第五十八条据此赋予付款人调查持票人身份真伪的权利,但禁止付款人无故拖延付款。"三草"第七十九条删除付款人的该项权利,规定付款人只负有确保受款人为正当持票人的责任。

关于拒绝证书作成机关,"报告"认为,"共同案"和"爱氏案"的规定都不合理,因此将其修改为商事公断处,同时增设条文进行补充。商事公断处在近代商事纠纷的处理中曾发挥重要作用,"三草"的规定无疑比前二案更为完善合理,也更符合我国实情。此外,"三草"还删除"共同案"第九十六条关于拒绝证书变更的规定,增设第一百〇五条,赋予付款人在拒绝承受或拒绝付款后3日内仍可承受或付款的权利;增设第一百〇八条、第一百〇九条,对票上载有"无费用偿还"和"免用拒绝证书"的附款加以区别。

在支票部分,"三草"明确了支票性质,删除支付契约关系的限制,并对受款人提示期限和发行人撤销期限进行修改。

支票有其特殊规则,按当时的传统票据观念,它甚至不被视为票据,各国立法中不乏将其排除在票据法之外者。"三草"继承"共同案"的票据观念,将其纳入票据法,在第一百三十一条明确了支票的性质,并在第一百三十二条至第一百三十四条对支票的款式、付款方式、发行人责任进行完善。

支票关系属于票据关系,支付契约关系属于民事关系,通常是票据关系的基础关系。"共同案"为防止滥发不良支票,于第九十八条规定发行人与付款人没有资金关系及支付契约的,不得发行支票。按票据流通信用主义观念,票据关系与基础关系应当彻底分离,无论基础关系如何,不影响票上所载文义的效力。即使存在滥发空头支票的现象,也应该通过其他法律例如刑法加以惩罚。"共同案"的规定显然与流通信用观念不符,"三草"删除此条规定,将支票关系与基础关系彻底分离。

关于受款人的提示期限,"共同案"第一百〇一条规定同地付款的支票,持票人应于10日内提示付款;异地付款的支票,持票人应于15日内提示付款。"三草"在第一百三十五条将它改为以支票发行地为付款地时,持票人应于发行后1个月内提示付款;付款地不在发行地时,持票人应于发行后2个月内提示付款;发行地在国外、付款地在国内时,持票人应于发行后4个月内提示付款。考虑到我国的交通状况,如果发行地为异地甚至国外时,15日的提示期限确实太短,"三草"的修改更符合实际。关于发行人的撤销期限,"三草"第一百三十七条继承"共同案"第一百〇二条关于不得在呈示期间撤销支付委托的规定,同时设但书规定"支票遗失或被盗时不在此限",显得更为严密。

"三草"的支票一章共有15条,比"共同案"增加7条,内容更为完整。除上述修改外,还有其他一些补充:第一百三十八条规定银行应负支付义务的情形;第一百三十九条规定票面金额超过支付资金时银行的支付责任;第一百三十六条、第一百四十条规定银行拒绝支付的情形及发行人的责任;第一百四十一条规定票上载有妥当支付时银行的支付责任;第一百四十二条、第一百四十三条完善二道平行线支票的内容；第一百四十四条完善恶意发行与支付的法律后果等。

(二) 对"爱氏案"的采纳

"三草"出于调和"爱氏案"和"共同案"的目的，在以"共同案"为基础的同时，也采纳很多"爱氏案"的内容，特别是在总则、背书、承受、保证、付款、参加付款、支票等编章中，有不少条文仿效甚至直接抄袭"爱氏案"。据本书粗略统计，"三草"与"爱氏案"几乎完全相同或基本相同的条文达19条（见附表3-4）。

在总则部分，"三草"第二条规定票据当事人缔结契约能力，与"爱氏案"第一条基本相同；第四条规定票据上无能力人署名的后果，与"爱氏案"第二条几乎完全相同；第十一条第一款规定期限的第一日不算在内，与"爱氏案"第七条第一款完全相同；第十八条关于法律适用冲突的规定，和"爱氏案"第八条完全相同。

在汇票部分，"三草"在背书、承兑、保证、付款等各项制度中采纳大量"爱氏案"的条文。关于背书，"三草"第三十三条规定汇票的背书让与，与"爱氏案"第二十八条完全相同；第四十三条规定背书人依票上文义担保承兑和付款及其免除担保责任的条件，与"爱氏案"第三十一条基本相同；第四十四条规定被背书人依背书记载的代理或委任取款、第四十五条关于质权背书的被背书人行使票据权利及限制，与"爱氏案"第三十三条、第三十四条几乎完全相同。关于承兑，"三草"第四十八条、第四十九条规定汇票发行人与背书人得指定或不指定期限，载明应为请求承兑之呈示，实际上是由"爱氏案"第三十七条拆分而来；第五十五条规定发行人未指定担当付款人时，承兑人于承兑时应指定之，与"爱氏案"第四十二条基本相同。关于保证，"三草"第六十六条规定保证的方式、第六十七条规定保证的推定，实际上是由"爱氏案"第四十六条拆分而来。关于付款与参加付款，"三草"第八十四条规定票据金额提存处所，与"爱氏案"第五十二条几乎完全相同；第九十一条第一款规定参加付款人及其推定、第九十二条第一款规定参加付款的方式，实际上是由"爱氏案"第八十一条第一款拆分而来。

在支票部分，"三草"第一百三十三条规定见票即付及移账或抵销等于支付，由"爱氏案"第一百〇六条、第一百〇八条合并而来；第一百三十五条区分发行地、异地和国外不同的呈示期限，与"爱氏案"第一百〇七条基本相同；第一百三十七条规定发行人不得撤销支付委托及但书，与"爱氏案"第一百一十一条第一款基本相同。

以上所列仅为"三草"与"爱氏案"几乎完全相同或基本相同的条文，这些条文与"共同案"有较大差别或为"共同案"所无，不包括三个草案基本相同的通行规则。可见，"三草"在很大程度上是"共同案"与"爱氏案"调和的产物。

"三草"继承"共同案"融合中西法制的立法精神与流通信用主义的票据观念，并吸收"爱氏案"的部分内容，对"共同案"进行较多有益的补充和修正，在具体内容上比前二案更为丰富完整。但是，它也存在几个重大缺陷。第一，体例结构不合理。如前文所述，"三草"将票据之伪造、遗失及被窃定为第五编，与总则、汇票、期票及支票并列，是它的最大败笔。第二，立法态度犹豫。对于"共同案"与"爱氏案"的巨大分歧，"三草"力图采用兼容并包的态度进行调和，然而二者的立法精神与票据观念迥异，绝非简单的拼凑就可以消除，对于双方矛盾的焦点，"三草"采取回避的态度。从立法报告书中我们可以发现，"三草"故意对几个问题不做规定："……左列各款系已载入前草案条文中，而未采用于本草案内者，俟开会时再行提出讨论：a. 未缴纳印花税之票据效力如何？b. 票上所载债务除法定者外，其他债务是否应为有效？c. 票上一切债务一部分为绝对或相对无效，其他一部分是否亦为无效？d. 票上之记载或签名因错误涂抹时，该票是否发生效力？e. 为发行期票或空白票据，或见票即付之票据，似应规定一种利率或与所定利率不相上下者施行之。"[①]这些问题恰恰正是"共同案"和"爱氏案"在总则部分的最大分歧，"三草"的回避反映了立法者对于如何选择二案的摇摆和犹豫态度。可以想象，一部回避焦点问题的法案怎么可能施行呢？第三，立法技术不高。我们细观"三草"条文，可以发现它和前两部草案相比，无论是在条文的精练性上还是术语的准确性上都有一定差距，立法者似乎也不习惯使用白

---

① 《票据法草案简单报告》，载前引《工商法规辑览》第一部。

话文，导致该案不但冗文繁多，而且晦涩难懂，影响整体质量。例如第八条关于持票人的定义，"执票人云者，系指占有票据而能接受其利益之人之谓也"，一个简单的句子，废字就占去五分之一；又如第一百条关于拒绝证书款式第一项的规定，"执票人与被拒绝者之姓名或商号"，将拒绝承兑或付款的付款人称为"被拒绝者"，令人大感不解，若非细查条文、详加推敲，极易产生误会。正因为如此，时人对它评价不高，认为"其条文较前案为详，而文字不及'共同案'之简赅，选用名词，亦未尽当，故不为以后各案所采用。"①

表3-4 "三草"对"爱氏案"的采纳

序号	"三草"条文	"爱氏案"条文
1	第二条 凡有缔结契约能力者，一经在票据上署名，即应负票据之责。	第一条 凡民法上有能力者，得为汇票发行人、背书人、承受人或付款人。签名票上，依票上所载文义负责。
2	第四条 票据上虽有一个或数个无能力人署名，其他之签名人仍负票上之责。	第二条 汇票上虽有无能力人之签名，他之签名人仍负票据上之责任。
3	第十一条 关于票据之法定或约定期限之第一日不算在内。（第一款）	第七条 法定或约定之期限，第一日不算在内。法律上或裁判上展限偿还，均所不许。
4	第十八条 关于票据本法与外国法有抵触时，应适行千九百十八年八月五号所公布《法律适用条例》第五条及第二十六条之规定。	第八条 关于汇票，本法与外国法有抵触时，应适行民国七年（千九百十八年）八月五号所公布《法律适用条例》第五条及第二十六条之规定。
5	第三十三条 汇票得依背书让与付款人、承受人、发行人或其他票据债务人，此种人得更为背书，转让他人。	第二十八条 汇票得依背书让与付款人、承受人、发行人或其他票据债务人，此项人得更为背书，转让他人。
6	第四十三条 背书人担保依票上文义承受及付款，但亦得在票上明白约定，以免除担保之责。汇票上特载"不担保"之字样，应视为背书人不负担承受及付款之责。	第三十一条 背书人担保承受及付款。背书人得明白约定不负担承受及付款之责。汇票上特载"不负责"、"不担保"或与此意义相同之文句，应视为背书人不负担保承受及付款之责。

---

① 谢振民编著《中国民法立法史》，张知本校订，中国政法大学出版社，2000，第818页。

续表

序号	"三草"条文	"爱氏案"条文
7	第四十四条 背书载有"代理"、"委任取款"或其他表示单纯委任之语句时，被背书人得行使票据上之一切权利，但仅得以委任名义更为背书。 在此场合，票据债务人对于被背书人所得提出之抗辩，以得对抗背书人者为限。	第三十三条 背书载有"代理"、"委任取款"或其他表示单纯委任之语句时，执票人得行使票据上之一切权利，但须用代理背书人之名义。 执票人仅得以委任名义更为背书。 在此场合，票据债务人对于执票人所得提出之抗辩，以得对抗背书人者为限。
8	第四十五条 背书载有"作担保品"、"用备抵押"或其他表示设定质权之语句时，被背书人得行使票据上之一切权利，但仅得以委任名义更为背书。 票据债务人不得以自己与背书人间关系之事由对抗执票人，但背书于诈欺合意时，不在此限。	第三十四条 背书载有"作担保品"、"用备抵押"或其他表示设定质权之语句时，执票人得行使票据上之一切权利，但须用为背书人之债权者之名义。 于债务履行期未到之前，执票人仅得以委任名义更为背书。 票据债务者不得以自己与背书人间关系之事由对抗执票人，但背书出于诈欺合意时，不在此限。
9	第四十八条 除随到随付之汇票外，其他之各种汇票，发行人得指定或不指定期限，载明应为请求承受之呈示。 发行人得于汇票上载明禁止请求承受之呈示，但关于第三者住所地付款或见票后定期付款之汇票，不在此限。 发行人得记载于一定期限前不得请求承受之旨。	第三十七条 无论何种汇票发行人，得指定或不指定期限，载明应为请求承受之呈示。 发行人得于汇票上载明禁止请求承受之呈示，但关于第三者住所地付款或见票后定期付款之汇票，不在此限。 发行人得记载于一定日期前不得请求承受之旨。 背书人亦得为第一项之记载，但在发行人禁止请求承受期限内，不在此限。
10	第四十九条 背书人得指定或不指定期限，载明应为请求承受之呈示。但在发行人禁止请求承受期内，不在此限。	同上
11	第五十条 见票后定期付款之汇票，应自发行日起之六个月内为请求承受之呈示。发行人得将前项期限延长或缩短，但延长不得超过六个月，否则仍以六个月期限计算。	第四十二条 发行人将不在付款人住所地之付款处所记载于汇票，又未指定担当付款人时，承受人于承受时指定之。 倘不指定，应认为承受人担任，于付款处所付款。 应于付款人住所付款之汇票，付款人于承受时，得指定在付款地内之付款处所。

续表

序号	"三草"条文	"爱氏案"条文
12	第六十六条 保证于汇票上为之,保证用"保证"或其他意义相同之语句表示之,由保证人签名。 除付款人或发行人签名外,在汇票正面签名者,应视为保证。	第四十六条 保证于汇票或黏单上为之。保证用"保证"或其他意义相同之语句表示之,由保证人签名。 除付款人或发行人签名外,在汇票正面签名者,应视为保证。 保证当载明为何人保证,未载明时,视为为发行人保证。
13	第六十七条 保证须载明其为何人保证,其未载明者,应视为为承受人保证。其未经承受者,则认为为发行人保证。	同上
14	第八十四条 呈示付款未在第七十七条所定期限内为之时,其他之票据债务人得以拒绝付款。证书期限之已经过,将汇票金额提存裁判所或商事公断处,或本地方之银行,此种金额提存,有免除提存人债务之效力。	第五十二条 执票人应于满期日呈示汇票于付款人,请求付款。 于满期日后或于第六条二项所规定外,如满期日后承受人得以拒绝付款,证书期限之已经过,将汇票金额提存裁判所或商事公断处,或本地方之银行,所有寄托费用及危险由执票人负担。
15	第九十一条 参加付款人须于票面载明被参加人姓名,倘不载明,则认为为发行人所为。但参加承受人付款,应认为为被参加承受人所为。(第一款)	第八十一条 参加付款,当于汇票上书"清偿"字样,并记载被参加人以证明之。未记载时,视为为发行人参加。(第一款)
16	第九十二条 参加付款,当在汇票上书"清偿"字样证明之。(第一款)	同上
17	第一百三十三条 支票为见票即付。 支票上载有字样,指明不为见票即付时,应视此种字样为无记载。就支票上一定金额用为移账或抵销,等于支付。	第一百〇六条 支票为见票即付。 具载满期日之证券,不生支票之效力。 第一百〇八条 就支票上一定金额为移账或抵销,等于支付。
18	第一百三十五条 支票发行地为付款地时,执票人须于发行后之一月内请求付款。倘付款地不在发行地,执票人应于发行后之二月内请求付款。 支票发行在国外、付款在国内时,执票人得于发行后之四个月呈示请求付款。	第一百〇七条 执票人须于下列期限内呈示支票,请求付款: 于发行地付款,自发行日起十日内; 于国内他地付款,自发行日起一月内; 于外国付款,自发行日起二月内。

续表

序号	"三草"条文	"爱氏案"条文
19	第一百三十七条 发行人于上条所定呈示期限内,不得撤销支付之委托。但支票遗失或被盗时,不在此限。	第一百十一条 发行人于第一百○七条所定呈示期限内,不得撤销支付之委托或为付款之反抗。但支票遗失或被盗,或执票人受破产宣告时,不在此限。(第一款)

资料来源:《前北京修订法律馆票据法草案》之"第二次草案""第三次草案",载工商部工商法规讨论委员会编《工商法规辑览》第一部,中华书局,1930。

二 "四草"和"五草"对"共同案"的继承和完善

民国十四年（1925年），修订法律馆又先后重新修订"四草"和"五草"。"四草"全面继承"共同案"的立法精神和票据观念，彻底放弃"爱氏案"，以"共同案"为蓝本，并参考"三草"的部分内容，对"共同案"进行了完善。其条文绝大多数与"共同案"基本相同，但体例结构更为合理、具体内容更为丰富。修订法律馆在对"四草"进行细微调整后，拟定"五草"，并分送各地商会和金融组织征询意见。遗憾的是，由于战争和政局动荡，"五草"直至北洋政府垮台也未能通过施行。

（一）"四草"对"共同案"的全面继承

"三草"的调和结果令人失望，修订法律馆在1925年又组织起草了"四草"。"四草"仍然采取单行立法的编纂方式，分四章共117条。第一章总则；第二章汇票，下设十一节：第一节发票及款式、第二节背书、第三节承兑、第四节参加承兑、第五节保证、第六节到期日、第七节付款、第八节参加付款、第九节追索权、第十节复本、第十一节誊本；第三章本票；第四章支票。

与"共同案"相比，"四草"在体例结构方面将支票的章次进行调整，置于汇票、本票之后，更符合各国票据立法习惯。在汇票一章，对各节的名称和编排做出调整，使名词术语更为贴切，节次更为合理。例如第一节将发行及款式改为发票及款式，第三节将承受改为承兑，第四节将参加承受改为参加承兑，第六节将满期日改为到期日，第九节将"共同案"的偿还之请求和拒绝证书两节合并改为追索权，第十节、第十一节拆分

"共同案"的复本及缮本,并将缮本改为誊本等。从"四草"的体例结构来看,无论编排还是名称,与现代票据制度几乎完全相同。

在具体内容方面,"四草"的绝大部分条文与"共同案"基本相同,但在总则、背书、保证、到期日、付款、追索权和支票等章节适当增删部分条文,在文字表述和术语使用上比"共同案"更为精练准确。"四草"的总则共15条,绝大部分来自"共同案",其差别主要在以下几点。第一,删除"共同案"关于涂销的规定;第二,在第十二条第二款增加票据关系人营业所等不明时拒绝证书的作成办法;第三,参考"三草"的规定,增加第十四条关于时效中断的规定和第十五条关于粘单的规定。汇票部分的修改主要涉及背书、保证、到期日、付款及追索权几个部分。关于背书,"四草"针对"共同案"没有规定简略背书的缺点,在第二十九条、第三十条增加空白背书和简略背书及其转让的方法,另外在第三十四条规定背书人不得记载担保付款。关于保证,"四草"参考"三草"的规定,删除"共同案"第五十条关于按习惯推知被保证人的内容,并在第五十四条新增一款,规定保证债务在其所保证之债务无效时仍为有效。关于到期日,"四草"删除"共同案"第五十五条关于按习惯计算到期日的规定和第五十六条关于向不同日历地区发行汇票如何计算到期日的规定。关于付款,"四草"取消"共同案"第五十八条赋予付款人调查持票人身份真实性的权利,并于第六十六条增加提存费用由持票人负担的内容。关于追索权,"四草"将"共同案"第八十九条的拒绝证书作成机关由公证人改为公证机关、该管法院或商会。支票部分的修改主要是删除"共同案"第九十八条关于资金关系和契约关系的限制,并参考"三草"的内容,增设第一百〇七条,规定以支票转账或为抵销时,与付款有同一效力;增设第一百一十条和第一百一十三条,规定支票不获付款的追索和付款人记载照付字样的法律后果。

"四草"全面继承"共同案"融合中西法制的立法精神和注重流通信用的票据观念,在体例结构方面比"共同案"更合理,具体内容也更完善,并且延续"共同案"重视传统票据习惯的做法,保留"共同案"绝大部分涉及本土习惯的条文,只删除其中三项,即按习惯推知保证、按习惯计算到期日及面生讨保。当然,除面生讨保之外,其他两项还是值得商榷的。"四草"彻底放弃"爱氏案",以"共同案"而不是"三草"作为蓝本，说明了在面临全盘西化与本土化观念的冲突、政治功利性与社会实用性的矛盾时，民初立法者最终还是倾向于后者。因为商法与商事实践密切相关，在本国商事习惯大量存在的情况下，全盘抄袭国际规则是不现实和不明智的做法，势必影响商人的便利，有碍商业贸易和流通。只有结合本国固有的商事习惯，并对其进行改造和融合，才能真正发挥商法的作用。

（二）"五草"的基本完善

"四草"修订之后，修订法律馆认为个别条文和术语还需要完善，所以又对其进行修订和整理，拟定"五草"。"五草"除增加个别条文、修改个别文字之外，在体例结构和具体内容上与"四草"完全相同。

"五草"在"四草"的基础上增加部分内容，进一步完善总则。增设第二条，规定有行为能力人得签名于票据，负其责任；增设第十条，规定无恶意或重大过失取得他人丧失之票据者，享有票据上之权利；增补第九条第二款的内容，规定不能辨别签名在变造前或变造后时，推定签名在变造前。在其他部分，"五草"第十八条取消凭票付款式汇票的金额限制，第二十六条删除非指示汇票转让的赘文，第五十一条增加持票人可以拒绝预备付款人参加承兑的内容，第八十二条在拒绝证书作成机关中删除公证机关，第一百二十条增加支票付款人违规付款的赔偿责任。

"五草"是民初票据立法活动的最终成果，它秉承中国近代以来融合中西法制的立法精神，采取流通信用主义的票据观念，在体例结构和具体内容方面达到基本完善的水平。"五草"制定后，修订法律馆将它分送各地商会、银行会公、钱业公会讨论，广泛征求商界意见。以上海银行公会为首的金融界还专门召开研究会加以讨论，并拟具修改意见书送请修订法律馆进行审查。然而修订法律馆却面临改组，无暇顾及。1926年，随着广州国民政府革命军的北伐，南北战局重开，烽烟四起、政权更迭，"五草"最终被搁置直至北洋政府垮台。

民初的五个票据法草案，凝聚着修订法律馆多位法学家的心血。特别值得称赞的是"共同案"起草小组，在取法泰西时参考了两大法系十几个主要国家和国际组织的票据立法，综合比较，谨慎选择最适合于我国实际情况的立法例；在本诸国情时对传统票据习惯做了大量的调查研究，并在立法中尽量加以采纳，为此后的票据立法指明了方向。除"爱氏案"

之外，民初其他诸案都深受"共同案"影响。首先，在编纂方式上，后三部草案都采取与"共同案"相同的单行立法，体现了这一时期票据立法追求便捷实用的思想。其次，在票据观念上，后三部草案都采取与"共同案"相同的流通信用主义，将票据关系和基础关系相分离，适应了票据发展的历史趋势。再次，在体例结构和具体内容上，后三部草案尤其是"四草"和"五草"直接以共同案为蓝本，稍加修订而成。最后，尤为重要的是，后三部草案都秉承"共同案"融合中西法制的立法精神，努力将国际通行规则与本国传统票据习惯相结合，为票据法的本土化做出有益的尝试。不仅如此，"共同案"还对南京国民政府时期的1929年《票据法》产生重要影响。通过对二者的条文进行比较，我们可以发现，"共同案"中涉及传统票据习惯的二十条规定，除关于"月初""月中"及"月底"等不规范的期间名称（"共同案"第五十八条）以及付款人对持票人的调查权（"共同案"第六十条）被删除外，其他内容被1929年《票据法》完全继承（表3-5）。至此，中国近代票据立法本土化进程才画上比较圆满的句号。正因为如此，"共同案"也被学者认为是北洋时期"历次草案中最为杰出的一部票据法草案"。①

表3-5 "共同案"与1929年《票据法》的比较（涉及传统票据习惯部分）

序号	"共同案"条文	1929年《票据法》条文
1	第一条　本法所称票据为汇票、支票及本票。	第一条　本法所称票据为汇票、本票及支票。
2	第二条　签名票上者，依票上所载文义负责，记名画押或记名盖章者亦同。	第二条　在票据上签名者，依票上所载文义负责。 第三条　票据上签名得以盖章、画押代之。
3	第十二条　执票人丧失票据时，得为公示催告之声请。 公示催告程序开始后，声请人得立保证或供担保，请求票据债务人清偿。但不立保证或不供担保者，仅得请求票据债务人提存其应清偿之金额于该管官厅或其他得受提存之公共会所。	第十六条　执票人丧失票据时，得为公示催告之声请。 公示催告程序开始后，声请人得提供担保，请求票据金额之支付。不能提供担保时，得请求将票据金额提存于法院或商会、银行、公会或其他得受提存之公共会所。

① 李胜渝：《北洋政府票据立法论略》，《法商研究》2000年第6期。

续表

序号	"共同案"条文	1929年《票据法》条文
4	第十六条　汇票应记载左列各款事项，由发行人签名： （一）表示其为汇票之文字； （二）支付一定金额之单纯委托； （三）付款人之姓名或商号； （四）受款人之姓名或商号； （五）满期日； （六）付款地； （七）发行地及其年、月、日。 未载满期日者，视为见票即付。 未载付款地或发行地者，以票上所载付款人或发行人之所在地，视为付款地或发行地。 第十八条　汇票金额在五十元以上者，得以无记名式，或以记名或来人付式发行之。	第二十一条　汇票应记载左列事项，由发票人签名： （一）表明其为汇票之文字； （二）一定之金额； （三）付款人之姓名或商号； （四）受款人之姓名或商号； （五）无条件支付之委托； （六）发票地及发票年月日； （七）付款地； （八）到期日。 未载到期日者，视为见票即付。 未载付款人者，以发票人为付款人。 未载受款人者，以执票人为受款人。 未载发票地者，以发票人之营业所住所或居所所在地为发票地。 未载付款地者，以付款人之营业所住所或居所所在地为付款地。
5	第三十八条　执票人为请求承受之呈示时，付款人得请求其于翌日为第二次之呈示。	第四十五条　付款人于执票人请求承兑时得请其延期为之，但以三日为限。
6	第四十九条　票据债务，得以保证之方法担保之。 前项保证，不问何人，均得为之。	第五十五条　汇票之债务，得由保证人保证之。 前项保证人，除票据债务人外，不问何人均得为之。
7	第五十条　未载被保证人者，有承受时，视为为承受人保证；无承受时，视为为发行人保证。但得推知其为何人保证者，不在此限。（第三款）	第五十七条　保证未载明被保证人者，视为为承兑人保证。其未经承兑者，视为为发票人保证。但得推知其为何人保证者，不在此限。
8	第五十二条　汇票之满期日，应依左列各款方式之一定之： （一）确定日期付； （二）发行日后定期付； （三）见票即付； （四）见票后定期付。	第六十二条　汇票之到期日应依左列各式之一定之： （一）定日付款； （二）发票日后定期付款； （三）见票即付； （四）见票后定期付款。 分期付款之汇票无效。

续表

序号	"共同案"条文	1929年《票据法》条文
9	第五十五条 发行日后或见票后一个月,或数个月付款之汇票,以在应付款之月与该日期相当之日为满期日;无相当日者,以该月末日为满期日。 发行日后或见票后一个月半或数个月半付款之汇票,计算全月后加十五日,以其末日为满期日。 票上载"月初"、"月中"或"月底"者,月之一日、十五日或末日之谓;载"半月"者,十五日之谓。	第六十五条 发票日后或见票日后一个月或数个月付款之汇票,以在应付款之月与该日期相当之日为到期日。无相当日者,以该月末日为到期日。 发票日后或见票日后一个月半或数个月半付款之汇票,应依前项规定计算全月后加十五日,以其末日为到期日。
10	第五十七条 执票人应于满期日或其次之二日内,呈示汇票于付款人,请求付款。但有担当付款人之记载者,应对于担当付款人为之。 提出于票据交换所者,与请求付款之呈示有同一之效力。	第六十六条 执票人应于到期日或其后二日内为付款之提示。 汇票上载有担当付款人者,其付款之提示应向担当付款人为之。 为交换票据,向票据交换所提示者,与付款之提示有同一效力。
11	第五十八条 付款人对于背书不连续之汇票付款者,不得免责。但背书人签名之真伪,无调查之义务。 付款人对于执票人,得调查其真伪。但无故迟延者,应负其责。	第六十八条 付款人对于背书不连续之汇票而付款者,应自负其责。 付款人对于背书签名之真伪及执票人是否本人,不负认定之责。但有欺诈或重大过失时,不在此限。
12	第六十条 执票人得允许付款延期之请求,但延期不得逾三日。	第六十七条 付款经执票人之同意得延期为之,但以提示后三日为限。
13	第七十一条 承受或付款之拒绝,应作成拒绝证书证明之。 付款人或承受人记载呈示之日及拒绝之旨,并签名票上者,与作成拒绝证书有同一之效力。 前条第二项第二款情形,应作成承受拒绝证书证明之。 前条第二项第三款情形,得以破产宣告书证明之。	第八十三条 汇票不获承兑或不获付款,或无从为承兑提示时,执票人应请求作成拒绝证书证明之。 付款人或承兑人在汇票上记载提示日期及承兑或付款之拒绝,其签名后,与作成拒绝证书有同一效力。 付款人或承兑人之破产,应以破产宣告书之誊本证明之。

续表

序号	"共同案"条文	1929年《票据法》条文
14	第七十三条　执票人应于拒绝证书作成日后四日内,如免除作成拒绝证书者,应于呈示日后四日内,对于自己之背书人及发行人通知承受拒绝或付款拒绝之旨。 背书人应于接到前项通知后二日内,对于直接前手为前项之通知。 背书人未载住所或记载不明时,得通知其直接前手。 通知得以任何方法为之,但主张已于本条所定期限内通知者,应负举证之责。 于本条所定期限内将通知书付邮者,认为遵守期限。 于本条所定期限内不为通知者,仍得请求偿还。但因此发生损害时,以不超过汇票金额为限,应负赔偿之责。	第八十六条　执票人应于拒绝证书作成后四日内,对于背书人、发票人及其他汇票上债务人,将拒绝事由通知之。 如有特约免除作成拒绝证书时,执票人应于拒绝承兑或拒绝付款后四日内为前项之通知。 背书人应于收到前项通知后二日内通知其前手。 背书人未于票据上记载住所或记载不明时,其通知对背书人之前手为之。
15	第七十六条　执票人对于偿还义务人,得请求左列各款金额: (一)未承受或未支付之汇票金额,如有付息之约者,并其利息; (二)满期日后,年利六厘之利息; (三)作成拒绝证书及其他之费用。 在满期日前请求偿还者,应从汇票金额内扣除自偿还至满期日之利息,其利率无约定者,依法定利率。	第九十四条　执票人向汇票债务人行使追索权时,得要求左列金额: (一)被拒绝承兑或付款之汇票金额,如有约定利息者,其利息自到期日起算; (二)如无约定利率者,依年利六厘计算; (三)作成拒绝证书与通知及其他必要费用。 于到期日前付款者,自付款日至到期日前之利息,应由汇票金额内扣除。无约定利率者,依年利六厘计算。
16	第一百○五条　本票应记载左列各款事项,由发行人签名: (一)表示其为本票之文字; (二)一定金额之单纯约付; (三)受款人之姓名或商号; (四)满期日; (五)付款地; (六)发行地及其年、月、日。 未载付款地者,以发行地视为付款地。 未载发行地者,以票上所载发行人之所在地视为发行地。	第一百十七条　本票应记载左列事项,由发票人签名: (一)表明其为本票之文字; (二)一定之金额; (三)受款人之姓名或商号; (四)无条件担任支付; (五)发票地及发票年月日; (六)付款地; (七)到期日。 未载到期日者,视为见票即付。 未载受款人者,以执票人为受款人。 未载发票地者,以发票人之营业所住所或居所所在地为发票地。 未载付款地者,以发票地为付款地。

续表

序号	"共同案"条文	1929年《票据法》条文
17	第一百〇六条　本票之发行人，与汇票之承受人负同一责任。	第一百十八条　本票发票人所负责任，与汇票承兑人同。
18	第一百〇七条　见票后定期付之本票，应于第三十七条所定期限内，为请求见票之呈示。发行人于见票时，应记载其日期。无记载时，执票人应于呈示期限内作成拒绝证书。执票人违反前二项规定者，对于背书人不得请求偿还。	第一百十九条　见票后定期付款之本票，应由执票人向发票人为见票之提示，请其签名并记载见票字样及日期，其提示期限准用第四十二条之规定。未载见票日期者，应以所定提示见票期限之末日为见票日，发票人于提示见票时拒绝签名者，执票人应于提示见票期限内请求作成拒绝证书。执票人不于第四十二条所定期限内为见票之提示或作成拒绝证书者，对于发票人以外之前手丧失追索权。
19	第一百〇九条　第十六条第二项、第十八条、第十九条、第二十一条、第二十二条、第二十四条至第二十九条、第三十一条至第三十四条、第四十九条至第六十三条、第六十五条至第七十一条、第七十二条第一项、第七十三条至第七十八条、第八十条至第八十二条、第八十九条、第九十条、第九十一条第一项、第九十四条及第九十六条规定，于本票准用之。	第一百二十条　第二章第一节第二十三条第一项及第二十五条关于发票人之规定，第二章第二节关于背书之规定除第三十二条外，第二章第五节关于保证之规定，第二章第六节关于到期之规定，第二章第七节关于付款之规定，第二章第八节关于参加付款之规定除第七十六条及第七十九条第二项外，第二章第九节关于追索权之规定除第八十四条第一项、第八十五条及第九十八条外，第二章第十节关于拒绝证书之规定，第二章第十二节关于誊本之规定除第一百十六条外均于本票准用之。

资料来源：《票据法第一次草案理由书》《票据法全文》（1929年），载工商部工商法规讨论委员会编《工商法规辑览》第一部，中华书局，1930。

民初票据立法五易其稿，说明了中国近代商事立法本土化进程的曲折性。"共同案"吸取清末立法的经验教训，对"志田案"进行修正，在移植国际票据规则的同时，对本土票据习惯进行大规模调查研究并加以吸纳，是民初票据立法本土化的开端。"爱氏案"与"共同案"的冲突，则是全盘西化的观念与本土化努力的碰撞，但商事立法毕竟要以实用为中心，全盘西化早在清末就被证明不适合中国实际。"爱氏案"被抛弃说明民初商事立法开始淡化政治功利性色彩，更加注重法律的社会实用性。

"三草"试图调和"共同案"和"爱氏案"的分歧,却以失败而告终,坚定了民初立法者们走向本土化道路的决心。从"四草"到"五草"的修订,说明本土化观念在经过重重曲折之后,最终被普遍接受并贯彻到商事立法中。

尽管民初票据法草案因为政局动荡未能施行,但是,它对中国近代票据立法乃至商事立法本土化的推动具有重要意义。无论是之前的大规模民商事习惯和票据习惯调查,还是移植过程中全盘西化与本土化观念的冲突与调和,都体现了立法者试图将国际通行规则与本土固有习惯相融合,追求法律实际效果最大化的努力,也反映了立法者严谨务实、精益求精的谨慎态度。这种精神和态度深刻影响到此后的票据立法和商事立法,南京国民政府1929年《票据法》就是民初票据立法的延续,如果没有民初立法者们的本土化努力,就没有1929年《票据法》的顺利施行。南京国民政府时期其他商事部门法的相继完善,同样也离不开民初商事立法者们打下的基础。因此,民初票据立法是中国近代票据立法和商事立法本土化的重要组成部分,我们绝不能因为民初票据法草案未能实施而否认它的意义,正如再高的摩天大楼也不能否认地基的存在和价值一样。

第四章　商事裁判对商法本土化的推动
——以票据法为典型

民初法制面临极大困境，立法机关因政局动荡频繁变动，大量商事立法被长期搁置，法源严重不足导致司法机关在审理商事案件时处于无法可依的尴尬境地。① 作为最高司法机关的大理院，除履行审判和释法职能之外，不得不承担起造法的任务。在审理商事案件的过程中，大理院广泛参考传统商事习惯，结合法理，通过判解要旨确立商事规则，② 弥补商事立法的空白。地方各级审判厅处理商事纠纷时，在遵循现行法和大理院判解要旨之外，还广泛参考传统商事习惯进行判决。此外，商事公断处也对解决商事纠纷起到重要的补充作用。在商事公断中，传统商事习惯被作为最主要的依据，发挥着法律难以比拟的实际效用。在票据法领域，无论是大理院的判解要旨、地方各级审判厅的判决还是商事公断处的公断，传统票据习惯都发挥着至关重要的作用。我们可以发现，在大理院、地方各级审判厅和商事公断处共同组成的商事裁判体系中，传统商事习惯已经完全融入商事规则，商法本土化奇异地依靠着商事裁判得到极大推动，这也是民初商法本土化的最大特点。

第一节　民国初期的法制困境

法制的完善取决于多种因素，但是健全的立法机关和司法机关必不可

---

① 司法机关广义上包括审判机关和检察机关，狭义上只包括审判机关，本章所指司法机关采狭义概念。
② 判解要旨是指大理院发布的判例要旨和解释例要旨的合称，有关二者的具体内容，下文将专门介绍。

少。民初的国内政治局势波诡云谲,作为立法机关的国会废立无常,沦为政客党同伐异的工具,立法活动特别是商事立法几乎完全停滞。各级审判机关在法制残缺,法源严重不足的困难情况下,努力发挥创造性和能动性,艰难地维持着司法体制的正常运行。

一 立法机关的频繁变化

民国建立后,民主与专制、政治与军事等各种势力仍然持续角力。政坛风云变幻,忽而共和、忽而帝制,令人瞠目。先是南北和谈,袁世凯窃居总统;继而国会选举,国民党一枝独秀。一时党争纷纭、立宪喧嚣,民主之光闪耀。然而,光明很快褪去,袁世凯站稳脚跟后,大肆打击迫害国民党人,宋教仁喋血街头,孙中山二次革命,刀光剑影之中,民主渐行渐远。袁氏随即解散国会、修正约法,独揽军政大权,狼子野心、昭然若揭,新生的共和政体面临封建帝制反扑的威胁,民主之路注定坎坷难行。果然,短短几年内,袁氏称帝在前,张勋复辟于后,民主政治跌入谷底。然而,共和观念已深入人心,历史前进的车轮绝非袁、张之辈的螳臂所能阻挡,复辟闹剧很快平息。直、皖、奉等各派军阀轮番登场、自我吹嘘,今日再造共和、明天法统重光,你争我夺、大打出手,北洋政府派系丛生、京城王旗变幻莫测。与此同时,南方护法运动如火如荼,各省军阀纷纷独立,中国大地烽烟四起,一片水深火热。动荡的政局严重影响民初的立法进程,从1911年辛亥革命后的南京临时政府时期至1928年北洋政府垮台,民国立法机关如走马灯般历经十次更迭(见表4-1),从临时政府参议院到国会,从约法会议到参政院,名目复杂,变动频繁,直至最终完全瘫痪。

表4-1 民初立法机关的变动

名称	存续时间	说明
各省都督府代表联合会	1911.11-1912.1	独立各省为组织临时政府而成立
临时政府参议院	1912.1-1913.4	依据《临时政府组织大纲》和《临时约法》产生

续表

名称	存续时间	说明
第一届国会	1913.4－1913.11	依据《临时约法》《国会组织法》《参议院议员选举法》《众议院议员选举法》产生
约法会议	1914.3－1914.6	由袁世凯下令组织的政治会议产生，其任务为制定《中华民国约法》
参政院	1914.6－1916.6	依据《中华民国约法》产生，作为立法院的替代机关
第一届国会第二期常会	1916.8－1917.6	由黎元洪召回
临时参议院	1917.11－1918.8	段祺瑞政府依据1912年《临时约法》组建
第二届国会	1918.8－1920.8	依据《国会组织法》产生，又称"安福国会"
第一届国会第三期常会	1922.10－1925.4	由黎元洪召回，因贿选被称为"猪仔国会"
临时参政院	1925.4－1926.4	依据《临时参政院条例》产生

资料来源：彭树勋：《中华民国行宪以来之立法院》，台湾成文出版社，1986；张晋藩总主编《中国法制通史》第九卷（朱勇主编），法律出版社，1999；季立刚：《民国商事立法研究》，复旦大学出版社，2006。

（一）南京临时政府时期

南京临时政府时期的立法机关主要有各省都督府代表联合会（以下简称"联合会"）和临时政府参议院（以下简称"参议院"）。辛亥革命爆发后，各省纷纷宣布独立。1911年11月，独立各省共同组成联合会，负责组织临时政府，推选临时大总统，并对《临时政府组织大纲》（以下简称《临时大纲》）进行修正，颁布施行。从它的功能来看，完全具备立法机关的性质和特征。1912年1月，《临时大纲》生效，南京临时政府成立。根据《临时大纲》第二条规定和第八条规定，参议院取代联合会成为新的立法机关。1912年3月，参议院起草通过《中华民国临时约法》（以下简称《临时约法》），确认参议院的地位和职权。按《临时约法》第四条、第十七条至第十九条的规定，参议院由各地方选派的参议员组成，是中华民国的立法机关，在国会产生之前行使立法权，有权议决一切法律案。参议院随后又起草通过《中华民国参议院法》，对参议院的设置、组织、议事程序，参议员的资格、产生办法等问题进行补充规定。

（二）北洋政府时期

南北议和之后，袁世凯就任临时大总统。袁世凯统治时期的立法机关主要有第一届国会、约法会议和参政院。按《临时约法》的规定，在该约法实施十个月内，应由临时大总统召集、组建国会，取代参议院成为新的立法机关。1913年4月，新当选的800多名议员组成第一届国会，国民党大获全胜。同年10月，国会选举袁世凯正式担任大总统。袁世凯趁镇压二次革命之机，随即下令解散国民党，取消国会两院国民党籍议员的资格，造成国会法定人数不足，国会处于瘫痪状态，参、众两院议长王家襄、汤化龙随即联名宣布，停止对外发布国会议事日程。1914年3月，袁世凯悍然解散国会，并组织成立约法会议作为专门的立宪机构。同年5月，约法会议颁布《中华民国约法》，该法第四十九条规定："参政院应大总统之咨询，审议重要政务。"袁世凯下令以参政院代替《临时约法》规定的立法院代行立法权。同时，约法会议还颁布《修正大总统选举法》，赋予大总统终身连任的权力，为袁世凯恢复帝制铺平道路。1916年1月，袁世凯冒天下之大不韪，宣布登基帝位，改年号为洪宪。短短两个多月后，千夫所指的袁世凯黯然退位，同年6月于北京病逝。

袁世凯死后的十几年中，北洋军阀继续控制中央政权，这一时期的立法机关既有第一届国会、第二届国会，又有临时参议院、临时参政院等，更迭频繁，最终陷于瘫痪。1916年6月，黎元洪继任大总统后，随即撤销参政院，决定重开国会。同年8月，原第一届国会议员456人在北京正式开会，任命皖系北洋军阀段祺瑞为国务院总理，组织新一届内阁。为体现国会的延续性，此次国会被称为"国会第二期常会"[①]。黎元洪的总统府和段祺瑞的国务院为争夺政治主导权，频繁冲突。1917年5月，段祺瑞在被罢免总理职务后策动安徽、奉天等八省军阀独立，黎元洪则邀请张勋进京调停并宣布解散国会。张勋借调停之机复辟帝制，驱逐黎元洪。段祺瑞趁机组织讨逆军迅速攻入北京，复辟闹剧经过短短12天就仓皇谢幕。直系北洋军阀冯国璋代理大总统，段祺瑞再任总理，北洋军阀全面把持军

---

① 张晋藩总主编《中国法制通史》第九卷（朱勇主编），法律出版社，1999，第473页。

政大权。段祺瑞以"再造共和"的功臣自居，拒绝恢复《临时约法》，并于同年 11 月组织成立临时参议院，准备重新进行国会选举。1918 年 8 月，皖系军阀支持的政客俱乐部安福系在国会选举中取得压倒性胜利，这是民国第二届国会，又被称为"安福国会"。安福国会选举北洋元老徐世昌为第二任大总统，段祺瑞随即被免除总理职务。1920 年 7 月，直皖战争爆发，直系吴佩孚联合奉系张作霖击败段祺瑞，直、奉联合控制北京政府。同年 8 月，安福国会被宣布闭会。1922 年 4 月，第一次直奉战争爆发，吴佩孚击败张作霖入主北京后，通电全国要求尽快恢复第一届国会和《临时约法》，黎元洪复任总统并重召第一届国会议员回京，这就是"法统重光"。同年 10 月，第一届国会第三期常会在北京开始，主要任务是制定新宪法。1923 年 10 月，部分国会议员接受贿赂，选举曹锟担任总统，并制定通过民国第一部正式的宪法——《中华民国宪法》，这一期的国会也因贿选被称为"猪仔国会"。1924 年 10 月，冯玉祥利用第二次直奉战争发动北京兵变，推翻直系曹锟政府，拥戴段祺瑞组织临时政府。1925 年 4 月，段祺瑞宣称"法统已成陈迹"，随即解散国会，废除《临时约法》，颁布《临时参政院条例》，成立临时参政院暂代国会。1926 年 4 月，段祺瑞辞职，临时参政院解散，北洋政府的立法机关完全瘫痪。

二　商事立法的长期搁置

法律的制定和颁行需要稳定的政治环境和立法环境，这是民初社会所不具备的。民初政局动荡和立法机关频繁更迭的结果是立法进程的停滞，就商事立法而言，仅有个别商事法规通过特别程序颁行，而农商部和修订法律馆等部门煞费苦心拟订的大量商事部门法草案却不得不长期搁置，胎死腹中。从 1914 年至 1928 年的十几年间，北洋政府再未颁行过商事法律法规。与民初迅猛发展的工商业和国内外贸易相比，商事立法严重滞后，给司法机关审理商事纠纷带来极大困难。

（一）已颁行的商事立法

按《临时约法》的规定，一切法律议案须经立法机关审议通过并颁布施行，方为正当程序。然而民初的国会与其说是立法机关，毋宁说是政治斗争的战场，其工作重心完全不在立法上。民初工商贸易和金融业迅猛增长，迫切需要进行商事立法，而且商法具有很强的时效性，只有速议速决才能发挥实际效用。因此，在立法机关无法发挥正常职能的情况下，只能求之于特别程序。1914年，袁世凯颁布大总统令，宣布施行《商人通例》《公司条例》及其实施细则，这也是民初屈指可数的商事现行法。因其未经法定程序，所以不称为"律"而称为"例"，性质上大概类似于行政法规。此外，政府各部也颁行部分规章，例如农商部的《商人注册规则实施细则》《公司注册规则实施细则》，财政部的《全国银行公会章程》等。这些法规和规章不仅调整范围有限，而且法律位阶低下，根本不能满足商事立法的需求。

（二）未颁行的商事立法

修订法律馆和农商部曾制定多部商事部门法草案。遗憾的是，这些草案或因立法机关变动的原因被搁置，或因自身内容被否决，导致民初商事立法长期严重欠缺，给司法机关解决商事纠纷带来极大困难。

1. 1914年《商事条例》草案

在《商人通例》《公司条例》颁行后，农商部又于1914年拟定《商事条例》及实施细则。《商事条例》是一部专门关于商行为的法律草案，分十一章共230条。第一章总则、第二章往来结算、第三章附资伙合、第四章买卖、第五章居间、第六章买卖经纪、第七章运送经纪、第八章运送、第九章堆栈、第十章保险、第十一章附则。① 农商部呈请北洋政府将《商事条例》按《商人通例》和《公司条例》的形式予以颁布，却因为被指可能与将来的民法、商法冲突而遭到搁置。总统府批文称："查商事条例以商法为本，商法由民法而生。现在商法、民法尚未规定，如先施行商行为法，于将来之商法、民法能否适用，殊难臆测。且各省、各埠情形互异，习惯悬殊，该条例是否能一律通行，亦应加以讨究。应由该部先将原拟条例发交各处商会阅看，征集意见，折中至当，再行呈候核夺，以防扞格而利推行。"②

---

① 参见上海市工商业联合会、复旦大学历史系编《上海总商会组织史资料汇编》，上海古籍出版社，2004，第217页。
② 前引《上海总商会组织史资料汇编》，第216页。

2. 1915 年《破产法》草案

清末修律曾制定《破产律》，却由于不合中国商情被暂缓施行，于 1908 年被废止。1909 年，修订法律馆又聘请日本专家松冈义正拟定《破产法》草案，但因时局变化未被列入立法程序。民国建立后，北洋政府法律编查会以该草案为基础，在 1915 年重新拟定《破产法》草案。该草案分为实体法、程序法和罚则法三编共 337 条。内容涉及破产债权、破产财团、破产效力等实体法内容和破产宣告、破产债权之呈报及调查、破产财团之管理及变价等程序法内容，但因抄袭德、日法律过多，饱受学者批评，认为其"错误失当之处，则所在皆是"，① "东抄西袭，粗制滥造"。② 最终，该草案因自身存在缺陷和立法机关的变动等因素长期搁置。1926 年，北洋政府司法部通令各级法院参酌援用该草案，但"大理院采用其法理著为判例者，仅寥寥数点而已。"③

3. 1925 年《票据法》草案

1922 年，修订法律馆开始着手制定票据法，直至 1925 年，《票据法》草案历经五稿才修订完毕。有关民初票据立法的进程和内容，本书第三章已有详细介绍，不再赘述。在该草案即将提交立法机关审议时，却由于法律修订馆的改组被搁置。随后，北伐战争开始，北洋政府立法机关瘫痪，该草案最终只能面临夭折的命运。

4. 1925 年《海船律案》

清末修律时，修订法律馆曾聘请志田钾太郎起草《大清商律草案》，其中就有《海船法》草案。该草案分六编共 263 条。第一编总则、第二编海船关系人、第三编海船契约、第四编海损、第五编海难之救助、第六编海船债权之担保。在清末之前，我国从未有海商法的概念，该草案可谓开海商立法之先河，但随着清朝的灭亡，该草案被废弃。北洋政府时期，海商立法并未受到重视，直至 1918 年发生江宽轮与楚才兵舰碰撞事件以后，因赔偿责任无法可依，海商立法才逐渐提上日程。1925 年，王宠惠

---

① 张知本：《破产法论》（上册），上海法学编译社，1930，第 22 页。
② 梅汝璈：《新破产法草案之特征与理论》，《中华法学杂志》1935 年第 6 卷第 1 期。
③ 谢振民编著《中华民国立法史》（下册），张知本校订，中国政法大学出版社，2000，第 840 页。

奉命掌管修订法律馆，将前清的《海船法》草案略加修改，以《海船律案》予以公布，征求意见，但最终并未施行。1926年，北洋政府司法部曾通令各级法院暂时参酌该法案，但在司法实践中适用极少。①

5. 1927年《保险法》草案

1910年，修订法律馆拟定《保险业章程》，这是我国第一部保险法草案。该草案分总则、股份公司、相互公会、物产保险、生命保险、罚则、附则七章共105条。②另外，在志田钾太郎制定的《大清商律草案》第二编商行为中，也有若干关于保险的法律规定，这些保险立法都随着清朝的灭亡而被废弃。1913年，修订法律馆聘请法国顾问爱斯加拉协助拟定《保险契约法》草案，这是我国由外国法专家参与起草的第二部保险法草案③，因政局变动未能施行。1927年，修订法律馆在爱氏保险法的基础上，参考法、德等国立法，重新拟定《保险契约法》草案。该草案分四章共109条，第一章总则、第二章损害保险、第三章人身保险、第四章终结条款。未等修订法律馆详加整理，北洋政府就已垮台。

三 司法体制的缺陷与法源的不足

民初的四级三审制由于初级审判厅大量缺失，不得不由县知事兼理司法，造成基层审判中行政与司法的混同，影响司法的公正与效率。而司法机关最大的困扰来自法源的严重不足，无法可依的现实情形迫使各级司法机关不得不从各种规则中寻找判决依据。南北分立和军阀割据的政治格局，也给司法机关的审判、上诉、送达、执行等各个诉讼环节的顺利进行带来很大麻烦。

（一）初级审判厅的严重缺失

民国成立后援用清末颁行的《法院编制法》，将其更名为《暂行法院编制法》，按该法规定，一般民刑案件采用四级三审制。中央司法机关为

---

① 刘笃：《海商法》，国立同济大学法学院法律学会，1947，第5页。
② 周华孚、严鹏飞编《中国保险法规暨章程大全（1865～1953）》，上海人民出版社，1992，第37页。
③ 《中华民国史法律志（初稿）》，台湾省历史馆，1994，第476页。

大理院，行使最高审判权，另设平政院负责行政诉讼的审理；地方司法机关包括高等审判厅、地方审判厅、初级审判厅。高等审判厅设于省会城市，主管全省的审判事务；地方审判厅设于较大的商埠或中心县，主要负责一般刑事、民事案件的二审；初级审判厅设于一般的县，主要负责一般刑事、民事案件的初审。大理院从清末设立直至民国时期，机构设置和人员构成都比较稳定，在审判和法律解释方面发挥着重要的作用。但是，地方司法机关的设立则差强人意，尤其是处于基层的初级审判厅长期大量欠缺，影响整个司法体制的顺利运行。据统计，1910年底，全国共计设立24所高等审判厅（包括直隶的天津和承德两所高等审判分厅），62所地方审判厅。① 而据法部所奏，到1910年底，全国各地共设各级审判厅173所。② 那么，清末时初级审判厅的数量应在90所左右。而按《清史稿·职官志》统计，清末全国共设1358个县，初级审判厅的数量严重不足，即使加上地方审判厅，其总和也不过148所，仅仅超过县总数的10%，仍有将近90%的县未设立初级审判厅。民国初年，全国除新疆外，其余各省均已陆续设立高等审判厅。高等审判分厅全国设有9所，其中直隶、江苏、湖北各2所，山东、江西、四川各1所；地方审判厅共计124所，地方审判分厅共13所（四川7所，广东3所，江苏2所，福建1所）；初级审判厅共179所。③ 与清末相比，民初负责一般民刑案件一审的初级审判厅和地方审判分厅的总数量是192所，增加一倍有余。然而，袁世凯政府曾经于1913年发布《划一现行各省地方行政官厅组织令》，把清末的厅、州一律改称县，因此民国的县总数应比清末增加很多。即使不考虑增加的部分，全国仍有将近80%的县没有设立初级审判厅。

由于初级审判厅在民国初期一直未能普遍设立，所以大量的地方审判任务长期由县知事兼理。1913年3月，北洋政府为推进司法独立，试图在各县设立审检所，主管本县辖区内的审判、检察等司法事务，却受到县

---

① 此数据系根据《直省省城商埠各级厅庭数表》（见《大清宣统新法令》第27册）统计而来。
② 《奏为遵章续陈第三年第二届筹备成绩折》，中国第一历史档案馆藏清法部档，第32174号。
③ 阮湘主编《中国年鉴》第一回，商务印书馆，1928，第251页。

行政权力的强烈抵制，未能普遍施行。1914年4月，约法会议修改《临时约法》，以人力、财力不足为由，决定从体制上裁撤初级审判厅，其管辖案件由地方审判分厅负责；在未设地方审判分厅的各县，则仍由县知事兼理司法，并设承审员辅助审判。1917年5月，北洋政府公布《县司法公署组织章程》，规定所有未设法院的县，应设立由审判官及县知事共同组成的司法公署，主管司法审判，同时废除审检所。但从实际情形看，司法公署制也同样未能普遍施行，据统计，截至1926年，在全国两千多个县中，设有司法公署的县仅46个。[①] 县知事兼理司法的体制一方面与司法独立的理念相违背，影响司法的公正；另一方面由于审判人员的专业性较差，增加了错判的可能性，影响司法的效率。

(二) 法源不足的困扰

民国肇始，百废待兴，法制建设任务繁重。然而，无论是南京临时政府还是北洋政府，都长期纠缠于政体、立宪等国家权力分配问题，政坛风云变幻，国会废立无常，对于各部门立法根本无力顾及，造成法源的严重不足，给司法机关履行审判职能造成极大困扰。尽管南京临时政府和北洋政府先后宣布暂时有条件地援用清末法律，其后北洋政府也制定了一些单行法规，但是，中国近代正处于政治、经济、文化、法律等诸多方面发生急剧变化的社会转型期，各种社会矛盾的激烈程度、经济关系的复杂程度都远超过去，仅仅依靠援用清末法律和制定数量有限的单行法规，根本无法满足调整社会关系、维护经济秩序、解决法律纠纷的需要。司法机关在审判中常常捉襟见肘，面临无法可依的尴尬境地，国家整体法制残缺不全。试想一个国家连有法可依都做不到，如何建设民主法治社会？

面对法源的严重不足，民初的各级司法机关努力发挥创造性与能动性，艰难地维持着司法体制的正常运行。我们查阅民初的各级司法机关判决依据，可以发现其中既有经过法定程序颁行的法律，也有采用教令等特别程序颁行的条例，还有大理院通过司法创制形式确立的判解要旨，另有可供援引的清末部分法律和民初制定但尚未颁行的法律草案，此外也不乏

---

① 张晋藩总主编《中国法制通史》第九卷（朱勇主编），法律出版社，1999，第528页。

民间习惯和乡俗，更有西方国家流行的近代法律理论、法律原则，甚至是外国法律等，可谓五花八门，应有尽有。① 判决依据的多样性既体现了地方司法机关解决法源不足问题的努力，也反映了司法机关面对民初法制残缺的无奈。

此外，政治分裂也影响到司法体制的顺利运行。1916年，袁世凯病逝，国内政局一片混乱，随之出现南北分治的局面，各地军阀纷纷宣布独立，国家司法体制处于分崩离析的边缘。所幸无论北洋政府还是南方革命政权与各地军阀，名义上都打着维护《临时约法》的旗帜，对大理院及各级司法机关的独立地位表现出一定的尊重，才使得全国司法统一勉强得以维持。在法律适用方面，1916年后，南京临时政府确立的法律适用原则以及袁世凯政府制定的一系列法律法规基本还能得到各省审判机关的认可。在审级管辖方面，地方各级审判厅与大理院仍然保持着比较稳定的上下审级关系，例如在宣布独立的湖南省，高等审判厅还曾于1917年8月就该厅关于"湖南实业银行与谭法琛汇票案"所做的判决，因当事人不服提出上告，致函移送大理院。② 尽管如此，政治分裂还是造成政令无法统一、法律适用分歧、执行难度加大等现实问题，各级司法机关在审判、上诉、送达、执行等各个诉讼环节也很难顺利进行。

第二节　司法实践对民初商法本土化的推动

在立法机关几近瘫痪的情况下，民初大理院除履行审判职能之外，还通过扩大法令解释权，颁布大量商事判解要旨，弥补商事立法的空白，一定程度上行使立法机关的权能，对民初商法本土化起到决定性的推动作用。这种推动作用主要体现在两个方面：一是对传统商事习惯的确认、规范和适用；二是对商事规则的创造。其中最具代表性者，无疑是票据法领域。在大理院颁布的商事部门法判例要旨中，票据判例要旨的数量最多，

---

① 张晋藩总主编《中国法制通史》第九卷（朱勇主编），法律出版社，1999，第529页。
② 湖南高等审判厅1917年"函字第一〇八二号"，第二历史档案馆档案，全宗号：241，卷号：2421。

而传统票据习惯在票据判例要旨中占据着非常重要的地位。地方各级审判厅通过司法实践,在传统习惯尤其是票据习惯的选择和适用方面发挥着重要作用,共同推动商法本土化进程。

一 大理院判解要旨与商法本土化

民初大理院作为全国最高司法机关,不但有最高审判权,还有法令解释权。大理院行使法令解释权主要通过发布解释例要旨和判例要旨来实现。① 解释例要旨体现了大理院正常的释法功能,对各级审判机关具有法律拘束力。判例要旨更倾向于创造新的法律规则,是大理院释法功能的扩充。② 就商法领域而言,判解要旨的出现,大大缓解各级司法机关在处理商事纠纷时面临的法源严重不足的困难。在审判实践中,大理院很注重吸纳传统商事习惯,确认习惯作为法源的重要地位,并将习惯、国际商事规则、法理等有机地融合在一起,创制商事新规则,同时还通过对判解要旨的编纂,试图完善商法体系。在商事立法普遍缺乏的情况下,大理院以另类的司法途径推动民初商法本土化进程。

(一) 民初大理院的地位和作用

民初继承清末司法改革的成果,以大理院为最高审判机关。大理院在行使最高审判权的同时,还行使着法令解释权及其他权力。由于特殊的社会背景和自身高超的专业素质,大理院始终处于最高司法权威的地位,对保持各级审判机关的尊严,维护司法独立做出很大贡献。

大理院的设立始于清末司法制度改革。在传统司法体系中,中央司法机关由刑部、大理寺、都察院组成,称为三法司;地方司法机关则由县、府、按察使司、督抚等各级行政机关长官掌管,行政与司法长期混同。这种体系的弊端在于:行政左右司法,缺乏司法独立;审级繁多,案件迁延不决;审判权限不统一;缺乏独立的检察机关;刑讯不公开等。其中尤为

---

① 解释例、解释例要旨、判决例、判例要旨的含义和内容各不相同,为方便行文,以下将解释例要旨和判例要旨合称判解要旨。
② 本书认为解释例要旨是大理院行使释法功能的正常形态,判例要旨是异常形态,应当先介绍正常形态,再介绍异常形态。而且,按郭卫的判解要旨《检查表》,也是解释例要旨在前,判例要旨在后。所以,下文中先介绍解释例要旨,再介绍判例要旨。

外人抨击的是滥用肉刑，缺乏辩护制度，狱政腐败苛虐。① 1906 年 9 月，清政府颁布"裁定奕劻等核拟中央各衙门官制谕"，下令将大理寺改为大理院，专掌审判。② 大理院的设立和编制法的颁行，"明确了民刑分理的体制，强调了司法权独立的原则，规定了不同审级的审判方式，引进了西方审判监督机制，"③ 标志着晚清司法制度改革进入一个全方位的阶段。1910 年，清政府颁布《法院编制法》，规定一般民刑案件采取四级三审制，并对大理院和各级审判厅的机构设置、人员构成和权限分工进行明确规定。

民国成立后，北洋政府全面继承清末司法制度改革成果，并对大理院的机构设置、人员组成和权力执掌进行一定调整。1912 年 3 月，临时大总统袁世凯下令："现在民国法律未经议定颁布，所有从前施行之法律及新刑律除与民国国体相抵触各条应失效力外，余均暂行援用，以资遵守。"④ 经司法总长王宠惠呈请，《法院编制法》获准援用，改称《暂行法院编制法》；大理寺正卿也改称院长，少卿一职取消。1915 年，北洋政府又颁布《修正法院编制法》，规定大理院设院长一人，由政府特任，总理全院事务。此后，1919 年的《大理院办事章程》和 1925 年的《大理院编辑处规则》进一步细化大理院的内部组织和分工。1928 年，大理院被改组为最高法院。

《修正法院编制法》第五章专章规定大理院的机构设置和各项职掌。该法第三十三条规定："大理院为最高审判机关。"拥有最高审判权。其管辖的案件主要是：不服高等审判厅判决的上诉案件、不服高等审判厅的决定或命令而抗告的案件，以及依法属于大理院特别管辖的案件，其判决为终审判决。

除审判权之外，大理院还拥有法令解释权。按《修正法院编制法》第三十五条规定："大理院长有统一解释法令、必应处置之权，但不得指

---

① 黄源盛：《民初法律变迁与裁判（1912 - 1928）》，台北政治大学法学丛书之四十七，2000，第 13 ~ 14 页。
② 故宫博物院明清档案部编《清末筹备立宪档案史料》（上册），中华书局，1979，第 471 页。
③ 张晋藩：《中国近代社会与法制文明》，中国政法大学出版社，2005，第 364 ~ 365 页。
④ 《临时大总统宣告暂行援用前清法律及暂行新刑律文》，《临时公报》1912 年 3 月 11 日。

挥审判官所掌理各案件之审判。"按《大理院办事章程》第二百〇二条规定，大理院解释权的范围是：（一）解答质疑；（二）因维持国家公益，径行纠正有关公署及人员对法令之误解。任何公职机关都可以请求大理院进行法令解释，解释的法令也无种类限制。至于私人或其他非国家公职机关，自然不得擅自请求，即使有请求，大理院也不予答复。按黄源盛先生的研究，民国成立以后，除各级地方司法机关之外，请求法令解释者有：国务院、陆军部、司法部及其他中央行政各部，各地方军务及行政长官等。① 大理院在行使法令解释权时，应当按一定的程序进行，《修正法院编制法》第三十七条规定："大理院各庭审理上告案件，如解释法令之意见，与本庭或他庭成案异，由大理院院长依法令之义类，开民事科或刑事科或民、刑两科之总汇审判之。"《大理院办事章程》第二百〇三条至第二百一十条详细规定了行使法令解释权的方法。此外，大理院还拥有其他一些权限，例如组织审判大总统法庭，受理选举诉讼上诉案件，自主决定大理院司法行政事务等。

大理院在其存续期间，始终保持着最高司法权威的地位，并对民初的政治结构产生很大影响。民初各级审判机关、行政机关，甚至是大总统和国会，以及实质上独立的南方各省军阀们，无不对大理院的判决和解释给予充分尊重。大理院能够维持这种超然的地位，其外部原因是法源的严重不足为其行使解释权提供极好的契机，其内部原因则来自其组成人员高超的专业素质。在大理院成立初期，推事大多由留学归国的法科毕业生组成，其后逐渐吸纳国内各大学的法科毕业生，到1919年，大理院推事无一不是法学毕业生。② 正是由于这批高素质的法学人才任职大理院，才使得新的法律制度得以在司法审判中推行和运用。同时，作为司法体系的主要组成部分，大理院一贯坚持司法独立，在民初政治框架建构中发挥着很大的作用。民初发生的朱学曾株守法例案、大理院与国会冲突案等，都体

---

① 前引黄源盛《民初法律变迁与裁判》，第33页。
② 据黄源盛先生统计：在1921年，任职大理院的推事（包括院长、庭长）共32人，其中毕业于本国官立专门法律学校者11人，毕业于日本法政类院校者18人，毕业于德国柏林大学者1人，毕业于美国法学院者2人。另外，关于民初时期大理院的具体任职情况，可以参见黄氏所著《民初法律变迁与裁判》，第35~37页。

现出大理院不畏强权、据理力争的风骨面貌，在捍卫三权分立政治体制的同时，也维护了司法机关的公信和权威，一定程度上改善民初由于"司法自身不良，基础不固，复以国家多事，社会不宁，影响所及，发展维艰"的局面。① 正如黄源盛先生所言："的确，民初司法当局，于风风雨雨中，犹思积极振作；尤其，身为司法审判机关龙首的大理院，其有所为，也有所不为，能独立超然于政潮之外，为民国的司法前途带来一线曙光。"②

（二）判解要旨的形成与功能

按《修正法院编制法》的规定，大理院长拥有统一解释法令权，这种解释权的行使在正常状态下是通过发布解释例来实现的。大理院发布解释例必须经国家机关（包括下级审判机关、各级检察机关、行政机关）或人民团体提请，对于个人提请，大理院不予解答。而解答的内容以无明文规定的事项或关于法令有疑义者为限，具体问题不在解释范围之内。③ 凡大理院依法做出的解释无须刊著即为解释例，对解释例进行抽象之后形成的规则即为解释例要旨。现以大理院民国十一年（1922年）"统字第一七七九号"为例来说明从解释例到解释例要旨的形成过程。

大理院解释例统字第一七七九号④

民国十一年十月六日大理院覆财政部函

径复者，准贵部函开：据中国银行呈称，前奉大部函抄送大理院统字第一七六六号解释内开甲乙两事项之决议，只一、二两种人员不得加入决议并为他人代理，其余人员若非曾经参预编制簿册或掌管簿册所根据之账目，被攻击为有扶同舞弊情事者，自不应在禁止之列等语。诠绎上开解释，所谓曾经参预编制簿册或掌管簿册所根据之账目，被攻击为有扶同舞

---

① 余棨昌：《民国以来新司法制度——施行之状况及其利弊》，《法律评论》1928年第36期，总第244期。
② 前引黄源盛著《民初法律变迁与裁判》，第76~77页。
③ 大理院解释例要旨统字第一七四九号，载郭卫编《大理院解释例全文》，成文出版社，1972，第1010~1011页。
④ 郭卫编《大理院解释例全文》，成文出版社，1972，第1028页。

弊情事者，其被攻击之人是否系指经股东会揭举之特定之人，并经证明有扶同舞弊之具体事实者而言？抑系指不论经任何一股东指一般参预编制簿册或掌管簿册所根据之账目之上下使用人员，混统斥为扶同舞弊者而言？又被攻击之人是否须经股东会以决议禁止其行使议决权及代理权？抑因二、三股东之空言攻击，不经股东会决议即丧失其权利？以上各疑义，非请求答解，关于公务上待决事项无凭处理，伏乞大部咨行大理院赐予解释，俾资遵循等情到部，相应据情函请贵院查核见复，以凭转饬遵照等因到院。查本院前次解释所谓曾经参预编制簿册所根据之账目，被攻击为有扶同舞弊情事，不得加入议决并为他人代理云者，谓有一人以上之股东，指出其人扶同舞弊之事实，经股东会决议议决，剥夺其议决及代理权者而言。若仅有一、二股东空言攻击，未经股东会议决者，其权利自无遽认为丧失之理。惟该项应否剥夺其议决及代理权之决议，既与其人有特别利害关系，其人于该决议即不能加入议决并为他人代理，自不待言，相应函请贵部查照。此复。

解释例要旨①

参与编制簿册所根据之账目，被攻击为有扶同舞弊情事者，须有股东指出其舞弊事实，经股东会议决，始可剥夺其议决及代理权。

我们可以看到，大理院所做出的解释全文即为解释例，其中包括字号编序、年月与请求解释的机关、对来函请求事项的复述、大理院的答复等几个部分内容，其中最后一部分是解释例的核心内容。解释例要旨一般是直接引用大理院的答复，即"查……"所述部分，或是按照答复抽象而来的一般规则，能够产生法律拘束力的仅为解释例要旨，而非解释例全文。本解释例中，大理院对财政部提出的统字第一七六六号解释例（关于《公司条例》第一四五条第三款的解释）中所谓"参与编制簿册所根据之账目，被攻击为有扶同舞弊情事者"再进行解释，其要旨即从答复部分归纳而来。

解释例要旨的目的不在于创造新的法律规范，无论从解释对象还是解

---

① 郭卫编《大理院解释例全文检查表、大理院判决例全书检查表》，成文出版社，1972，第96页。

释内容来看，它都带有比较单纯的司法解释性质，是大理院释法功能的正常体现。其解释对象既包括已颁行的法律、法规，例如《参议院议员选举法》《公司条例》，也包括可供援引的旧律和法律草案，例如前清现行律民事有效部分、《法院编制法》，还包括可作为判决依据的司法解释，例如大理院判例要旨、解释例要旨等，它们均为现行有效或被视为有效的法律规则；其解释内容均为对上述法律规范或司法解释在适用过程中所产生的疑问进行的解答。我们细查郭卫的《大理院解释例全文检查表》可以发现，在每条解释例要旨后几乎都能找到对应的条文或判解要旨。因此，解释例要旨显然属于比较单纯的释疑，而不是创造法律规则。按《大理院办事章程》第二百〇三条规定："大理院关于法令之解释，除法院编制法第三十五条但书情形外，就同一事类均有拘束之效力。"这里所谓的"解释"，应当包括所有的解释例要旨，它们对各级审判机关都具有法律拘束力。

自1913年至1927年，大理院充分行使法令解释权，共发布解释例两千余条，解释例及其要旨的出现对于缓解当时由于法源严重不足造成的司法困境无疑起到极大作用。正如郭卫在陈述其编辑《大理院解释例全文》的理由时所说："前北京大理院操统一解释法律之权者凡十余年，此十余年中，正值我国改良法律之时期，各级法院对于民刑事件之疑义滋多，而大理院之解释亦不厌长篇累牍，论述学理，引证事实，备极精详，于国民政府之下，除与现行法令抵触外，仍能一律援用。"①

大理院除发布解释例及其要旨外，还发布大量的判决例及其要旨。判决例又称判例，由一般判决而来，而判例要旨则由判例而来。一般判决只对双方当事人具有拘束力，并不具有普遍的规范效力。但如果经过国家立法机关或司法机关以特定程序确认之后，就成为判例，对各级司法机关审理同类案件具有法律拘束力。判例要旨则是对判例中有关法律依据的阐述进行引用、抽象或归纳而形成的简要规则。大理院在民初做出大量的民刑判决，据黄源盛先生统计，自1912年至1928年，其民事判决实际数量大

---

① 前引郭卫编《大理院解释例全文》"编辑缘起"部分。

约为 25000 件，刑事判决大约为 35000 件。① 其中涉及现行法解释或援引习惯、条理创制新法律规则的一般判决被特别刊著，即成为判例。② 判例在一般判决中的比例并不高，在大理院 25000 件左右的一般民事判决中，成为判例的仅有 1757 件，其比例为 7% 左右；而在 35000 件左右的刑事判决中，成为判例的仅有 1043 件，其比例为 3% 左右。③ 一般判决的内容分为五个部分：判决时间及字号编序、上告方与被上告方的基本情况、主文、理由、合议庭组成。其核心是理由部分，一般又由三个部分组成：上告人依据的基本事实和理由、被上告人答辩的基本事实和理由、合议庭的判决依据。现以大理院民事判决三年上字第一百九十四号为例，④ 来说明从判决到判例要旨的形成过程。

大理院民事判决三年上字第一百九十四号⑤

上告人张鸣岐，河南汜水县人，住郑州城内西街，年四十五岁，新泰永钱铺掌柜。

右代理人，李戴赓律师。

被上告人马天宠，河南洛阳县人，住河南府城南街，年三十一岁，道生通钱铺伙。

右代理人，叶士仁律师。

右上告人对于中华民国二年十一月一日河南高等审判厅就新泰永与道生通因债务涉讼一案所为第二审判决声明上告，经本院审理判决如左：

---

① 前引黄源盛著《民初法律变迁与裁判》，第 93 页。
② 判例为经特别程序刊著之判决书，本应包括判决书全文，但从现存的民初大理院判决例汇编，例如郭卫、周东白等人所编的全书来看，均仅就判例要旨进行汇编，而没有判决书全文，其原因为大理院发布的判决书全文极少，外人无从了解。事实上，依据《大理院编辑处规则》第 6 条第 2 款规定："《大理院公报》登载判例解释，其要旨及全文应一并登载，无要旨可以摘记者，则毋庸摘记。"可惜的是，《大理院公报》只于民国十五年（1926 年）3 月、6 月、9 月发行 3 期。近年来，我国台湾地区学者黄源盛先生对南京二档馆所存的民初大理院司法档案进行全面调查整理与研究，其中包括民初大理院的所有判决材料，我们非常期望黄先生的成果早日问世。
③ 前引黄源盛著《民初法律变迁与裁判》，第 97 页。
④ 本案源于票据纠纷，票据法虽然属于商法的内容，但民初民商合一的观念较为盛行，大理院也未设商事庭，所有商事案件都由民事庭审理判决。
⑤ 大理院书记厅编《大理院判决录》，民国三年四月。

主文

本案上告驳回。

理由

本院按票据法理，无论为期票、为汇票，除票面有特别订定外，皆可以自由让与，其让与人对于受让人当然担保其至期支付。故如该票至期不能得支付时，受让人本于让与人之担保义务，可以对之为支付之请求，此固一般之法理，而亦吾国习惯之所同也。查本案被上告人由上告人受让源茂久兑票，该号既不能支付，则对于上告人为请求，自无不当。原判之判令上告人为支付，按之上开法例，亦为适法。兹上告人不服原判之论旨有四：一、该票内兑付新泰永字样，实以当时被上告人尚欠对价，故用上告人店号之名义暂为担保，至该票不能支付，实与上告人无涉。且嗣后源茂久立给被上告人存条一纸，由其受领后转交吴可清收存，有吴可清及存条可证。是该兑票之金额已由源茂久改作存款，被上告人亦已承认，更何得本于兑票向上告人为请求？二、被上告人不于期前向源茂久索债，直至其歇业后始向上告人追讨，应由其自负迟延之责。三、被上告人主张各节究令属实，然源茂久汉票始终并未退还，则上告人凭何向源茂久索取？今至源茂久歇业不能支付，亦属被上告人自取之咎。四、上告人在控告审时，请传合成永四家及吴可清作证，既置而不理，拟延律师代理诉讼，亦未许可，实非适法云云。

本院按该票内兑付新泰永字样明明表示该票面金额由新泰永受取之意义，今被上告人既持有该票，自应解为由原受取人（即上告人）所让与。上告人虽曲为之解，然既无确切之证明，自难信为真实。主证言之可信与否，原由审理事实之审判衙门于法律范围内衡情取舍，本案源茂久兑票既不支付，而仅以存条定期为清偿，即欲将兑票上之权利消灭，既于被上告人毫无实益，自无即行承认之理。况该兑票仍由被上告人收执，并未退还，亦可推定其未经承认。而存条之由吴可清呈出，尤属可疑，更难引为确证。是故原审之否认上告人主张，揆之证据法则，均属适法。而上告人第一论旨即难谓为正当已无疑，自不得谓为被上告人应负迟延之责。该票有凭票支付之记载，苟未受领票面金额，自无将票交付于人之理。兹上告人于该票不能支付时，既不对于被上告人速为支付，则迁延时日，以致源茂久歇业，无从追索者，亦属上告人之怠慢，更非被上告人之咎，故第二、第三论旨亦非正当。又查原审记录，原高等审判厅因上告人之声请，曾嘱托郑州代传吴可清到案作证，嗣该州覆称吴已出外，查传无着，遂询上告人以吴可清现在住址，亦称不知，均经附卷可查，是原高等审判厅关于此项证据程序并无不合。若合成久四家，则于本案并无何等关系，乃属不必要之证据方法，原审依现行诉讼法例，就当事人所声请各种证据方法中，仅调查其重要者，而于其不必要者，恝置不问，亦属依法所为之处置，更何得就此点以主张不服？至上告人之延请律师代理诉讼，系在辩论终结之后，则原审之认辩论毋庸再开，予以驳斥，自非违法。是故上告论旨第四点显非适法，亦不得谓为正当。

据上述论结，应认上告为无理由，即予驳回。又本案上告系实体法，诉讼法上之见解依本院现行事例，得用书面审理。故本判决即以书面审理行之，特为判决如右。

中华民国三年四月七日

大理院民事第二庭

审判长推事　余棨昌

推事　胡诒谷

推事　黄德章

推事　李祖虞

推事　林志均

大理院书记官　郑耿光

判例要旨①

票据让与人负担保票据至期兑款之义务。

无论为期票、为汇票，除票面有特别订定外，皆可以自由让与，其让与人对于受让人当然担保其至期兑款。

我们可以看到，判例要旨或是直接引用判决的法律依据，即"本院按……"所述部分，或是从判决法律依据中抽象出新的法律规则。在郭

---

① 郭卫编《大理院判决例全书》，成文出版社，1972，第374页。

卫的《大理院判决例全书》中，每条判例要旨均有提要和内容两部分。① 在本条判例要旨中，提要为"票据让与人负担票据至期兑款之义务"，显然是大理院对判例要旨的概括；内容为"无论……至期兑款"，则是基本引自判决依据，是大理院根据法理与我国传统票据习惯归纳形成的新规则。

与解释例要旨相比，判例要旨的内容更为复杂，既有对现行法的补充，也有对习惯的确认，还有根据法理创制的规则。其中创制规则和确认习惯占据很大比例，因此它更倾向于创造一种新的法律规则。按曾任大理院院长的姚震先生所言："大理院一以守法为准，法有不备或于时不适，则借解释以救济之，其无可据者则审度国情，参以学理，著为先例。"② 这种法令解释权不是审判机关正常应有的权力，而是大理院在立法机关濒于瘫痪情况下行使的变异司法权，我们甚至可以称它为"造法权"。③ 曾任大理院院长的余棨昌先生称："此种判例之产生，不啻大理院之立法矣。"④

（三）判解要旨对商法本土化的推动

就商法领域而言，大理院判解要旨不仅对现行法适用中的疑难问题进行厘清，而且对传统商事习惯的效力和地位加以确认、规范，使之成为解决商事纠纷的准据和法源。同时，大理院还努力将国际通行商事规则、传统商事习惯和法理加以融合，创制新的商事规则，极大缓解各级审判机关

---

① 民国二年大理院发布的判例要旨汇览中，并无提要部分。但在民国八年和民国十五年的判例要旨汇览中，既有提要，也有内容。参见大理院编辑处编《大理院判例要旨汇览》（民国二年版、民国八年版、民国十五年版），藏国家图书馆。

② 姚震：《大理院判例要旨汇览正集序》，载大理院编辑处编辑《大理院判例要旨汇览》，民国八年（1919年）印行。

③ 理论上，司法机关包括最高法院不应拥有立法权，否则将与三权分立的基本原则相悖。但实际上，司法甚至行政机关侵蚀立法权却是常见的现象，而且这种现象还有普遍化的趋势，体现为司法解释的立法化和行政立法的泛滥。然而民初的《临时约法》、《中华民国约法》、《中华民国宪法》和《修正法院编制法》等都规定立法权属于立法机关，大理院只有法令解释权，因而我们很难把大理院这种发布判例要旨的权力称为立法权，但它确实又在现行法之外创造新规则，本书姑且把它称为"造法权"，特指司法机关以司法解释的形式行使事实上的立法权，以区别于立法机关的立法权。

④ 余棨昌：《民国以来新司法制度——施行之状况及其利弊》，《法律评论》1928年第36期，总第244期。

因法源严重不足而面临的司法困境。另外,通过对判解要旨的编纂,大理院试图完善和重构商法体系,在立法机关几乎瘫痪的情况下,极大地推动商法本土化的进程,对民国此后的商事立法和司法实践都产生重大影响。①

1. 判例要旨对传统商事习惯的确认与规范

在我国,传统商事习惯一向是解决商事纠纷的重要依据。近代以来,随着商事纠纷日益增多,传统商事习惯的重要性也日益凸显。对传统商事习惯加以甄别和确认,并在立法中充分吸纳,以适应实际商情的需要,这是商法本土化的重要途径。为此,清末、民初在制定商法之前,都曾广泛开展全国范围内的商事习惯调查,并获得丰硕的成果。尽管这些调查成果在一定程度上被民初的商事部门法草案所吸收,但遗憾的是,这些草案都因种种原因被长期搁置。

因此,各级审判机关在解决商事纠纷时面临着这样的矛盾:一方面是法源严重不足,法官在审理商事案件时常常处于无法可依的尴尬境地,不得不依赖传统商事习惯和各种商事规则进行裁判,这是法律空缺情况下最佳的选择,也是无奈的选择;另一方面是各地商事习惯五花八门、良莠不齐,带有很强的地域性和差异性,法官不可能将所有的商事习惯都作为判决依据,在选择适用习惯时既要考虑适应实际商情,又不得违背国际通行规则和一般法理,为此常常无所适从。

在这种情形下,大理院作为最高司法机关,充分发挥司法能动性,颁布大量的判例要旨,对传统商事习惯的效力和地位进行甄别。对行之有效又不违反法律和公序良俗的习惯,确认其法律效力和地位;对违反法律和公序良俗的陈规陋习,排除和否定其法律效力和地位。同时,大理院还依据或参照传统习惯对很多商事案件做出判决,为地方各级司法机关确立裁判规则,客观上推动了商法本土化的进程。大理院对传统商事习惯的确认和规范体现在四个方面。

---

① 从郭卫汇编的解释例要旨和判例要旨来看,民事解释例大约为判例六分之一,内容几乎完全是对现行法或判解要旨的解释,不仅数量上比判例要旨少得多,而且调整范围也比判例要旨小得多。因此,本书在论述判解要旨时,将以判例要旨为中心,以解释例要旨为补充。

首先，确认习惯的生效要件和法源地位。大理院在第一个民事判例要旨中，规定习惯经确认成为习惯法的四个成立要件：（一）有内部要素，即人人有确信以为法之心；（二）有外部要素，即于一定期间内就同一事项反复为同一之行为；（三）系法令所未规定之事项；（四）无背于公共之秩序及利益。① 从这四个要件可以看出，习惯法或习惯必须是一种大众耳熟能详、与社会道德利益相符合、法律没有明文规定的客观存在。这种认识与西方近代法理学对习惯法的认识是一致的，也成为后来地方各级法院的判断标准。只有在习惯事实存在，又不违反现行法，并且无害于公益时，审判机关才考虑是否适用，这些条件在大理院三年的判例要旨中再次得到确认。②

在规定习惯的生效要件后，大理院又确认习惯的法源地位应在现行法之后、法理之前，此后的判例要旨又多次重申上述效力次序。③ 针对商事行为的特殊性，大理院进一步明确："已成立之法人果应认为何种性质，又其内部之权利义务关系如何，应适用何种法则，自应查照法律无明文则依习惯法则，无习惯法则则依条理之原则以为判断。"④ 另外值得注意的是，尽管习惯可以因司法机关的确认而具有法律效力，但是大理院的司法实践表明，习惯的效力并不能凌驾于当事人的特别约定。⑤ 近代以来，意思自治原则在民法中被普遍信奉，当事人的特别约定如果不违反强制法的规定，不但对双方当事人具有拘束力，也可以排斥其他的法源，包括习惯的干预。大理院在民国四年的判例要旨中，就以特别约定优于习惯为由，否定广东省"铺房租赁期满后仍应续租"

---

① 大理院民事判决二年上字第三号，郭卫编《大理院判决例全书》，成文出版社，1972，第29页。

② 大理院民事判决三年上字第三四二号："当事人主张有特别习惯以为请求之根据者，如其习惯已系显著而又无背于法令，无害于公益者，审判衙门自应根据其习惯，进而审究其请求之当否。"前引郭卫编《大理院判决例全书》，第678页。

③ 大理院民事判决二年上字第六四号："判断民事案件应先依法律所规定，法律无明文者依习惯法，无习惯法者依条理"；四年上字第二二号："法律无明文者从习惯，无习惯者从条理。故苟有明文足资根据，则习惯及通常条理即不得援用。"前引郭卫编《大理院判决例全书》，第29页、第30页。

④ 大理院民事判决三年上字第九〇一号，前引郭卫编《大理院判决例全书》，第35页。

⑤ 大理院民事判决三年上字第一〇九号："凡商行为无特约者依习惯，无习惯者依条理。"前引郭卫编《大理院判决例全书》，第370页。

的习惯。①

其次，规定习惯的确认程序和举证责任。习惯的确认有严格的程序，按判例要旨规定，采用习惯必须先审查该习惯法则是否成立。② 对于双方当事人存在争议的习惯，审判机关应当先确认习惯的事实存在，再判定习惯的法律效力以及是否应当采纳。③ 习惯的事实存在除由审判机关认定之外，也可以由相对人认可或主张人证明。④ 对于那些具有比较鲜明地域性、不显著、不广为人知的特别习惯，应由主张人举证，民国四年的判例要旨又重申这一规则。⑤ 相对而言，那些众人所熟知或行业所共同遵守的习惯，大理院的要求则要宽松得多。例如大理院民事判决七年上字第七五五号称："当事人共认之习惯，苟无背公共之秩序，审判衙门固不待主张习惯利益之人再为证明，即可予以采用。"⑥ 对于习惯的事实存在，应当依照审判程序的要求，在上告审之前提出，否则即被认为不合法而不予采纳。⑦ 随后大理院又做出进一步解释：习惯法之成立以习惯事实为基础，故于上告审始主张习惯法者，除该习惯业经显著或审判上曾经引用者外，应以主张新事实论，认为不合法。⑧

---

① 大理院民事判决四年上字第一二七六号："凡法律未规定者本应适用习惯，但习惯通常概无强行之效力，故当事人间有特别约定者，自应依据特约，即无更行适用习惯之余地。"前引郭卫编《大理院判决例全书》，第30页。
② 大理院民事判决四年上字第二五四号，前引郭卫编《大理院判决例全书》，第678页。
③ 大理院民事判决二年上字第六三号："关于习惯法之成立，如有争执，审判衙门应先就其事实点依法调查，次则审按其事实应否与以法之效力。"前引郭卫编《大理院判决例全书》，第677页。
④ 大理院民事判决三年上字第一九六号："习惯法则之成立必先有事实之存在，故除审判衙门于显著之事实及于职权上已认知其事实或相对人有自白者外，应依通常证据法则为之证明。"大理院民事判决四年上字第四二九号："习惯事实之调查依诉讼法则与审查争执事实同，其程序应据当事人依法提出之证据或审判衙门职权调查之结果，方得认定其事实之存在及其存在之程度。"前引郭卫编《大理院判决例全书》，第677~678页。
⑤ 大理院民事判决三年上三三六号："习惯为审判衙门所不知者，应由当事人立证。"大理院民事判决四年上第一一八号："习惯法之成立以习惯事实为基础，故主张特别习惯以为攻击或防御方法者，除该习惯确系显著，素为审判衙门所采用者外，主张之人应负立证责任。"前引郭卫编《大理院判决例全书》，第678页。
⑥ 前引郭卫编《大理院判决例全书》，第679页。
⑦ 大理院三年上字第八三〇号："当事人在审理事实之审判衙门并未主张习惯事实之存在，至上告审而始行主张者，应与上告审主张新事实或新证据同论，以诉讼通例不能认为合法。"前引郭卫编《大理院判决例全书》，第734页。
⑧ 大理院判决五年上字第四六〇号，前引郭卫编《大理院判决例全书》，第734页。

这些规则被以后的北洋政府民事诉讼立法所采纳，1921年7月公布的《民事诉讼法草案》第三百三十四条即规定："习惯法、自治法及外国之现行法为法院所不知者，当事人有举证之责任。但不问当事人举证与否，法院得依职权为必要之调查。"① 其编订理由称："调查习惯法、自治法及外国之现行法与调查事实不同，应令法院得自由调查。其调查范围不可以当事人提出之证据为限，故法院除自行调查外，遇有必要时得咨托法部代为调查。"② 可见，判例要旨不仅影响到各级审判机关的司法实践，而且影响到立法机关的立法精神。

再次，直接参考习惯做出判决和判例要旨。对于习惯法是否成立以及能否在判决中适用，大理院持非常慎重的态度。通过上述判例要旨的发布，大理院构建起比较完善的习惯甄别和确认机制，从而为各级审判机关在审理商事案件中依据传统商事习惯做出判决提供制度保障。特别是判例要旨二年上字第六十四号所确定的法律、习惯、条理的效力顺序，在司法实践中被严格遵守。在大理院的判决和判例要旨中，广泛确认习惯的效力与地位，尤其在缺乏现行有效法律的商事领域，这种情况更为普遍。

大理院曾在多起商事案件中，根据各地商事习惯进行判决。以商贸往来中常见的商业借贷利息问题为例，由于我国各地商贸和金融业发达程度差异较大，因此也形成各种纷繁复杂的商业借贷利息习惯。大理院在解决此类纠纷时，对于符合生效要件的习惯都予以充分尊重。例如对于有些地方的"滚利做本"习惯，判例要旨四年上字第一五三九号就确认其有效性："商人间之金钱债务计算利息，如依商场习惯，逾一定期间尚不清还，应由债权人滚利作本再行加利者，自应依习惯准其加算利息。盖此项特别习惯既未与法律之明文相抵触，而揆诸商人专以营利为业之本旨，又非此不足以保护其应有之利益故也。"③ 同年的另一条判例要旨再次确认

---

① 引自《东方杂志》第18卷第24号，第120页。另据谢振民先生介绍：该草案于1921年11月14日改名为《民事诉讼条例》，根据司法部之呈请，由政府明令自1922年7月起施行。谢振民编著《中华民国立法史》，张知本校订，中国政法大学出版社，2000，第994页。
② 引自郑爱诹《民事诉讼条例集解》，世界书局，1923，第244页。
③ 前引郭卫编《大理院判决例全书》，第370页。

这一习惯，并进行补充。① 在当地没有利息习惯且当事人无特别约定时，大理院还根据法理和实际商情，支持债权人在一定范围内请求支付利息。② 其理由是按照商事法理，凡是商人之间的行为，以有偿为原则，这也是商人营利目的使然。③ 但是，如果当地有反对请求利息的习惯，而当事人在借贷时并没有做出不依习惯的意思表示时，则仍依习惯不支持债权人请求支付利息。④

就判例要旨对传统习惯的参考而言，票据法领域毫无疑问是最典型的代表。民初的票据立法历经五稿，最后无一施行，导致司法机关长期无法可依。大理院因此发布了40条关于票据的判例要旨，其中有7条直接规定应当适用习惯，另有1条也源自我国传统票据习惯。

四年上字一一〇三号："关于票据之规定，在我国现行法上尚无明文。故关于票据之讼争自应依照法律无明文者应用习惯法则，无习惯法则者应用条理之原则以为判断。"

七年上字一一四〇号："民国关于票据法则现在尚未制定，按照法律无明文依习惯，法律无习惯依条理之通例，凡判断关于票据法上之讼争，苟非有特别习惯，自不能不以条理为依据。"

九年上字三一六号："持票人虽将票遗失，但已践行习惯上一定之程序，仍得请求照兑，并非票据一经遗失即绝对不得行使债权。"

四年上字一七一五号："票面所载之日期乃表示票据上之权利非至时期不得行使，非谓过期其权利即归消灭，所称过期作废之说实反于票据法理及习惯。"

---

① 大理院民事判决四年上字第一五七八号："利息滚入母本，若当地商场有此种特别习惯者，纵使债务人未表示是否同意，而为保护债权人之利益，亦可认其遵从习惯推定为同意之存在，如债务人在初别无不同意之反证，自不能否认债权人之滚息为本之不当。"前引郭卫编《大理院判决例全书》，第370页。
② 大理院民事判决三年上字第六〇九号："商人间因商行为所生之债权有约定之利息者，固可请求其利息，即使未经约定，而债务人如不能为无利息之证明，且关于该债权亦无不须付息之惯例者，则按照条理自应认为有利息之债权，使债权人于相当范围内得请求付息。"前引郭卫编《大理院判决例全书》，第370页。
③ 大理院民事判决三年上字第一〇九〇号，前引郭卫编《大理院判决例全书》，第370页。
④ 大理院民事判决十年上字第九五四号，前引郭卫编《大理院判决例全书》，第371页。

三年上字七一四号："持票人不得票款之付兑，自有对于出票人、转让人请求偿还之权。唯求偿权之行使须于相当之期间内通知，是为必要之条件。至其相当期间若何，我国法律既无明文规定，只得依各地方之习惯以为判断。"

四年上字三三〇号："票据所持人有向保证人请求偿还之权，其求偿权之行使须于相当期间内通知，是为必要之条件。如于相当期间内不为通知者，其求偿权即应丧失，自不待言。但其相当期间何如，我国法律无明文规定，只得依各该地方之习惯以为判断。"

五年上字六九〇号："持票人不得票款之付兑者，对于保证人有请求偿还之权。唯其求偿权之行使，须依该地方习惯于相当之期间内通知之，违者对于保证人即不得再行主张票据上之权利。"

四年上字一七一四号："无记名期票持票人应照票面所记载，届期向出票人兑款。苟不能证明持票人取得之原因有何不法，即无可以拒绝之理由。"①

上述票据判例要旨既涉及传统票据习惯的法律效力、适用顺序等一般问题，也涉及票据遗失的权利保全、到期日、偿还请求权、通知期间，发行人的付款责任等具体问题。大理院如此广泛地采纳习惯，固然是法源严重欠缺情形下的无奈之举，客观上却促使传统票据习惯被确认和采纳，成为司法实践的重要准则，也为此后的票据立法吸纳传统习惯打下基础。

在其他商事领域，判例要旨也不乏对商事习惯的确认。例如对于商行为，民国三年的判例要旨根据"凡商行为无特约者依习惯，无习惯者依条理"的原则，确认奉省"代售行为不须报酬"的习惯②；对于股份退让，民国四年的判例要旨根据"有习惯者不能仍凭条理处断"的原则，确认"凡合资营业之股份退让与他人，应由在股之股东签字作证"的习惯③；对于铺底权，民国五年的判例要旨根据京师习惯确认："凡铺东于

---

① 该条判例要旨来源于我国传统票据习惯。期票即本票，在很多国家的票据立法中，不承认无记名本票，而按我国传统票据习惯，无记名本票尤其是钱庄本票最为通行，信用卓著，发行人负有绝对付款义务。本书第二章、第三章曾有所论述，此处不赘。
② 大理院民事判决三年上字第一〇九〇号，前引郭卫编《大理院判决例全书》，第370页。
③ 大理院民事判决四年上字第二三五四号，前引郭卫编《大理院判决例全书》，第30页。

其所租铺房隙地添盖房屋者，苟房东别无异议，即当然发生铺底权。"根据天津习惯确认："铺房房主不得无故不租，以免妨害商业。"① 诸如此类，在判例要旨中时有所见。

最后，否定不良习惯的效力和地位。大理院对待商事习惯的态度不仅包括确认，也包括摒弃和排除。对于那些与现行强制法或法理相悖的不良商业习惯，判例要旨明确否定其效力和地位。判断商业习惯能否生效的标准是前述大理院判例要旨二年上字第三号所确立的四个要件，其中是否为现行法所未规定与是否违背公共秩序及利益最为关键。

习惯不得违反现行强制法的规定，是各国普遍遵守的司法基本原则，也多次被判例要旨所确认。在大理院的判决中，对于违反现行强制法的习惯当然采取否定态度，自不待言。还有些习惯是与现行法完全相同，大理院认为既然有现行法，习惯法自无存在的必要。判例要旨六年上字第一四二二号称："习惯法之成立，固以多年惯行之事实及普通一般人之确信心为基础，而此项事实与确信心，尤必为法所未定之事项，或与法律规定（指任意性质之法）有特异之点，始得认其成立。如多年惯行之事实及普通一般人之确信心与当时通行之法规全然符合者，则不过为人民奉行法规之事实与法规之印象（即人民关于法规之知识），而不能于法规以外，成为独立之习惯法，毫无可疑。"②

对于符合传统习惯但"违背公共秩序及利益"者，大理院明确判定为不良习惯，从而达到纠正各种陈规陋习的目的。不得违反公序良俗向来是民法的基本原则，自然也适用于商法。在民国三年发生的一起船长因重大过失而致乘客损害案件中，大理院成功地将公序良俗原则确立为适用习惯的重要标准。按照近代的河运习惯，船长即使有故意或过失而导致他人生命财产遭受损害，也不负赔偿责任。这种习惯的养成既有传统民事法缺乏的原因，也有行业习惯由内部产生、很大程度上偏袒本行业人员的原因。近代民法从追究侵害人过错责任、保护受害人权利的角度出发，要求侵害人负损害赔偿责任。而该习惯漠视受害人权利，与过错原则严重相

---

① 大理院民事判决五年上字第八七三号、第九七〇号，前引郭卫编《大理院判决例全书》，第187页。
② 前引郭卫编《大理院判决例全书》，第30~31页。

悖，显然有害公序良俗。因此，大理院依据民法基本原则与判解要旨，判令侵害人必须承担损害赔偿责任。该判例要旨称："习惯法成立之要件有四，而以无背公共秩序为要件之一。本案上告人主张之旧习惯具备其他条件与否，兹姑不论，但其因船长之故意或过失所加于他人之损害而可以免责，则因贪利而为过重之积载或过量之拖带将毫无民事上之责任，弁髦他人之生命财产，其弊何可胜言。是故此项旧习即使属实，而为公共秩序计，亦断难予以法之效力。"① 可以看出，大理院的态度非常坚决，无论习惯内容如何、适用范围多大、沿用时间多久，只要违背公序良俗，一概认定为无效，不得成为判决依据。该案的判决不仅为各级审判机关在以后的司法实践中运用公序良俗原则提供依据，而且为甄别民商事习惯树立标准，对剔除陈规陋习、规范传统习惯影响极大。

公序良俗原则有利于司法机关充分运用自由裁量权，因此，无论在法制发达国家还是落后国家，都深受司法机关欢迎。而且，司法机关往往对公序良俗原则做出扩大解释，民初同样如此。在大理院的判例要旨中，这种扩大解释表现最为典型的是对传统商事习惯以"有碍交易安全"为由予以否定。例如大理院在民国三年的判决中就否定"商号负债不能涉及家产"的习惯，按判例要旨称："习惯之有法律上效力，尤以不害公益为其要件之一端，如所主张商号负债不能涉及家产之办法，于交易安全实有妨碍，纵令果属旧有之习惯，亦断难认为有法律之效力。"② 在判例要旨七年上字第一四三八号中，大理院也以"此种习惯，既于交易上之安全显有妨碍"为由，否定山西商场"收欠还欠"的习惯。③ 与此相同的还有判例要旨十二年上字第一二二一号，大理院仍以有碍交易安全为由，否定"伙友任意擅为人盖章作保"的习惯。④

---

① 大理院民事判决三年上字第七三三号，前引郭卫编《大理院判决例全书》，第29页。
② 大理院民事判决三年上字第九八八号，前引郭卫编《大理院判决例全书》，第30页。
③ 前引郭卫编《大理院判决例全书》，第31页。
④ 大理院民事判决十二年上字第一二二一号："商号伙友专擅为人盖章作保，除经号东追认外，无论有无特别习惯，其效力皆不能及于号东。盖习惯法则之成立以不背公共秩序善良风俗为最要条件，伙友苟可任意使用商号图章为人作保，使不知情之号东负其责任，则因伙友行为而号东常蒙不测之损失，将何以保商业之安全？故此项习惯即令确实存在，亦不能认为有法之效力。"前引郭卫编《大理院判决例全书》，第363页。

2. 判解要旨对商事规则的创制

大理院司法实践对商法本土化的推动，不仅表现在确认和规范传统商事习惯，还表现在创制新的商事规则。通常来说，在法典化传统的国家中，司法机关在商事法完备的情况下，其权限只是对法律进行解释，自由裁量的权力是相当有限的，更不用说创制新的法律规则。但是，民初是一个特殊的年代，由于工商贸易与金融业的快速发展与外国资本的进入，大量国内外商事纠纷急需通过司法途径解决。然而，我国传统商法一向普遍缺乏，直到民初也并未得到很大改善。从清末到民初，商事立法或因徒袭西法、罔顾商情而废弃，或因力求融通、未臻完善而迁延，或因政局动荡、国会变迁而搁置，商事审判陷于捉襟见肘的窘境。作为最高司法机关，大理院把握历史契机，充分发挥司法的能动性，通过判解要旨创制大量商事规则，极大地扩充了法令解释权，一定程度上发挥着立法机关的作用。这种创制主要体现在两方面。

首先是通过判解汇览，对现行商法之外的其他商事部门法，在编章体例上进行重构，力图完善商法体系。大理院书记厅曾多次对判解要旨进行编辑：1913 年编辑刊行《大理院判例要旨汇览》，1919 年对该《汇览》进行补充，并编辑刊行《大理院解释例要旨汇览》，[①] 1926 又对判解汇览进行补充。此后，民间人士如周东白、郭卫等人在判解汇览的基础上继续进行汇编，增加新的判解要旨内容，对官方编辑起到重要的补充作用。

判解汇览并非各种判解要旨的简单汇合，而是按一定原则进行的法律体系重构：对于有现行法的部门法，完全按其体例进行编排；对于无现行法的部门法，则由大理院自主创制体例。这种编排模式既体现大理院对现行法的尊重，又充分发挥其造法功能，是大理院法令解释权的扩充。张生先生认为，民初大理院的民事判解要旨汇编，不仅具有体系规范功能与具体规范功能，而且具有与制定法几乎完全相同的效力，因此带有准法典的性质。[②]

---

① 为方便行文，本书将上述编辑的有关判例要旨内容统称为"判旨汇览"，将有关解释例要旨内容统称为"解旨汇览"，将这两部分统称为"判解汇览"，以下同。

② 张生：《中国近代民法法典化研究》，中国政法大学出版社，2004，第 120 页、第 137 页。

就商法领域而言，判旨汇览对体系的创造性尤为明显。商事判旨汇览的整体结构既包括《商人通例》《公司条例》等现行法及《商人通例施行细则》《商事公断处章程》《京师商民债务案件得由法院委托商会调处办法》等相关章程，也包括《商行为》《票据》《海船》《商标法》《证券交易所法》等无现行法的主要商事部门法，其中有关保险法的内容包含于《商行为》中，《破产法》因具有实体法与程序法混合的性质被置于诉讼法部分，它们几乎囊括所有的商事部门法，构成相当完整的商法体系。

从各商事部门法的编章体例来看，《商人通例》和《公司条例》的编章与现行法完全相同，而其他部门法的编章则由大理院决定，其中有采纳原有草案体例者，例如《海船》；也有大理院自行创制者，例如《票据》和《商行为》。大理院关于票据的判例要旨共40条，分为四章：第一章总则；第二章汇票，下设八节：第一节出票、第二节转让、第三节承兑、第四节兑款、第五节担保之请求、第六节偿还之请求、第七节保证、第八节参加；第三章期票；第四章支票。① 其编章体例既不同于民初任何一部票据法草案，也不同于前清票据法草案，显为大理院自创。关于商行为的判例要旨共30条，其编章体例与1914年农商部制定的《商事条例》草案也有很大差异。② 商事判旨汇览体系完整、部门齐全，编章体例有所继承、有所创新，比民初零散的商事现行法更具系统性，隐然具备商法典雏形。

从上述分析可以看出，商事判旨汇览实际上是对商法体系的重构，已经超过正常汇编的范围，具有编纂的性质。无论是《商人通例》《公司条例》还是《票据》、《商行为》和《海船》，判旨汇览中都列出完整的编章，不管有没有判例要旨的内容。例如《票据》第二章汇票第二节转让、第五节担保之请求、第八节参加，以及第四章支票都只有章节名称而没有判例要旨内容（见附表4-2），其他各商事部门法也存在类似情况。大理

---

① 郭卫编《大理院判决例全书》，成文出版社，1972，第373~378页。
② 本部分的分析以郭卫所编《大理院判决例全书》、《大理院解释例全文》及《检查表》为依据，它们虽属个人汇编性质，但其体例结构与判解汇览相同，内容更为完善，作为参考依据应该是没有问题的。

院将判例要旨所属的编章名称列出，让人一目了然，这在汇编中是很常见的。如果有相关的判例要旨而没有编章名称，由大理院自创编章以确定判例要旨的归属，也勉强可以理解。但是，既然没有判例要旨内容，为何要将编章名称列出？——而且有些编章显然属于大理院自创。这只能说明，大理院的汇编不是根据现有的判例要旨进行分门别类，归入不同编章，而是预先设定各部门法的编章，然后再将相关的判例要旨填补其中。① 而判例要旨的内容不乏大理院创制的新规则，在司法实践中发挥着和制定法几乎相同的效力。这种编辑方式已远远超出汇编的范围，而带有编纂的性质。当然，从理论上讲，编纂应由立法机关进行，而大理院是司法机关，法律并没有赋予它立法权；编纂对象是判例要旨，其效力具有多样性，与法律法规毕竟有所不同。

表 4-2 大理院票据判例要旨

排序	所属章节	提要	内容	法源	号数
1	第一章 总则	票据为不要因债务，应以署名人为债务人。	票据既与通常贷借关系不同而为一无原因之债务，则票据债务人自不必属于实际上受益之人，而不能不以署名于票据之人究系何人为断。	法理	三上六三号
2	同上	票据让与人负担保票据至期兑款之义务。	无论为期票、为汇票，除票面有特别订定外，皆可以自由让与，其让与人对于受让人当然担保其至期兑款。	规则	三上一九四号
3	同上	附券遗失票据上权利不丧失。	票据附有附券者，附券虽经遗失，然于请求支付时既持有该券，则行使票据权利之要件已无欠缺，自不得因附券遗失即丧失票据上之权利。	规则	三上二六八号
4	同上	汇票出票人及转让人对后者有担保义务。	汇票发出人与转让人对于持票人均应负担保之义务。转让人有数人时，其前者对于后者亦应负担保之义务。	规则	三上七一四号

---

① 笔者查阅民国二年的判旨汇览，其中对于无现行法的商事部门法，例如票据法，只列出法律部门名称。而到民国八年，判旨汇览对各商事部门法都列出编章节。该汇览并非每年发布，所以很难说这些编章节就是民国八年才设定，从民国二年到民国八年都是有可能的。

续表

排序	所属章节	提要	内容	法源	号数
5	同上	票据在直接当事人间得以无合法原因拒绝支付。	发出票据之原因是否有效,固于票据债权之存否无涉。唯其发出票据如确无真实合法之原因,则在直接当事人间(即出票人与受票人间)仍得以此为理由拒绝兑款。纵已对付,仍得请求不当利得之偿还。	规则	三上一一六四号
6	同上	票据适用法规之次序。	关于票据之规定,在我国现行法上尚无明文。故关于票据之讼争,自应依照法律无明文者应用习惯法则,无习惯法则者应用条理之原则以为判断。	习惯法理	四上一一〇三号
7	同上	票据债务人得以直接对抗事由为抗辩。	票据债务人对于债权人有得直接对抗之事由者,于债权人行使票据债权时,得主张该事由以为抗辩。	规则	四上一四一二号
8	同上	票据有流通性质。	无记名票据本具有流通性质,固不以通知债务人为移转之条件,尤不以记载担保人为形式上之要件。	规则	四上一七一四号
9	同上	发出票据附有解除条件者,在直接当事人间得以条件成就为抗辩。	出票行为附有解除条件者,若在直接当事人间,固得以条件成就主张其票据之失效。	法理	五上五一号
10	同上	出票人不得以对受票人之抗辩对持票人拒绝支付。	票据之出票人对于辗转让与之持票人,当然负兑款之义务。不得以对于受票人之抗辩事由,或让与时未经通知,或未请其承认为理由拒绝,不为支付。	规则	五上一一四一号
11	同上	票据无特别习惯者依条理为断。	民国关于票据法则现在尚未制定,按照法律无明文依习惯,法律无习惯依条理之通例,凡判断关于票据法上之讼争,苟非有特别习惯,自不能不以条理为依据。	习惯法理	七上一一四〇号
12	同上	汇票所持人失票据上权利时,仍得向发票人请求偿还不当利得。	汇票之出票人如未将其所收之汇款给付承兑人,则该持票人虽在不得主张票据上权利之时,而本于不当利得之原则,仍得就出票人实受利益之限度内向其请求偿还。	法理	同上

续表

排序	所属章节	提要	内容	法源	号数
13	同上	票据债务人之抗辩事由，除载明票据外，不得对抗善意让受人。	票据债务人之抗辩事由除载明票据者外，唯于直接当事人间得以主张，不能据以对抗善意让受票据之人。而于善意让受后始知其抗辩事由者，亦不受其对抗。	规则法理	八上四九八号
14	同上	票据领款须与票对换。	票据已转交他人作质，并非归受票人所执者，必俟受票人将该票对换始可领受票款。	规则	八上一三六三号
15	同上	持票人于失票后践行习惯上一定程序者，仍得请求照兑。	持票人虽将票遗失，但已践行习惯上一定之程序，仍得请求照兑，并非票据一经遗失即绝对不得行使债权。	习惯法理	九上三一六号
16	同上	出票人不得凭让与人之报失而将既发出之票据取消。	票据之报失原为保护失票人（即最终持票人）之权利起见，使失票人将来仍可求兑。若报失者仅为让与人而非票人，则出票人不得仅凭其报失即将既发出之票据率予取消，而害及失票人之权利。	法理	同上号
17	第二章 汇票 第一节 出票	票据须记明兑款人及受取人之姓名或商号。	凡发出票据时，票据内自必记明兑款人及受取人之姓名或商号。	规则	三上一一六八号
18	同上	票据权利不因过期消灭。	票面所载之日期乃表示票据上之权利非至时期不得行使，非谓过期其权利即归消灭，所称过期作废之说实反于票据法理及习惯。	法理习惯	四上一七一五号
	第二节 转让	无	无	无	无
19	第三节 承兑	汇票付款人已承认兑款者，即应如期付款。	汇票兑款人已为承兑之表示者，对于持票人即负有如期付款之义务，不得以票款未经出票人给付为对抗之事由。	规则	八上六一二号

续表

排序	所属章节	提要	内容	法源	号数
20	第四节 兑款	非正当持票人无请求兑款之权。	凡发票时票据内自必记明支付人及受取人之姓名商号，由受取人辗转让与于他人，凭以兑付。唯凭票兑现之权，仅票面所载之受取人或辗转让受之人有之。若票面既未列为受取人，而又非让受之人，亦非经他人所指命者，则虽持有该票，亦难视为正当持票人认其有兑款之权利。	法理	三上一一六八号
21	同上	票据之兑款毋庸经手人作证。	票据债务仅须对于持票人支付，本毋庸令经手人当场作证。	法理	四上一三五二号
	第五节 担保之请求	无	无	无	无
22	第六节 偿还之请求	持票人向出票人、转让人求偿，须于习惯所认期内通知。	持票人不得票款之付兑，自有对于出票人、转让人请求偿还之权。唯求偿权之行使须于相当之期间内通知，是为必要之条件。至其相当期间为何，我国法律既无明文规定，只得依各地方之习惯以为判断。	习惯 法理	三上七一四号
23	同上	汇票经拒绝兑款者，得向出票人求偿。	凡汇票经兑款人拒绝兑款者，出票人对于持票人须依票面金额负偿还之责。	规则	四上一二六〇号
24	同上	票据债务与普通金钱债务同应计算迟延利息。	金钱债务曾经约定利率者，如债务人延不履行，自应从迟延之日起至履行之日止计算赔偿。即票据之债务，亦事同一律，应予计算迟延利息。	法理	四上一三五二号
25	同上	持票人向出票人兑取，即不得以发行原因为对抗。	票据经辗转交付后，其前手对于持票人虽负有完全担保之义务，而持票人行使求偿之权利则仍有选择之自由。如对于出票人求偿时，即不得以有前手为拒绝偿还之理由。	规则	四上一七一五号
26	同上	偿还请求之通知系一方所为。	偿还请求之通知系一方行为，不因受通知人之否认而失其法律上应有之效力。	法理	四上一八三二号

续表

排序	所属章节	提要	内容	法源	号数
27	同上	持票人向出票人、转让人求偿,不问兑款人已否签字承兑。	出票人与前手对于持票人均应负担保之义务,故持票人如被兑款人拒绝兑款,自有向出票人或前手请求偿还之权,不问兑款之拒绝在已经兑款人签字承兑以后与否,唯问持票人被拒绝后通知出票人或前手与否为票据法上求偿权行使之要件。	规则	同上
28	同上	汇票经拒绝兑款,持票人得向转让人求偿。	凡汇票经兑款人拒绝兑款者,其持票人对于票据之出票人或转让人均得为偿还之请求。	规则	五上三〇二号
29	同上	持票人不得擅允承兑人展期。	汇票之持票人擅自允许承兑人展缓票面所定兑款之期,实有害于出票人之利益。按之商事条理,自属不应准许。	法理	七上一一四〇号
30	同上	持票人因擅允展期,至不能兑取,即失票据上权利。	汇票因持票人擅允承兑人展期致逾期不能兑取票款者,该持票人不得向该出票人主张票据上之权利。	法理	同上
31	第七节 保证	汇票保证人应视为承兑人保证,但未承兑时应视为出票人保证。	汇票之保证如未注明为何人保证者,视为承兑人保证;如未经承兑之时,则视为出票人保证。盖以汇票未得承兑以前,出票人为其主债务人,为确保票据取得人之安全起见,应使保证人对之负责。	规则	四上三三〇号
32	同上	持票人向保证人求偿,应于习惯所认期内通知。	票据所持人有向保证人请求偿还之权,其求偿权之行使须于相当期间内通知,是为必要之条件。如于相当期间内不为通知者,其求偿权即应丧失,自不待言。但其相当期间何如,我国法律无明文规定,只得依各该地方之习惯以为判断。	习惯法理	同上
33	同上	汇票所持人不得支付而未依习惯通知保证人者,失票据上权利。	持票人不得票款之付兑者,对于保证人有请求偿还之权。唯其求偿权之行使须依该地方习惯于相当的期间内通知之,违者对于保证人即不得再行主张票据上之权利。	习惯规则	五上六九〇号

续表

排序	所属章节	提要	内容	法源	号数
	第八节 参加	无	无	无	无
34	第三章 期票	期票出票人不须更有承兑，即应对持票人兑款义务。	凡发期票（即由出票人自行兑款之票据）者，其出票人但须于该票据上出名盖章为合法之出票行为，则对于持票人不须更为承兑即负兑款义务。	规则	二上一二六六号
35	同上	未载明兑款地之期票以发出地为兑款地。	期票之兑款地未经载明于票据者，应以票据之发出地为兑款地。	规则	四抗四六八号
36	同上	期票出票人不能证明持票人取得不法即应兑款。	无记名期票持票人应照票面所记载，届期向出票人兑款。苟不能证明持票人取得之原因有何不法，即无可以拒绝之理由。	法理习惯	四上一七一四号
37	同上	期票一面注明买主债权并一面记明其债务者，非期票。	期票上一面注明买主之债权并一面记明其债务者，较之通常所谓流通证券仅载明持票人权利而无反对给付者显然有别，自不得认为期票。故其移转，一面为让受债权，即一面为承任债务。	规则	五上九三一号
38	同上	期票出票人不得以与受取人间之特别事由对于持票人拒绝兑款。	期票之出票人届期对于持票人当然负凭票兑款之义务。至期票辗转流通，由前手让于后手之际，其间无论有无他项物上担保，或是否订有特别约定，均与出票人毫无关涉。即出票人与受取人间果有特别事由，而对于后之持票人亦不能据以拒绝兑款。	规则	年号缺
39	同上	发票行为成立后，其发票原因之法律关系虽经解除，而其票据债务依然存在。	期票之发票人于发票行为完毕时即负票据债务，本有不要因之性质。如发票行为已合法成立，则其为发票原因之法律关系虽经解除，而票据上之权利要不受影响（但直接抗辩不在此限）。	规则	八上四九八号

续表

排序	所属章节	提要	内容	法源	号数
40	同上	期票应按给付当时就约定之票币收受。	本院六年上字第九三五号判例系就额实详查之兑换纸币为消费贷借之标的时而言，与期票之性质不可相提并论。诚以兑换纸币既用之于消费贷借，则其后额实纵使相差，借主要已按照该纸币所代表之金额受有利益，故其偿还非准照缔约时之币价，则借主之利益实即债权人意外之损害。至期票则票内既定明于一定期日给付以一定之票币，在出票时也已额实相差，足见债权人已预允按照给付当时就约定之票币收受给付，故两者不能混为一谈。	法理	十一上九五六号
	第四章 支票	无	无	无	无

说明：

1. 资料来源：郭卫编《大理院判决例全书》，成文出版社，1972，第373~378页；大理院编辑处编《大理院判例要旨汇览》，1926。

2. 表中排序、所属章节、法源三项为笔者所添加。所属章节按大理院创设的票据法体例；法源在这里指判例要旨主要参考的法律渊源，其中法理指一般民法原理，规则指国际通行票据规则，习惯指我国传统票据习惯；另外，号数中前面数字为年份，后面为判决号，例如三上六三号即指民国三年上字第六十三号民事判决。

3. 在大理院的判旨汇览中，存在只有章节名称而没有判例要旨的现象，例如本表中第二章第二节、第五节、第八节和第四章。

4. 一个判决可能产生一条判例要旨，也可能产生多条判例要旨，因此不同内容的判例要旨有相同的判决号是很常见的。

其次是通过判解要旨，在补充现行商法之余，努力将国际通行规则、传统习惯、法理等加以融合，创制新的商事具体规则。如前文所述，解释例要旨带有比较单纯的司法解释性质，对于现行法具有补充作用。而判例要旨的内容比较复杂，既有对现行法的解释，也有对习惯的确认，还有大理院根据法理创制的规则。在商法领域，由于法源的严重不足，大理院不得不承担起创制新规则的任务。

除《商人通例》和《公司条例》之外，其他的商事部门法规则基本上都是大理院的创制，尤其以票据法领域最具代表性。

我国票据立法长期一片空白，票据纠纷只能依靠各地零散的传统票据习惯来解决。民初以来，票据纠纷剧增，传统习惯已无法满足现实需要，为此民初曾制定五部票据法草案，最终却因各种原因未能施行。各级司法机关在审理票据纠纷时面临无法可依的尴尬局面，常常束手无策。在这种困境下，大理院从民国三年到民国十一年间发布了 40 条判例要旨（详见表 4—2），在所有的商事部门法中居于首位。这 40 条判例要旨按大理院自创的篇章体例进行编排，参考法源完全来自国际通行票据规则、一般民法原理和传统票据习惯，[①] 毫无疑问属于大理院的创制。其中参考国际通行规则的数量为 22 条，参考一般民法原理的数量为 19 条，确认习惯效力或参考习惯内容的数量为 8 条。我们可以发现，大理院在创制票据规则时，主要参考国际规则和法理，同时也积极吸纳传统习惯，在其他的商事部门法中也存在类似情形。

判解要旨的出现，极大地缓解了民初的司法困境。特别是经过大理院编纂的判解汇览，在商法普遍缺乏的情况下，成为各级司法机关解决商事纠纷的准则，发挥着不亚于制定法的作用，弥补了商事立法的空白。胡长清先生对此曾这样评价："《判例要旨汇览》正编三卷，续编二卷，承法之士无不人手一编，每遇讼争，则律师与审判官皆不约而同而以'查大理院某年某字某号判决如何如何'为讼争定谳之根据。"[②] 这种影响到南京国民政府时期仍然存在，例如大理院颁布的 40 条票据法判例要旨，被最高法院废止的仅有两条（四年上字一一〇三号、七年上字一一四〇号），其余的全部保留下来，其重要性由此可见一斑。

判解要旨的出现也有力地推动商法本土化进程，并对此后的商事立法产生重要影响。在商事立法严重停滞的情况下，大理院运用判解要旨对现行商事法律法规进行补充和修正，对传统商事习惯的地位和效力进行确认和规范，努力将国际通行规则、一般法理和传统习惯等各种法源融合为新的商事规则，并且通过判解汇览，对商法体系进行重构，发挥着立法机关所无法比拟的作用，体现出中国近代以来会通中西的立法精神和对商法移

[①] 从广义上讲，国际通行票据规则属于商法原理的一部分，在民商合一的立法模式中，也可以归入一般民法原理中。

[②] 胡长清：《中国民法总论》，中国政法大学出版社，1997，第 35～36 页。

植的本土化努力。

如果说在司法实践中对现行商事法进行补充和修正，对传统商事习惯的效力和内容进行确认只是简单的商法本土化行为，那么将国际通行商事规则和法理、传统习惯加以融合，创制新的商事规则，并且构建新的商法体系，无疑是更深层次的商法本土化行为。在北洋政府和南京国民政府此后的商事立法实践中，都十分重视对传统习惯的吸纳和对中西法制的融合，不可否认，大理院在这一过程中起到决定性的作用。

二 地方各级审判厅的司法实践对商法本土化的推动

由于商法的严重缺乏，民初各级地方审判厅遵循大理院判例要旨确立的"无法律依习惯"原则，在审理商事案件时认真调查了解本地商事习惯，并普遍参考、适用传统习惯进行判决，对习惯的确认和推广以及融入商事规则起到重要的推动作用，为商法本土化做出很大贡献。

（一）高等审判厅的司法实践与商法本土化

高等审判厅的设立始于清末司法改革。1906年，时任直隶总督的袁世凯率先在天津成立各级审判厅，制定颁布《天津府属审判厅试办章程》，并取得令清政府满意的效果。1907年5月，清政府发布上谕，决定在直隶、江苏进行官制改革试点，分期设立高等、地方和初级审判厅。[①] 此后，京师、东三省等地也陆续设立高等审判厅。到民国初期，除新疆之外，高等审判厅在各省城和商埠均已设立。按照《修正法院编制法》规定，高等审判厅根据各地情况设民刑庭若干，主管全省的民刑案件。其管辖范围主要有不服地方审判厅第一审判决而控诉的案件、不服地方审判厅第二审判决而上告的案件、不服地方审判厅的决定或命令而抗告的案件。高等审判厅审理案件采用合议制，由三名或五名推事组成合议庭。

民初高等审判厅在审理商事纠纷时，广泛参考和采纳传统商事习惯

---

① 故宫博物院档案部编《清末筹备立宪档案史料》（上），中华书局，1979，第507页。

做出判决，对推动习惯融入商事规则起到重要作用。高等审判厅虽然不具备大理院的释法和造法功能，但作为一省的最高审判机关，它在审理商事案件时，能够随时调查了解该管辖地区的传统商事习惯，对下级法院的判决纠偏改正。考察各地高等审判厅的民事判决，在解决国内商事纠纷和涉外商事纠纷时都经常参考商事习惯。直隶高等审判厅在民国八年（1919年）曾编有《华洋诉讼判决录》，该判决录中不乏运用传统商事习惯做出判决的情况，例如"德商洛达洋行与元久甫因债务纠葛一案"。①

该案被上诉人即附带控诉人元久甫于清宣统三年三月充当德商北清公司买办，当时交押款银五千两，言明按月行息一分订立合同。民国三年二月，自北清公司移转于洛达洋行接办后，即以口头契约将元久甫买办职务连带移转于该行。所存押款结至民国六年八月底，应存银七千五百两。后因欧战剧烈，洛达洋行无力支付薪金、用钱等项，元久甫遂以该洋行所欠押款银七千五百两加上利息、薪金、用钱，并解除合同为由，向天津审判厅提起诉讼。洛达洋行同意解除合同，但元久甫必须先将兴昌隆等十六号所欠洛达洋行货款结清始能给付，如清理不出，元久甫应负赔偿责任。洛达洋行认为，元久甫所押款为担保买办所经手各账款有倒闭或不能清偿者而设。

对于双方所争议的押款是否为买办所经手账款的保证，直隶高等审判厅在参考天津商事习惯后认为："天津普通商行习惯，买办之有押款，系为担保其所用伙友有不法或亏款情事而设，对于外欠款项绝无赠偿之责，殊无容拟疑。"对于买办与洋行签订的合同性质，高等审判厅在参考商会的解释后，认为"查控诉人充任洛达洋行买办，其于该行外欠究负赔偿责任与否，应以两造原定合同为根据。控诉代理人关于此项主张，既不能提出合同以尽立证之责，则空言抗辩，依法已难生效。况经原审调查商会，据称买办对于洋行所负责任关系，应依双方合意成立之合同为准，并无惯例云云。则控诉代理人以所呈报被控诉人及严倬庭等与北清公司所订他项合同，并在原审声称买办赔偿外欠有此习惯作为论

---

① 直隶高等审判厅编《华洋诉讼判决录》，中国政法大学出版社，1997，第265~271页。

据,亦属不合。"据此判决"故此押款本利,只须被控诉人将兴昌隆等与洛达洋行款项纠葛,按照双方历年来往账据清理明确、开列清单、交双方收执,在清理后无论各该号应否清偿前欠或付款取货,均与被控诉人无何干系。"

从该案的判决依据来看,商事习惯无疑占据最重要的地位。对于押款是否为赔偿外欠的保证这个焦点问题,直隶高等审判厅遵循大理院判例要旨三年上字第一〇九〇号确立的原则,即"凡商行为无特约者依习惯,无习惯者依条理",在对合同进行审查之后,认为其中并无押款赔偿外欠的约定。既然双方无特别约定,则应当适用习惯。因此,在咨询商会并参考天津商事习惯的基础上,判决被上诉人不负赔偿外欠责任。

在各地高等审判厅审理的国内商事纠纷,尤其是缺乏现行法的票据纠纷中,商事习惯的运用更为普遍。以直隶高等审判厅民事判决二年判字第十六号为例,该案即是高等审判厅运用传统票据习惯解决纠纷的典型。

直隶高等审判厅民事判决二年判字第十六号[①]

控诉人石景桂,大城县人,三十三岁,和成源掌柜。

代理人,梁铭律师。

被控诉人岳国桢,大城县人,三十九岁,三合成铺东。

右开控诉人对于中华民国二年八月七日天津地方审判厅就石景桂诉岳国桢欠款不还一案所为第一审判决之声明控诉,经本厅审理判决如左:

主文

本件控诉驳回,诉讼费用归石景桂负担。

事实

缘三合成铺东岳国桢在王口镇买得汇票八纸,计一千五百元,立票

[①] 引自(旌德)吕世芳《直隶高等审判厅民三庭判决录》,出版不详,第75~80页。(吕世芳为安徽旌德人,民初曾任直隶高等检察厅检察官、大理院推事。该书并无出版单位,疑为作者自编,现藏于中国社会科学院法学研究所图书馆古籍库,为32开影印版。)

人金谷堂石记。汇票载云：今在王口镇汇收过三合成宝号週行龙洋若干元整，言明汇至天津和成源津号照付。嗣经岳国桢用出一千一百元，其余四百元之汇票尚未得用。而和成源津号即因赔累歇业，涉讼数载，此四百元之汇票遂不能照付。立票人金谷堂石记即和成源津号掌柜石景桂（控诉人）之父，而岳国桢（被控诉人）之表兄也。遂以亲谊之故，求将未用之汇票作废。岳国桢既以亲谊攸关，复以石姓无资偿还，遂将未用之汇票二纸计四百元，当面批明清讫不用，作为义让完结。石景桂因讼事被押，曾写信向岳国桢告贷未遂，以和成源掌柜名义，代表和成源在天津地方审判厅起诉。诉称岳国桢欠汇票洋一千五百元，并呈出已用过汇票六纸及和成源之账簿为证。地方厅以汇票既注明"汇收过"三字，足见先有交款，然后有汇款，然后有汇票，判其诉讼无理由。石景桂不服控诉，坚称第一审不明商界习惯，以致枉断。当经本厅开庭审理，并由庭长及受命推事分往直隶官银号及天津商务总会确切调查，认定事实如右：

理由

查本案之问题，纯在汇票之"汇收过"三字，是否表示钱已付讫之意及和成源之能否视三合成为主债务者。据控诉人之陈述，此等汇票系三合成假得和成源者。三合成使用汇票后，和成源即出三合成之账，三合成须将款归偿，再将汇票收回，并呈出和成源之底账一本及他人之汇票数纸为据。当经本厅庭长及受命推事调查商界，并无此等习惯，故认定控诉人之主张为不能成立。据字义言之，"汇收过"三字，即是表明钱已收讫之意。盖必有汇款，然后有汇票，第一审之论诚属允当。此控诉人之无理由者一也。以商界之习惯言之，"汇收过"三字系表明款已收清，亦经本厅向直隶官银号及商务总会调查的确，控诉人亦不能借口习惯逞其狡展。此控诉人之无理由者二也。此等汇票之立票人系金谷堂石记，票上既有金谷堂石记之图记，复有金谷堂石记之边封，以书面视之，和成源之付款当然凭金谷堂之信用。即以调查商界之习惯言之，亦无凭取款人信用之理，和成源对于三合成之无关系已属昭然若揭。控诉人妄谓和成源与三合成有借贷关系，实属不能自圆其说。此控诉人之无理由者三也。设使三合成能直接向和成源支拂，则和成源自然凭三合成之信用而为川换,又焉用此汇票乎?乃既谓和成源为主债权者,三合成为主债务者,复用此金谷堂石记之票,自相矛盾,天下无此情理,商家无是习惯。此控诉人之无理由者四也。控诉人呈出之和成源底账,虽有三合成欠款,旁注即汇票之款。然三合成之于和成源,绝不能因此汇票而生借贷之关系,前已论之详矣。既就账簿而论,详察此账皆系隔一页一账头。而此三合成之账头乃在两账头所隔一页之上,虽或由事出偶然,而此偶然者何又偶然而发现于诉讼系争之账目耶?宜乎被控人之辩诉,谓该账簿出于假造矣。此控诉人之无理由者五也。详查控诉人呈出之汇票六张,皆批有"岳国桢借"四字,而岳国桢呈出义让未用之票上则无此四字。夫以同日同时写出之汇票,断不能相歧若是,显系控诉人事后加入,借启讼端。此控诉人之无理由者六也。查商界习惯,此等汇票付钱后即为到根,断无由三合成再行取回之理。控诉人妄谓商界习惯,大都如此,实属毫无价值。再证以直隶官银号掌柜及商务总会评议员之答复,则控诉人之主张实属荒谬。此控诉人之无理由者七也。再控诉人呈出万顺和及万和顺旧汇票共三纸,并万和顺之信一封,以证明此等汇票之应归于买票者所收存。姑无论此信无万和顺之图记以证明信之真伪。即使属真,而万和顺岂能以已经清偿之证物轻交于他人哉?且此三纸旧票,二为万顺和之票,一为万合顺之票,而信尾具名者又系万和顺。三纸一信,名凡三异。此等证物,毫无采取之价值。此控诉人之无理由者八也。控诉人尚呈出景发合等号之汇票数张,此等汇票皆系前清宣统二三年之物。当经本厅诘以景发合等号是否将款还清控诉人,供称久已偿清。设如控诉人所谓此种汇票必须买票人收回,岂有数年之久尚不收回者乎?控诉人之证物供词既自相矛盾若此,犹斤斤以法庭不明商家之习惯信用饰辞妄辩,岂可得乎?此控诉人之无理由者九也。查商家之习惯通例,此种汇票系三合成由金谷堂价买至天津和成源取钱,和成源凭金谷堂之信用而为支付。通都大邑,商界交通,此种汇票不知凡几,从未有付款者凭取款者之信用而不凭立票者之信用而为是支付也。故汇票之纠葛,或起于立票者与取款者,或起于立票者与付款者,断不能起于取款者与付款者。本案三合成取款者也,和成源付款者也,控诉人之请求不能成立明甚。此控诉人之无理由者十也。本案第一审仅据"汇收过"三字。判其请求不成立，未免稍失之略。故本厅详细调查审判，认其控诉无理由，将控诉驳回。诉讼费用依各级审判厅试办章程第八十四条规定，应令控诉人负担，本此以上各理由特为判决如主文。

中华民国二年九月二十四日

直隶高等审判厅民三庭

审判长推事　王树荣

推事　冯熙运

推事　胡凤起

书记官　李维祺

该案涉及汇票转让与清偿问题，直隶高等审判厅针对控诉人提出的第一审不明商界习惯，以致枉断的说法，在详细调查天津商家票据习惯的基础上，列举十点理由逐一批驳，有理有据，堪称运用商事习惯的经典判决。在判决理由中，该厅对于票据的开立、转让、付款、清偿、回收，以及账簿的管理等问题，几乎每一点都引用我国传统票据习惯和商事习惯作为根据，体现出严谨的司法态度和对传统商事习惯的熟识，也反映了传统商事习惯在高等审判厅审理商事案件过程中的重要作用。

（二）地方审判厅的司法实践与商法本土化

民初审判制度采取四级三审制，以初级审判厅为一般民事案件的第一审机关。但是，由于初级审判厅长期大量欠缺，地方审判厅实际上承担着初审的任务。按《修正法院编制法》规定，地方审判厅设立于较大的商埠或中心县，根据各地情况设民刑庭若干，每庭设二名以上独任推事，主要管辖以下各类案件：一是属于初级管辖和不属于大理院特别权限内的案件；二是不服初级管辖法庭判决而控诉的案件；三是不服初级法庭决定或命令而抗告的案件。对于第一审案件，地方审判厅一般采取独任制，由推事一人审理；第二审案件则采取合议制，由三名推事组成合议庭审理。

作为事实上的第一审法院，地方审判厅对商法本土化进程的影响主要体现在司法实践中如何选择、适用商事习惯。民初商法残缺不全，商事案件的审理缺乏法律准据，严重依赖大理院判解要旨。但是，大理院毕竟是审判机关，不可能完全取代立法机关，判解要旨也不可能完全取代商法。因此，地方审判厅在解决商事纠纷时，经常面临无法可依的境地，需要充分发挥司法能动性，在现行法和判解要旨之外寻找合适的判决依据，而本地商事习惯无疑是最佳选择。虽然大理院针对习惯的确认和规范颁布过很多判例要旨，但大多只能从原则上进行规定，不可能过于具体全面。而且，大理院判决和判例要旨所依据的习惯，很多就来源于地方审判厅在审判案件过程中的调查结果，我们在民初的民商事习惯调查报告中就可以发现这点。总之，无论是习惯的调查、了解和适用，还是判解要旨的贯彻施行，地方审判厅都发挥着不可替代的作用。即使在国家法制完善的情况下，法律要想发挥良好的社会效果，也必须靠基层审判机关来贯彻施行，更何况在民初商法匮乏的情况下。因此，判解要旨和商事习惯在解决商事纠纷的过程中究竟能发挥多少作用，很大程度上取决于地方审判厅的司法实践。

民初地方审判厅在审理商事案件时，普遍参考本地商事习惯进行判决。尤其在经济比较发达的沿海地区和通商口岸，诸如在票据、合伙等现行法匮乏的商事纠纷中，更是严重依赖商事习惯来解决。以上海地方审判厅判决十三年地字一五二号为例，该案即是地方审判厅运用传统票据习惯解决纠纷的典型。

上海地方审判厅判决十三年地字一五二号[①]

原告傅松年，住上海宁波路泰记弄，信裕钱庄。

姚德馨，住上海北京路，中华银行。

右诉讼代理人，张家镇律师。

被告陈凤记，即陈凤春，住上海民国路润德里。

---

① 引自谢菊曾《票据法概论》，世界书局，1930，第183~187页。

右诉讼代理人，李时蕊律师。

右列当事人因票款纠葛一案，本厅审理判决如左：

主文

陈凤记应偿还傅松年经理之信裕庄，姚德馨经理之中华银行申银各一千五百两，并自民国十二年阴历十一月二十三日起至执行终结日止，按月一分计算之利息，讼费由陈凤记负担。

事实

缘陈凤记申庄（系内地在上海办货之庄）与鸿顺糖行交易，于民国十二年阴历十一月九日，交付陈凤记在发支元顺庄元一千五百两票二纸（二十一号、二十二号各一千五百两），皆于同月二十三日到期。鸿顺行于同月十二日将二十一号票付于信裕钱庄，十三日将二十二号票付于中华银行，中华银行又付于复康钱庄，到期复康钱庄向元顺庄收取不付，而陈凤记亦于该日（即二十三日）登新申两报广告，声明上项支票作废。复康庄将二十二号支票退还中华银行，鸿顺行亦倒闭，于是信裕庄、中华银行向陈凤记催理不允，遂起诉到厅，请求判令偿还票款及到期后按月一分计算之利息，提出原支票二纸。以上海钱业营业规则第十二条乙款，规定支票向以押脚图章为重，倘到期不付，执票人仍向立票人追取，以杜借票取巧之弊等语，故该票应由盖押脚图章之陈凤记偿还。被告代理人承认该票系陈凤记申庄出立之票，谓因鸿顺行卖糖于陈凤记，订期于十一月二十二日交货，先限于十一月初九日向其账房将该票三千两借去，届期货不交付，故登报将票作废。钱业营业规则只能拘束在会同业，对会外人不生效力。信裕、中华应按钱业营业规则第十一条辛项，将原票退还鸿顺，陈凤记对于信裕、中华，不能直接负责，事实明了，应予判决。

理由

按票据法原理，支票为流通证券之一种，得以辗转流通，视为现款，于付款人不能给付时，立票人对善意执票人皆有直接付款之责任。立票人纵有对抗直接受票人之理由（如骗借、窃取等情），而该票一入于善意执票人之手，即无对抗之余地。本案纵使被告所称鸿顺借取该票未交货物属实，该理由仅得对抗鸿顺，信裕、中华以代价先期取得该票，为法律上之善意执票人，到期不得向元顺支取，固可向其前手之鸿顺索取，亦可向立票人之陈凤记索取。今鸿顺已倒闭清理，信裕、中华向陈凤记索取，并无不合。至钱业营业规则十二条乙项规定，系与票据法通例适合，且既经上海钱业公同采用，亦足见为当地惯行之例，自应为一般票据当事者共同遵行。纵被告非为钱业，要应受一般条理及当地通行惯例之拘束，应即判令偿还。至原告所追到期后按月一分之利息，查大理院四年上字一三五二号判例载，如债务人延不履行，自应从迟延之日起至履行之日止，计息赔偿。即票据之债务，亦事同一律，应予计算迟延利息。又六年上字八七六号判例载，就金钱债务之不履行应赔偿迟延利息时，如当事人关于利率并无约定者，应依该地通行之利率计算。被告之债务，应于十一月二十三日履行，乃延不履行，自应由该日起负给付利息之责。其利率依上海商会民国七年八月三日覆本厅函，钱业往来，其息率短期有一分以上者，原告请求以一分计算，尚非过当。讼费依民事诉讼条例第九十七条之规定，应由被告负担，特为判决如主文。

民国十三年一月二十六日
江苏上海地方审判厅民二庭
推事　郑畋

该案发生于民国十二年，涉及的焦点问题是支票的善意取得。被告为发行人，原告为善意持票人，被告以票据基础关系作为止付理由抗辩持票人。在票据法缺失的情况下，传统票据习惯无疑是解决票据纠纷的最重要依据。上海地方审判厅遵循大理院确立的"无法律依习惯"原则，根据支票以压脚图章为重的传统票据习惯和上海钱业公会营业规则，参考票据关系和基础关系应当分离的国际票据规则，判令善意取得成立，被告应承担付款责任并支付利息。

民初地方各级审判厅在司法实践中对传统商事习惯的适用，不仅使商事纠纷得到很好的解决，而且使传统习惯在本地区得到确认、规范和推广，增强了社会实用性。同时，也为同级和下级审判厅审理类似案件提供重要的参考和指导。在审判过程中，地方各级审判厅尤其是地方审判厅经常深入调查了解本地习惯，不仅为大理院创制有关习惯的判例要旨提供来源，也为商事立法吸纳传统习惯打下基础。从这个意义上讲，它们对民初商法本土化无疑也起到重要的推动作用。

第三节　商事公断对民初商法本土化的推动

民初商事裁判体系既包括各级司法机关，也包括商事公断处。为解决日益繁多的商事纠纷，缓解司法机关审判压力，从清末开始，商会被赋予商事裁判权。尽管这种裁判权仍有诸多限制，但各地商会仍抓住机遇，纷纷设立商事裁判机构，积极参与商事纠纷的解决。民初将商会附设的商事裁判机构统称商事公断处，进一步明确商会裁判权的内容。商事公断处在公断中充分发挥熟悉商情的优势，广泛运用传统商事习惯解决商事纠纷，并将习惯与其他商事规则有机融合，在提高自己声誉的同时，也为民初商法本土化做出很大贡献。

一　商会裁判权与商事公断处的沿革

清末以来，由于政府大力扶持，各地行会纷纷改为商会。商会除承担保商、护商的传统职责外，还负有调查商情、筹划商务和调停纠纷的职能。随后，清政府正式承认商会具有商事裁判权，商会附设的商事裁判机构得到很大发展。民国以后，北洋政府为规范民间商事裁判行为，将上述商事裁判机构统称为商事公断处，并发布章程对其职权进行确定。在商会附设的商事裁判机构中，公断处存续时间最长、影响最大，相应规章和组织形式最为完善。[①]

[①] 目前史学界对清末、民初商会的研究成果颇多，其中涉及商会及商事裁判机构的主要有：朱英：《转型时期的社会与国家——以近代中国商会为主体的历史透视》，华中师范大学出版社，1997；马敏：《商事裁判与商会——论晚清苏州商事纠纷的调处》，《历史研究》2000 年第 1 期；任云兰：《论近代中国商会的商事仲裁功能》，《中国经济史研究》1995 年第 3 期；付海晏：《清末民初商事裁判组织的演变》，《华中师范大学学报》（人文社会科学版）2002 年第 2 期；虞和平：《清末民初商会的商事仲裁制度建设》，《学术月刊》2003 年第 4 期等。但上述学者考察这段历史时，更多着眼于政治和经济的发展，试图揭示晚近市民社会阶层在中国的兴起以及国家与社会之间的互动关系，鲜有从法律角度进行探析者。

清末商会的发展呈现出由沿海经济发达地区向内地扩散的轨迹。在江苏、浙江、天津等地率先成立商会后，各地纷纷效仿，商会逐渐遍布全国。从清末到民初，商事裁判一直是商会的日常事务之一。

1904 年，清政府颁布《商会简明章程》，正式承认商会具有商事裁判权。商会裁判权起初类似调解，对双方并无强制约束力。按该《章程》规定："凡华商遇有纠葛，可赴商会告知，总理定期邀集各董秉公理论，以众公断。如两造尚不折服，任其具禀地方官核办。"[①] 以此为契机，各地商会不仅将该条权利写进自己的章程细则之中，还纷纷创设专门受理商事纠纷的裁判机构，但其名称差异较大。例如天津商会称之为评议处，苏州商会称之为理案处，成都商务总会则称之为商事公断处。1905 年，天津商会成立，其试办章程中明确规定："凡商家轇轕既由本会评议，一经各商赴会告知，应由总理等定期邀集各董秉公理论，从众公断。两造倘有不服，准其分别具禀商部或就近禀请地方核办。"[②] 经所属各处公议，决定在商务总会下设文牍、评议、考察、收支、庶务五处，其中评议处即为处理商事纠纷的裁判机构，并专门公订评议处办公专条，对评议处的职责和评议程序加以确定。苏州商会也于 1905 年成立，设总理、协理各一员，议董十六员，包括会计二员、接待六员、庶务八员。同时公布试办章程八十条，其中第八章"权利"部分既规定入会商家所应享有的权利，又规定商会裁决商事纠纷的原则为"以和平为主，秉公判断"，[③] 并依此原则拟定《苏州商务总会理案章程》。

各地商事裁判机构的设立，缓解了司法机关的审判压力，并且取得良好的社会效果，为解决商事纠纷，促进工商业发展起到很大作用。以苏州商务总会而论，自 1905 年成立以来，"综计该会自开办至今（光绪三十二年五月）理结此等钱债讼案，盖已不下数十余起，而其中时有曾经纠讼于地方衙门经年未结之案，乃一至该会评论之间，两造皆输情理而遵理

---

① 引自《东方杂志》1904 年第 1 卷第 1 期。
② 天津市档案馆编《天津商会档案汇编（1903～1911）》，天津人民出版社，1987，第 48 页。
③ 章开沅等编《苏州商会档案丛编》第一辑，华中师范大学出版社，1991，第 27 页。

结者，功效所在，进步日臻。"①

民国建立后，司法、农商两部于1913年1月共同颁布《商事公断处章程》，宣布凡不关于民刑事者均得由商事公断处受理。该《章程》共七章39条，其总则规定："商事公断处附设于各商会，公断处对于商人间商事之争议立于仲裁地位，以息讼和解为主旨。"② 公断处设处长一人，评议员九至二十人，调查员二至六人，书记员二至六人。公断处的权限主要在两方面：一是两造商人自行声请者；二是法院委托者。与清末的章程相比，民初将公断界定为仲裁，虽然此时所谓的"仲裁"仍然与现代仲裁有别，但可以看出商事公断的影响日益扩大。该《章程》同时还对涉讼人的身份、公断前提条件、公断结果的效力等做出明确规定，例如双方必须是商人，必须共同声请；公断结果必须征得双方同意方为有效，如有一方不同意，仍许上诉；强制执行时，仍须呈请法院宣告等。

1914年9月，司法、农商两部又共同颁布《商事公断处办事细则》，进一步细化公断处的总则、公断处职员的选任、权限、公断程序等内容。尤为重要的是，该《细则》还确认公断处在不违反强制法的情况下，可以依据各地商事习惯及法理进行裁决。"公断处评议事件得依据各该地方商习惯及条理行之，不得与现行法令中之强制规定相抵触。"③

《商事公断处章程》及其办事细则颁布后，各地商会纷纷设立商事公断处或改组原有的理案处、评议处等机构。截至1915年底，经司法部核准，全国共有59处总商会、商会设立商事公断处，主要分布在京兆、河南、山东、广西、奉天、吉林、广东、湖北、四川、江苏、湖南、直隶、浙江、福建等省，其中以四川和江苏两省最多，四川省设有16所，江苏设有14所；1916年，全国又有16处商会增设商事公断处，主要分布在山东、江苏、安徽、湖南、浙江、福建、四川等省，其中包括上海总会、

---

① 《商部为理结讼案、按年报部事札苏商总会文》，载前引《苏州商会档案丛编》第一辑，第523页。
② 《商事公断处章程》，载司法院参事处编《增订司法例规》第五类"民事公断"，1931。
③ 阮湘主编《中国年鉴》（第一回），商务印书馆，1928，第1581页。

南京总会、苏州总会；1917年，全国共计设立24处，主要分布于山东、江苏、河南、湖南、湖北、浙江、福建、广东、四川、甘肃等省；1918年核准设立13处，1919年核准设立11处，1920年核准设立12处，1921年核准设立5处，1922年核准设立10处，1923年核准设立12处，1924年核准设立10处，1925年核准设立7处。自1912年至1925年，全国共计设立商事公断处169处。①

商事公断处在民国时期一直存在，并发挥着重要作用。1925年5月，全国商会联合会因各省区商会还有多处未设立公断处，因此"速饬各省区总商会、商会照章组织之，以便调处一切，则关于商事诉讼案件可以速为解决，并可补助法律之穷"。②1928年，国民党南京政府颁布六法全书，商事裁判被纳入民事审判中，但商事公断处作为民间商事裁判机构仍发挥着作用。直到1949年中华人民共和国成立，商事公断处才退出历史舞台。

二 商事公断中传统习惯与其他商事规则的融合

自从商会获得裁判权之后，其附设的商事裁判机构便开始积极参与商事纠纷的解决。民初以来，随着商事公断处地位和权限的确立，商事公断成为司法机关审理商事案件的重要补充，并在实践中取得良好的社会效果。在商事公断中，公断处充分发挥自身熟悉商情的优势，广泛参考传统商事习惯做出裁判，并将习惯和法理、国际商事规则有机融合，为民初商法本土化做出很大贡献，其中比较突出的有京师商事公断处和上海商事公断处。

京师地区向来商业发达，各地商人云集，清末以后更有数量众多的外商，因此不同地区、不同国家商人之间的纠纷层出不穷，令审判机关疲于应对。此外，"自壬子兵变以后，京师市面亏损甚重，商民之因债务关系纠缠不结者层出不穷，事经法庭判决，强制执行，封闭铺户，所

---

① 以上数字资料来源于李炘：《考核商事公断情形报告书》，《司法公报》1927年第224期（增刊第36次），第4~15页，其中1915年的数字包括1912年以来所设立的商事公断处。

② 前引《天津商会档案汇编（1912~1928）》，第335页。

在多有,求其曲体商情,公平清理者又甚罕见。"① 在这种情况下,设立商事公断处迅速调处商事纠纷,缓解审判机关压力,显得尤为必要。1915年3月,农商部饬令京师商务总会筹设商事公断处。同年6月,经司法部核准,京师商事公断处成立,其职责主要是受理商家双方声请事件及调处法院委托案件。根据《商事公断处章程》规定,公断处只处理商人之间的商事争议和法院委托的起诉后案件,对于执行中的案件能否委托公断,并无明文规定。1918年,司法部因司法机关审判压力过大,同意商事公断处对执行中的案件进行调处。② 与其他各地的商事公断处相比,京师商事公断处的权限范围更为宽泛,受理案件的数量也非常可观。据统计,自1915年起至1925年止的十年间,京师商事公断处受理案件的数量达到776起,平均每年70余起(详见表4-3)。③

表4-3 京师总商会附设商事公断处各年度办理公断案件总核表

种别\年别	受理		已结				未结	
	于未起诉先由两造商人同意自行声请者	于起诉后由法院委托调处者	两造均愿遵守公断者	公断终结后须由法院复核办理者	两造或有不受调处,仍向法院起诉者	碍难公断,案经驳回者	于未起诉先由两造商人同意自行声请者	于起诉后由法院委托调处者
4年度	19	30	23	5	1			
5年度	56	118	126	22	5			
6年度	36	38	54	16	1	1		
7年度	28	62	69	14	1	1		

---

① 李炘:《考核商事公断情形报告书》,《司法公报》1927年第224期(增刊第36次),第26页。
② 按司法部称:"京师地方两造为商人之案件甚少,非将公断处范围稍为推广,不足以达息讼解纷之本旨。"故 "凡被告为商人及业经判决应行执行各项案件,如有必要情形,均得由法院委托商事公断处调处,调处不谐,仍准诉之法院,以资救济"。参见李炘《考核商事公断情形报告书》,载前引《考核商事公断情形报告书》,第7~8页。
③ 李炘:《考核商事公断情形报告书》,载前引《考核商事公断情形报告书》,第33~35页。

续表

年别\种别	受理		已结				未结	
	于未起诉先由两造商人同意自行声请者	于起诉后由法院委托调处者	两造均愿遵守公断者	公断终结后须由法院复核办理者	两造或有不受调处，仍向法院起诉者	碍难公断，案经驳回者	于未起诉先由两造商人同意自行声请者	于起诉后由法院委托调处者
8 年度	31	71	82	15	2	1		
9 年度	22	60	140	9	2	1		
10 年度	20	36	39	10	1			
11 年度	20	19	32	3		1		
12 年度	10	28	23	7		1		
13 年度	12	19	29	2				
14 年度	16	25	30	4			4	4
计	270	506	647	107	13	6	4	4
总计	776		768（93）				8	

说明：

1. 资料来源：李炘：《考核商事公断情形报告书》，《司法公报》1927 年第 224 期（增刊第 36 期）；张松：《变与常：清末民初商法建构与商事习惯之研究》，中国社会科学出版社，2010。

2. 原表有四大项，本表篇幅有限，故删除"备考"项；另"已结"项下又分 11 小项，本表只保留 4 项，删除"已经起诉之案，两造情愿息讼，由法庭撤回陈诉权者"（案件合计 14 起）、"双方当事人自行和解声请撤销者"（案件合计 9 起）、"法院已经委托调处而又另案审判者"（案件合计 1 起）、"公断终结，一造独持异议者"（案件合计 5 起）、"送达公断书后当事人无表示者"（案件合计 18 起）、"当事人中逾期不到场将案撤销或送还法院者"（案件合计 14 起）、"公断终结后经强制执行者"（案件合计 20 起）7 项。

3. "备考"项下主要内容为："查京师总商会附设商事公断处于民国四年六月八日照章受理事件，每届三个月，由处长造具清册分别报部一次。自四年六月八日至十二月七日列为四年度，自四年十二月八日至五年十二月七日列为五年度，依此类推，每届十二月七日即系一个年度完结之期。至十四年十二月七日止，该处成立已及十年，核其各年度办理公断案件，于未起诉先由两造商人统一自行声请者计二百七十起，于起诉后由法院委托调处者计五百○六起，总计七百七十六起，两造均愿遵守公断者计六百四十七起，其他理结具有各种情形者共计一百二十一起，总计七百六十八起，尚未理结之案计由商人调处者四起，法院委托调处者四起，总计八起，再业经理结之案件有以一案而牵涉数种情形者则填具红色数字，表明虚数，以昭核实，合并说明。"

京师商事公断处曾编有《京师商事公断处公断书录》（以下简称《公断书录》），按《公断书录》的案例来看，公断处受理的商事案件大多为钱债纠纷，涉及买卖、借贷、抵押、破产等经济行为以及契约、股票、债券等标的，关系复杂，内容烦琐，数量众多，解决纠纷难度不小。《公断书录》第一集主要收录民国四年至六年双方声请公断和法院委托调处的商事案件共214起，其中上册收录声请公断案件83起，另有通告2起；下册收录法院委托调处的商事案件131起，另有4起通告。在这214起商事案件中，债务纠纷案件180起，铺底纠纷案件2起，铺房纠葛案件2起，账目纠葛案件2起，长支纠葛案件1起，股东纠葛案件1起，货银纠葛案件5起，股份及货价纠葛案件1起，破产偿债案件8起，铺务纠葛案件9起，工价（工资）纠葛案件2起，储金纠葛案结案1起。公断处依据传统习惯做出公断裁决的案件32起，占受理案件总数的15%左右。第二集主要收录民国六年六月至八年八月的声请和调处案件共121起，上册收录法院委托调处案件71起，下册收录声请公断案件50起，其中债务纠纷68起，铺底纠纷3起，账目纠葛2起，货款纠纷5起，破产偿债6起，铺务纠纷22起，工价纠纷3起，货物纠纷1起，亏款纠纷1起，营业纠葛1起，工程纠葛2起，租房纠葛3起，其他纠葛1起，红利工资1起，欠租1起，欠债1起，另有通告36起；公断处依据商事习惯做出公断裁决的案件13起，占受理案件总数的18.4%。[1]

商事公断以公断书做出裁决，公断书由主文、事实、理由三部分组成。主文是公断的结果，事实是公断处调查核实的纠纷实情，理由是公断的依据。在商事公断中，法律条文很少被直接引用，一般民法原理和传统民商事习惯成为主要裁判依据。现以京师商事公断处公断天字第六号为例，说明习惯和法理在公断中的应用。

---

[1] 京师商事公断处编《京师商事公断处公断书录》第一集、第二集，出版不详。该书共分五集，目前仅存第一、第二集，藏于社科院法学研究所图书馆，第一、二集又分上下册。

京师商事公断处公断天字第六号[①]

公断

声请人

萧焕臣，年二十五岁，大兴县人，住宣武门外南横街东头路北大车门，开胶皮车厂。

声请人

罗峰亭，大兴县人，住永定门外东过铁道高庙村，泉盛当铺东，因有痰病。

罗张氏，年三十六岁，大兴县人，住同上罗峰亭之子媳。

田衡斋，年五十三岁，大兴县人，住西单牌楼旧帘子胡同，门牌三十九号，裕源当原泉盛当经理。

主文

泉盛当息借存厚堂本银七百两，着罗峰亭迅即偿还所欠，利息全免除，公断费用由被告人负担。

事实

缘萧焕臣于清宣统元年五月初十日，以存厚堂名义借给泉盛当京平银七百两，每月九厘行息，随便归还，立有借券，并息摺为凭。自壬子年二月至乙卯年七月，计四十二个月，核欠利银二百六十四两六钱，叠次催索，而罗峰亭不偿。声请人提出证券，双方声请公断到处。被诉人泉盛当铺掌田衡斋则称所有萧姓债务前为泉盛当经手所借之款，均归铺东罗峰亭偿还，与伊无干等语。质之被诉罗张氏（即罗峰亭之长子媳），声称所欠萧姓之款属实，因壬子兵变，当铺被抢，烧毁殆尽，实系无力偿还等语。

理由

查商业惯例，凡营业上之行为，铺长虽始有经理之责，唯无偿还铺东债务之义务。本案被诉人田衡斋虽系经手之人，并不负代偿债务之责任，

[①] 京师商事公断处编《京师商事公断处公断书录》第一集上册，第13~15页。以下所引京师商事公断处公断案例均出于该书，故在正文中只注明案例号码。

关于泉盛当营业上之行为，该被诉人自不能为履行债务之主体。况债权既经被告罗姓承认，两造自无争议之点，债务者当负完全履行之义务。惟罗姓所称当铺被抢，无力偿还一节，此为将来实际上之能否履行之问题，而不能以之为不履行之借口。然本处体察该当铺被抢委系实情，故利息一层公断豁免，至于本银七百两既经负欠属实，自应迅为偿还，公断费用应归理屈者负担。依此理由，爰为公断如主文。

中华民国四年九月二十二日
京师商事公断处
评议员长　吕玉成
评议员　秦永禄
评议员　高金钊
评议员　陈陞
评议员　安迪

该案属于因借贷而引起的钱债纠纷，公断处依据商事习惯进行公断。按我国传统商事习惯，铺长只对自己的经营行为负经理之责，而对铺东的债务并没有偿还义务，因此公断处首先明确铺长不负偿还责任，不属于"债务主体"；其次，在我国商业习惯上，对于确属遭遇灾病兵燹的债务人，本着人道主义精神和有利履行的考虑，通常对利息进行豁免，因此公断处参照习惯豁免铺东的利息。

值得注意的是，公断书中出现"主体"一词。按现代民法理论，"所谓法律关系之主体乃就整个法律关系而言，亦即就权利与义务双方观察者。"① 主体应为近代西法东渐以来才出现的法律概念，在中国古代法律中未曾有过。可见，该公断既依据固有的传统商事习惯，又运用近代的西方法律理论知识进行裁判，而且有机地将它们融合在一起。在《京师商事公断处公断书录》中，类似的案例还有不少，例如"公字第二十五号"和"公字第十三号"。其中"公字第二十五号"为债权人向商铺伙

---

① 郑玉波：《民法总则》，中国政法大学出版社，2003，第96页。

友求偿案件，公断处根据传统商事习惯和法理驳回债权人声请；① 而"公字第十三号"则因经理人违背忠诚善良管理人义务，公断处根据传统商事习惯和法理做出经理人承担相应责任的公断。②

在经济发达的上海地区，商事公断处也普遍参考传统商事习惯和其他商事规则做出裁决。以"张士英与施仲箎债务纠葛"一案为例，商事公断处即是采用商事习惯的标准对公司法进行补充和解释。该案案情如下：永丰丝茧号于民国六年开设，程篯莱四股、施仲箎两股、沈子康一股、井田两股、日野原一股，每股股银一千两，立有合同。施仲箎为经理，但亏损严重，欠德昶庄等往业银九万七千余两，押款银七万九千余两。德昶庄等要求五位股东共同负担债务，但永丰号称其股权已经发生变动，原有合

---

① 该案事实为："缘李庆南于前清光绪二十一年先后借福兴永皮店银三百两，以每月一分行息，立有借据为证。今冷旭昌另开营业，应负清理之责，请求公断。质据冷旭昌略称，商在福兴永学徒，后充六厘身股伙友，尚有正经理于九龄管理铺事，商承铺长命令，办理一定之铺事，后商银事出号，早与福兴断绝关系，至该号欠款虽属确实，按例应向铺掌铺东追索欠款。现在铺东刘喜梅已故，伊子刘福先应行偿还，而与商毫不相关各等语。案既评议终结，应即公断。"主文为："李庆南至请求冷旭昌偿还欠款驳回，李庆南应向刘喜梅（已故）相续人刘福先索偿欠款。唯冷旭昌应负证明之责任，公断费用银三元五角应由李庆南负担。"理由为："按照商业习惯，经理人应负清理之责，而不负偿还之义务，至各股股东皆应负无限偿还之责任，而商号之伙友并无偿债及清理之责。本案李庆南因福兴永欠款，自应向福兴永经理人及铺东追索。今对于该号铺伙冷旭昌声请追偿，债务主体实属错误，应将声请驳回。但冷旭昌既在福兴永曾充铺伙，号欠外账目是否确实，应负证明之责。案经双方具结，情愿遵照办理。公断费用归声请人负担，爰公断如主文。"参见《京师商事公断处公断书录》第一集上册，第113～114页。

② 该案事实为："缘于民国三年十月十六日由李德臣、吕广智、吕秀如、桂文澜出资银四百元，在前门外抄手胡同开设三义和洗衣局，营业交给翟世昌为管理人，议定股分十三股：东家银股七成、财神股二成、翟世昌人力股四成、立有万金账合同为凭。后因管理人出入账目不清或账上存银以多作少，种种不符，并将新置台布及欠内银钱摺子均经运走，经李德臣将营业收回。翟世昌不将账目交代明白，请求本处查核账目公断等语。质据翟世昌，声称所领得李德臣股本属实，该铺东将营业收回自理，当将出入账目、摺据、台布、家具等件均按账点交清楚。今李德臣借词赖诉，忽生枝节，请求评断。"理由为："商业经理人按照习惯、法理应负忠诚善良管理之责任，以副东家委托之本意。此为商界经理人当尽之责任也。翟世昌既为经理，所有账簿之记载，经理人应负完全之责任。本处详查三义和乙卯年出入流水簿，二月底结账净存洋一百七十四元五角一分，三月初一至月底共收洋一百〇一元四角二分，共开支洋五十七元六角，应存二百十八元三角一分。查三月底总结账注明存洋四十三元八角，实亏洋一百七十四元五角二分，既无正当开支，则是所亏之银显系经理人舞弊侵吞，自无疑义，此款应责令翟世昌如数返还。但翟世昌有四份身股之权利，按照账簿，三义和应分给翟世昌人力股银五十三元六角八分以酬创业之劳力，并准世昌以返还之款内划抵，以清纠葛。公断费用例归理屈者负担。"参见《京师商事公断处公断书录》第一集上册，第89～91页。

同已撤销,归并施仲篊一人独自经营,因营业关系,对外不便表示。

公断处依据法律和商事习惯认为:永丰号的股东变更不具有对外法律效力,仍应由全体股东共同偿还。"按诸惯例,商号股东之拆动或归并,必须经过种种手续,而无以簿据为唯一证据……况股份归并后既未另加记号,又未登报声明,绝无对抗第三者之效力可言。本处详核案情证据,参诸通行习惯,对于该号批销议据之行为认为不发生法律上之效果。"① 在商事公断中,商事习惯与公司法以特有的方式融合在一起。

大理院、地方各级审判厅和商事公断处齐头并进,互为支撑,共同组成近代中国的商事裁判体系。这种独具特色的模式既是时代的创举,又是现实的选择。相比于商事立法,商事裁判对民初商法本土化进程起到更大的推动作用。大理院通过判例要旨对习惯的效力和内容进行确认和规范,并将习惯、法理和国际通行规则加以融合,创制新的商事规则,弥补商法的空白;同时还通过判旨汇览的编纂,对商法体系进行重构,为推动民初商法本土化做出决定性贡献。地方各级审判机关和商事公断处在商事裁判过程中,广泛应用传统商事习惯,并将习惯和其他商事规则有机融合,为大理院创制商事规则提供重要参考。而传统商事习惯在实践中不断得到改造,更接近国际通行商事规则,同时也保留固有的特色,因而能够被南京国民政府时期的商事立法充分吸纳。

---

① 上海总商会编《上海总商会商事公断处报告》,1922,第 15~17 页。

第五章　民初商法本土化的反思

民初商事本土化之路跌宕起伏，回顾这段历史，有几个问题值得我们反思。商事立法和司法中如何对待传统商事习惯？如何发挥以商会为代表的商事组织的作用？如何看待判例要旨对商事立法的补充？在同样面临商法国际化目标与本土化追求的今天，我们在接受国际规则的同时，也应调查研究本国商事习惯，充分发挥民间商事组织的作用，正确看待司法实践对商事立法的补充与完善，寻找一条适合国情、商情的商法本土化道路。

第一节　如何对待传统商事习惯

传统商事习惯是在特定环境中为解决商事纠纷而形成的。近代以来，随着社会的发展，传统习惯逐渐与国际接轨，并出现新的内容。在民初商法本土化过程中，传统习惯受到前所未有的重视，被商事立法充分吸收，并作为商事裁判的主要依据。我国目前的商事立法仍然面临着国际化目标与本土化追求的矛盾，民初对待传统习惯的态度对我们创制适合国情的商事规则不无启发。

一　传统商事习惯及其近代演变

习惯为法律之母，人类社会未有法律之前，习惯就已普遍存在。习惯的种类繁多，有作为私人起居模式的生活习惯、有作为买卖规则的交易习惯、有作为公众行为规范的社会习惯等。作为规则或规范的习惯，其最初形态或许是个体之间权益不断冲突后的压制或妥协，经过长期施行而被受众所适应和认同。与同为规则的法律相比，习惯的形成周期一般更长、受众的认同感更强。虽然法律可以凭借国家暴力得以普遍推行，但其社会成本无疑更高，社会效果未必更好。正如孔子所讲："道之以政、齐之以刑，民免而无耻；道之以德、齐之以礼，有耻且格。"① 法律的最初形态几乎都是习惯法，固然与立法水平的高下有关，但何尝不是因为习惯的力量更为强大的缘故呢？所以聪明的立法者总是试图将受众已经适应和接受的习惯有选择地纳入法律中，使它能够顺利推行。例如我们熟悉的周公制礼，在笔者看来也是有选择地对习惯进行的法律化行为，作为习惯法的礼，其道德说服力显然要比作为人定法的刑书高得多。

在中国漫长的封建社会中，习惯或习惯法向来是一种非常重要的社会调整工具，尤其在私法领域中，民商事习惯甚至发挥着法典所不及的作用。考察中国传统立法，公法的内容远远超过私法，例如刑法、行政法、刑事诉讼相关立法可谓周全齐备，较之民商立法犹如云泥之别。而民商事立法，尤其是商事立法寥若晨星，大量民商事纠纷长期依靠乡规民约、宗族法等民间法以及各地民商事习惯来解决。正如林咏荣先生所言："历代所订颁之法典，均属刑法兼及行政法，其间虽亦有涉及户婚甚至田土钱债，惟规定甚为简陋。民法即附丽于刑法，而商法更无其地位，于是民事与商事，多为相沿之礼或相沿之习惯所支配。"② 但是，各地传统民商事习惯五花八门，没有系统的调查整理难以窥其全貌。就民事习惯而言，"在疆域辽阔，政治经济发展极不平衡的清朝，民事习惯法的类别是多种多样的，其中包括地方习惯、乡规民约、家法族规、行会规约、礼俗与个别判例等。有些是成文的，有些具有自治法规的性质。就适用的范围而言，或全国，或部分地区，或部分民族、家族"③。就商事习惯而言，因交通、文化、习俗等因素影响，也带有强烈的地域性和差异性。

在众多传统商事习惯中，最重要的无疑是商事交易过程中形成的交易惯例和行业内部管理过程中形成的行业习惯。商事交易是传统商事习惯形

---

① 《论语·为政》。
② 林咏荣：《中国法制史》，台北永裕印刷厂，1976，第220页。
③ 张晋藩：《清代民法综论》，中国政法大学出版社，1998，第23页。

成的最主要途径之一。按照博登海默的说法，商事习惯是那些与达成交易或履行债务有关的习惯，被视为人们的一些具体义务和责任。[①] 由于商事行为比一般民事行为更复杂、技术要求更高，因此，如何规制商事交易，协调各方利益，保证商业秩序正常进行，就显得非常重要。在商事立法残缺的中国传统社会，商业规制几乎完全依靠商人及其组织自身来完成，各项交易习惯正是在这种背景下逐渐形成的。商事习惯形成的另一个主要途径是行业自治，行会在其中发挥着最主要的作用。我国行会的产生最早可以追溯到隋唐时期，以手工业和商业行会为主体，以行业组织内部管理为主要职能。此后行会组织不断扩大、行会职能逐渐增加，行业习惯也逐步完善，到清代时已自成体系。其内容除涉及商事交易和行会管理之外，还包括徒弟、帮工、行内成员、工资、救济帮助、罚则等。在解决同业竞争、私充牙行或牙人、商品质量和定价、度量衡、工资标准等商事纠纷时，都普遍采用行业习惯作为裁判依据。

但是，在中国传统社会中，由于对外贸易长期受到遏制，因此很难产生与国际接轨的商事习惯。虽然传统商业一直处于发展之中，各地商事习惯也日渐繁多，但由于国家有意识地实行重农抑商政策，这种商业发展基本上处于循环状态。特别是明清时期长期闭关锁国，对外贸易几乎完全停滞，国内市场由于交通不便、商税繁重、战乱频仍等原因持续低迷，商业贸易踯躅不前，与同时期欧洲近代资本主义商业贸易的发展不可同日而语。在小农经济的模式中，传统商事习惯始终带有强烈的地域性与行业性，未能形成覆盖全国的成熟体系，更谈不上与国际商事习惯接轨。鸦片战争以来，中国封闭多年的国门被坚船利炮轰开，清政府被迫签订无数丧权辱国的不平等条约，通商口岸不断增加。渴求开拓世界市场的西方资本如潮水般涌入中国，客观上促进了我国对外贸易的迅速发展，中外商人在摩擦和交往中不断彼此适应，传统商事习惯随之发生一些新的变化。

具体来说，这种变化主要体现在三个方面。一是民族色彩加强。传统

[①] 博登海默：《法理学：法律哲学与法律方法》，邓正来译，中国政法大学出版社，1999，第379页。博登海默认为包括商事习惯在内的这类习惯就是人们通常所说的习惯法，有可能被纳入法律体系之中。

行业习惯对行业竞争的限制主要表现在行业联合限制外业进入，行业内部限制学徒、帮工工资等。清末以后，行业联合逐渐由限制外业转变为抵制国外资本入侵，例如当时甚嚣尘上的"商战"以及后来一系列的抵制洋货运动。二是商事习惯逐渐与国际接轨。近代海禁大开之后，对外贸易迅速增长，某些与涉外商事交易相关的传统习惯已不适应时代发展，不得不改弦更张，与国际通行规则接轨，最明显的例证就是票据习惯和银钱业习惯的变化。以票据习惯为例，中国传统票据既无一定款式，也无背书、承兑制度，追索对象单一，与国际通行票据规则差异很大，持票人权益难以保证。近代以来，在沿海发达地区和通商口岸，逐渐形成一些与国际规则相近的习惯，例如钱庄庄票视同现金，支票专以压脚图章为重等，不仅维护了票据关系人的利益，也促进了金融业的近代化。三是形成新的商事习惯。当中国传统经济模式被打破之后，大量新兴商业事务应运而生，商事习惯随之形成，例如近代上海，由于对外贸易急剧发展，出现捐客行业，① 因此衍生与其相关的习惯；又如汽车出现之后，由此形成买卖及修理汽车的习惯等。②

二 民初商法本土化对待习惯的态度及其反思

由于民商事立法的欠缺，在中国商法近代化过程中不可避免地要采取移植的办法。在移植外来法的同时，如何吸收传统商事习惯，使商法适应本国实际情况以发挥更好的作用，是立法者不得不考虑的问题。清末以来，在民商立法中，形成了重视习惯的传统。宣统元年，沈家本、俞廉三在与军机大臣商讨民商法立法宗旨时，就认为："人类通行之习惯，各因其他，苟反而行之，则必为人所摈斥而不相容。故各地方之习惯，亦有强制力含其中者，是以国家法律承认之，或采之为成文法。然所谓习惯，有

---

① 捐客，就是替人介绍买卖，从中赚取佣金的人。近代上海的捐客习惯起初并无特定内容，视其行为而定，有纯然处于介绍地位的，有自为买卖的。前者仅收取佣金，不承担其他任何责任；后者则自己负担盈亏，有清偿代价义务。另外，还有米业捐客与普通捐客之分，米业捐客收取的佣金分大佣（每担取佣二分）、小佣（每担五厘至一分），前者要负担清偿代价义务，后者则不负清偿代价责任。参见张家镇等编著《中国商事习惯与商事立法理由书》，中国政法大学出版社，2003，第 514 页。

② 前引张家镇等编著《中国商事习惯与商事立法理由书》，第 527 页、第 563 页。

一般习惯与局地习惯之不同。一般习惯，可行于国内之一般；局地习惯，只行于国内之一部。国家当交通机关未发达时代，往往局地习惯多于一般习惯。我国现行修订法律，似宜承认局地的，采为成为法，庶得因应而便实行。俟各省一律交通，法律逐渐改良，然后注意一般习惯，于修订法律甚为便利。"① 宣统三年，俞廉三、刘若曾等在《民律前三编草案告成奏折》中称，民事立法应"求最适与中国民情之法则"。奏折认为，民情风俗，"种族之观念"各不相同，民律草案不能完全模仿西法，"强行规扶，削趾就履"。如"亲属、婚姻、继承等事，除与立宪相背，酌量变通外"，其余"或本诸经义，或参诸道德，或取诸现行法制，务期整饬风纪以维持数千年民彝以不弊"②。为此清末曾进行大规模民商事习惯调查，获得大量调查成果，《大清民律草案》中不乏遵循传统伦理习惯的条文。在商事立法方面，由于本国缺乏熟知国际商事规则的立法人才，所以大多聘请外国专家制定商事法。但外国专家对我国传统商事习惯知之甚少，加上时间仓促，因此并未充分吸收传统习惯，真正发挥习惯的作用，导致商法的社会实用性不高。

有鉴于此，在民初商法本土化过程中，传统习惯受到前所未有的重视。虽然北洋政府立法机关长期废立无常，民商事立法严重停滞，但是，司法部在收到奉天高等审判厅请求创设民商事习惯调查会的呈文之后，马上给予积极肯定，并训令各省效仿。在司法部的要求之下，一场规模巨大的民商事习惯调查在全国展开。就商事部门法而言，票据习惯受到充分重视。传统票据在我国存在的时间超过千年，在各地形成五花八门的习惯，随着近代交通逐渐发展，商业贸易逐渐超越狭小的地区范围而扩大到全国，各地票据习惯各不相同，很容易产生票据纠纷。为充分了解各地票据习惯，促成票据法的制定，上海银行公会甚至专门成立票据法研究会，单独进行全国范围的票据习惯调查，在中国近代以来上百年的商事立法史中，这种情况是绝无仅有的，足以表明民初立法者和金融业者对传统商事习惯的重视程度。

---

① 李贵连：《沈家本年谱长编》，台湾成文出版社，1992，第313页。
② 俞廉三、刘若曾等：《大清民律草案》，宣统三年修订法律馆印刷，第3页。

作为解决民商事纠纷的重要手段，传统习惯在民初商事立法中被普遍吸纳，并与法理一起融入商事规则中。无论是已颁行的商事法还是未颁行的草案，我们都可以轻易发现传统习惯的影踪。以票据立法为例，"共同案"的条文中就吸纳了二十项传统票据习惯（参见本书第三章第二节），为民初此后的票据立法和商事立法本土化树立起比较成功的典范，并被南京国民政府的票据法所继承。虽然民初的商事立法本土化努力因为政治原因未能产生实际效果，但其融合中西的立法精神却值得我们借鉴。在商事裁判中，传统习惯被普遍应用，成为解决商事纠纷的主要依据。大理院通过判例要旨确立"无法律依习惯、无习惯依条理"的原则，对传统习惯的效力和内容进行确认和规范，并在判决中多次重申这一原则，带动地方各级司法机关形成重视传统习惯的作风。在大理院创制的商事规则中，习惯毫无疑问占据着重要地位。民间商事裁判机构更是将传统习惯作为解决商事纠纷的主要依据，并在商事公断中将习惯、法理和国际通行规则加以融合。

民初商法本土化对习惯的重视态度体现出立法者对我国法律传统和法律文化的尊重，在今天仍然值得我们借鉴。或许有人会认为，在中国这样一个封建传统根深蒂固的国家，根本没有可资继承的民商法资源，现代法律制度也没有认同或吸收传统习惯的社会机理，在中国是不可能从传统民商事习惯中成长出现代民商法的。固然，中国传统民商事习惯中确实存在重国家不重个人、重身份不重权利、权利等差行使等弊病，在民事习惯中体现得较为明显。但是，我们也无法忽视其中蕴含的法律人文主义精神，这种精神体现为"对世俗、习俗适应的理性法律秩序"和"修己安人的社会衡平意识"，对维持社会秩序的"协调、平衡、和谐"不无好处。[①]在商事习惯中，像"还本让利""逢灾减息"就包含着重义轻利的传统观念和同情弱者的人道主义精神，既有利于解决商事纠纷，又维持了社会秩序稳定，于国家、社会何害之有？事实上，从大理院判例要旨我们可以发现，民初对待传统习惯的态度也是有所肯认，有所否定（参见本书第四章第二节），并非一味遵循，这种重视习惯又有所甄别的态度难道不值得

---

① 公丕祥：《法制现代化的理论逻辑》，中国政法大学出版社，1999，第194~196页。

我们学习吗？

遗憾的是，新中国建立之后，民商事法律的制定几乎遗忘了传统习惯的存在，在现行民商法中，我们还能看到多少传统习惯的影踪？从民初到现在，转眼将近百年，中国进入新一轮创制民商法典的努力，胡旭晟先生在十余年前就曾质问："民法学界将如何避免一部脱离中国国情的西方民法大拼盘？当代中国又将何以向世界贡献出一部真正中国的民法典？再具体些，现今的民法学者对 20 世纪上半叶国人创制民法典的经验教训了解多少？对中国传统社会的民商事习惯有过多少研究？又有几人考察过现今民间生活中的民商习惯？又有谁来发起当代中国的民商事习惯调查运动？"[①] 这样的质问同样适用于商法的制定。从新中国成立至今已近 70 年，改革开放 40 年，这样长的时间足以产生一些新的商事习惯。在商事普遍国际化的今天，新型商务不断出现，人们对网上交易、虚拟财产等概念已经耳熟能详，正如传统商事习惯的近代演变一样，现代商事习惯必然沿着相同的轨迹不断产生。我国加入世贸组织也已十余年，现代商法的建构也面临国际化目标与本土化追求的矛盾。今后的商事立法中，如何在尊重国际规则的同时，参考本国商事习惯，创制适合国情的商事规则？或许回顾民初商法本土化对待传统习惯的态度，能给我们一些启发吧。

第二节 如何发挥商会的作用

中国近代以来，随着商人地位的提高，商会逐渐发展壮大，开始进入政治决策层。民初商会普遍参与商事立法，对公司法的制定实施和其他商事部门法草案的制定做出积极贡献。通过商事公断处的商事裁判和接受各级司法机关咨询，商会不断扩大自己的影响，并促进了习惯融入商事规则，间接推动商法本土化进程的发展。目前我国的社会状况与民初有所差别，但商会在寻求自治方面，民初的经验也值得我们借鉴。

---

① 胡旭晟：《20 世纪前期中国之民商事习惯调查及其意义》，《湘潭大学学报》（哲学社会科学版）1999 年第 2 期。

一　商会对民初商事立法的积极参与

商人阶层在中国传统社会向来地位较低，清末以来有了很大改观。随着中国近代民族资本主义工商业和国内外贸易的发展，在重商思想的影响下，商人阶层获得前所未有的尊重，逐渐跻身国家上层政治机构，普遍参与立法、司法等政治活动。从清末开始，国家有意识地鼓励和扶持商会的发展，长期被排除在国家政治生活外的商人们，终于可以昂首挺胸、名正言顺地对政治、经济、法律等各个领域进行批评和建议。各地商会出于维护自身利益的实际需要，对当时的商事立法提出很多中肯的意见，甚至自行起草商法条文，为近代商事立法本土化做出很大贡献。

清末的《商人通例》与《公司律》颁行后，因刻意模仿甚至抄袭德、日等国立法，严重脱离中国国情、商情，饱受商界诟病。志田钾太郎制定《大清商律草案》后，各地商会认为该案直接采自日本法，抄袭过于严重，恐与国情、商情不合，因此在1907年由上海预备立宪公会发起组织商法起草委员会。委员会决定对各地商事习惯进行查访，同时结合此前部分省区商事习惯调查所得，参照各国最新立法例，自行编纂商法草案。1909年，委员会编成《公司律草案》与《商法总则》两编并附《理由书》，合称《商法调查案理由书》（以下简称《调查案》）。《调查案》以"比较各国"和"参酌习惯"为基本原则，在广泛参考外国商事立法的同时，也大量吸纳本国的商事习惯，被农工商部所采用，在1911年提交资政院审议，但因清政府随即被推翻，《调查案》被搁置。1914年，民国农工商部在该案的基础上修订了《商人通例》及《公司条例》，呈请大总统公布颁行。虽然《调查案》不是由立法机关制定颁布的法律，但它却在中国近代商法史上占有重要的地位。它是中国商人阶层参与立法的开始，"是中国民族工商业者权利本位、发展取向、法治精神的商事立法思想走向制度层面的一次重要的、具有进步意义的尝试，在中国商法史和思想发展史上仍是值得重视的大事件"[①]。

---

① 帅天龙：《清末的商事立法》，载《商法研究》（第一辑），人民法院出版社，2001，第118页。

民初以来，随着商会的不断发展壮大，商人的政治地位有了很大提高，在立法中也拥有了更多话语权。当时的大实业家张謇还曾担任北洋政府的农商总长，对公司法的制定实施做出很大贡献。张謇积极投身经济法规的制定，尤为重视公司法，"抑商业之发达与否，恒视乎机关之完备与否。所谓机关，则银行业、保险业、堆栈业、运输业、取引所等。是此等机关，非借法律不能发生，非有法律之保障，即发生亦不能巩固……然以上各业，非集公司不办；故公司条例，又为诸条例之根本"①。在他的积极倡导下，民初公司法制得到较大完善。

而不断参与国家政治生活，也使商人们的立法思想和观念更加成熟。在民初的全国商会联合会上，商人们对商法的制定和施行提出很多具有建设性的意见和建议。"前清的晚年，因为各国缘皆有商法，从前的法律施之因商业所生的新事件，不能准据作用，遂模仿他人，颁布一种商律。但是定法律的人，没有法律思想，也不明白商业习惯，徒有规定，不能实施，仍然一毫无补……我们中国现在商法，是要重新编纂的。前清的覆辙不远，这一点我们商界尤要注意。"②"我们今日要商务发达，学人家的新法，先要把我们旧来的商业上许多障碍除去了，才能够的。除去这许多障碍，必由国家制定一种商法，教商人遵守。若商人并不知道这种商法，仍然照着从前的恶习惯做的去，恐怕外国的新法子拿到中国来，还是行不得……这商法是我们商人做生意的指南针，按照商法仿照人家的新法子，一步一步地进行，方才妥帖。"③ 这表明商人们已经认识到，商事立法在强调尊重本国商事习惯的同时，也要借鉴国外的先进之处，进而在中西法律文化的贯通中确立本国的商法体系。

与此同时，商会也积极参加各项商事立法。1912年11月，民国政府工商部邀请全国80余个重要的工商团体和企业的代表152人进京，召开工商会议，其首要议题是编订法律。在会上，商会代表提请政府应加速经济法规的制定："今国家于刑事、民事皆已续定新法，独于商事尚付缺如……拟请工商部长咨商司法部，参酌中国工商习惯，速订商法、公司

---

① 《致商会联合会函》，载《张謇全集》第一卷，江苏古籍出版社，1994，第293页。
② 《无商法之弊害》，载《中国商会联合会会报》第一年第一号。
③ 《法学通论》，载《中国商会联合会会报》第一年第一号。

律，颁布施行，以资遵守，俾固有之商可以逐渐改良，而后来之工商自能及时兴起。"① 在此后的一系列商事立法中，商会和商人们都踊跃参与，积极建言献策。例如在制定票据法的过程中，上海总商会下属的银行公会还曾组织票据法研究会，并对全国票据习惯进行专门调查，为票据法草案的制定提供了重要参考（见本书第二章第三节）。

民初的商事立法，无论现行法或是商法草案，都离不开商会的参与。例如作为屈指可数的商事现行法，《商人通例》和《公司条例》就出于商会之手；又如票据法五草案，也是在商会极力呼吁之下才开始制定的，由此可见商会对民初商事立法的影响之大。

二 商会对民初司法实践的重要影响

除立法领域之外，商会对民初的商事司法领域也产生重要影响。附设于商会的商事公断处积极参与商事纠纷的解决，成为司法机关审理商事案件的重要补充（本书第四章第三节）。商会还经常接受地方司法机关的咨询，就本地商事习惯问题进行解答，为商事审判中运用传统习惯解决商事纠纷提供重要参考，对各级司法机关甚至包括大理院的司法实践都产生了重要影响。

由于商法残缺，地方各级审判机关在审理商事案件时，很大程度上不得不依赖于商事习惯，大理院为此还专门颁布判例要旨。而审判人员对于各种商事习惯不可能全面了解，只能向各地商会咨询。因此，商会对于传统习惯在司法中的应用起到非常重要的推动作用。在民初的民商事习惯调查中，就有很多习惯是地方审判厅因司法实践向商会咨询的结果。兹摘录几封地方审判厅和商会的公函与问答录如下。②

江苏上海地方审判厅公函第十八号

径启者：案据黄济香等与丁其昌因票款纠葛涉讼一案，送经本庭开庭审理，两造供词各执。查票据法现在尚未颁行，所有商业支票情形非调查

---

① 北洋政府工商部编《工商会议报告录》第一编参考案，1913，第87页。
② 《江苏省民商事调查会第三期报告上海习惯》，参见王凤瀛《票据习惯目次》，《法学会杂志》1923年第10期。

沪地习惯不足以成信谳，用特开具应查各点如下：（一）甲商号发行无记名支票与丙商人，指定由乙钱庄照付，票面上盖有甲商号压脚图章。届期丙商人向乙钱庄取款，乙钱庄以票根未到为词拒绝支付，甲商号对于丙商人是否应负完全责任？（二）上开之无记名支票是否有流通性质？如丙商人嗣将该支票转移于丁商人，并经丁商人向甲商号暨乙钱庄照对无异时，则乙钱庄苟以票根未到为词拒绝支付，甲商号对于支票所持人（即丁商人）是否应负责任？（三）上开之无记名支票，出票人是否可以自由取消？如已经过票载付款之期，发行支票之甲商号忽登报声明作废，是否可以对抗支票所持人？以上各点相应函请贵总商会迅予查照见复以凭核办，实纫公谊。

此致

上海总商会

上海总商会公函第十一号

径复者：前准贵厅公函以黄济香等与丁其昌因票款纠葛涉讼一案，审理两造供词各执，非调查沪地习惯不足以成信谳，开具应查事项三端请为查复等由，当经函请钱业公会逐项答复，兹据示复如下：（一）查支票敝业章程第十条之"压脚之字号图章为重"故能流通市上，倘商号支出之银洋支票到期不付，必须向出票之家理直，以杜借票取巧等弊，准是则应归立票人负责。（二）查支票照上项规定，应由立票人负完全责任，虽持票人向双方照对，苟无支付人在票面上批明某期照兑字样，届期支付人如因票根未到或其他原因仍得拒绝支付，仍应由立票者负责。（三）无记名支票系由出票人负责，持票人除窃盗行为外，当然有向立票人请求追偿之权利。上列三项请为查照转复前来，相应据情函复即祈，察照为荷。

此致

江苏上海地方审判厅

杭县地方审判厅与杭州总商会就胡连庆与沈阿林因票据纠葛一案问答录一

五年十二月①

沈阿林持他号上单及支票向胡连庆贴现，先后共四纸，合洋二百二十元，内有一百二十元一纸系沈阿林与李元有同去贴现，又一纸十八元，系李元有所交付，两共票据五纸，期限各不相同。光复后金融奇绌，款无着落，胡连庆一再向沈阿林索还现款，先后共交付四十六元，余则始终不还，遂起诉讼。双方各主张利己之商习惯，经地方厅设为问题，向商务总会查明，于五年十二月二十三日分别判决李元有交付之十八元票一纸不能向沈阿林求偿，一百二十元之票据对于沈阿林只能为半数之求偿，沈阿林共应偿还胡连庆一百六十元，此习惯上之采用，杭厅业已数见，录其问答原文如下：

第一点

问："甲出立票据用之于乙，乙因丙之介绍与丁交易，遂将原票用于丁，届期钱庄不肯兑现，是否由用票之乙负担偿还责任？抑仍由出票之甲店负给付之责？当时从中介绍之丙负相当之责任否？"

答："乙与介绍人丙对于丁虽未能脱离关系，而斧凿相寻，其结果仍当由出票之甲店照付。"

第二点

问："丁所持之上单票系由丙处贴现而来，到期钱庄不解，或未届时而钱庄闭歇，此种责任应由何人负担？"

答："丁所持之票即由丙处贴现而来，则丁得向丙，丙得向乙，乙得向甲持票索款，若甲已交存钱庄而被倒闭，亦应另案诉追。"

第三点

问："甲店出立支票，用于乙，乙转用于丙，丙届期向甲店支款不应，由何人负责？"

---

① 《杭嘉湖民商事调查会报告杭县习惯》，参见王凤瀛《票据习惯目次》，《法学会杂志》1923年第10期。

答:"甲店届期不肯付款,丙得向乙持票索款而已,对于甲店应另案诉追。"

杭县地方审判厅与杭州总商会就程寿臣与俞光禄因票据纠纷一案问答录二

六年十月

王冬林向程寿臣所开之砖瓦店买砖,以从俞光禄处借来之上单票一纸付与程寿臣,到期款无着落,程即持票向俞求偿,其主张为习惯上认票不认人一语。俞光禄答辩理由,则谓杭州习惯借用上单凭人不凭店。双方各执,经地方厅咨询商会后,于六年十月三十一日判决,简录问答要旨如下:

问:"某甲出立上单票借与某乙使用,某乙以之交付于丙,票载向丁庄付款,届期丁庄以票根未到不付款,丙究应向甲求偿抑向乙求偿?"

答:"该上单票即由乙交付于丙,现在款无着落,照习惯而论,在丙一方面应向乙求偿。"

以上公函和问答录均为地方审判厅就票据习惯向本地商会咨询的结果,可见二者之间存在着经常的业务联系。商会对司法机关的咨询给予积极回应,在帮助解决商事纠纷的同时,无疑也有助于本地商事习惯的确认和推广。

除地方各级审判厅之外,商会也对租界法院的商事司法实践产生影响。租界法院由于地位特殊,多有审理涉外票据纠纷者。通常依据一般票据通行规则即可解决此类问题,但倘若双方当事人非为领事国国民,或发行地、付款地等有在非租界范围内者,在票据规则的适用上也可能选择我国票据习惯。在民国十六年(1927年),上海租界上诉法院还曾因"赵燮堂与郭化南因票款纠葛涉讼"一案致函上海银行公会,咨询有关传统票据习惯问题。该案案情如下:聚兴诚银行向师古堂开出本票一张,到期日前不知何故,该票转至乙商号,该号向聚兴诚照票之后,又向谦康庄贴现。据谦康庄称,已照票贴现。师古堂称此票为该堂遗失,曾向聚兴诚要求止付,同时又登报作废,但止付请求遭聚兴诚拒绝。因而在到期日经会审公堂允许请求警务人员于聚兴诚门前等候，将谦康庄欲取款之票夺去，引发诉讼。租界上诉法院致函上海总商会下属的上海银行公会，就票据习惯进行咨询，上海银行公会随即做出答复，并将相关函件通报各下属银行。兹将相关往来信函摘录如下。①

上海银行公会致会员银行函十六年十二月十二日

径启者：案准上海租界上诉院函开："案查本院受理郭化南、赵燮堂（赵燮堂查系谦康庄经理，而郭化南即师古堂）因票据涉讼上诉一案，续定于十二月二十四日下午二时审理。兹本院对于使用票据尚有研质之必要，相应函请贵会查照，届时烦为选派熟悉票据习惯人员，本院应质，仅凭核办"等因。本会以全案真相不明，当请该院将所有经过情形，抄录过会，仅便先事研究。函复去后，旋据该院录送案情前来，即经提出本日委员会议，佥以案关票据涉讼，亟宜详细析解、研究确实，方可发表意见。当经公决照录上诉院来函，分送各行，征求意见，仅五日内答复，以便汇案核办。又聚兴诚银行函示关于此案事略，一并抄附，统希台阅，发抒高见，准五日内答复，以资研究为荷。

此致

〇〇银行

上海租界上诉院致银行公会公函

径启者：查本院前因审理郭化南、赵燮堂票据涉讼上诉一案，请派员来院应质等由。兹准因公函内开："以票据种类繁多，习惯性质各有不同，必须研究确实方能应质；请将全案经过情形，抄录见示，仅便先事讨讼，再行派员应质"等因。准此，卷查本案大略情形，系本埠聚兴诚银行，于民国十五年间，给付甲商号本票一纸，票面注明是年十二月二十四日到期，该票未到期前数日，不知因何种事故，忽而转入乙商号。乙商号即向发票银行对照无误后，复向丙钱庄贴现，据丙钱庄称，已照票额贴现。而原持票人甲商号，则谓此票系伊遗失，曾向发票银行止付，同时复

---
① 引自谢菊曾《票据法概论》，世界书局，1930，第237~244页。

登报声明作废等情。以致涉讼，准函前因，相应开列应征询各点于后，希烦贵会先期研究为荷！

此致

上海银行公会

计开：本票之性质；贴现之习惯；报失及止付之手续；钱庄对于本票之来历有无查究责任？

上海银行公会复租界上诉院书十六年十二月廿二日

径启者，前准贵院函开："查本院前因审理郭化南、赵燮堂票据涉讼上诉一案，请派员来院应质"等由。兹准函开："以票据种类繁多，请将全案经过情形，抄录见示，仅便先事讲座再行派员应质"等因。卷查本案应行征询各点："（一）本票之性质；（二）贴现之习惯；（三）报失及止付之手续；（四）钱庄对于本票之来历有无查究责任？希烦先期研究为荷！"等因。当经分函各行，条陈意见，兹就各行意见相同之点，奉复如下：

第一条　本票之性质

查上海银行营业规程第十条乙项内开："不记名本票，关系信用甚巨，无论何人，凡报有此项本票者，均作为现款之用。"是本票性质等于现金，出票人只能认票付款，不能认人付款，无论即期、远期，银行负有凭票付现之责任。

第二条　贴现之习惯

查此项贴现，当系指本票贴现而言，查银行之经放本票贴现，须先以本票向出票人之行庄照票，如照票无误，即贴付现金。其贴现数目之大小，完全以出票人之信用为标准。请贴现人之有无信用，可以不必审查。惟请贴现人而非该行所素识，应另觅相当之保人，以防此项本票为盗窃及确系遗失而来之纠葛。

第三条　报失及止付手续

查上海银行营业规程第十条乙项后开："顾客向银行出立本票交付他人，或向他行贴现出货，抑自受愚骗，另有别种关系，无论何时，不得向银行挂失止付。如遇水火盗贼或途中遗失者，由失事人觅殷实保证人出具保证书，向银行请求止付，登报存案，银行得暂以止付。即由银行将款送交银行公会暂为保存，俟手续办妥再行付款。倘另有纠葛，被银行查出者，虽请求挂失止付，不生效力。倘未来挂失之先，款已付出，银行不负责任。"是报失止付之手续，亦有明文规定，无事赘陈。

第四条　钱庄对于本票之来历有无查究责任

查收用本票等于收用现金，收用者不能负查究票之来历责任。若因收用而发生纠葛，此乃本票以外问题，非本票之本身问题。譬如：有甲负乙之款，而盗丙之钱以还乙，是为甲与丙间问题，与乙无涉，与钱更无涉。又如：甲盗乙之钱向商铺购货，在商铺凭钱交货，不知其他，乙只能对甲交涉，不能向商铺交涉。又如：甲欠乙之款，已以现金付还，而忽生纠葛，欲将原金取回，而乙不肯退交，或已转还第三者，则甲只能责乙不肯退交之理由，不能将此项现金声明作废。若已转付第三者，第三者亦自无查究其来历而后收受之理。本票既与现金同一流通，则授受之间，亦犹乎是。

上答所持理由如是，若如法院第四项所问，则此类本票无论为银行所出，或为钱庄所出，平时授受频繁，如何能逐一查究？至于照票一层手续，要知照票之原意，以证明此票之是真或伪，并非谓经过照票手续，即可包其不生纠葛也。故本会答案，只能就票之本身立言，其他一切纠葛，乃票之本身以外问题，应由持票人及关系人陈述理由，归法庭解决。前准贵院函请敝会派员应质，今既书面答复，似无派员应质之必要，相应函复贵院查照为荷。

此致

上海租界上诉院

上海银行公会再致会员银行函 十七年一月十九日

径启者：关于郭化南、赵燮堂因票据涉讼一案，前由租界上诉院函询本会关于票据性质习惯，以凭研究。当经分函各行，征集意见，汇复该院在案。兹以该案业经吊销，票款亦已发还，惟事关法律与营业习惯，颇有研究之价值，用将本会去函，抄请参阅，借供参考。

此致

〇〇银行

该案中租界上诉法院就本票性质、贴现习惯、报失及止付手续和钱庄对于本票的审查责任等四个问题向上海银行公会咨询，上海银行公会根据银行和钱庄营业规则一一做出答复，最终租界法院也根据银行公会的意见做出判决。由此可见，地方各级审判机关，包括租界法院在适用传统商事习惯审理商事案件时，很大程度上需要商会的帮助，而商会通过解答咨询，不但提高自身的地位和影响，也促进了传统习惯的应用和推广。

1926年，上海租界会审公廨曾引用大理院判例要旨否定本地合伙习惯做出判决，上海总商会对此不服，提出大理院判例要旨的性质为条理，不能优于习惯适用，并发动上海商会各行业公会联名请求司法部转咨大理院解释。上海商业总会在致函中认为，根据上海地区的商业习惯，"合伙债务只由合伙员按股分担，任何合伙员不负应摊债务以外的责任"，而会审公廨依照大理院四年上字第五八号判例要旨关于"如合伙员中有贫，无资力不能偿还债务者，则保护债权人起见，仍应由他合伙员依同一标准分任偿还"的内容来判决，二者存在抵触。新设判例只具有条理性质，依据大理院二年上字第六十四号判例，习惯应优先于新设判例适用，因此呈请司法部转咨大理院解释该判例要旨和习惯的适用顺序。大理院的解释称："查本院历来判例，认合伙债务除由各合伙员按股分担外，合伙员中有资力不足清偿其分担部分，尚应由他合伙员代为分担者，盖以合伙为公同业务，合伙债务非单纯合伙员各人之债务可比，原应由合伙员共同负责。苟合伙员不能清偿其应摊债务，即属合伙之损失，依公同分配损益之原则，自应责令他合伙员代为分担。唯此项条理并无强行性质，如有特别习惯，而合伙与债权人又无反对该习惯之意思表示者，得依习惯办理。至有无此种习惯，属于事实范围，应由法院审认，相应咨复贵部转令查照可也。"① 从大理院的解释来看，显然同意上海总商会的看法。由此可见，商会对司法机关的影响并不局限于本地，而是扩大到租界甚至大理院。

三 可资借鉴之处

商事组织在国家和社会中居于什么样的地位，既取决于国家的认可，

---

① 判例要旨四年上字第五八号参见前引郭卫编《大理院判决例全书》，第121页；解释例要旨十五年统字第一九八三号参见前引郭卫编《大理院解释例全文》，第1155页。

也取决于商事组织的自治能力。民初商会在国家政治生活和商业领域中都发挥重要的作用，自然有其特殊的历史原因。一是近代中国的国际政治地位低下，清政府和北洋政府在重商思潮影响下，希望另辟蹊径，寻求一条以商富国、强国之路，对商业和商人地位给予充分的重视，允许甚至鼓励商人和商事团体参与国家政治生活和商事立法。二是中国近代民族资本主义有了较大发展，由此形成具备一定实力的利益集团，在与政府的博弈中拥有一定的发言权，由此谋得部分政治决策权。三是国内政局混乱，缺乏强有力的中央集权政府，国家对民间组织的控制力度较弱，使得商事组织具备较高的独立性，拥有较大的自治空间。因此，民初商会不但可以参与商事立法，而且拥有商事裁判权。四是商事立法残缺，商事裁判严重依赖习惯。商会具有业务上的优势，使得各级司法机关在审理商事案件时，一定程度上不得不依赖于它。到南京国民政府时期，随着国家的统一、立法的完善和中央政府权力的加强，商会的地位和自治性就受到了一定遏制。

我国目前要复制民初商会模式显然不太可能。虽然国家也重视商业贸易，但由于国家垄断资本的存在和行业准入的控制，民间资本壮大的空间相对狭窄，商人们缺乏足够的实力，短时间内不可能左右国家经济秩序的运行，因而其难以取得与国家对等或者接近的地位来谋取政治决策权。同时，目前的中央政府仍处于强势地位，并且一直都有谋求控制民间商业团体的习惯，虽然近年来有所放松，但是对商业团体的管制还是较为严格的。另外，现行商法体系比较完整，商人阶层自身也不具备太多的业务优势，对商事司法无法产生太多影响。

现阶段，我国商会组织主要存在着两个较大问题：一是性质和地位不明确，二是自治权不足。按目前的商会法律体系，全国工商联和中国国际商会分别在国内和涉外商业组织中居于领导地位，另外还有众多全国性的行业协会处于辅助领导地位，各地商会都要接受它们的指导。[①] 从全国性商业组织的性质和地位看，行政色彩相当浓厚，例如《中国工商联合会章程》（2002 年）第一条就规定它是中国共产党领导下的中国工

---

① 肖海军：《论我国商会制度的源起、演变和现状》，《北方法学》2007 年第 4 期。

商界组成的人民团体和民间商会,是党和政府联系非公有制经济人士的桥梁和纽带。其中的官方色彩和政治含义令人无法相信这是一个民间团体,事实上,它也不是一个纯粹的民间团体,或者说,更倾向于是半行政机构。全国工商联参与政治决策的权力有限,而且人事上也无法完全独立。至于其权利,由于行政领导的存在,商会自治权形同虚设,裁判权也带有明显的行政性,从当前商事仲裁机构的设置我们就可以看出来。

实际上,经过三十几年改革开放,民间资本与私营经济已经有了巨大发展,虽然目前处于幼年期,与国有经济还无法相提并论,但却具备充沛的活力和良好的前景,假以时日,未尝不能与国有经济分庭抗礼。经济力量的壮大总是会形成一个利益集团,目前的企业家阶层也纷纷步入政坛,这是经济发展的正常结果。那么,国家是否能够给予民间商业团体稍大的发展和自治空间呢?在笔者看来,行政权力还是应当逐渐退出商业团体。利益是权力的腐蚀剂,以行政权力主导商业运作是很危险的,对于商业团体而言是一个束缚,对于公权力是一个陷阱。对于正在成长的力量,堵截和遏制并非最佳选择,引导和规范才是合理措施。那么,如何发挥商会在国家政治、经济生活和司法中应有的作用呢?虽然我们无法复制民初商会模式,但通过对民初商会地位和作用的考察,起码有两点是值得我们考虑的。一是对商会性质和地位进行界定,淡化和取消行政控制。具体来讲,法学界应从理论上明确商会的社会团体法人性质,国家应从立法上保障商会的独立地位,政府应从人事上退出商会领导机构的安排。同时,在商事立法中,应当尽可能地征询商会组织的意见,鼓励它们积极参与立法;在商事司法中,应当加强法院与商会的业务联系,共同提高双方的业务能力。只有这样,才能真正发挥商会在社会经济建设中的作用。二是尊重商会的裁判权,完善商事仲裁制度。具体来讲,应当明确商会对商事仲裁机构的指导地位,同时应将商事仲裁定位为专业服务,划清与行政权和司法权的界线;突出仲裁庭、仲裁员的作用,促进仲裁的多元化与专业化,尊重商事纠纷当事人的意思自治,适当区别国内仲裁与涉外仲裁。[①] 当然,这个问题也有待商法学者

---

① 沈四宝、薛源:《论我国商事仲裁制度的定位及其改革》,《法学》2006年第4期。

进一步深入研究探讨。

第三节 如何看待判例要旨对商事立法的补充

民初判例要旨的内容复杂，既包括对现行法的解释和阐述，也包括对习惯的确认与规范，还包括对商事新规则的创设。因此，它在效力上也应存在不同的层次。大理院通过确认习惯、创设新规则和重构商法体系，弥补了商事立法的不足，推动了民初商法本土化进程的发展。但我们应当看到，大理院以司法权的形式行使实际立法权，不但与三权分立原则相悖，而且有违宪之嫌，并没有普遍参考意义。当前最高人民法院的司法解释与大理院判例要旨有相似之处，应当引起我们的警惕。如何在借鉴民初商事司法实践时，纠正目前的偏失，促进商事司法和商事立法的良性互动，是值得我们思考的问题。

一 民初判例要旨的性质分析

判例要旨是大理院根据判例抽象而来的法律原则，在民初法制残缺的情况下，对维持国家法治、解决法律纠纷起到重要作用。关于民初大理院判例及判例要旨的性质，法史学界历来颇有争议，主要有以下几种观点。其一，认为大理院判例是一种判例法。例如民国时期的戴修瓒先生就认为："前大理院……权衡折中以为判决，日积月累编为判例，各法原则略具其中，一般国人亦视若法规，遵行已久。论其性质，实同判例法矣。"[①] 胡长清先生也认为："纵谓我国自民元迄今，系采判例法制度，亦无不可。"[②] 张晋藩先生在著作中提出，从秦的廷行事、汉的决事比，到宋之后的例，都属于判例法的性质，而民初大理院的判例也应属判例法的范围。[③] 其二，认为大理院判例是一种条理，即法理。黄源盛先生提出，大理院民事判例的性质"理论上宜属条理""实际上创例视同立法"，并从条理之含义、大理院判例为创设性的判例、大理院在

[①] 转引自张生《中国近代民法法典化研究》，中国政法大学出版社，2004，第131页。
[②] 胡长清：《民法总论》，中国政法大学出版社，1997，第36页。
[③] 张晋藩：《中国法律的传统与近代转型》，法律出版社，2009，第299、302页。

判例中对自身判例的论断等方面进行阐述。① 其三，认为大理院判例是一种广义的习惯法。例如余戟门先生认为："……判例法乃广义习惯法之一，其所以与一般之习惯法异者，该一般之习惯法渊源于一般人民自己所为之惯行，而判决法之渊源于法院之判决。"② 其四，认为大理院判例要旨是一种司法解释。张生先生从抽象解释与具体解释、民初的三权分立两方面提出，判例是大理院的具体解释，它的产生依据司法权而不是立法权，因此它的性质即非判例法或条理，亦非习惯法，而应为一种司法解释。③

实际上，大理院判例及其要旨的内容非常复杂，它既包括对现行法律规范的阐释与补充，例如大理院三年抗字第四六号判决就是对《临时约法》第十条和第四十九条的阐释；也包括对习惯和习惯法的确认，例如大理院三年上字第一○九○号判决就是对奉天省商事习惯的确认；还包括不在现行法范围内的创造性规则，例如大理院关于票据的判例要旨。也就是说，大理院既可以根据现行法和习惯做出具体解释，也可以根据法理做出抽象解释，还可以创制新的法律规则。

在笔者看来，不同内容的判例要旨应该存在不同的性质和效力。从理论上讲，对现行法的阐释部分与现行法律条文具有同等的性质和效力；对习惯或习惯法的确认部分应当具有仅次于现行法的性质和效力；在现行法之外的创制规则部分，其性质与法理相似，效力则应当在前两项之后。按黄源盛先生的说法，前两项应属于"宣言的判例"（declaratory precedents），具有当然的拘束力；最后一项应属于"创设的判例"（original precedents），性质上是条理，类似德、法等国法院的判决，对下级法院实无拘束力。④ 这样的效力次序不但被清末立法所承认，也被

---

① 黄源盛：《民初法律变迁与裁判》，台北政治大学法学丛书之四十七，2000，第70~73页。
② 转引自余棨昌《民法要论总则》，朝阳学院出版部，1933，第28页。
③ 前引张生《中国近代民法法典化研究》，第135~137页。
④ 黄源盛先生认为大理院判例理论上宜为条理，仅就最后一项而言，自然是非常正确的。但如果就全部判例而言，似乎值得商榷。因为民事判例中虽然大部分为"创设的判例"，但其余的部分也不乏前两项所列的"宣言的判例"，若言其效力仅供参考，则这样的区分即无意义。参见黄源盛《民初的法律变迁与裁判》，第70~71页。

民国立法和司法实践所承认。《大清民律草案》总则部分第一条即明确规定："民事本律所未规定者，依习惯法；无习惯法者，依法理。"① 此处没有明确判例在民事法律审判中的适用地位，这是与大陆法系法典主义相符合的。民初大理院二年上字第六四号判例中提出："判断民事案件应先依法律所规定，法律无明文规定者依习惯法，无习惯法者依条理。"② 此处的条理，即可认为包括判例要旨的创制规则。1926 年的大理院解释例也认为条理无强行性质，如有特别习惯，应优先适用习惯。该解释例缘于上海租界会审公廨引用大理院判例要旨，否定本地合伙习惯做出判决，上海总商会对此不服，提出大理院判例要旨的性质为条理，不能优于习惯适用，因此发动各行业公会联名请求司法部转咨大理院解释。③ 但是，我们也不能就此断定大理院认为所有判例要旨的效力都次于习惯，毕竟判例要旨中也有对现行法的阐释，无论从法理上还是实践上，它的效力都不可能低于习惯。此后，南京国民政府时期的立法和司法实践再次证实了这个观点。《民国民法典》第一条关于民事法规的适用顺序即规定，民事法律所未规定者依习惯，无习惯者依法理。而最高法院二十一年上字第一〇一三号判例进一步明确："判例之内容须属于解释法规者，始能优先于习惯而适用，否则仅为一般条理，其适用顺序在习惯之后。"④

---

① 杨立新点校《大清民律草案·民国民律草案》，吉林人民出版社，2002，第 3 页。
② 郭卫编《大理院判决例全文》，台湾成文出版社，1972，第 29 页。
③ 上海商业总会在致函中认为，根据上海地区的商业习惯，"合伙债务只由合伙员按股分担，任何合伙员不负应摊债务以外的责任"，而会审公廨依照大理院四年上字第五八号判例要旨关于"如合伙员中有贫，无资力不能偿还债务者，则保护债权人起见，仍应由他合伙员依同一标准分任偿还"的内容来判决，二者存在抵触。新设判例只具有条理性质，依据大理院二年上字第六十四号判例，习惯应优先适用于新设判例，因此呈请司法部转咨大理院解释该判例要旨和习惯的适用顺序。大理院的解释称："查本院历来判例，认合伙债务除由各合伙员按股分担外，合伙员中有资力不足清偿其分担部分，尚应由他合伙员代为分担者，盖以合伙为共同业务，合伙债务非单纯合伙员各人之债务可比，原应由合伙员共同负责。苟合伙员不能清偿其应摊债务，即属合伙之损失，依共同分配损益之原则，自应责令他合伙员代为分担。唯此项条理并无强行性质，如有特别习惯，而合伙与债权人又无反对该习惯之意思表示者，得依习惯办理。至有无此种习惯，属于事实范围，应由法院审认，相应咨复贵部转令查照可也。"判例要旨四年上字第五八号参见前引郭卫编《大理院判决例全书》，第 121 页；解释例要旨十五年统字第一九八三号参见郭卫编《大理院解释例全文》，第 1155 页。
④ 转引自黄源盛《民初的法律变迁与裁判》，第 71 页。

可见，判例要旨的内容应区分为解释法规者与不解释法规者，其性质与效力有所不同。

当然，无论判例要旨的性质如何，在民初法律条文不全或是完全缺失的情况下，它的创造性是毋庸置疑的，在司法实践中也发挥着几乎与制定法相同的效力。尽管判例要旨在理论上并非都具有法律拘束力，但在实际上，由于民初立法特别是民商事立法进程的停滞，司法审判常常面临无法可依的局面，判例要旨以其简便明了、易于适用，成为官方和民间在司法实践中的准则。近代法学家胡长清先生曾说："……民事法规，既缺焉未备，于是前大理院，乃采取法理，著为判例，以隐示各级法院以取法之矩矱。各级法院遇有同样事件发生，如无特别反对理由，多下同样之判决，于是于无形中形成大理院之判决而有实质的拘束力之权威。"①

二 判例要旨对商事立法的补充及其反思

判例要旨对民初商事立法的补充主要体现在两个方面：一是创设商事新规则，二是重构商法体系。大理院虽然形式上是行使司法权，实质上却拥有部分立法权。这种畸形的权力运行模式是民初现实的需要，也产生良好的社会效果。但是，它与三权分立的基本原则相悖，也不符合《临时约法》的规定，对当前最高人民法院行使司法解释权并无普遍参考意义。不过，以商事司法实践补充商事立法不足，促进司法与立法良性互动的做法，未尝不可为我们所借鉴。

判例要旨对习惯的内容和效力进行规范和确认，实际上起到将习惯上升为习惯法的作用。习惯虽然可作为参考依据，却不具备普遍拘束力。但在成为习惯法之后，就具备超越法理的效力，只要不与国家强制法抵触，各级司法机关在审判中就必须遵循。二者虽然内容相同，但效力却有很大差异。因此，大理院这种规范和确认行为无疑是一种创制行为。同时，判例要旨中不乏将习惯、法理和国际通行规则加以融合而创制的商事新规则，这些新规则在内容上与原本的法源不同，其创造性毋庸置疑。虽然判

---

① 胡长清：《中国民法总论》，中国政法大学出版社，1997，第35页。

例要旨与法条相比，在形式和内容上有一定的差别，但在司法实践中却起到替代法条的作用，足以弥补商法的空白。

大理院还对判例要旨进行编纂，形成判旨汇览，试图重构商法体系。民初大理院曾对判例要旨进行数次编辑，在民国二年的判旨汇览中，没有判例要旨的法律部门都只列出法律名称，并无具体章节。因此，这次编辑并不能称为编纂。但在民国八年的编辑中，我们可以发现，大理院对很多法律部门都列出具体章节，不管有无判例要旨。① 直到大理院改组，还有些章节仍然没有判例要旨的内容。这些章节的存在很值得我们研究：在有现行法的部门法，章节次序、名称与现行法是一致的；在没有现行法的部门法，章节次序、名称则由大理院自主创设。创设的章节既有来源于法律草案者，也有完全由大理院创造者。例如票据判例要旨的章节与清末、民国任何一个票据法草案都不相同，显然是大理院自创的体例。可见，民国二年之后，大理院对某些法律部门采取的是先创设体例，然后以判例要旨充实内容的做法。这种编辑已经超出一般汇编的范围，可以称为编纂了。因为无论从章节的设置还是内容的创制，它都可以视为全新的法律规则。在商事部门法中，这种情况较为常见，除票据之外，商法判例要旨汇览中还有商人通例、公司、商行为（含保险）、海商、破产（列于民事诉讼中）等，构成一个完整的商法体系。

如果说判例要旨是大理院被动产生的商事规则，那么判旨汇览则是大理院主动创设的体系。这种编纂行为已经远远超出司法机关的法令解释权，可以归入立法权的范畴。虽然我们可以理解大理院在民初法制糜烂的情形下，倾力维持国家法治的苦心，而且这种行为也取得良好的效果。但是，大理院以司法机关行使事实上的立法权，不但与三权分立的基本原则相悖，也逾越了《临时约法》和其他宪法性文件赋予它的权限，在合法性方面是存疑的，起码不应当是司法机关正常的司法行为。所以，这种模式只能是特殊条件下的权宜之计，在当前并无普遍参考意义。

值得警惕的是，如果从创造性和解释内容两方面来看，当前最高人民

---

① 参见大理院编辑处编《大理院判例要旨汇览》，民国二年版。

法院（以下简称"最高院"）的司法解释与民初大理院的判例要旨有很强的相似性，似乎体现出司法权立法化的倾向。我国现行法律制度不承认判例的法律拘束力，最高院对地方各级法院的拘束主要通过司法解释来实现。按1981年《全国人民代表大会常务委员会关于加强法律解释工作的决议》第2条和2006年全国人大常委会发布的修正《中华人民共和国人民法院组织法》第32条规定，最高院具有司法解释权。而2007年最高院发布的《关于司法解释工作的规定》（法发〔2007〕12号）第6条将司法解释的形式分为"解释"、"规定"、"批复"和"决定"四种，其中的"规定"即指最高院可以根据立法精神对审判工作中需要制定的规范、意见做出解释，所谓"立法精神"，显然包括法理在内。这就意味着最高院除了可以做出具体解释外，还可以做出抽象解释，无异于赋予自身创制法律新规则的权力。尽管这条规定饱受批评和质疑，[1] 然而最高院在目前具有于现行法之外创制新规则的权力是不争的事实。而且，在效力方面，最高院司法解释比大理院判例要旨更强，对地方各级法院审理案件都具有拘束力，在事实上取代了法律条文。以司法机关的身份规定本身拥有创制法律规则的权力，最高院的做法不但挑战了立法机关的权威，而且有违宪之嫌，确实值得我们检讨。

不过，在控制最高院抽象解释权的前提下，我们仍然可以借鉴大理院以商事司法实践弥补商事立法不足的做法，促进商事司法与商事立法的良性互动。具体来讲，最高院对商法适用具体问题和不同部门法的冲突抵触，可以通过司法解释的形式做出规定，厘清法律疑难问题，拘束各级法院；对商法未规定事宜，应通过判例及判例要旨而不是司法解释的形式，为各级法院提供参考，同时应积极向全国人大提出立法修改建议。全国人大应当对最高院的司法解释权做进一步明确，同时，在补充、修改商法时，应积极向最高院咨询，充分尊重最高院的业务能力。只有这样，商事

---

[1] 国内学界对最高院根据立法精神所做出的"抽象解释""系统解释"批评和质疑很多，甚至有认为它是越权解释、违法解释的，例如袁明圣的《司法解释"立法化"现象探微》，《法商研究》2003年第2期；张榕：《司法能动何以实现？——以最高人民法院司法解释为分析基础》，《法律科学》2007年第5期；赵钢：《我国司法解释规则的新发展及其再完善》，《现代法学》2008年第4期等。

司法与商事立法才能形成良性互动,共同完善我国的商法制度。令人欣慰的是,最高院近年来公布了不少的商法判例,为各级司法机关审理类似案件提供了重要参考。在制定司法解释时,也有意识地遏制自己的立法化倾向,广泛征询社会各界的意见和建议,朝着良性司法的方向迈出了重要一步。

结　语

票据在我国的历史已逾千年，但从唐宋时期直至清末修律之前，居然没有一套通行全国的完整制度和相应的法律规范，反需在清末移植外国法，其原因令人深思。除重农抑商思想的影响之外，恐怕与整个社会的政治制度、经济模式与法律文化传统的封闭落后有密切的关系。票据立法的落后是一面镜子，照出中国传统商法从古代到近代艰难的生存现状。

随着近代工商贸易和金融业的发展，解决商事纠纷的需求与商事立法严重欠缺的矛盾日益凸显，加上政治功利性考量和商人的强烈呼吁，中国第一部票据法草案"志田案"终于在清末出炉。在商事立法基础薄弱的中国，要想短时间完善商法，移植显然是现实和最佳的选择。但清末的移植由于急功近利，一味抄袭，严重影响立法效果。"志田案"被清政府和北洋政府弃用，说明全盘西化的立法观念难以得到现实的认可。

民国初期的商事立法逐渐淡化政治功利性色彩，寻求将国际通行规则与本土商事习惯相结合，回归法律的社会实用性功能，北洋政府和金融界为此进行大规模的民商事习惯和票据习惯调查研究活动。姑且不论调查结果如何，习惯在立法中能被吸收多少，这种调查活动本身就值得我们喝彩。正如治病救人必须先进行彻底体检一样，它能让我们清楚自身的缺陷和优点，以便在立法中扬长避短，去芜存菁。习惯调查活动的进行说明清末以来提倡的会通中外思想并没有随着清政府的灭亡而遗失，相反却在民国时期绽放光芒，而大量的调查成果也为此后的商事立法和票据立法本土化打下坚实基础。

民初票据立法五易其稿的曲折过程，反映出近代商法本土化道路并非坦途一片。"共同案"广泛参考各国票据立法，大量吸纳传统票据习惯，力图将国际通行规则与本土资源加以融合，为此后民国票据立法本土化树立起较为成功的典范。而主张全盘西化的"爱氏案"与"共同案"并存，则反映出立法的社会实用性与政治功利性的矛盾。"三草"到"五草"对"爱氏案"的否定和对"共同案"的继承完善，又让我们看到民初立法观念的进步和立法技术的提高，也为南京国民政府时期票据法的制定和施行提供最好的示范和蓝本。民初票据法草案最终因为政治动荡和立法机关频繁更迭无法付诸实践，说明法律的制定和施行不仅需要高超的立法水平，良好的立法环境，更需要稳定的政治环境作为保证，所谓"徒法不足以自行"也。

立法机关的瘫痪使得民初商法本土化陷于山穷水尽的境地，但商事裁判对待传统习惯的态度却让我们看到柳暗花明。在法制严重缺失的情况下，大理院发挥独特的释法功能，通过判解要旨重构商法体系，创制商事规则。地方各级审判厅和商事公断处在商事裁判中广泛应用传统商事习惯，结合法理解决商事纠纷，不仅很好地解决商法缺失带来的问题，而且使传统商事习惯很好地融入商事规则，为此后被商事立法吸纳增加了砝码。各级司法机关和商事公断处的商事裁判活动，奇异地推动着民初商法本土化进程。

回顾民初票据立法的历史，确实有值得我们反思和借鉴之处。新中国成立后，会通中西的精神并没有在立法中体现出来。"二十世纪中叶以后，关注本土习惯的立法理念已退出中国大陆的历史舞台，民间习惯亦从立法者们的视野中消失。其结果，不但西方化成为二十世纪中国社会现代化的基本主题，而且法律与社会的脱节也构成二十世纪中国法制最基本的格局和特征。"[1] 时至21世纪，当代中国的法制建设同样面临着国际化目标与本土化追求的矛盾，其社会背景之复杂、立法进程之曲折、法律与实际之抵牾与民初不无相似之处。在跨出国门加入世贸的今天，我国商法体系也面临着重构。在尊重国际规则的同时，如何制定适合国情的商事规

---

[1] 胡旭晟：《20世纪前期中国之民商事习惯调查及其意义》，《湘潭大学学报》（哲学社会科学版）1999年第2期。

则？如何对待传统习惯？如何发挥商事组织的作用？商事裁判如何补充、促进商事立法？这是我们不得不考虑的问题。相似背景下的相似经历，使民初商法本土化给我们一种似曾相识的感觉。民初票据立法五易其稿，参考十几个国家和组织的二十余部法案，并进行大规模的票据习惯调查，其会通中西的立法精神，严谨务实的立法态度，难道不值得我们学习吗？今天我们回头探寻近代以来的商事立法踪迹，或许能为我国的民商立法者和学界提供某种思路吧。

附录点校说明

一、本书附录包括从清末到民初的六个票据法草案，点校整理依据版本为南京国民政府工商部工商法规委员会所编《工商法规辑览》第一部《商事法规》（中华书局，1930年版）。但《辑览》中的"前修订法律馆票据法第一次草案（共同案）"从第二十五条至第八十二条没有列出参考法源，故笔者依据徐沧水所编《票据法研究续编·特载》（银行周报社，1925年版）中所列条文，对该部分参考法源加以补全。

二、原书为繁体字、竖排版，本书改为简体字、横排版。为保持原书原貌，其篇章、体例不做更动，原文中的"左列""如左""右列""如右"等用语也不加改动。

三、原书所列条文均无标点，为方便读者，本书按照现代阅读习惯，结合法条编辑方法对其进行断句，并添加新式标点符号，例如：

"第二十六条　汇票债务者对于执票人得以抗辩之理由，限于左列事项：

（一）直接对于执票人所存者；

（二）基于无能力者；

（三）基于汇票本文及票上所记载之事项者；

（四）基于本法所规定者。"

四、原书在某些用语上与现代统一称谓不同，例如将奥地利简称为"墺"，意大利简称为"伊"，"贯彻"称为"贯澈"，"预备付款人"称为"豫备付款人"等，为避免歧义，本书按现代统一称谓加以修正。另外，在点校中如发现原书确有错误，或未能译成汉语的日文汉字，一律以脚注加以说明。

附录一　前清宪政编查馆票据法草案（志田案）

目　录

第一编　总则

　第一章　法例

　第二章　通则

第二编　汇票

　第一章　汇票之发行及款式

　第二章　票背签名（里书）

　第三章　承诺

　第四章　代人承诺（参加引受）

　第五章　保证

　第六章　满期日

　第七章　付款

　第八章　拒绝承诺及拒绝付款之场合执票人之请求偿还权

　第九章　代人付款（参加支拂）

　第十章　副票及草票（复本及誊本）

　第十一章　汇票之伪造、变造及遗失

　第十二章　时效

第三编　期票

　第十三章　期票

第一编　总则

第一章　法例

第一条　本法规定关于一切票据事件。本法所未规定者，适用各地方习惯法；其无习惯法者，适用民法。

第二条　票据债务者，其能力依本国法定之；本国法有规定适用他国法律者，即适用其法律。

依前项所指定法律，虽为无能力者，然依他国法律若为有能力①者时，则其在他国领土内所发票据期约，即为有效。

第三条　票据缔结之款式，依其缔结所在国之法律。

第四条　执票人行使票据权利，或为保全债权而作成拒绝证书，一切行为悉依所在国之法律。

第二章　通则

第五条　票据之种类，有汇票及期票。

第六条　署名票上者，依票上所记文义而负其责任。

第七条　代理人不于票上记明为人代理意旨而自行署名者，其本人得不负责任。

第八条　票据上记载本法所无规定之事项者，不生效力。

第九条　票据上应负债务者，不得以本法所无规定之事项，以抗执票人之请求。

第二编　汇票

第一章　汇票之发行及款式

第十条　汇票款式应具备左列各项：

（一）应表示为"汇票"字样，此表示以本国文字为准；

（二）载明一定金额，嘱前手照票付款文义；

---

① 原书没有"力"字，从文义上看，此处应为漏字。

（三）付款人姓名或商店字号；

（四）一定满期日；

（五）付款地方；

（六）执票人姓名或商店字号；

（七）发行年、月、日及所在地方；

（八）发行人署名盖印。

汇票之发行，得从一地方发出向他一地方，亦得于同一地方发出之，但其给付之实价无须记载。

第十一条 汇票不具备前条所揭各件者，除本条第二项所定情节外，其汇票作为无效。

汇票未载明期限者，认为见票即兑之票；其未载明付款地址者，依票上所载付款人住址，认为付款地址；其未载明发行地址者，依票上所载发行人住址，认为发行地址。

第十二条 发行人得以自己为指定债权人或为付款人，但同时兼为三者则无效。

发行人得对于第三者之计算而发行之。

发行人得为认票不认人（所持人拂）之规定而发行之。

第十三条 汇票除认票不认人者外，虽票上无债权移转之规定，得①依于票背签名法而转让于人。

发行人得于票上载明禁止票背签名（里书）及展转让与，凡有此规定者，执票人须以普通让与方式转让之。

第十四条 发行人得于付款人住所地内记明预备②付款人住址，或记明与付款人住所地相异之付款地。

第十五条 凡见票即兑及见票后定期付款之票，发行人得就票面金额定其应付利息，其他汇票无须记载。

票上未记明利息者，以年利五分为准。其时效无特别规定者，自发行日起算。

---

① 原书为"所"字，从文义上看，此处应为错字。

② 原书为"豫备"，对照本草案前后用词，有用"豫备"者，有用"预备"者，为避免出现混淆，参照以后各草案用词，将"豫备"一律改为"预备"。

第十六条　票据上记载金额之字，若中国数目字及西文数目字并用者，以中国数目字所记为准。若中国字所记及西文所记有数回者，其金额不符时，以其所记最少金额为准。

第十七条　汇票债务人内有为无能力者，其债务取消时，与本票据上其他债务者无涉。

第十八条　汇票上代理他人署名，若无本人之委托或逾越代理权限者，当自负其责任。

第十九条　汇票发行人须担保承诺及付款，发行人不得于票据上记载不能担保付款之意旨。

发行人得为免除作成拒绝证书之规定。

第二章　票背签名（里书）

第二十条　执票人欲将其票上权利转让于他人者，须于本票背面或副票，或草票上记明意旨，并指定所让与者（被里书人）姓名，由本人签名盖印，方为有效。其仅有让与者签名，而未指定被让与者姓名者，谓之空白签名，其效力亦同（白地里书）。发行人及承诺人、担保人、付款人等，皆得依票背签名而承受汇票权利，亦得依此而让与他人。

第二十一条　汇票票背有为认票不认人（所持人拂）之规定者，须由发行人保证始生效力。票背签名人载明以票面金额之一部让与他人者，作为无效。

票背签名人附记条件者，作为无效。

第二十二条　汇票上一切权利，依票背签名而让与执票人。

票背签名人对于被签名者，除有特别规定外，须担保汇票之承诺及付款。

第二十三条　汇票上有空白签名者，执票人得享左列[①]之权利：

（一）于空白签名内眷自己姓名；

（二）于空白签名内眷他人姓名；

（三）仍用空白签名让与第三者；

---

① 原书没有"列"字，从文义上看，此处应为漏字。

（四）记载他人姓名而作成票背签名款式。

第二十四条 票背签名人于急迫之场合，得记明预备付款人。

票背签名人除自为发行人外，得于票上记明不担保付款之旨。

票背签名人得批明禁止后手之票背签名。凡有此规定者，票背签名人对于后手汇票之移转，得不负其责任。

票背签名人得批明免除作成拒绝证书之旨。

票背签名人所附记事项，仅对于其后手之被签名人者为有效。

第二十五条 执票人有票背签名者，应依票背签名之连续关系而证明其所有权。但最后之票背签名虽属空白无记名者，亦以执票者为票权适当人。

空白票背签名之后，次以正式签名者，即认其签名人因空白签名而取得汇票权利。

第二十六条 汇票债务者对于执票人得以抗辩之理由，限于左列事项：

（一）直接对于执票人所存者；

（二）基于无能力者；

（三）基于汇票本文及票上所记载之事项者；

（四）基于本法所规定者。

但以恶意对执票人者，虽有前列事由，仍得对抗之。

第二十七条 票背签名人有批明委任他人代理兑款或记明有代理字样者，认其执票者为票背签名人之代理人。

代理执票人得行使票上一切权利，但将票上债权转让于人者，当依其票背签名时有无委任提款权限为据。若无委任提款权限之字样者，债务人得以其事由对抗之。

第二十八条 票背签名中有批明该票系为担保或质当及其他质权设定字样者，认其执票人为质权人。

票背签名人将票据质押于人者，票据债务者不得以可以对抗于票背签名人之事由以抗执票人。但执票人有恶意者，不在此限。

第二十九条 汇票票背签名之效力，满期日以前所签者与满期日以后所签者，其效力同一。但拒绝证书作成后或经过法定拒绝证书作成期间后而为票背签名者，则其效力与民法所规定之通常让与权同。

第三章　承诺

第三十条　执票人于汇票满期日，得执票向付款人呈示，要求承诺付款。其票为一人单纯占有者，亦依此行之。

呈示地点以付款人住所地为定。

付款人姓名下所附记之地址，认为付款人住所地。

要求承诺，须于营业日行之。

第三十一条　汇票执票人须行其要求承诺之呈示。其有规定于一定期间者，须于期间内行其呈示。但其呈示期间末日值法定休息日时，应于其次营业日行之。

发行人得规定执票人于一定期间内不为要求承诺之呈示，但他埠付款之票与见票后定期付款之票，则绝对不得禁止呈示。

票背签名人得批明命执票人为要求承诺之呈示，但不得于其可以要求承诺之票而禁止其呈示。

本条所禁止之句语，概不得记载。

第三十二条　见票后定期付款之票，不问距离远近，从发行日起，须于六个月内向付款人为要求承诺之呈示。此期限发行人及票背签名人均得缩短之。其延长期限则唯发行人得为之，但延长不得过六个月。逾此限者，呈示期间与时效通算，缩短为一年。

第三十三条　承诺者须于票上记明承诺之旨，由付款人署名。

票上已经付款人署名者，认为已经承诺之证。

普通汇票之承诺，无须签日。但见票后定期付款者或有特别规定于一定期间内呈示者，须记明其呈示日期。

凡于草票或黏单或特别封套表示承诺者，付款人得不负债务责任。

第三十四条　汇票付款人须为票面金额全部之承诺，但因当事人者之便，不妨承诺其金额之一部。

承诺付款人更改票面文义字句者，执票人得认为拒绝承诺之举动，但承诺人依其承诺之文义而负其责任。

第三十五条　他埠付款之票，所记付款地与付款人之住所地有异，而发行人又不于票上记明付款担当者时，则付款人须于其承诺时记之。若不记之者，则付款人应负向付款地付款之责。

汇票上载明可于付款人住所地付款者，虽记有付款场所，而付款人当承诺之际，得依自己之便，于付款地址内另记他处付款场所。

第三十六条 执票人已为要求承诺之呈示，则付款人须于呈示后次日之营业日复函通知之，执票人无以汇票托于付款人之义务。

第三十七条 付款人承诺后届满期日，对于执票人应负清偿其所承诺金额之责。

承诺后不如期付款者，执票人虽自为发行人，而对于承诺人有直接讨款①之权。

第三十八条 付款人于汇票承诺后，须致函通知其执票人或其代理人及汇票债务者。其汇票交付后，不得私将"承诺"字样抹消。

第三十九条 付款人除明示拒绝承诺之外，或于执票人呈示次日不明示承诺之意，或乘机抹杀"承诺"字样（第三十八条），或当承诺之际涂改票上数字及文义者，悉认为拒绝承诺行为。

第四章　代人承诺（参加引受）

第四十条 汇票值拒绝承诺作成证书之场合或票上载明免除作成拒绝证书之场合，以及第七十一条所规定之场合，至满期日，或汇票之债务者，或以外之第三者，得为发行人或票背签名人，或本票债务人而为代人承诺。

第四十一条 发行人依第十四条之规定，于付款地内记有预备付款人者，执票人因拒绝承诺之场合欲要求代人承诺者，须先将票据呈示于预备付款人。若预备付款人又不承诺者，须将情节记于拒绝证书内，方为有效。若不依此次序办理者，执票人即丧失其满期前所有之请求偿还权。②

---

① 原书为"付款"，从票据法律关系上看，汇票承兑人负有绝对付款义务，即便持票人为发行人本身，仍可持票向承兑人讨款，而非向承兑人付款。另外，用"付款之权"的表述也不符合文义。因此，作者以为，此处应为"讨款"更为合理。
② 原书该款关于预备付款人的用词不一致，前两个用"豫备"，后一个用"预备"，此处一律改为"预备"。

执票人对于代人承诺，除前项情节外，无受诺之义务。

第四十二条 代人承诺人须于票上记明意旨，署名盖印并记明其被代人姓名。其未记明被代人姓名者，认为对于发行人所为。代人承诺人须于代诺后二日内，以邮政挂号函件将代人承诺意旨通知其被代人（即汇票债务者）。

被代人接到代诺之通知后二日内，须直接通知其前手，各依次①序递及以通知于发行人。

第四十三条 代人承诺人因代诺之故，对于被代诺者之后手，与被代诺人负担同一之义务。

执票人经代人承诺人承诺之后，值拒绝付款之场合，不向代诺人为要求付款之呈示者，或迟延至拒绝证书作成期限之末日，依拒绝证书不能证明其呈示者，则代人承诺人之义务当然消灭。

执票人已允许代人承诺人之承诺者，即失其对于前手满期前所有之请求偿还权。

汇票虽经代人承诺人之承诺，然被代诺人及其前手依本法第五十七条所规定照票付款时，其有拒绝证书者，得向执票人直接索回其票据，则各向其前手以次讨回。

第五章　保证

第四十四条 汇票之付款，得以保证担保之。

保证以第三者为之，但对于执票人增加担保时，汇票债务者亦得为之。

第四十五条 保证之形式，须于汇票上或草票（誊本），或粘单（补笺）上记明"某某保证"字样，署名盖印方为有效。

署名于汇票之表面者，认为保证。但第三十三条第一项所规定付款人承诺之署名者，不在此限。

保证须记明其为何人保证之旨。其不记明者，认其为承诺人所为。其未经承诺者，认其为发行人所为。

---

① 原书没有"次"字，从文义上看，此处应为漏字。

第四十六条 保证人与被保证人须负共同债务之责任。

保证人虽于被保证人之债务无效时，仍须负担其义务。但被保证人之债务因方式欠缺而无效者，不在此限。

保证人因保证之结果而自己履行债务者，则凡被保证人对于其前手所有之请求偿还权，皆得取而行之。

第六章　满期日

第四十七条 汇票之满期日，因票据之性质而异，须依左列四种之一为准：

（一）其确定满期日付款之票，应载明其确定日；

（二）其确定签日后定期付款之票，应载明其自确定日至经过一定期日；

（三）其见票即兑之票，应载明其见票日；

（四）其见票后定期付款者，应载明其见票后经过一定期间之日。

汇票以习惯定满期日者，作为无效。

一种票据内而有右列两种以上满期日者，作为无效。

第四十八条 汇票之满期日，若值星期日或法定休假日及其他不得付款之日者，须俟其次之营业日行其要求付款之事。

第四十九条 汇票上恩惠期日，不论裁判上、裁判外，皆不认之。

第五十条 见票即兑之票，须于呈示时付款。其呈示不问距离远近，须于六个月内行之，此时效发行人及票背签名人均得缩短之。若延长其时效，惟发行人得为之，但延长不得过六个月。逾此期限者，通算呈示期间，缩短以一年为限。

第五十一条 见票后定期付款之票，其期间须自承诺日或拒绝证书作成日算起。

其票上未记明承诺日者，执票人得依此作成拒绝证书，其期间自拒绝证书作成之日算起。其不据此理由作成拒绝证书者，依第三十二条所定呈示期间之末日以算定其满期日。

第五十二条 凡本法所规定计日起算之期间及见票后之期间，其初日皆不并算在内。

第五十三条 汇票规定于押日后一个月或数个月付款者，以其届所指之月之某日为其满期日；若其月无应当日者，以其月之末日为其应行付款之日；其规定一个月半或数个月半付款者，其满期日须合全月计算而半分之。

第五十四条 记"月半"者，指其月之十五日而言。

其规定"八日"或"十五日"者，非谓一星期。一星期必以满十五日、八日为准。

第五十五条 汇票发行地方历朔与付款地方历朔歧异者，票上满期日若未指明其历时，则依付款地方之历计算之。

其为签日后定期付款者，若未指明其历，则依其发行地方之历以定其期间之始期。

其见票后定期付款者，依其呈示地方之历以定其期间之始期。

第二项之规定，其为见票即兑之票及见票后定期付款之票，其呈示期间之计算亦适用之。

第七章 付款

第五十六条 执票人得于票据上所定付款日之二日内，向债务人呈示票据而要求付款。

第五十七条 付款人为履行付款时，得向执票人请求交①出票据认明。

付款人认付票面金额之一部者，执票人不得相拒。但凡仅付金额之一部者，付款人得将其旨意记明于票据上，并得向执票人请求收款凭证。

第五十八条 执票人无于满期日前受诺付款之义务。

付款人于满期日前付款者，其付款之效力应负其责任。

付款人虽于满期日付款，然其票背签名次序不能确认为适当之连续者，则不能免其责任。但票背签名之真伪，付款人亦无调查之义务。

第五十九条 票据上所列货币为付款地方所不适用者，除发行人有特别规定外，届满期日，付款人得依票面数目，以本地方货币行情换算付

---

① 原书为"支"字，从文义上看，此处应为错字。

款。其列外国货币之价额者，依付款地方之法律及习惯定之。

发行人得于票据上规定异种货币换算方法。其有此规定者，其所换算之金额付款时，以本国之货币行之。

第六十条 第四十七条所定期间内不为要求付款之呈示者，承诺人对于执票人之危险及费用，得于其管辖官厅供托其票面金额。

第八章 拒绝承诺及拒绝付款之场合执票人之请求偿还权

第六十一条 执票人值债务者拒绝承诺或拒绝付款时，须作成公正证书以确定之。

拒绝付款证书不得作于拒绝付款之当日，但须于当日以后两日内作成之。

第六十二条 发行人于票据上有载明免除作成拒绝证书之规定者，执票人值拒绝承诺及拒绝付款之场合，无须作成证书，得迳向前手请求偿还。

发行人虽有前项规定，而执票人仍请作成拒绝证书者，其费用由执票人负担。

凡有前项之规定者，执票人须于法定期间内呈示其票据；又依第六十四条之规定，应负通知其前手之票背签名人及发行人之义务。

此期间内不为呈示者，即丧失其第七十三条所定之权利，付款人得以逾期自误之理由对抗之。

发行人于票据上记明免除作成拒绝证书者，虽票背签名人有反对之规定，而对于一切票据债务者仍有效力。

票背签名人有此等规定而仍作成拒绝证书者，其费用得向一切票据债务者请求之。

第六十三条 凡作成拒绝证书者，须将付款人、委托付款人、预备① 付款人及代人承诺人各住所记明。

第六十四条 票据上有免除作成拒绝证书之规定而值拒绝者，执票人须于呈示后两日内，将拒绝承诺或拒绝付款事由直接通知其前手。其票背

---

① 原书为"豫备"，此处改为"预备"。

签名人亦须于同一期间内抄录后手之函，复通知其前手，以次推及发行人，但其期间各从其接受通知后算起。

票背签名人不记载住址或记载而含①糊不明者，得直接通知于该签名人之前手。

除前项各自直接通知外，执票人须于四日内将拒绝情节直接通知于发行人。

通知函件须由邮政挂号保险邮寄，方生效力。若由各前后手当面交付者，须由接受人出一收条，签押姓名、日子，其效力亦同。

执票人当拒绝付款之场合，不于法定期间内依前项通知者，虽不失其请求偿款之权，但因迟延所生之损害，应负其责任。

第六十五条　署名于票据者，不论为承诺人、为票背签名人，其对于执票人均负担共同债务之责任。

付款人拒绝承诺或拒绝付款时，执票人对于发行人与票背签名人及其他票据债务者，不拘债务次序，对于一员或数员、或总员，均得行其请求偿还权。

第六十六条　执票人对于债务者，得照以下所列金额请求偿返：

（一）票据上未交付之金额；

（二）作成拒绝证书费用及对于前手人与发行人所通知之各费用；

（三）回头汇票之费用；

（四）应出六百分之一之手数料。②

前项所列之金额于满期前请求偿还者，其利息依其住址之附近银行及市场日息计算，将票据上金额扣除；其于满期后请求偿还者，自满期日起，以年息五分利率计算。

第六十七条　票背签名人受后手之请求偿还后，得对于其前手之人请求偿还左列各款：

（一）其已支付之金额；

（二）付款日以后之法定利息；

---

① 原书为"舍"字，从文义上看，此处应为错字。
② 手数料，即手续费。

（三）代垫之费用及回头票之费用；

（四）六百分之一之手数料。

第六十八条 凡受偿还请求者，得转请求其将拒绝证书及收款清单并原票据一概交付。

第六十九条 票背签名人收回汇票后，得将自己及其后手人票背所签姓名涂销。

汇票债务者凡遇请求偿还人条件具备者，须以其偿还金额与其汇票及拒绝证书互相交换。

第七十条 票据因一部承诺之故而请求偿还其未承诺之金额者，须于其票上记明其一部付清之旨，且得请求交付收款凭证，执票人亦须将所有汇票及拒绝证书一并交付。

第七十一条 凡汇票值承诺人破产时，不问其载判确定与否，或承诺人停止付款者，或将承诺人财产强制执行而不奏实效者，或使执票人将失其期限利益者，均与拒绝承诺之场合同，执票人得作成付款拒绝证书，径向前手人请求偿还。

发行人适值破产，其汇票又无承诺者，执票人对于发行人及票背签名人，不得再行其请求偿还权。

第七十二条 依第六十五条及第七十一条之规定，凡执票人、票背签名人有请求偿还权者，汇票上无反对之规定时，得以其前手之人作为付款人而并发行回头汇票。

回头汇票，其金额除第六十六条及第六十七条所规定外，得将其发行所需之中证人手数料及印花税等费一并加算。

回头汇票，其由执票人发行者，须以原汇票之付款地为其发行地；其由票背签名人所发行者，须以其住所地为发行地。其汇票金额依见票即兑之市价定之。

第七十三条 见票即兑及见票后定期付款之票，其行使权利之时效，依第三十二条及第五十条规定之场合；又依第三十一条第一项有特定期间之场合；又依第六十一条第二款拒绝证书作成之场合；又依第六十二条有免除作成拒绝证书之场合。各条所规定期间，执票人迟误逾限者，其对于发行人与票背签名人及其他一切汇票债务者之权利悉行丧失，但其承诺人及保证人不在此限。

第七十四条 他埠付款之票,所记付款担当者不付款时,执票人虽不作拒绝证书,亦不失其对于承诺人之权利。但执票人对于付款担当者,无论作成拒绝证书与否,须依第六十四条所定期间及方式,将其拒绝付款事由通知于承诺人。

第七十五条 执票人允许承诺人延长满期日者,若于拒绝付款之场合,又不如期作成拒绝证书,则其对于票上未承认其延期之各债务者,皆失其请求偿还之权。

第七十六条 汇票之定期呈示及作成拒绝证书等行为,若因地方发生不可拒抗之故障,不能于法定期间内行其呈示及作成者,得延长其期间,俟其故障停止时补行之。

因不可拒抗之故障延至满期日以后,经过一个月以上者,执票人得向前手债务者请求偿还。

见票即兑之票,执票人如值不可抗力之故障者,当自其得票之日起算至一个月以上,得向前手债务者请求偿还。

见票后定期付款之票,如值不可拒抗之故障者,执票人须于得为要求承诺呈示之日始算,至一个月为呈示期间之始期。其事实足以妨碍适当之呈示或拒绝证书之作成者,不论为执票人或为执票者之委任人所生发者,均认为与前项所规定之不可抗力同。

第九①章　代人付款(参加支拂)

第七十七条 汇票值拒绝付款之场合,不论作成证书与否,其汇票上所载预备付款人或其以外之人,得为发行人或票背签名人,或其他汇票债务者而为代人付款。

执票人于满期日前得为请求偿还之场合亦同。

依第四十条第二项之规定得为代人承诺者,亦得为代人付款。

凡为代人付款者,至迟须于付款拒绝证书作成期间之末日为之。但于第二项所规定之场合,须于满期前为之。

---

① 原书为"七"字,从章节次序上看,此处应为错字。

第七十八条 汇票于付款地记有预备付款人者或记载有代人承诺者，执票人于拒绝付款后，当向预备付款人或代人承诺人要求其代人付款而呈示其票据。若执票人不依此手续者，则其对于预备付款人之指定者及被代人付款者之后手，失其请求偿还权。①

第七十九条 代人付款者须将被代者所负票上应付金额全部交付，其仅代付一部者，执票人得拒却之。

代人付款人将全部金额交付而执票人拒却之者，则其被代者之债务以消灭论。

第八十条 预备付款人或代人承诺人不为代人付款者，执票人须按期作成拒绝证书确定其拒绝行为。执票人不依此手续办理者，则其对于指定预备付款人者及被代付款人之后手，均失其请求偿还权。②

第八十一条 代人付款者应将被代人姓名记于票上，其不记明者，认作为发行人所为。

一票据中有多数之债务者，各债务者皆有愿为代人付款人之场合，则执票人当求其多数债务所归之人、其付款能使多数债务免除者，而受其代人付款。

执票人已受其代人付款者，应将票据交代人付款人收执。

第八十二条 代人付款者一经付款后，即取得执票人所有之一切权利。

代人付款人取得票据后，即免除其被代者后手之债务，但不得再依票背签名而让与他人。

第十章 副票及草票（复本及誊本）

第八十三条 凡汇票受票人请求副票者，发行人须应其请求制成副票数份给之，其费用由受票人负担。

副票所记文篆及号码，须与原票一律同样。若有歧异违反者，则其各副票均认为独立汇票。执票人得请求副票数份，其请求手续由执票人径函

---

① 原书该款三个预备付款人都用"豫备"，此处改为"预备"。
② 原书该款两个预备付款人都用"豫备"，此处改为"预备"。

致其前手，以次递及发行人。其新发之副票，仍由各票背签名人前后手互相交递签名；其发行副票所需费用，由请求之执票人负担。

第八十四条 副票一份已经付款者，其他未经承诺各份同时作废，不必批明"付款完讫"字样，当然无效。

发行人或汇票债务者以副票数份交与同一票背签名人者，其后欲请求偿还时，非将各副票悉数交还者，不得照偿。但执票人之债务已有人担保，其对于其前手及发行人已失其请求偿还权者，不在此限。

票背签名人及其后手各以副票分别给付二人以上者，其将票据交回时，非将各副票一律交还者，应负其责任。

第八十五条 执票人为要求承诺，将副票一份①送致承诺人者，须将该票送致之地方分记于其余各票上。承诺人接此副票证明执票人后，应负将该票交回执票人之义务。承诺人不将该票交回者，执票人须将其留票不交事由及不能再以他票请求承诺及付款情节，记明于拒绝证书。其不以证书确定之者，其对于前手不得请求偿还。

第八十六条 汇票之执票人得依汇票之款式作成草票。

凡原票所记载及票背签名一切事项，皆得抄写于草票上，并须于所抄各部之末记明其意旨②。

草票与原票得以同一方法及效力而行票背签名之事。

执票人因要求承诺将原票送致承诺人处，须将其所送至地方记明于草票上。若承诺人留票不交还者，执票人须依草票作成拒绝证书确定之。其不依拒绝证书确定之者，对其前手之里书人不得请求偿还，但得向承诺者请求损害赔偿。

第十一章　汇票之伪造、变造及遗失

第八十七条 凡署名于伪造或变造之汇票上者，不论发行人、承诺人，其为真正本人所署者，不得以伪造、变造而免其责任。

第八十八条 变造汇票本文之场合，其属于变造后之署名者，从其所

---

① 原书为"分"字，从文义上看，此处应为错字。
② 原书为"旨意"，从文义上看，此处应为排版之误。

变造之文义负其责任；其属于变造前之署名者，依其原文而负其责任。

第八十九条 汇票遗失之场合，执票人得依票背签名之次序，转向发行人请求交付新票据，但其费用则归执票人负担。

其所遗失之票据已经付款人承诺者，执票人非有担保，不得以新票据向付款人请求付款。

第九十条 汇票遗失之场合，其拾得者除有恶意取得之情节或其取得有重大过失者外，无返还之义务。

第十二章 时效

第九十一条 执票人对于承诺人及其保证人汇票上之请求付款权，以满期日后三年为有效期间。

执票人对于票背签名人及发行人及其他共同债务①者之请求付款权，自满期日后拒绝证书作成时期算起，以六个月为时效期间。

票背签名人对于票背签名人及发行人之请求偿还权，以其收回汇票日或对于收回汇票之前手提起诉讼之日起，以六个月为其时效期间。

时效之中断者，唯与其中断原因所生之事实有关系者为有效。

汇票债务者受回票据时，或因票据而受诉讼时，须依第六十四条所定期间方式通知于其直接之前手。其受此通知之票背签名人，更通知其前手，以次推及发行人。

第三编 期票

第十三章 期票

第九十二条 票据上表示一定金额，向一定之人付款而为单纯之订约者，曰②期票。

期票须载明发行日、发行地、收款人姓名与满期日及付款人姓名住址，由发行人署名盖印，方为有效。

期票所给付实价，无须记载。

---

① 原书没有"务"字，从文义上看，此处应为漏字。
② 原书为"日"字，从文义上看，此处应为错字。

第九十三条　除左列各事项外，凡关于汇票所规定者，皆适用之：

（一）发行人与汇票之承诺人负同一之责任；

（二）期票不得向付款人请求承诺；

（三）发行人及其保证人对[①]于执票人逾限迟延者，不得抗其请求偿还权；

（四）执票人对于发行人及其保证人之请求权，以满期日后三年为其时效期间；

（五）期票不得发行复本；

（六）发行人指定自己为债权人者无效；

（七）期票为见票后定期付款者，以自发行人受执票人呈示，签名盖印之日起计算其期间；

（八）见票后定期付款之期票，发行人不记明已受执票人呈示之意旨或未签日子者，须依照拒绝证书而确定之。其见票后之期间，自拒绝证书签日后算起。

第九十四条　本法于凭票付款之期票不适用。

[①]　原书为"关"字，对照下文，此处应为错字。

附录二 前*北京修订法律馆票据法第一次草案（共同案）

目 录

第一章 总则

第二章 汇票

  第一节 发行及款式

  第二节 背书

  第三节 承受

  第四节 参加承受

  第五节 保证

  第六节 满期日

  第七节 付款

  第八节 参加付款

  第九节 偿还之请求

  第十节 复本及缮本

  第十一节 拒绝证书

第三章 支票

第四章 本票

第一章 总则

各国票据立法例，有设票据总则者①，如德国、日本等国是；有不设

---

* "前"字表示本部分根据南京国民政府时期的《工商法规辑览》点校，余同。

① 原书没有"者"字，从行文习惯上看，此处应为漏字。

票据总则者，如海牙票据统一规则等是。查各种票据既有共通适用之条项，不如特设总则一章，统摄全般精神，借供适用法规之便，故本案依德、日诸国先例。

第一条 本法所称票据为汇票、支票及本票。

【理由】本条定票据之种类。因票据法所规定者与他种有价证券颇多特异性质，法律保护因之不同，故明定种类以示界限。（日商第四三四条）[①] 又查原案票据种类仅定汇票、本票两种，不及支票。关于此点，各国立法例殊不一致：有规定于票据法内者，如英、美、日本等国是；有另定单行法者，如德、法等国是。按支票为支付证券，汇票与本票为信用证券，其在经济上作用固有不同，然就票据性质上言，除间有少数特例外，其共同之点甚多。故关于背书、付款、偿还之请求、拒绝证书等项，即在制定支票单行法之国，亦多适用。且德、法等国票据法制定在先，支票制度发达在后，各别规定或有历史上沿革。吾国现在商业界所用票据大要不外汇票、支票、本票三种，沿用已久，无须分立，故本案特将支票增入。

本案所称本票者，指发行人本人负担付款义务之票据而言也。习惯上所称存票、期票、庄票、信票、凭票等，按诸法律上之性质，实属金同。原案（第四条）称期票似仅指附[②]期限之本票而言，则无期限之本票将归遗漏，故本条参酌各国名称，改为本票。

第二条 签名票上者，依票上所载文义负责，记名画押或记名盖章者亦同。

【理由】本条定票据性质。应以票上所记文义决定当事人权利义务之范围，不许以票据以外之立证方法变更或补充其意义，所以保护善意取得者权利，而谋交易之安全也。唯仅限于签名票上者负责，过于狭隘，习惯上，不由亲笔签名，而先以印刷或代书方法记其名，再于记名之下画押或盖章者，盖屡见不鲜，亦应与亲笔签名者负同一之责任，以推广适用而符实际，此本条第二项所由设也。（日商四三五、德票据法八一、日明治三十三年二月十六日法律第十七号关于商法中应行署名之法律）

[①] 在《共同案》立法理由中，参考法源全部用简称，具体情况可参见本书第三章第二节第153页。此处"原案"指前清之《志田案》。

[②] 原书为"付"字，从文义上看，此处应为错字。

第三条 代理人未载为本人代理之旨而签名者，本人不负票据上之责任。

【理由】本条定未于票上记明代理关系时，代理票据行为之效果。票据行为不限定本人为之，得以他人代理焉。唯票据有文义证券之性质，已如第二条规定，苟票上无代本人文义，则为维持票据记载之公信力计，自不应使本人负责，故本条明定其旨。

第四条 以代理人名义签名票上者，如无代理权时，应自行负担票据上之责任，代理人逾越权限时亦同。

【理由】本条定无权代理行为或越权代理行为之效果。依据民法一般原则，无权代理行为须经本人追认，方能对本人发生效力。如不得本人之追认，则自称代理人须负损害赔偿之责，但无自行履行债务之义务，因自称代理人原无自行负担债务之意思故也。唯票据为文言证券，所记载之事项应有一种公信力，执票人自无调查记载事项确实与否之义务。即无调查代理人有无权限之义务，使执票人请求本人追认，反乎文言证券之本质。而在不得本人追认时，仅由自称代理人负损害赔偿之责，即令票据上之债权归于消灭，票据之流通力必至大受阻碍，尤显背奖励票据流通之立法本旨。故特设本条，课自称代理人以极严重之责任，使自行负担票据上之责任，以示民法一般原则之不适用于此，所以保全票据之信用而奖励其流动也。至越权代理，就越权部分观察之，可视为一种无权代理，亦应适用同一之规定。

第五条 记载本法无规定之事项者，不生票据上之效力。

【理由】本条定票据文义之制限。记载票据法规定以外之事项有无效力，各国学说不一：有认为有效力者、有视为无记载者、亦有以票据行为者自己制限权力之记载惟对于行为人有效力者。查票据为文义证券，依其所记载者决定权义，则其文义必须简明确定，庶能完①全其流通性，故设本条以杜疑义。（日商四三九）

第六条 受票据上之请求者，不得提出自己与请求人之前手间所存抗辩对抗请求人。但让受出于恶意者，不在此限。

---

① 原书为"先"字，从文义上看，此处应为错字。

【理由】 本条定票据抗辩之制限。学者称为实质上票据之严正，所以保护善意取得者而便票据之流通。唯关于如何事由得为抗辩，各国立法例颇不一致，约有三派：

（一）分抗辩为对物、对人两种者。以票据法所规定事由得以对抗一般人者，谓之对物抗辩，又曰绝对抗辩；以票据法外之直接抗辩仅可对抗特定人者，谓之对人抗辩，又曰相对抗辩。采此主义者为德、日等国。（德票据法八二、日商四四〇）

（二）抗辩事由用列举方法规定者。采此主义者为统一法案。（统一法案一七条）

（三）抗辩事由用概括方法规定者。采此主义者为英、美及统一规则。（英票据法三八、美纽约流通证券法九六、统一规则一六）

第一主义分对物、对人两种抗辩。对物抗辩仅限票据法所规定范围，失之太狭。例如强迫无意思能力及对于无代理权者所为之票据行为，均于票据法并无规定，然被请求者未尝不可对抗一般人。盖票据虽有文言证券及形式证券之特质，而票据行为亦为一种法律行为，若有票据规定以外之瑕疵时，当然得依民法及其他法律规定得为无效或取消，绝不能使法律上无负担债务理由者使之负担票据上责任也。至谓直接抗辩，文义亦不明了，是否限于直接当事人间？抑恶意及重大过失者亦在其内？学者多滋疑义、适用时起纠纷。故此主义在德、日已多非难，不足采取。

第二主义用列举方法推广范围，较第一主义固有进步，然列举不免疏漏，尽举亦属不能。且如统一法案一七条一项四号，仅限于本法所定抗辩，仍不免失之于狭，故此主义亦不足采。

第三主义以不得对抗之抗辩，用概括方法定为消极规定，较为周密，故本案从之。原案第九条采第一主义之对物抗辩，第二六条采第二主义之列举方法，兼有两主义之失；而第九条与第二六条一项四号所谓"其于本法所规定者"无所差异，不免重文歧出。且同一抗辩或定于总则或定于分章，非但体裁牴牾，主义亦不一贯。本案以抗辩制限适用于票据全体，故规定总则之中。且从第三主义，将原案第九、第二六两条并为一条。

票据抗辩之制限，专为保护善意第三者而设。对于恶意者，法律上无保护之必要，学者称为恶意之抗辩。唯关于恶意，解释各有不同，约有两说：（一）承继瑕疵说。谓让受人明知让与人之权利或权利实行上[①]有瑕疵者，即为恶意，日本学者及统一法案从之。（统一法案一七条二项但书）（二）不法行为说。谓让受人并不当然承继让与人之瑕疵，乃因不法行为之结果。故不仅让受人知有抗辩存在，且以转让当事者间之共谋为必要，德、奥[②]判例及统一规则从之。（统一规则一六条，但书改恶意为诈欺合意即是此故。）案第二说偏重理论，保护所持人过厚，制限抗辩太严，自以第一说为允当。原案从统一法案，本案一仍其旧。

第七条 票据债务中虽有无效或被撤销者，不影响于其他票据债务之效力。

【理由】 本条定票据行为之独立性。票据行为如发行、背书、承诺、保证及参加等，各独立署名于形式完全之票据者，对于善意持票人独立负担债务，不因他人票据行为之无效或取消而有影响，学者称谓票据行为相互独立之原则。各国立法例均采用之，所以发挥票据之流通性也。（日四三八、德三条、瑞七二一、法一一四、英二二条二项、美四一、统一法案八条、统一规则七条）

原案第十七条从多数立法例，规定无能力者取消，其他如破产、强迫、无意思能力、双方代理等均用类推解释。本案以无效及取消既不限于无能力一端，故以明文设概括规定。（葡商三三六、国际法学会模范规则三条）

原案以本条规定于"汇票"编"发行"章内，本案以票据之无效及取消不仅限于发行，其他一切票据行为均适用之，故移于总则。

第八条 签名之伪造，不影响于其他真正签名之效力。

【理由】 本条定伪造之效果。署名于伪造票据而为真正之票据行为者，不因他之署名伪造而有影响，此为票据行为独立性之原则，与前条相表里，各国立法例均为相同。（日商四三七条一项、德票据法七五条、瑞债八〇一条、英票据法五四条一项、五五条二项、美纽约流通证券法一一

[①] 原书为"二"字，从文义上看，此处应为错字。
[②] 原书为"墺"字，应指奥地利之"奥"，本书根据现代统一称谓，一律修正为"奥"字。

二条、一一五条）

唯关于伪造，学说有谓专指发行人署名而言，其余应用类推解释者，其见解失之太狭。本案以伪造包含一切署名，不限于发行，较为浑括。

第九条 票上之记载被变造时，变造后①签名者，依变造文义负责；变造前签名者，依原有文义负责。

【理由】本条定变造之效果。变造者不法变更票据署名以外之记载事项，其事项不问为要件与否也。票据行为各自独立，不与他之行为相牵连，故署名于变造后者，从变造之文言而负责任，与前条用意相同。唯变造前署名者之责任如何，颇有议论。德、奥②判例及学说以变造是否要件异其责任：变造要件者，免除变造前署名者之责任，否则仍从原文言负责。然既认变造前署名者之责任，而以关于要件与否为有无责任之区别，理论殊不一贯，且实际上变造多属票据金额，依此规定，变造前之署名者均免其责，亦非安全票据流通之道。故本案依多数立法例，仍从原文之旧。（日商四三七条一项、匈票据法八二条、英票据法六四条、美纽约流通证券法二〇六条、统一法案〇〇条、统一规则六九条）

第十条 票上之签名或记载被涂销时，非由票据权利人故意为之者，不影响于票据上之效力。

【理由】本条定涂销之效果。各国立法例中，多有不设明文规定，一让之于学说者。而关于此点，学者间颇多争论：有谓票据为要式证券，其署名或记载既被涂销，已无要式可言，故不问涂销之人有权、无权及涂销行为故意、过失，均认为丧失票据之效力。然票据债务发生以后，不问有无法律原因，一经涂销即行消灭，殊欠妥洽。本案仿英国立法例，以有权利人之故意涂销者为限。苟其涂销或由于无权利人所为，或由于有权利人之过失或错误者，均与票据上债务不生影响，与未经涂销同，所以保护善意持票人而发挥票据之流通。故特增入本条，以免疑义。（英票据法六三条）

第十一条 凡无恶意或重大过失而取得票据者，取得票据上之权利。

---

① 原书为"复"字，从文义上看，此处应为错字。
② 原书为"墺"字。

【理由】 本条为保护善意占有者而设。票据为流通证券，屡经转辗，故取得者苟无恶意及重大过失者，即为正当之持票人，得行使票据上之权利，不许真正所有者请求其为票据之返还，此为各国立法例一般承认。唯关于范围，各有不同：（一）有限于背书连续之执票人，即限于指示证券者，如德、瑞及统一规则是；（德票据法七三条、瑞债七九〇条、统一规则第一五条二项）（二）有虽不限定指示证券，然以票据丧失为条件，始予取得人以保护者，如统一假案是；（该假案八一条）（三）有不问事故之如何及票据之种类，一般适用者，如日本、英、美是。（英票据法二九条、美纽约流通证券法九一、日商四四一）第一说限于指示证券，其余不得适用，制限太①严；第二说为原案所采用，限于丧失情形，则如受票据之寄托者不法转让时，即不包含在内，范围亦失之狭。故本案从第三说，以期贯彻②流通效用主义之精神。

第十二条 执票人丧失③票据时，得为公示催告之声请。

公示催告程序开始后，声请人得立保证或供担保，请求票据债务人清偿。但不立保证或不供担保者，仅得请求票据债务人提存其应清偿之金额于该管官厅或其他得受提存之公共会所。

【理由】 本条定保护丧失票据者之方法。各国立法例约有三派：（一）失票人供担保而请求新票据之交付；（二）失票人供担保而请求命为支付之裁判；（三）失票人依公示催告方法请求除权判决。原案根据统一法案八〇条，用第一主义。惟查吾国《民事诉讼条例》第四章"公示催告程序"第六五三至六六七条，关于丧失票据均有规定，现已公布施行。故本案改从第三主义，以期立法主义得以一贯。（德票据法七三条、瑞债七九一条、日商二八一条）且查吾国商业习惯，关于丧失票据大都均用挂失止付办法，经过若干月后，得觅立保证，凭保照付，与公示催告性质虽殊，然用意大略相同，惟不经法院为除权判决耳。然为确定权义起见，自宜履行法定程序，免致日后纠葛。况公示催告程序简易迅速，于商民亦无不便也。

---

① 原书为"大"字，从文义上看，此处应为错字。
② 原书为"澈"字，此处根据现代行文习惯加以修正。
③ 原书为"夫"字，从文义上看，此处应为错字。

第十三条 凡因行使或保全票据上权利，对于利害关系人应为之行为，应在其营业所为之；无营业所者，在其住所或居所为之。但有当事人合意时，不在此限。

利害关系人之营业所、住所或居所不明时，应由作成拒绝证书之公证人询问其地之警察署或邮务局。若仍不明时，得于公证人事务所作成拒绝证书。

【理由】本条定应为票据行为之地。按照商法原理，债权者须就债务者住所请求履行。票据为流通债权证券，转辗于多数人之手，债务者无由确知现在债权者何人而为履行，自应适用商法原则，毫无疑义。唯关于票据之承诺呈示及拒绝证书作成等特殊事项，有为一般商行为所无者，故有特设明文规定之必要。原案关于应为票据行为之地散见分章，以第三条二项、三项定承诺呈示之地，第六三条定拒绝证书作成之地，不及其他票据行为。且于住所不明时，亦无规定，未免疏漏。本案特从多数立法例，设概括规定。（德票据法九一、瑞债八一八、英票据法四五条四项、美纽约流通证券法一三三条、日商四四二条）且于关于此点不限于承诺呈示及拒绝证书作成两端，故定于总则。

第十四条 票据之满期日值休假日，于次之营业日请求付款。请求承受之呈示、拒绝证书之作成及关于票据之其他行为，应于营业日为之。

应于一定期限内为前项行为者，其期限末日值休假日，于次之营业日为之。

【理由】本条定应为票据行为之日。原案散见各条：其第三〇条四项关于承诺呈示、第三一条一项后段关于承诺呈示期间、第四八条关于满期日，均为法定休假日之影响，自以总括规定为宜。且原案仅举承诺呈示及其期间，而于其他票据行为及其他期间均无规定，不免疏漏。本案从多数立法例并为一条，较为浑括。（德票据法九二、瑞债八一九、统一规则七二）

第十五条 对于承受人及本票发行人之请求权，从满期日起，以三年为时效期限。

执票人对于偿还义务人之请求权，从作成拒绝证书之日起；如免除作成拒绝证书者，从满期日起，以一年为时效期限。

背书人对偿还义务人之请求权，从偿还之日或被诉之日起，以六个月为时效期限。

【理由】 本条定票据之时效。票据债务宜迅速了结，使债务人不致久负严格责任，故有特①设短期时效之必要，此为大多数立法例所公认。惟关于定期间之方法，各国不尽相同：有采均一主义者，不分债务人种类，适用同一时效，如葡、西等国是；有采差别主义者，分主债务人（即汇票之承诺人、本票之发行人）及偿还义务人（即前手，如背书人及汇票、支票之发行人皆是），而时效长短不同，如德、日、瑞等国是。查主债务人与偿还义务人所负票据上责任大不相同，自应分别规定，较为平允。本案仍原案之旧，定对于主债务人债权之时效三年，执票人对于前手偿还请求权之时效为一年。而背书人既为偿还或既被起诉，应使从速对于自己之前手行使溯求权，否则转辗多人，罹于三年时效，对于主债务人将有失却权利之虞，故定较短之时效为六月。（日商四四三条、德票据法七七至七九条、瑞债八〇三条至八〇五条、统一草案八二条、统一规则七〇条）

原案第九一条一项列举承诺人及其保证人，然保证人与被保证人当然须负同一责任，毋庸明文规定；又同条四项关于时效中断，本案既采时效主义，凡民法关于时效中断规定自应适用，尤无特揭之必要；又同条五项与时②效无涉，亦拟删去。

第二章 汇票

第一节 发行及款式

第十六条 汇票应记载左列各款事项，由发行人签名：

（一）表示其为汇票之文字；

（二）支付一定金额之单纯委托；

（三）付款人之姓名或商号；

（四）受款人之姓名或商号；

（五）满期日；

（六）付款地；

---

① 原书为"时"字，从文义上看，此处应为错字。

② 原书为"时时"，其中一个"时"字应为赘字。

（七）发行地及其年、月、日。

未载满期日者，视为见票即付。

未载付款地或发行地者，以票上所载付款人或发行人之所在地，视为付款地或发行地。

【理由】本条定汇票之要件。票据为要式证券，其要式是否具备，一决之于票据本体，不许以票据外事实或当事人意义补充或变更之。故必要事项须为明确记载，各国立法例均属相同。本条一项第一款即学者所称票据文句，以期与他种证券容易辨别，且使出票人自觉票据上之责任。第二款表示支付一定金额之单纯委托。票据金额务须确定，所以图流通上计算之便利。委托文句是为汇票与本票区别之要点，又须限于单纯委托。苟附有条件者，与要式不合。第三款定付款人姓名或商号者。因汇票在承受后，付款人即为票据上之主债务人，不可不记载之。第四款系表示票据上第一次之债权人。第五款系定债权人行使权利及债务人履行义务之时期。第六款系定执票人要求付款之地。第七款所定发行年、月、日者，因与呈示期限满期计算及发行人在发行时有无能力或是否支付停止，均受影响。至于发行地应否认为要件，虽有争论，然发行地在涉外私法上适用行为地法之时颇有关系，本案以记载为当。以上七款具备之汇票，由发行人签名，即生实质上之效力。（日商四四五条、统一规则一条、德票据法四条）

原案十条一项一款记载"汇票"字样，限于本国文字。现国际商业逐渐发达，不宜设此制限。又二项明定汇票不限于异地，在今日，票据采流通效用主义，同地付款之汇票已为大多数立法例所公认，毋庸明文规定。至但书声明废止对价文句，而此项文句，唯法法系商法有之，盖基于以汇票为输送现金工具之旧思想。吾国商业票据上向无此种习惯，何有于明定废止之条？故本案将原案第十条二项全行删去。

本条第二项、第三项定欠缺要件之救济方法。盖票据为要式证券，缺其一即为无效。然绝对贯彻于社会经济，诸多不便。法律为减少无效原因起见，故有此种规定，本案与原案同。（日商四五一条、四五二条、德票据法七条、瑞债七二二条、统一规则二条）

第十七条 发行人得以自己为付款人或受款人。

【理由】本条定指己汇票、对己汇票。以自己为受款人发行汇票者，学者称谓指己汇票。例如商品买卖，卖主以自己为受款人，对于买主发行汇票，请求银行贴现，此时一方运送货物，一方即可取得现金，商业资本周转较易；又如发行人与支付人有交谊关系，以自己为受取人发行汇票，先得支①付人承诺，依其信用而为票据之流通之类是也。以自己为支付人发行汇票者，学者称为对己汇票。此在同一商号有数个营业所，其本店与支店或总行与分行间互相发行者，商业上其例甚多。又发行人届时至付款地自行付款者，亦属常有之事。故此两种汇票各国为便利商业起见，无不认之。（日商四四七条、德票据法六条、统一规则三条）

但同时一人兼具发行人、受款人、支付人三种资格者，应否允许，各国立法例不一。原案第十二条一项但书有除外规定，本案以指己汇票、对己汇票本属非常变例，故须设明文允许。至本法无规定者，当然在除外之列，毋庸明文揭示，故将原案但书删除。

第十八条 汇票金额在五十元以上者，得以无记名式或以记名或来人付式②发行之。

【理由】 本条定无记名式及记名或③来人付式之汇票。无记名式汇票者，不载受取人之姓名或商号，而为凭票即付之汇票；记名或④来人付式汇票者，附加"凭票即付"之文句于受款人姓名或商号之下，即"凭票付某某或持票人"之汇票也。关于此两种汇票，除英、美、日本等国外，为大多数立法所不认，谓其有害发行兑换券之特权。然二者性质迥殊，不致混同，本案从原案之旧，俾票据易于流通。唯设金额制限，以防滥发之弊。（日商四四九条、英票据法三条一项、八条三项、美纽约流通证券法二〇条四号、二八条）

原案第十二条二项发行人得为第三者计算发行汇票，学者称为委托汇票，所以表示委托人之资金关系。本案既采资金关系与票据关系分离主义，无论为第三者发行、为自己发行，责任均属相同，故将原案二项

---

① 原书为"交"字，对照上文，此处应为错字。
② 原书为"记名式来人付式"，从汇票分类来看，记载"凭票付某某或持票人"的汇票，应为"记名或来人付式"，此处应为错字。
③ 原书为"式"字。
④ 原书为"式"字。

删除。

第十九条 发行人得记载担当付款人。

【理由】本条定支付担当人之记载。支付担当人者，代支付人为支付之担当者。支付人以到满期日自为支付为原则，然有时因实际上便利，委托他人为之者，亦无不可，故多数立法例均认为有效记载。唯各国中，有限于他地付票据始许指定担当人者，然在同地付票据，亦非无委人代付之便宜，故德国制定拒绝证书简易法、日本改正商法均不设同地、他地之区别，本案从之。（德国票据法四三条二项、日商四五三条）

原案第十四条一项所谓"得指定支付人以外第三者之住所为支付"，语义颇为暧昧。是否指指定支付担当人而言？抑指指定支付处所而言？极不明了。本案于本条规定得记载支付担当人，第二十一条规定得指定支付处所，以便援用。

第二十条 发行人得记载在付款地之预备付款人。

【理由】本条定预备付款人之记载。发行人发行汇票，委托付款人付款。若付款人因一时陷于无资力而拒绝承受或付款之时，执票人固得据法请求前手偿还票款，然维持票据固有信用、使之得安然授受、无不能支付之虞，则发行人不妨记载预备付款人于票上。苟遇第一付款人拒绝承受或付款时，执票人得继续请求预备付款人为参加承受或参加付款，足以坚票据之信用、省偿还之繁杂，使搁浅票更得流通，有便社会经济，实非浅鲜。又所指定之预备付款人应在付款地，记载付款地外之人为预备付款人，不生效力。盖执票人之希望以在付款地受领票款为主，异地支付恐非其利，此本条之所由设也。（日商四四八条、海牙统一规则五四条一项）

第二十一条 发行人得记载在付款地之付款处所。

【理由】本条定支付处所之记载。支付地与支付处所不同：前者范围较宽，后者为支付地之一部分。如上海、南京为支付地，而上海、南京之某街某巷某号者，即为支付处所。如有此等处所记载，即发生票据法上之效力。盖票据行为应在利害关系人之营业所行之，是为原则（参照本案第十二条），法律许此支付处所记载，即为该原则之例外。凡一切行使或保全票据上权利之行为，皆得在此处所为之，所以图实际上之便宜也。（日商四五四条）

第二十二条 发行人得记载对于汇票金额支付利息。未载利率时，定为年利六厘，利息自发行日起算。但有反对记载者，不在此限。

【理由】本条定利息文句之记载。关于此点，各国立法例颇不一致：有因此以票据为无效者，如奥①国是；（奥票据法七条）有视为无记载者，如德、瑞等国是；（德票据法七、瑞债七二五条）有法律无规定，听诸学说解释者，如德、日是；有认为有效者，如英、美是；（英票据法九条、美纽约流通证券法二一条）有限于见票付或见票后定期付之汇票者，如统一假案六条、统一规则五条是，原案从之。本案以确定日付及出票后定期付之汇票，并无除外理由，故从英、美法，不设区别，改为一般允许。至吾国商业汇票，虽或有无利交付习惯，然经济情状随潮流变迁，未能固守常例。且利息文句本为汇票偶素，并非要素，本案规定系许发行人之得记载，非命发行人之必记载，记载与否一听发行人之自由，并无不便也。

第二十三条 发行人得记载不担保承受之旨，但记载不担保付款者，视为无记载。

【理由】本条定担保责任及免责文句之效力。汇票发行人为最后之偿还义务人，对于承诺及支付应负担保责任。唯记载免除支付责任文句者，效力如何，学说不一：有认为破坏票据要件，汇票因之无效者；有认为未有记载，不涉汇票本体者。原案采第二说，本案以记载免责文句，不得谓破坏要件，故仍从原案之旧，与本案第五条记载无规定事项不生票据效力，立法主义前后一贯。（统一法案十条二项、统一规则第九条二项）至记载免除担保承诺文句者，应否认为有效，原案并无规定，颇生疑义。本案明定认为有效记载，盖发行人虽于满期日担任交付，然在满期前或与交付人尚未接洽，或因款项尚未送到，预知呈示承诺，亦属无益，故为免责文句与票据效力无害，不妨许认也。（统一规则第九条二项）又原案同条三项规定发行人得记载免除拒绝证书作成文句，本案以其与溯求权有关，移于溯求权章。

第二十四条 记载汇票金额之文字与数字有不符时，以文字为准；记

---

① 原书为"墺"字。

载汇票金额之文字或数字有数处而不符时，以金额最少者为准。

【理由】 本条定抵触金额何者有效之标准。其情形有二：（一）文字与数字不同者，以文字为标准；（二）单以文字或单以数字数次记载有不同者，以最少金额为标准。（日商四四七、德票据五条、统一规则六条）

第二节 背书

第二十五条 以记名式发行之汇票，仍得依背书转让之。（原案一三条、日四五五条、四六〇条、德九条、统一一〇条一项、二项）①

发行人虽记载禁止背书时亦同，但发行人对于受款人之后手不负担保之责。

前项规定于背书人记载禁止背书时准用之。

【理由】 本条定记名式汇票及禁止背书汇票之转让方法及其效力。票据利于流通，故虽以记名式发行之汇票及记载禁止背书之汇票，亦得用背书之简易方法转让之。唯记载禁止背书者之意思，亦不可不尊重之，此本条第二项但书之所以设也。

第二十六条 承受人、发行人及其他票据债务人依背书让受汇票时，得更依背书转让之。（原案二〇条三项、日四五六条、德一〇条二项、统一一〇条三项）

【理由】 本条定票据债务人取得票据后之转让权。承受人等均为票据上之债务人，依背书方法从执票人让受汇票者，学者称为还回背书，又曰逆背书。此时票据上之权利义务虽归于一人，然并不适用民法混同之原理而消灭。盖票据贵在流通，苟在满期日前，债务人仍不妨以背书转辗流通。唯已至满期日者，则情形迥殊，不能再以背书转让，固不待言。

---

① 关于"共同案"的参考法源，在《工商法规辑览》所载的"票据法第一次草案理由书"中，从第二十五条至第八十二条没有列出。其原因或许是"共同案"由多人制定，执笔者不同而致。但在《票据法研究续编·特载》所载的"票据法第二次草案理由书"（抄法制局本）中，第二十五条至第八十二条的参考法源均列于条文之后。为使读者明了，本书参酌后一版本，将该部分参考法源列入其中。

第二十七条 背书应在汇票或缮本或黏单记载被背书人之姓名或商号及其年、月、日，由背书人签名。（原案二〇条、日四五七条、德一一条一二条、统一一二条）

背书人得不记载被背书人而为背书。

【理由】本条定背书之方式。记载被背书人姓名或商号及其年、月、日者，为正式背书；未记载被背书人者，谓之略式背书。略式背书得仅以交付方法转让之，对于票据之流通性大有裨益，故本案仿多数立法例承认之也。至于背书之年、月、日，对于决定背书人为背书时之能力，及背书是否在付款拒绝证书作成期限经过前为之等问题，均有关系，此本案所以认为背书方式之一种也。

第二十八条 背书人未记载被背书人者，执票人得记载自己或他人为被背书人，并得仅以交付转让之。（原案二三条、日四三七条二项、四六一条、德一三条、统一一三条二项）

【理由】本条定略式背书汇票之转让方法。略式背书之汇票，以其未载被背书人，故执票人即为该票之权利人。执票人苟欲巩固其权利，记载自己为被背书人，改略式背书为正式背书，固无不可；即记载他人为被背书人或不为记载而仅以交付转让其权利，亦无不可。本条法意在图实际上之便利，故一任执票人之自由选择也。

第二十九条 一部背书或来人付式背书不生效力。（原案二一条、英三二条二项、美六二条、统一一一条）

附记条件于背书者，视为无记载。

【理由】本条定一部背书、来人付式背书及附条件背书之效果。票据之所有权与票据上之权利唯一不可分，一部背书反于票据性质，且于请求付款及请求偿还时发生困难，故为多数立法例所不许。来人付式即执票人付式背书，与略式背书不同，背书人变更票据性质，反于发行人之旨趣，故亦为各国学说所否认。至附记条件于背书者应否有效，除英、美两国外（英三三条、美六九条），别无规定。然通说均以妨害票据流通，视为无记载，本案从之。

第三十条 背书人得记载在付款地之预备付款人。（原案二四条一项、日商四五八条）

【理由】本条定背书人得为预备付款人之记载。背书人为偿还义务人，负担偿还票据金额及一切费用之义务，故背书人亦得于背书时记载预备付款人，以便于付款人拒绝付款时，即可要求其付款，以免因行使溯求权而增加费用。唯所记载之预备付款人应限于付款地者，不外图执票人之便利耳。

第三十一条 背书人得记载不担保承受及付款之旨。（原案二四条二项、日商四五九条）

【理由】本条定背书人得为免责文句之记载。背书人能否记载免责文句，多数立法例以背书人本为票据上权利人，与发行人不同，自无不许免责之理。故无论付款或承受，均许其得为免责记载。唯无此文句者，背书人对于承受及付款当然应负担保责任。

第三十二条 票上有背书时，执票人应以背书之连续证明其权利。但背书中有未记载被背书人者，其次之背书人视为前背书之被背书人。涂销之背书，关于背书连续视为无记载。（原案第二五条、日四六四条、德三六条、统一一五条）

【理由】本条定背书连续之证明力及略式背书、涂销背书关于连续之变例。汇票有背者，执票人须以背书连续证明其取得权利之正当，是为背书连续之原则，学者称谓背书之证明力。但于略式背书，不能不设例外规定。即略式背书之后，复有他之背书者，形式上虽欠缺连续，仍应认该背书人即为因略式背书而正当取得权利之人。至涂销背书认为无记载，亦与背书之连续不受何种影响，此为原案所无，本案以其同为背书连续之变例，故增入。

第三十三条 执票人以委任取款之目的而为背书时，应记载其旨。（原案第二七条、日四六三条、统一一七条）

前项被背书人得行使一切票据上之权利，并得以同一目的更为背书。

票据债务人对于第一项被背书人所得提出之抗辩，以得对抗背书人者为限。

【理由】本条定委任背书之方式及效力。执票人为便宜起见，以背书委托他人代理取款者，为委任背书。此项背书与普通背书性质不同，故须记载其旨，以免混淆。此种被背书人仅为背书人之代理人，唯在权限以内，则不问审判上、审判外，得行使从票据所生一切之权利，否则不能达委任取款之目的。至被背书人能否更为背书委人代理，学说不一。然实际上转辗相托者，其例甚多，不妨明认之。本条二项后段所谓"得以同一目的更为背书"者，即被背书人可以更为委任背书，而其余之背书不在权限以内，法所不许，固不待言。又票据债务人对于背书人之抗辩，亦得以之对抗被背书人，此为代理关系之当然结果，本条明示其旨，以便援用。

第三十四条 满期日后之背书与满期日前之背书有同一之效力。但拒绝证书作成后或拒绝证书作成期限经过后之背书，仅有通常债权转让之效力。（原案二九条、日四六二条、德一六条、统一一九条）

【理由】本条定满期后背书及作成拒绝证书后或其期间经过后背书之效力。票据并不因满期日到来变更性质，故虽在满期日以后，仍可以背书自由转让。唯在①拒绝证书作成后或其期间经过后，票据已失却流通性，于此再为背书，不能认其与通常背书生同一效力，仅与民法上通常债权之转让相同而已。

第三节　承受

第三十五条 执票人得于满期日前呈示汇票于付款人，请求承受。（原案三〇条、日商四六五条、统一二〇条）

【理由】本条定请求承受之呈示。付款人未为承受前，不负票据上之责任，到期是否付款，殊不确定。故执票人于满期前，无论何时，得呈示汇票，请求付款人承受，以期权利之确实，各国立法例均属一致。至满期日后能否为承受呈示，各国亦有认许之者。本案以请求承受不过为确保将来付款起见，既届满期日，执票人可以请求付款，毋庸再认其请求承受之必要，故以满期日为断。

第三十六条 发行人得记载应请求承受之旨，并得指定其期限。（原案第三一条、英案第三九条、美案二四〇条、统一二一条）

发行人得记载于一定日期前，不得请求承受之旨。

---

① 原书为"不"字，从文义上看，此处应为错字。

背书人亦得为第一项之记载，但在发行人禁止请求承受期限内，不在此限。

【理由】本条定承受呈示自由之制限。第一项为发行人所为之积极制限、第二项为发行人所为之消极制限、第三项为背书所为之积极制限。关于执票人请求承受之自由能否制限，各国立法例不一：有以请求承受为执票人之权利而非义务，发行人不得为何种制限之记载者，如德、日等国是；有以发行人得为承受呈示之命令或禁止，而认此种记载为有效力者，如英、美等国是。查英、美主义实际上较为便宜，盖付款人是否承受，与发行人颇有重大利害关系，故于发行时命执票人须为呈示，以便早日知悉而有所应付，固为事所恒有，此本条第一项积极制限之所由设也。至禁止语句，有时亦见必要，如发行人或于某期日前不能与付款人接洽，或尚未有资金输送，此时请求承受，徒遭拒绝之不利而伤发行之信用，故于特定期限内禁止呈示，亦无不可，此本条第二项消极制限之所由设也。背书人为偿还义务人，命为呈示，以期于承受拒绝请偿还时有所准备，故本条第三项亦许其为积极制限。唯在发行人禁止请求承受期限内，如再许其为积极制限，未免违反发行人①消极制限之本意，此本条第三项但书之所由设也。至于消极制限，于背书人无所实益，故就原案删除。

第三十七条 见票后定期付之汇票，应从发行日起，于六个月内为请求承受之呈示。（原案三二条、日四六六条、德一九条、统一二二条）

发行人得将前项期限缩短或延长之，但延长不得逾六个月。

【理由】本条定见票后定期付汇票之呈示期限。此种汇票必须为请求承受之呈示，以便确定满期日，而使票据债务人不致长久负担严格责任，殆为世界一般通例。至发行人对于法定期限能否有伸缩权，立法例颇不一致。本案以发行人在特种情形，对于期限非无伸缩之必要，故尊重特约自由，无论缩短或延长，一并许之。唯延长以六个月为限，以免权义关系久不确定之弊。背书人亦有许其有缩短权者，然如此则法律关系反趋复杂，故本案将原案背书人删除。

第三十八条 执票人为请求承受之呈示时，付款人得请求其于翌日为

---

① 原书为"为"字，从文义上看，此处应为错字。

第二次之呈示。(原案三六条、英四二条、美二二四条、统一二三条)

【理由】本条定付款人之考量期限。执票人请求承受呈示时，付款人有无考量期限以决定是否承受，各国立法例不一：有采即时承受主义者，如德、日等国是；(日四六五、德一八)有采考量期限主义者，如英、美、法及统一法等是。查即时承受主义，付款人无斟酌余地，徒使执票人行使无益之请求权。且吾国商业习惯，因票根未到，不能瞬时回答者，往往而有，若使执票人即作拒绝证书，与实际情形殊不符合。故本案从英、美等立法例，与付款人以一日之考量期限，俾得请求执票人于第一次呈示之翌日，再为第二次呈示，以便有调查账簿或通知发行人之时间。原案定付款人于呈示翌日通知回答于执票人，然在有法定或约定呈示期限之票据而呈示适为末日时，不免发生疑难，故本案改从统一规则。

第三十九条 承受应在汇票记载其旨，由付款人签名。(原案三三条，日四六七条、四六八条，德二一条一项、三项，统一二四条)

付款人仅在汇票正面签名者，视为承受。

见票后定期付或有约定呈示期限之汇票，付款人于承受时应记载其日期。无记载时，执票人应于呈示期限内作成拒绝证书。

【理由】本条定承受之方式。付款人在票上记载承受意旨而签名者，为正式承受；不为记载，仅在汇票正面签名者，为略式承受，二者效力相同。至记载日期，本非为承受要件，但在见票后定期付之汇票或本案第三十六条所定发行人或背书人命为呈示之汇票，一以定满期日之起算、一以明执票人之是否于期限内呈示，故于承受时，须附以日期也。

第四十条 一部承受，执票人得拒绝之。(原案二四条、日四六八条、德二二条、统一二五条)

承受附以条件者，视为承受之拒绝，但承受人仍应依承受文义负责。

【理由】本条定一部承受及附条件承受之效果。承受必须单纯，此征诸发行人之单纯支付委托，毫无疑义。一部承受亦为不单纯之一种，执票人对之有选择权，苟认为毫无实益，不妨拒绝之。至于附条件之承受，以其反于票据债务之性质，故视为承受之拒绝，可使执票人对于前手行使偿还请求权。但在承受人方面，既为承受，使其依文义负责，不但不背承受人之意思，反有利于执票人之权利也。

第四十一条 发行人未载担当付款人者，付款人于承受时，得记载之。（原案三三条，日四七二条、四七三条，德二四条，统一二六条）

付款人于承受时，得记载在付款地之付款处所。

【理由】本条定承受人得为担当付款人及付款处所之记载。付款人于承受时，指定担当付款人或付款处所，虽非承受之要件，但既为记载，亦应认为有效，不能视为不单纯之承受。本条明定其旨，以免与上条误会。原案担当付款人之记载限于他地付票据，本案不采他地、同地之区别，（参照本案第十九条）故改如今文。至发行人已载付款处所，承受人能否有变更权而更为指定，学说不一。本案以承受人负付款责任，应许其就自己便利得为变更。故本条二项含义，无论发行人曾否记载，付款人均得指定之。

第四十二条 付款人于交还汇票前，得撤回其承受。但对于执票人或汇票之签名人，已以书面通知承受者，不在此限。（原案三八条、三九条，英二一条一项，统一二八条）

【理由】本条定付款人得为承受撤回与否之标准。各国立法例关于此点，甚为分歧：有绝对不许撤回者，如德、日、瑞、匈等国是；有于返还票据前许撤回者，如俄、意等国是；有于考量期限内许撤回者，如葡、比等国是；有于返还票据前或通知前许撤回者，如英国是。本案以付款人虽为承受，然于返还票据或为通知之前，不无有因错误而为承受者，不许撤回失之于酷，故从英国立法例许之。唯在返还票据以后，不许撤回，固不待言。即使虽未返还而已为通知者，亦须从承受之文义负责，否则妨碍票据流通而有害于执票人或票据署名人之利益也。

原案第三十八条规定得为撤回与否之标准、第三十九条列举各种承受拒绝之情形，而以适法撤回包括在内，本案并为一条，以期简明。又原案第三十九条采用列举方法，不免疏漏，如付款人所在不明，亦应认为承受拒绝，该条即无明文，适用时反滋疑义。至第三端所谓加变更于票据文言者，与原案第三十四条二项亦属歧出，故本案将原案第三十九条删除。

第四十三条 付款人为承受者，应负付款之责。（原案三七条、日四七〇条、德二二条、统一二七条）

承受后不付款时，执票人虽系发行人，亦得就第七十六条及第七十七条所定金额之全部，直接请求其支付。

【理由】本条定承受之效力及承受后不付款时之责任范围。付款人因承受而为票据上之主债务人，故至满期日应负绝对付款责任，此为各国所认①同。唯承受人对于原发行人是否负票据债务，虽有少数立法例采消极说，然多数国均主积极说。盖付款人既为承受，无论对于何人，均立于主债务人地位。汇票发行人不过为最后之偿还义务人，承受人对之自无除外之理，此则承受之性质使然也。至承受后不为付款时，执票人因此发生种种费用及利息之损失，亦应使承受人负责。故本条二项明定承受人对于执票人之责任，并其应负责之金额。

第四节　参加承受

第四十四条　参加承受，应于执票人在满期日前得请求偿还时为之。（原案四〇条、俄一一〇条、六六条、一〇五条、一〇六条、意二七〇条、二九九条、葡二九四条、二九五条、三二三条、德一二六条、一五八条、西五一一条、统一五五条一项）

前项参加，不问何人，均得为之。

【理由】本条定得为参加承受之时及其人。何时得为参加承受，各国立法例均以在承受拒绝后，满期日前，皆得为之，此为参加承受为防止请求权行使之当然结果也。原案第四十条用列举规定，不免烦琐；本案改为概括规定，较为浑括。又何人得为参加承受，各国立法例颇不一致：有限于非票据债务人者，（英五六条一项、美二八条）有认不加限制者。（俄一一〇条、六六条、一〇五条、一〇六条、葡二九四条、二九五条、三二三条、西五一一条）参加承受，在防止行使无益之偿还请求权，不但有益于执票人，且有利于偿还义务人，故本案认不问何人，均得为之。偿还义务人之责任与参加承受人之责任不同，偿还义务人苟愿为参加承受，以固票据之信用，法无禁止之必要也。

第四十五条　参加承受应在汇票记载其旨，由参加人签名。（原案四二条，日五〇三条、五〇四条，德五二条二项，统一五六条）

---

① 原书为"从"字，从文义上看，此处应为错字。

未载被参加人者，视为为发行人参加。但预备付款人为参加时，不在此限。

参加承受人应于参加后，急速对于被参加人为参加之通知。

不为前项通知者，负损害赔偿之责。

【理由】本条定参加承受之方式。参加承受人须负担票据法上之严格债务，故当其为参加承受时，须使其遵守一定方式，以示慎重。至于被参加人未记明时，认为为发行人所为者，以发行人为最后之偿还义务人，为其参加可以谋多数人之利益也。参加承受虽在防止偿还请求权之行使，但被参加人有不知参加承受，进而为种种之准备者，未始无之，此本条第三、第四两项之所由设也。

第四十六条　不问何人之参加承受，执票人得拒绝之。（原案四一条、日五〇一条、德五七条、统一五五条一项）

【理由】本条定执票人之拒绝权。执票人对于参加承受是否可以拒绝，立法例不一：有认委任参加不能拒绝、任意参加可以拒绝者①，如德、日等国是；有无论何种参加均可以拒绝者，如英、美等国是；有无论何种参加均不许拒绝者，如法、葡等国是。第三主义待执票人太酷，不足采用，固不待言。原案采第一主义，理论上固无不可，唯实际委任参加，承受人亦有届时信用不孚者，如强迫执票人不得拒绝，亦不免过酷。此本案所以改从第二主义，使执票人有拒绝权，认参加为满足者，不妨同意；认偿还为有利者，不妨拒绝，较为妥洽。

第四十七条　执票人允许参加承受者，不得在满期日前请求偿还。（原案四二条三、四项，日五〇五条、五〇六条，德六一条，统一五五条三项、五七条二项）

参加承受后，被参加人及其前手对于执票人仍得为偿还。

【理由】本条定参加承受之效力。执票人对于参加承受予以允许，是认参加为满足，对于前手当然丧失期前之偿还请求权。唯被参加人及其前手虽同参加，而责有所归，但对于参加人终不能免其偿还之责，故许其于参加承受后仍得进而为偿还，以防偿还金之增大。

---

① 原书没有"者"字，从行文习惯上看，此处应为漏字。

第四十八条 参加承受人于付款人不付款时，对于执票人应负支付汇票金额及费用之责。（原案四三条一项、日五〇二条、德六〇条、统一五一条一项）

【理由】 本条定参加承受人之责任范围。参加人因为参加承受，而与承受人负同一之责任者，此为参加承受之性质上所当然者也。惟执票人因付款人拒绝付款而需之费用，先由参加人偿还，以次追溯于被参加人及其前手者，不外图其简捷耳。

第五节 保证

第四十九条 票据债务，得以保证之方法担保之。（原案四四条、统一二九条）

前项保证，不问何人，均得为之。

【理由】 本条定票据债务之保证及得为保证之人。票据债务之保证，为多数立法例所承认，有强大效力，与民法上及普通商法上之保证不同，故有特设规定之必要。唯何人得为保证，第三者固不必言，而签名于票上之债务人，能否有此资格，学者间多有疑义。本案以保证愈多，票据信用愈厚，只求不反于增加担保之目的，亦无不许票据债务人为保证之理，如背书人为承受人保证，其显例也。

第五十条 保证应在汇票或缮本或黏单记载其旨，由保证人签名。（原案四五条，日四九七条、四九八条，统一三〇条）

除付款人或发行人外，在汇票正面签名者，视为保证。

未载被保证人者，有承受时，视为为承受人保证；无承受时，视为为发行人保证。但得推知其为何人保证者，不在此限。

【理由】 本条定保证之方式。保证有许以别纸为之者，然与票据债务为证券债务之性质相反，故为多数立法例所不采。本案亦以记载于汇票或缮本或黏单上者为断，以示排斥别纸保证之意旨。至单纯签名效力如何，学说不一。本案以在汇票正面签名者，视为保证，唯付款人在汇票正面单纯签名者，依本案第三十九条第一项视为承受。发行人在汇票正面单纯签名，恐与因发行而签之名相混，故不认其效力。本条第二项以发行人或付款人除外者，本此意也。又承受人为票据之主债务人，发行人为最后之偿还义务人，本条第五项前段规定未载被保证人者，分别视为为承受人或发行人保证者，不外欲免除多数人之债务也。但吾国习惯有虽未记载被保证人而能推知其被保证人为何人者，例如有为发行人保证而仅签名于发行人之旁者，此种情形不能适用本条第三项前段之规定，故不得不除外也。

第五十一条 保证人与被保证人负同一责任。保证人清偿债务时，对于被保证人及其前手，得请求偿还。（原案四六条，日四九七条、四九九条，德八一条，统一三〇条）

【理由】本条定保证人之责任及其溯求权。保证人与被保证人应负同一责任者，保证债务之性质上所当然者也。唯被保证债务实质上虽为无效，苟其要式具备，不及影响于保证债务，此为本案第七条适用之结果，而与普通保证债务不同之点也。在保证人为支付时，取得执票人所有之权利，对于被保证人及其前手得行使溯求权，是不待言。

第六节　满期日

第五十二条 汇票之满期日，应依左列各款方式之一定之：（原案四七条，日四五〇条，统一三二条）

（一）确定日期付；

（二）发行日后定期付；

（三）见票即付；

（四）见票后定期付。

【理由】本条定满期日之方式。普通债权关于定偿还日期之方式，别无限制，一任当事人自由。唯票据以流通效用为主，故其付款日期不可不有明确表示，此多数立法例所以定满期日之方式也。查吾国习惯，汇票亦有定期付、见票付及见票后定期付之分。本案参酌法理、根据习惯，定为上述四种之满期日。原案第四七条二项、三项为排斥习惯上满期日及数多满期日之规定，本案以吾国向无市场汇票及分期付款汇票之制，毋庸特设明文以排斥之。至为他种满期日之记载，其为无效，征之本条一项而自明，亦不必赘言，故将原案二项删除。

第五十三条 见票即付之汇票，以呈示日为满期日。（原案五〇条、

日四八二条、德三一条、统一三三条)

第三十七条规定,于前项呈示准用之。

【理由】 本条定见票即付汇票满期日之计算及其呈示期限。此项汇票须于呈示之时请求付款,故呈示日即为满期日。至其呈示期限及发行人之伸缩权,均与见票后定期付之汇票理由相同,故准用第三十七条之规定。

第五十四条 见票后定期付之汇票,依承受或作成拒绝证书之日定满期日。(原案五十一条、日四六七条、德二〇条、统一三四条)

票上未载承受日期,执票人又未作成拒绝证书者,依第三十七条所定呈示期限之末日定满期日。

【理由】 本条定见票后定期付汇票满期日之计算。此项汇票,执票人应为请求承受之呈示,盖其呈示兼有见票之性质。故本条以承受之日定满期日者,再无疑义矣。唯拒绝承受时,如何确定满期日,确一问题。本案从多数立法例,以作成拒绝证书之日定满期日,盖拒绝证书上所记载之日期较为正确也。至票上未载承受日期,执票人又未作成拒绝证书者,究以何时为满期日,各国立法例未尽一致。本案依多数立法例,以法定或约定呈示期限之末日定满期日。

第五十五条 发行日后或见票后一个月,或数个月付款之汇票,以在应付款之月①与该日期相当之日为满期日;无相当日者,以该月末日为满期日。(原案五三条、五四条、统一三五条)

发行日后或见票后一个月半或数个月半付款之汇票,计算全月后加十五日,以其末日为满期日。

票上载"月初"、"月中"或"月底"者,月之一日、十五日或末日之谓;载"半月"者,十五日之谓。

【理由】 本条定期限之计算方法。凡以月定期限者,因一个月之日数有多寡,故多数立法例均以明文规定,免滋争执,本案亦从之。又所谓"一个月半"、"数个月半"、"月初"、"月中"、"月底"、"半月"② 等为习惯上常有之用语,计算苟不确定,影响权利甚大,故设明文规定之。

---

① 原书为"日"字,从文义上看,此处应为错字。
② 原书为"月半",对照上文,此处应为排版之误。

第五十六条 向日历不同地发行之汇票,如为确定日期付或发行日后定期付者,依发行地之日历定满期日;如为见票后定期付者,依请求承受地之日历定满期日。(原案五五条、德三四条、统一三六条)

汇票之呈示期限,依发行地日历定之。

前二项规定,如有反对记载者,不适用之。

【理由】本条定汇票之发行地与付款地或请求承受地与付款地日历不同时,其满期日及其期限之计算方法。晚近国际贸易日渐隆盛,票据之效用已多利用于国际者,当此各国日历尚未一致之时,对于向日历不同地发行之汇票,应如何定其满期日及其期限,实一问题。各国关于此点,有以发行地之日历为标准者、有以付款地之日历为标准者。本案以如以付款地之日历为标准,有时发生困难问题。例如在阴历地向阳历地发行定期付之汇票,有时已属过去之日期者。以发行地之日历为标准时,虽无是种问题,但在见票后定期付之汇票,以其计算满期日之基本日为承受日或作成拒绝证书之日,故其满期日非依请求承受地之日历定之,不能正确,此本条第一项之所以如斯规定也。至于汇票之呈示期限,不论法定与约定,均应依发行地之日历定之者,因计算此种期限之始日为发行日也。唯本条第一、第二两项不过补充的规定,如有反对记载不能适用者,固无待烦言矣。

第七节 付款

第五十七条 执票人应于满期日或其次之二日内,呈示汇票于付款人,请求付款。但有担当付款人之记载者,应对于担当付款人为之。(第一次草案第五十六条、统一规则第三十七条、德汇票条例第四十一条、支票条例第十二条第一项、商第四百八十七条、第四百九十条及第二百三十三条之三)[①]

提出于票据交换所者,与请求付款之呈示有同一之效力。

【理由】本条定付款呈示之期限及提出票据于交换所之效力。请求付款之呈示,英、美及法法系诸国限于满期日,(英四五条、美一三一条、

---

① 本案由多人共同制定,因此各部分参考法源简称有所不同。

法一六一条、比五二条、意二八八条、西四八三条）于是日不为呈示者，即丧失票据上之权利（英、美、西诸国）或须任损害赔偿之责，（法、比、意诸国）对执票人未免过苛。本案从统一规则暨德、日诸国立法先例，规定呈示期限为三日，从满期日起算。满期日如值休假日，从其次之营业日起算，（一四条一项）而在期限中间之休假日亦不算入。懈怠此期限者，使其对于前手不得请求赔偿，（八一条一项）以制裁之。票上载有担当付款人者，应向之呈示汇票，请求付款，为事理所当然。而将票据提出于票据交换所，实际上可视为广义的请求付款之呈示，在无明文规定之各国，亦往往认为与请求付款之呈示有同一之效力。本案从统一规则先例，特以明文规定，以期适应实际商情之需要。

第五十八条 付款人对于背书不连续之汇票付款者，不得免责。但背书人签名之真伪，无调查之义务。

付款人对于执票人，得调查其真伪。但无故迟延者，应负其责。（第一次草案第五十八条第三项、统一规则第三十九条第三项）

【理由】本条定付款人付款时应调查及得调查之事项。付款人付款，自应出以相当之注意，否则不能辞其咎。有背书之汇票，其背书之外形上是否整齐，即相连续与否，显而易见。使付款人负调查之责，理所应尔。惟背书实质上是否正确，即签名之真伪，调查非易。使付款人负调查之责，未免太苛，故设但书以保护之。付款人对于执票人实质上之资格，即执票人是否为票上所指定之受款人或最后之被背书人，有无调查之权，学说不一：德法系诸国多采积极说，法法系及英法系诸国多采消极说。我国北京、天津、上海、烟台等处，有面生讨保之习惯，用意所在，亦不外证明执票人之是否为正当权利人。唯间有借此为拖延不肯即付之口实者，殊有害于票据之流动性，故本案参酌原有习惯，许付款人有调查执票人真伪之权利。并设但书，以杜资为拖延口实之弊。

第五十九条 满期日前之付款，执票人得拒绝之。（第一次草案第五十八条第一项、第二项，统一规则第三十九条第一项、第二项，法第一百四十四条、第一百四十六条）

付款人于满期日前付款者，应自行负担其危险。

【理由】本条定满期日前能否付款及其付款之效力。期限为债务人之利益而设，为一般民法上之原则。唯在票据，情形稍异，其行市时有变动，且执票人在满期日前，可将票据流动，以利用其价额，故其期限不得不认为为债务人、债权人双方之利益而设，此满期日前之付款，执票人得以拒不收受之理由也。付款人得执票人之同意，于满期日前付款，亦不能与满期日之付款受法律同等之保护，以其为反于票据本旨之付款也。故付款人应就付款之有效与否，负其责任。如付款于无权利或无能力之人，则虽属善意或无过失，其付款仍属无效，应对真正之票据权利人任损害赔偿之责。

第六十条 执票人得允许付款延期之请求，但延期不得逾三日。（第一次草案第七十五条、瑞士债务法第七百六十一条）

【理由】 本条定付款延期之条件。溯求权之行使，有增加费用之弊。如其可以避免，自以避免为宜。唯设漫无限制，许付款之延期，又有损执票人之利益，并使其他票据债务人蒙不利之影响。今使允否之权操诸执票人，则不至有损于其利益。至长不得逾三日，则其他票据债务人亦不至特别蒙何等不利影响，尚无滋生弊害之虞。

第六十一条 表示汇票金额之货币为付款地不通用者，除有反对记载外，得依付款日行市，以其地通用之货币支付之。（第一次草案第五十九条、统一规则第四十条、德第三十七条、英第七十二条）

于前项情形，发行人预定换算之比率者，其金额应以付款地通用之货币支付之。

表示汇票金额之货币，如在发行地与付款地名同价异者，推定其为付款地之货币。

【理由】 本条定支付之标的及预定货币换算比率之效力。票据金额原则上应以票上所载之货币为标的，唯所载者为付款地不通用之货币，而推测发行人之意思，并非强付款人以票上所载货币付款之义务，则以允许按照付款日行市，以付款地通用货币付款为合于付款人、执票人双方之利益，此本条第一项之所由设也。至发行人于票上预定货币换算之比率，其记载自应认为有效。而其意思在使付款人以付款地通用之货币付款，亦显而易见。故为尊重当事人之意思，以期适合实际之需要，而有本条第二项之设。至第三项为当然之规定，不待说明。

第六十二条 付款人付款时，得请求执票人在票上记载收受之旨，并交付汇票。（第一次草案第五十六条，统一总则第三十八条，日四八三条、四八四条，德三八条、三九条）

付款人为一部付款时，得请求执票人在票上记载其旨，并交付收受证。

【理由】本条定付款之方式。执票人非将票据交出，付款人无须付款，为各国立法例所同，盖基于票据债务之本质也。本案并令付款人得请求执票人于票上记载收受之旨，以资证凭。至一部付款时，自不得请求执票人交付汇票。本案令执票人于票上记载其旨，以免二次付款之危险。并另交收受证于付款人，以资证凭。

第六十三条 第五十七条所定期限内，无请求付款之呈示时，票据债务人得提存票据金额于该管官厅或其他得受提存之公共会所。（第一次草案第六十条、统一规则第四十一条、日四八五条、德四〇条）

【理由】本条定票据金额之供托。执票人不于法定期限内为请求付款之呈示，债务人须时时准备款项，以待执票人之来取，迄于消灭时效完成为止，颇为不便。本案许票据债务人将票据金额提存于该管官厅或其他得受提存之公共会所，以减轻债务人之责任，而使执票人任懈怠之责。原案限于承受人，范围过狭，兹改为债务人。

第八节 参加付款

第六十四条 有参加承受人或预备付款人者，执票人至迟应于付款拒绝证书作成期限末日之翌日，对之呈示汇票，请求付款。（第一次草案第八条、第八十条，统一规则第五十九条，日五〇八条，德六二条，英六七条）

参加承受人或预备付款人不付款时，执票人应在付款拒绝证书记载其旨。

执票人违反前二项规定者，对于被参加人或预备付款人之记载者及其后手，不得请求偿还。

【理由】本条定执票人请求参加承受人及预备付款人为参加付款之义务及违反义务之制裁。汇票有参加承受人或预备付款人者，执票人应于付款拒绝证书作成后，对之为请求付款之呈示，以期合乎参加承受及记载预备付款人之目的。既为呈示，复被拒绝时，执票人应记载其旨于付款拒绝证书，以为证明，而向前手请求偿还。至违反此等程序之制裁，多数立法例仅令丧失对于被参加人或记载预备付款人者之后手之偿还请求权，本案扩充其范围，使被参加人或记载预备付款人者亦得免于偿还之责。盖发行人有时不供资金于付款人，而供资金于预备付款人，其理由一也；参加付款人之为参加付款，概出自好意，对于被参加人自不至出于苛酷之态度，其理由二也。

第六十五条 参加付款，应于执票人在满期日前或满期日后得请求偿还时为之，但至迟不得逾付款拒绝证书作成期限末日之翌日。（第一次草案第四十二条、第七十七条，统一规则第五十四条、第五十八条）

第四十五条第三项、第四项规定，于参加付款准用之。

【理由】本条定第三者得为参加付款之时期及参加付款人对被参加人通知之义务。凡非参加承受人或预备付款人之第三者，不问满期日之前后，为阻止偿还请求权之行使，得为参加付款。唯在付款拒绝证书作成期限经过之后不得为之，所以示限制而使执票人得及时行使偿还请求权也。至在参加付款，参加人对被参加人有通知之必要，与在参加承受无有以异，故准用第四十五条第三项、第四项规定。

第六十六条 参加付款，应在汇票记载其旨。（第一次草案第八十一条一项、三项，统一规则第六十一条，日五一一条、五一二条，德六二条、六三条）

未载被参加人者，视为为发行人参加。但预备付款人为参加时，不在此限。

参加付款人付款时，得请求执票人在票上记载收受之旨，并交付汇票。如有拒绝证书者，并得请其交付。

【理由】本条定参加付款之方式。参加付款，应于票上记载其旨，并被参加人之为何人。未载被参加人者，视为为发行人而参加，使最多数人得免于债务也。预备付款人为其指定者而为参加，不待记载而自明，故不适用上述之拟制，此第二项但书之所由设也。参加承受人为参加付款时亦然。至本条第三项，为当然之规定，无待说明。

第六十七条 欲为参加付款者有数人时,能使最多数人受参加利益者,有优先权。(第一次草案第八十一条第二项、统一规则第六十二条第三项、日五一〇条、德六十四条、英六十八条第二项)

故意违反前项规定而为参加付款者,对于因此未受参加利益之债务人,不得请求偿还。

【理由】本条定有数人欲为参加付款时之次序及违反次序之制裁。数人欲为参加付款时,应以何人之参加付款为先,多数立法例均认能使最多数人免于债务,即受参加利益者有优先权,盖使票据债务迅速了结,且图谋多数人之便宜也。至对于违反次序者之制裁,立法例中有用明文规定者、有不用明文规定者。其用明文规定者,多令违反次序之参加付款人丧失对于因此未受参加利益之债务人之偿还请求权。本案以用明文规定较为周密,而对于未受参加利益者,不得请求偿还,其制裁亦属轻重得宜,故从之。

第六十八条 参加付款,应就被参加人应支付之金额全部为之。(第一次草案第七十九条,统一规则第六十条,日五〇九条、五一二条,德六二条六三条)

执票人拒绝前项付款时,对于因此得免债务者,不得请求偿还。

【理由】本条定参加付款之金额及执票人拒绝全部参加付款之制裁。一部之参加付款不足以恢复被参加人之信用,且偿还金额因新添一项参加付款,费用而更增加,不合于参加付款之目的,故为法所不许。多数立法例直接或间接规定,参加付款之金额为票据金额费用及过期之利息,本案从之。一部之参加付款为法所不许,执票人应行拒绝。至全部参加付款,执票人并无何等拒绝之理由,无理由而故为拒绝,使原得免于债务者亦须费一番偿还与求偿手续,殊为不合。故令其丧失对于原得免于债务者之偿还请求权,以为制裁。

第六十九条 参加付款人对于承受人、被参加人及其前手,取得执票人之权利,但不得以背书更为转让。(第一次草案第八十二条、统一规则第六十二条第二项、日五一三条、德六三条)

【理由】本条定参加付款人之权利。参加付款人因付款而独立的取得执票人之资格,义所应然。唯参加付款之目的,在使被参加人之后手免于债务，以保持被参加人之信用。故参加付款人之得行使持票人之权利，自以对于被参加人及其前手与承受人为限，此为各国立法例一般所采主义。不过用语微有差异，或云取得执票人之权利或云代位执票人之权利耳。本案以取得与继承语义有别，既云取得执票人之权利，当然非继承执票人之权利。其为一种独立之权利，不能以对抗执票人之抗辩对抗参加付款人，不言自喻。故从日、葡等国之立法用语例，以取得执票人之权利表示之。至参加付款人能否更为背书，学说不一。本案以纵许其为背书，亦不过有通常债权转让之效力，无多大之实益，故从统一规则等先例禁止之。第一次草案有被参加人之后手得免于债务之规定，本案以其为自明之理，故删。

第九节　偿还之请求

第七十条　付款人不付款时，执票人对于前手得请求偿还。（第一次草案第七十一条、统一规则第四十二条、英四七条二项、美二八四条）

如有左列各款情形之一者，虽在满期日前，亦得请求之：

（一）承受被拒绝时；

（二）无从请求承受时；

（三）承受人或付款人受破产宣告时。

【理由】本条定执票人得请求偿还之原因。可分为两端：（一）付款之被拒绝。此时执票人得请求偿还，为各国立法例所同，洵属事理之当然。（二）承受之被拒绝或可视同拒绝承受之情形。关于此点，立法例颇不一致，有采担保主义、期前偿还主义及选择主义之别。担保主义者，与执票人以请求担保之权，德、日等国采用之；期前偿还主义者，与执票人以在满期日前请求偿还之权，英、美等国采用之；选择主义又分为二：有与执票人以选择权者，请求担保或请求偿还听其自择，西班牙、阿根廷等国采用之；有与前手以选择权者，或供担保，或为偿还悉听其便，法、比、葡诸国采用之。查选择主义徒使法律关系错综复杂，不足采取；担保主义以虽有拒绝承受等情形，不能断满期日之必无付款，理论上之根据虽强，而不合于实际之需要。即在采此主义之国，亦因设定担保之种种不便，当事人往往为协议上之期前偿还。故本案从英、美立法例，采用期前偿还主义。

第一次草案仅就承受人资力不确实之场合规定之，而不及付款人，失之狭隘，故本案增入。至资力不确实之征表非一，各国①立法例多用列举方法，区分为宣告破产、停止支付及对其财产之强制执行不能奏效之三种。然停止支付及强制执行之不能奏效，如出于一时周转不灵之结果，不久即能恢复信用。则纵不与执票人以请求偿还之权，亦不致受何等实质上之损害。如其不然，则此两种现象为破产先声，俟经宣告后，而后请求偿还，为时未晚。故本案从法、比、日本诸国先例，限于宣告破产一端，使执票人确有请求偿还之必要时，方能请求偿还。付款人无②故逃亡或其营业所住所居所不明及因其他原因无从请求承受，虽可视同承受之被拒绝，然不能即称之为拒绝承受。第一次草案关于此等情形无所规定，本案以在此时，亦有请求偿还之必要，故从英、美例增入。又第一次草案第二项规定，发行人破产时，不得行使溯求权，此为当然之事，无待规定，故删。

第七十一条 承受或付款之拒绝，应作成拒绝证书证明之。（第一次草案第六十一条第一项，统一规则第四十三条第一项、第五项、第六项、英五一条，美二六一条，意三〇七条）

付款人或承受人记载呈示之日及拒绝之旨，并签名票上者，与作成拒绝证书有同一之效力。

前条第二项第二款情形，应作成承受拒绝证书证明之。

前条第二项第三款情形，得以破产宣告书证明之。

【理由】 本条定拒绝承受或拒绝付款之证明方法。关于此点，各国之立法例颇不一致：德、日等国必须作成拒绝证书，英、美等国除国外汇票外，执票人有作成与否之自由，意、比等国许以拒绝者在票上之证明代拒绝证书之作成。查我国公证人制度尚未确立，拒绝证书作成之强制，于势有所不能。故本案参酌英、美、意、比各国立法例，许以拒绝者在票上之证明代替拒绝证书，俾可节省费用与时间而适合商业情形。

---

① 原书没有"国"字，对照上下文，此处应为漏字。
② 原书为"亡"字，从文义上看，此处应为错字。

然在前条第二项第二款所定情形，无从请求付款人于票上为记载以资证明，故不能适用。本条第二项之简易证明方法，在前条第二项第三款情形，有法庭之破产宣告书足资证明，无须更用其他证明方法，故特设例外，以省手续。

第七十二条　付款拒绝证书应于满期日或其次之二日内作成之，但执票人允许付款延期者，其期限从延期之末日起算。（第一次草案第六十一条第二项，统一规则第四十三条第二项第三项，日四八七条，德四一条，英五一条二项、四项，美二六三条）

承受拒绝证书应于承受呈示期限内作成之，但于该期限末日为初次呈示，而有第三十八条情形时，得于其翌日作成之。

【理由】本条定拒绝证书之作成期限。付款拒绝证书有不许于付款日当日作成之者，法、西、意、比、瑞士诸国皆是也，第一次草案亦从之。本案以其为不必要之限制，故撤除之。又在执票人允许付款延期时，作成付款拒绝证书之期限应从何时起算，各国学说多以付款延期之契约仅就当事者间发生效力，与其他之票据债务人绝无何等关系，故执票人对于偿还义务人，非与付款并未延期时履行同一之保全权利手续，不可从而作成，付款拒绝之期限丝毫无所变更。此固甚合于理论，然执票人既允许付款之延期，而又于延期尚未满了之前，向承受人或付款人作成付款拒绝证书，不无自相矛盾之嫌。故本案改从延期之末日起算作成付款拒绝证书之期限，以期贯彻延期之旨趣。承受拒绝证书，英、美关于国外票据限于拒绝承受之当日作成之，西班牙则限于拒绝承受后之第一营业日作成之，为期过促。本案从多数立法例，许于承受呈示期限内，无论何时皆得作成，以图执票人之利便。而本案于第三十八条既许付款人有考虑期限，则在承受呈示期限末日为初次呈示者，将有于翌日不能作成拒绝证书之虑，故本案特设但书，以济其穷。

第七十三条　执票人应于拒绝证书作成日后四日内，如免除作成拒绝证书者，应于呈示日后四日内，对于自己之背书人及发行人通知承受拒绝或付款拒绝之旨。（第一次草案第六十四条，统一规则第四十四条，日四八七条之二至四、八八条之四，德四五条至四七条，美四九条、五〇条）

背书人应于接到前项通知后二日内，对于直接前手为前项之通知。

背书人未载住所或记载不明时，得通知其直接前手。

通知得以任何方法为之，但主张已于本条所定期限内通知者，应负举证之责。

于本条所定期限内将通知书付邮者，认为遵守期限。

于本条所定期限内不为通知者，仍得请求偿还。但因此发生损害时，以不超过汇票金额为限，应负赔偿之责。

【理由】本条定通知之期限方法及不为通知之制裁。第一次草案定执票人对其背书人之通知期限为两日、对发行人之通知期限为四日，本案以无区别必要，一律定为四日。本案采递次通知主义，由背书人辗转通知，依次达于发行人，不免有迟延时期之虑，故令执票人对发行人亦负通知义务，俾得早为准备。至通知之方法，第一次草案以挂号邮递为原则、以直接交付为例外，不仅增加费用，且不能利用退还票据代替通知之便法，甚为不便。本案对于通知方法不加限制，令主张已为通知者负举证之责，以图票据关系人之便利。至不为通知之制裁，立法例可分别为二：一以通知为请求偿还之条件。不为通知者，丧失其求偿权①，是为条件主义；二以通知为后手对前手之义务。不履行此义务者，负损害赔偿之责，是为义务主义。查通知之目的，不过使偿还义务人早知承受或付款之被拒绝而有所准备，以丧失求偿权为不为通知之制裁，未免过重。故本案采用义务主义，并限定赔偿额不得超过汇票金额，以期允协。

第七十四条 发行人或背书人记载免除作成拒绝证书之旨者，执票人得不作成承受或付款拒绝证书，对于该发行人或该背书人请求偿还。（第一次草案第六十二条、统一规则第四十五条、日四八九条之三、德四二条）

于前项情形作成拒绝证书之费用，仍得请求一切偿还义务人偿还之。

虽有免除作成拒绝证书之记载，执票人仍应于本法所定期限内负呈示及通知之义务。但对于执票人主张期限之懈怠者，应负举证之责。

---

① 原书为"求偿还权"，对照下文，此处的"还"字应为赘字。

【理由】本条定免除作成拒绝证书之记载之效力。发行人或背书人为避偿还费用之增大，防拒绝事实之公表，而记载免除作成证书之文句于票上者，法律为尊重当事人特约起见，自应认为有效之记载，此为多数立法例所同。唯其效力，各国颇涉参差。第一次草案对发行人所记者予以绝对的效力，一切票据债务人皆受其拘束；背书人所记者予以相对的效力，仅就其自己一人有效，显分轩轾，并无充足之理由。本案从德、日先例，无论其记载者为发行人或背书人，一律只认为有相对的效力。执票人仅对于为此项记载者，得不作成拒绝证书，请求偿还。且认为必要时仍有作成之权能，虽为免除之记载者，亦不得免于偿还费用之义务。至免除文句，是否一并免除执票人为呈示及通知之义务，学者间议论纷纷。本案明定其旨，以免纠纷。

第七十五条 为汇票之发行、承受或背书者，对于执票人连带负责。（第一次草案第六十五条，统一规则第四十六条，德二六条、四九条、八一条，日四七四条、四八六条）

执票人得不依负担债务之先后，对于前项所列①债务人之一人或数人或全体，为审判上或审判外之请求。

执票人虽对于债务人之一人已为请求者，对于其他债务人仍不失其请求权。

偿还义务人为偿还时，与执票人有同一之权利。

【理由】本条定票据债务人之连带责任及执票人之选择求偿权与求偿变更权。票据债务人对执票人就票据金额全部共同负责，为票据行为相互独立之结果。故票据债务就债务人内部之求偿关系观察之，固与民法上之连带债务显然有别；就债务人对债权人即执票人之关系观察之，即谓为一种之连带债务亦未始不可。执票人对于债务人请求偿还，可以不拘先后之次序，学者称为选择求偿权或飞跃求偿权，此为连带债务当然之结果。又执票人对债务人之一人已为请求之后，仍可对其他债务人为同一之请求，学者称为求偿变更权，为多数立法例之所认许，盖为保障票据债权之安全而设，本案从之。又汇票之偿还义务人为偿还时，与执票人有同一权利，

---

① 原书为"用"字，从文义上看，此处应为错字。

可以行使选择求偿权及求偿变更权，而其他票据债务人对之亦负连带责任。

第七十六条 执票人对于偿还义务人，得请求左列各款金额：（第一次草案第六十六条、统一规则第四十七条、日四九一条、德五〇条、英五十七条）

（一）未承受或未支付之汇票金额，如有付息之约者，并其利息；

（二）满期日后，年利六厘之利息；

（三）作成拒绝证书及其他之费用。

在满期日前请求偿还者，应从汇票金额内扣除自偿还日至满期日之利息，其利率无约定者，依法定利率。

【理由】本条定执票人得请求偿还之金额。本案采期前偿还主义，故在拒绝承受或一部承受时，执票人得对票据金额之全部或一部请求偿还。又本案认利息文句为有效，（参照本案第二十二条）有此记载时，则其利息亦应算入金额之内，此为满期前之约定利息。至偿还义务人应付自满期日至偿还日之利息，为各国立法例之所承认。而在满期日前之偿还，亦应从票据金额中扣除自偿还日至满期日之利息，以昭平允。又执票人当然有在付款地受款之权利，从而偿还义务人应负在付款地为偿还之义务。故设因偿还义务人住居于付款地以外之地或其他原因，执票人不能在付款地收受票据金额，由此所生之损害偿还，义务人应负赔偿之责，不待明文规定而自明。故有汇兑损失时，执票人得令偿还义务人负担之，无须明言。第一次草案列①回头汇票之费用为独立之一项，系抄袭统一假案之条文。所谓回头汇票之费用，指汇兑损失而言，姑无论用语之有欠妥当，亦属赘文矣，故本案削除之。又有六百分之一手续费之规定，我国亦无此种习惯，一并削除。

第七十七条 已为偿还之背书人，对于前手，得请求左列各款金额：（第一次草案第六十七条、统一规则第四十八条、日四九二条、德五十一条、英五十七条）

（一）所支付之总金额；

---

① 原书没有"列"字，从文义上看，此处应为漏字。

(二）对于前款金额，偿还日后年利六厘之利息；

(三）所支①出之费用。

【理由】本条定为偿还之背书人得对其前手请求偿还之金额。背书人为偿还时，得②请求其前手偿还所支付之金额及其利息，并所支出之费用，为事理之当然，各国立法例亦几完全一致，本案从之。

第七十八条　偿还义务人为偿还时，得请求执票人交付汇票、拒绝证书及附有收受证之偿还计算书。（第一次草案第六十八条、第六十九条，统一规则第四十九条，德五四条、五五条，日四九五条，美七八条）

背书人为偿还时，得涂销自己及后手之背书。

【理由】本条定偿还之方式。汇票为表现债权之证券，拒绝证书证明保全手续之完备，偿还计算书明偿还金额之多寡。此三者，执票人自应于收受偿还金额时交出，以便偿还人更向其前手请求偿还，为偿还之背书人从其前手收受偿还金额时亦然。背书人既为偿还，则其自己及其后手之票据债务从此消灭，无再表现于票上之必要，故许其涂销自己及后③手之背书。

第七十九条　一部承受后，偿还未承受之部分者，得请求执票人在票上记载其旨，并交付汇票之缮本、拒绝证书及附有收受证之偿还计算书。（第一次草案第七十条、统一规则第五十条）

【理由】本条定一部承受后偿还未承受部分之方式。仅对于一部分为偿还者，当然不能请求执票人将票据支付。唯防有二次付款之危险，故得请求执票人在票上记载其旨，而另书收受证以资证凭。且既为偿还者，对其前手更得请求偿还，故令执票人交付汇票之缮本并拒绝证书，以便求偿权之行使。

第八十条　请求偿还者，得以前手为付款人，向其住所地发行见票即付之回头汇票。但有反对记载者，不在此限。（第一次草案第七十二条，统一规则第五十一条，日四九三条、四九四条，德五三条）

回头汇票之金额，于第七十六条或第七十七条所列金额外，得加经纪

---

① 原书为"交"字，从文义上看，此处应为错字。
② 原书没有"得"字，从文义上看，此处应为漏字。
③ 原书为"复"字，从文义上看，此处应为错字。

费及印花税。

执票人发行回头汇票①时，其金额依原票付款地向前手住所地发行之见票即付汇票之行市定之；背书人发行回头汇票时，其金额依其住所地向前手住所地发行之见票即付汇票之行市定之。

【理由】本条定求偿权利人有发行回头汇票之权及回头汇票之金额。偿还义务人住居远地，而求偿权利人欲即时取得偿还金额，以供急需，自以发行回头汇票，持向银行贴现为最便之法，故多数立法例概承认求偿权利人有发行回头汇票之权。我国虽现时尚无此种习惯，然票据之流通日益发达，将来不无利用此种制度之必要，故本案承认之。至回头汇票之金额应如何决定，以使求偿权利人能即时现实取得应受偿之金额为允当，故得加算经纪费、印花税等费用。而汇兑上之损失或利得，亦归偿还义务人担受。惟为减轻偿还义务人之负担起见，回头汇票：（一）限于同地付款，即非以偿还义务人之住所地为付款地不可，以免付款之辗转周折而增加费用；（二）限于见票即付，盖他种满期日之汇票，贴现率较高故也。

第八十一条　执票人不于本法所定期限内为行使或保全票据上权利之行为者，对于前手，不得请求偿还。（第一次草案第七十三条，统一规则第五十二条，日四六六条二项、四八二条二项，四八七条二项）

执票人不于约定期限内为前项行为者，对于该前手不得请求偿还。

【理由】本条定懈怠法定或约定期限之制裁。关于懈怠期限之制裁，有分散规定于各该条者，如日本是；有列举各种期限合并规定于一处者，如统一规则是。本案以散见各条，失之散漫；列举于一条之内，又近冗赘，故改采概括规定主义，分为法定及约定期限之两种。懈怠法定期限者，丧失对于一般前手之求偿权；懈怠约定期限者，丧失对于为此种记载之前手之求偿权。而此处所谓期限者，见票即付或见票后定期付汇票之呈示期限、承受拒绝证书或付款拒绝证书之作成期限、免除作成拒绝证书之汇票之付款呈示期限及发行人或背书人记载之承受呈示期限，悉包括于内。又关于懈怠约定期限之制裁，有采差别主义者：懈怠发行人所记期限者，丧失对于一般前手之求偿权；懈怠背书人所记期限者，仅丧失对该背

---

① 原书为"汇票款"，从文义上看，"款"字应为赘字。

书人之求偿权。本案以无如此区别之必要,故采制裁划一主义。

第八十二条 执票人因不可抗拒之事变,不能于所定期限内呈示汇票或作成拒绝证书者,应于障碍停止后急速行之。(第一次草案第七十六条,统一规则第五十三条并四一条二项、四六条一项、二项)

执票人应速将前项事变通知于自己之背书人及发行人。

第七十三条规定,于前项通知准用之。

障碍自满期日起,继续三十日以上者,执票人得不为呈示或不作成拒绝证书,请求偿还。

见票即付或见票后定期付之汇票,自通知之日起,障碍继续三十日以上者亦同。

【理由】本条定障碍发生后之救济方法。关于此点,有全无规定者,德、瑞、日本等国是;亦有相当规定者,英、美及统一规则是。本案以票据严正之结果,执票人经过法定期限,不为呈示或作成拒绝证书,即丧失对前手请求偿还之权;而经过约定期限不为呈示,亦丧失对为此项记载者之求偿权。苟不问其迟误原因是否出于障碍,一律适用严重制裁,对执票人未免过酷,故英、美立法例及统一规则,皆设例外规定以为救济。唯应如何救济,学说颇不一致:有主张延长期限者①、有主张得径行请求偿还者,统一规则采折中说,以延长期限为原则。而于障碍继续至三十日以上时,执票人得径行请求偿还,以免票据债务人久延不楚,颇为允当,本案从之。又本案所谓障碍,系指天灾、战争、疾病、遮断交通及其他不可抗拒之事变而言,关于执票人或其委托人之人的事由,当然不包括在内。

第十节 复本及缮本

第八十三条 汇票之受款人,得请求发行复本。

受款人以外之执票人请求发行复本者,应经其自己之背书人,依次达于发行人为之,并由各背书人在复本上更为背书。但有禁止复本之记载者,不得请求。

复本之费用,由请求人负担之。

---

① 原书没有"者"字,从行文习惯上看,此处应为漏字。

【理由】本条定复本请求之程序及其费用之负担。复本制度，所以预防寄送远地之遗失及便利于请求承受时之转让，此为多数立法例所承认。其得为请求者，为一切执票人。但受款人于发行时，固可直接向发行人请求；而非受款人请求者，须经其自己之背书人，以次转让请求发行人发行。盖复本限于发行人所为，且作成后，仍须由原有之背书人于复本上一一背书之，故采递次请求主义较为便利。至票上已有禁止复本之记载者，为尊重特约起见，不许执票人更为请求。又作成复本为请求人之利益，故其费用定由请求人负担之。（日五一八条、德六六条、统一规则六三条、原案第八三条一项、三项）

第八十四条 复本应记载同一文句，并编列号数。未编列号数时，其各通视为独立之汇票。

【理由】本条定复本之款式。复本虽有数通，仅为表示一个之票据行为，故其内容不可歧异，且于各通上须记载第一、第二等号数，以资辨别、而免混淆。苟不为号数之记载，则善意取得人无由知复本相互间之关系，故认各通均为独立之汇票，以保护其利益。（日五一九条，德六六条，统一规则六三条一项、二项，原案第八三条二项）

第八十五条 对于复本之一通付款时，其他各通失其效力。但承受人对于已为承受而未收回之他通，仍应负责。

将复本各通分别背书转让于二人以上者，该背书人及其后手对于己所签名而未收回之各通，仍应负责。

将复本各通背书转让于同一人者，该背书人为偿还时，得请求执票人交出复本之各通。但执票人已立保证或供担保者，不在此限。

【理由】本条定复本之付款。数通之复本，合为一个之权利关系。故一通已为付款，他通即失效力。唯有二种例外：（一）付款人为承受于复本之数通，而付款时未将各该通收回者，仍须负责。此因复本虽有数通，承受限于一纸。苟有数纸承受，即无异于数个独立之票据行为，执票人信赖其承受，未知复本存在，不能因一通之付款，免除他通承受之责任也。（二）背书人将复本各通分别让与于二人以上。是一个之票据关系分为数个之票据关系，已失却复本原来之性质，故该背书人及其后手对于己所署名之各通，仍须负责。至背书人将复本各通让与于同一人者，只负一个之票据债务，固不待言。当为偿还时，得请求执票人将复本各通全数交出，否则前手或不知情形，对于他通亦为偿还，自己将有丧失求偿权之虞。但执票人已立保证或供担保者，可无此虑，故为但书规定。（日五二〇条、德六七条、统一规则六四条、原案第八四条）

第八十六条　为请求承受送出复本之一通者，应于其他各通上记载接收者之姓名或商号及其住所。

如有前项记载时，执票人对于接收者，得请求返还其所接收之复本。

接收者拒绝返还时，执票人非以拒绝证书证明左列各款事项，不得请求偿还：

（一）执票人曾为请求，而未经返还；

（二）以他通请求承受或付款，而未得允许。

【理由】本条定请求承受时复本之送付。汇票有复本者，以一通送致付款人请求承受，仍得以他通为背书流通，此为复本之优点。唯送致一通时，须于其他各通记载接收者之姓名或商号及其住所或营业所，以便后手知其所在。请求返还在拒绝返还时，执票人不但须证明拒绝之事实，且须证明虽以他通请求亦无效果之情形，所以防偿还请求权之滥用也。（日五二一条，德六八条、六九条、统一规则六五条，原案第八五条）

第八十七条　执票人得作成汇票之誊本。

誊本应誊写原本所载之一切事项，并应记明迄于何处为誊写部分。

【理由】本条定誊本之作成及其款式。誊本制度为助长票据之流通效用，执票人苟无复本者，于请求承受送致原本时，可以作成誊本为背书转让，各国多数之立法均以明认或默认允许之。唯与复本不同者，一则各有独立效用、一则仅有补助功能，故执票人亦有作成之权。至其款式，须表明誊本之性质，学者谓之境界文句，以与原本相区别。（日五二二条、德七〇条、统一规则六六条）原案第八十六条三项定誊本上之背书与原本有同一效力，未及保证，不无缺漏。本案以誊本上之背书及保证，已于第二十七及第五十条分别规定，无须赘言，故删。（原案第八六条一项二项）

第八十八条　为请求承受送出原本者，应在誊本上记载接收者之姓名或商号及其住所。

如有前项记载时，执票人对于接收者，得请求返还原本。

接收者拒绝返还时，执票人非以拒绝证书证明其事实，对于缮本之背书人，不得请求偿还。

【理由】本条定请求承受时原本之送付。此与复本情形相同，唯在拒绝返还时，仅以证明其事实为已足，无须为拒绝承受或付款之证明。盖缮本之作用，本无独立性质，执票人非得原本，不能行使票据上之权利，当然无请求承受或付款之可言也。（日五二三条、五二四条，德七一条、七二条，统一规则六七条，原案第八六条四项、五项）

第十一节　拒绝证书

第八十九条　拒绝证书由执票人请求公证人作成之。

【理由】本条定作成拒绝证书之人。执票人欲行使或保全票据上权利，须为一定之必要行为。拒绝证书者，即证明为此行为及其行为之结果之要式证券也。有此证书，则执票人可免举证之烦，票据债务人亦不致受欺诈之弊，故各国均以之为唯一之证明方法。本案以吾国公证人制度尚未发达，于拒绝证书之外，认付款人或票据交换所之拒绝宣言与之有同等效力，以期简易迅速、合乎商情。（参照本案第五十八条）至作成证书之人，各国有许公证人、承发吏及邮务局员均得为之者。本案以吾国法院尚未遍设，邮局人员不多，故以公证人为限。（日五一四条、德八七条，一九一四年一月二四日德国新票据条例草案八一条〔以下简称①"德草"〕，英五一条七号，原案第八六条四项、五项）

第九十条　拒绝证书应记载左列各款事项，由公证人签名：

（一）拒绝者及被拒绝者之姓名或商号；

（二）对于拒绝者虽为请求，未得允许之意旨，或不能会晤拒绝者之理由，或其营业所住所或居所不明之情形；

（三）为前款请求或不能为前款请求之地及其年月日；

（四）于法定处所外作成拒绝证书时，当事人之合意；

（五）有参加承受或参加付款时，参加之种类及参加人，并被参加人之姓名或商号；

---

① 原书为"使"字，从文义上看，此处应为错字。

（六）拒绝证书作成之处所及其年月日。

【理由】本条定拒绝证书之款式。拒绝证书所记载者，除有反证外，推定为真实无误，法律上有一种之公信力，故为要式证券，而其记载不可不具备法定事项。又拒绝证书之意义包含甚广，虽无拒绝之事实，而与拒绝情形可以类推解释者，如不能面会被请求人时，或其营业所等不明时，或为一部承受时，或于见票后定期付款之票虽为承受、未载日期时，皆得请求公证人作成拒绝证书，固不限于承受或付款拒绝之情形也。（日五一五条、德八八条、德草八二条、英五一条七号）

第九十一条　付款拒绝证书应在汇票或黏单上作成之。

汇票有复本或缮本者，应在复本之一通或原本或黏单上作成之，并于其他各通之复本或缮本记载其旨。

【理由】本条定作成付款拒绝证书之方法。关于此点，各国立法例不一：有另作证书而缮写汇票所记载之全文于其上者，有不作证书即就汇票本体或以另纸黏于汇票作成之者。最近立法多从后例，盖既可免却缮写正文之误，又可减少作成证书之费，至为便利，故本案从之。至有复本或誊本者，仅须在复本之一通或原本或其黏单上为之，同时记载其旨于他通或缮本为已足，不必于各通或缮本一一作成之也。（日五一五条之一项、之二项、德八八条）

第九十二条　付款拒绝证书以外之拒绝证书，应就汇票或其缮本作成抄本，在该抄本或其黏单上作成之。

【理由】本条定作成付款拒绝以外之证书之方法。在付款拒绝时，执票人对于前手行使偿还请求权，苟达偿还目的，即应将汇票交付，故拒绝证书不妨在汇票本体上作成。至其余情形，则执票人虽使拒绝证书之作成，当有保存汇票之必要。汇票与拒绝证书，应使分离而不能合一，故公证人应就汇票或缮本先作成抄本而后为之，或誊写汇票正文于抄本，而以另纸为拒绝证书，黏于抄本之上，亦无不可。（日五一五之①二项、四项，德八八条）

第九十三条　原本之接收者拒绝返还时，其拒绝证书应在缮本或其黏

---

① 原书没有"之"字，从文义上看，此处应为漏字。

单上作成之。

【理由】本条定拒绝返还原本时作成证书之方法。汇票有缮本时，以原本请求承受，以缮本为背书流通，此时有缮本之执票人当然对于原本接收者为返还之请求。苟被拒绝返还，亦须有证书以证明之。唯于此情形，无由在原本上作成，故设变通办法，许其在缮本或黏单上为之。（德草八四条）

第九十四条 拒绝证书应接续票上原有之最后记载作成之。

黏单上作成者，并应于骑缝处盖章。

【理由】本条定拒绝证书之记载位置。第一项规定，所以防当事人于证书作成后，或有增入他项记载之弊窦；第二项规定，所以使黏单与票据不易分离而有作伪之机会。（日五一五之①三项、五项，德草八三条二项、三项，德八八条）

第九十五条 对于数人为票据上之请求者，得作成一通之拒绝证书。

【理由】本条定数个请求时之拒绝证书。执票人对于数人为数个之请求，应否作成数个拒绝证书，颇有疑问。本案定为一通之证书为已足，例如承受拒绝作成证书后，复向担任承受人请求，又被拒绝，则执票人即可利用前次之证书，而使公证人记载其旨，不必再作证书，以省费用而免烦累。（日五一六条、德八九条、德草八五条）

第九十六条 拒绝证书有脱漏或错误者，公证人得增加或更正之，但应于增加或更正处盖章，并记载其旨。公证人作成拒绝证书时，应就证书全文作成抄本，保存之于事务所。

拒绝证书灭失时，利害关系人得请求公证人交付抄本，抄本与原本有同一之效力。

【理由】本条定拒绝证书之变更及其抄本之效力。公证人关于拒绝证书作成后、交付前，得就脱漏或错误处增加或更正之。唯在交付以后，则不得再行索回加以更改，以免影响于利害关系人之权利。又公证人作成拒绝证书时，须照原本另作抄本，以便稽考。且原本灭失者，利害关系人尚得请求交付，俾不致无所证明。至其效力，应与原本相同，盖因出于公证

---

① 原书没有"之"字，从文义上看，此处应为漏字。

人所作成，自无轩轾之分也。（日五一七条、德九〇条、德草八七条）

第三章 支票

按本章支票规定之范围，系采用商人主义。而商人之中，又以银行业者为限。支票付款人以普通民人充之，固不适用；即以普通商人充之，亦不适用。又支票与汇票均为委托他人付款之证券，且支票皆为见票即付，而与见票即付汇票之性质复大略相同，故本案特将支票订于汇票之次。

第九十七条 支票应记载左列各款事项，由发行人签名：

（一）表示其为支票之文字；

（二）支付一定金额之单纯委托；

（三）付款人之商号；

（四）受款人之姓名或商号；

（五）付款地；

（六）发行地及其年月日。

【理由】 本条定支票之款式。所列事项，与汇票差异之点约有三端：（一）关于金额者。汇票之无记名式及记名或来人付式，其金额须在五十圆以上。支票则以短期间流通为目的，并无类似纸币之虞，故无限制之必要。（二）关于满期日者。支票为支付证券，非信用证券，限于见票即付（理由详后），不许记载他种满期日。故满期日之记载，不列为款式之一。（三）关于付款人者。非如汇票之一般适用，仅限于银行业者（理由详后）。以上三端，支票与汇票最相显异之点。至其余事项，大同小异，无须赘言。（日五三〇条、德支票法一条、法支票法一条、英七三条、英三二一条、海牙议决案一条）

第九十八条 对于付款人无得为支付之资金及应为支付之契约者，不得发行支票。

违反前项规定者，处五元以上千元以下之罚锾。

【理由】 本条定滥发不良支票之制裁。关于此点，各国立法例不一：有处以罚金者，如日本等国是；有责以赔偿者，如瑞士等国是；有不设制裁仅使发行人负主债务人之责任者，如英、美等国是。查支票为支付现金之证券，与汇票不同，苟对于付款人既无现金之存储，又无信用之契约，而任意发行，不但丧失支票信用，且足扰乱金融市面，狡诈相寻、贻害匪浅，吾国社会上所谓"空头支票"，即生此弊。本案以英、美之宽大主义不切于吾国现状，日本之罚金主义亦不合乎世界潮流，故采瑞士之赔偿主义，使发行人对于执票人除因此所生损害须负责任外，复为票据金额百分之五之赔偿，以期折中至当。至发生此项情形时，支票是否有效，议论不一。本案以支票既为票据之一种，自有文言证券之性质，断无因发行人不法影响于执票人权利之理，故明定其旨。（日五三六条、瑞八三七条、法六条、海牙议决案三条）

第九十九条 支票之付款人，以银行业者为限。

【理由】本条定付款人之制限。各国对于汇票多采一般主义，而于支票则立法例未能一致。英、美以银行业者为限、意大利以商人为限、日本、瑞士则不设制限，无论何人，均得为付款人。然在日、瑞等国，虽一般适用，实际上似非银行业为付款人者，可谓绝无仅有之事。故本案从英、美例，限于银行业者，俾适合实情。唯所谓银行业者，含义甚广，即如钱业汇兑等庄皆在其内，不仅专指银行而言也。（英七三条、美三二一条、海牙议决案五条）

第一百条 支票限于见票即付。

记载其他满期日者，视为无记载。

【理由】本条定支票之付款日期。支票仅为支付之用具，发行人欲避现金授受之危险与烦累，故以银行业者为付款人发行支票。定期付、发行日后定期付及见票后定期付等，故不切于支票之性质，且易启作伪滥发之弊，各国除意①、葡等一、二国外，大多数立法例均以支票限于见票即付始得发行，故本案从之。吾国习惯，虽认远期支票，然为取款迅速及免滋流弊起见，自以改革为宜。至记载其他满期日者效果如何，各国不同：有以支票为无效者，如德国是；有以记载为无效者，如瑞、匈是。本案为减少无效原因，故从后说。（英七三条、美三二一条、瑞八三三条、德②一条）

第一百〇一条 执票人于同地付款之支票，应于十日内；于隔地付款

---

① 原书为"伊"字，应指意大利之"意"，本书根据现代统一称谓，一律改为"意"字。
② 原书为"法德"，参考其他版本，此处"法"字应为赘字。

之支票，应于十五日内呈示之于付款人，请求付款。

执票人不于前项期限内请求付款或作成付款拒绝证书者，对于前手不得请求偿还。

【理由】本条定支票之呈示期间及违反之制裁。支票为支付证券，不宜长期流通，各国均定短期之呈示期间，使票据债务迅速了结。惟吾国交通尚未发达，故仿德、奥、法、瑞等例，分别同地、隔地，定为十日及十五日，以免窒碍。至执票人违反之制裁，与汇票同。（德一〇条、奥九条、法五条、瑞八三一条）

第一百〇二条　发行人不得于呈示期限内撤销支付之委托。

付款人于呈示期限经过后仍得付款，但发行人有反对表示者，不在此限。

【理由】本条定发行人之撤销期限及付款人之支付期限。发行人发行支票与发行汇票不同，大都以支票契约为基础，有民法支付指示之性质。故如英国立法例，许其随时得任意撤销。然如此则执票人权利不能巩固，支票流通大受障碍，故本案从德、日例，以呈示期间经过与否为标准，以期保全支票之信用，而督促法定期限内之呈示。至呈示期限经过后付款人仍为支付者，是否有效，颇有议论。本案以为通常情形，发行人发行支票后，苟未撤销，常希望付款人之支付以维持个人之信用，苟于票上并无立异之反对表示，自应采积极说，认为有效之付款也。（德一三条、日五三〇条之二条、海牙决议案一七条）

第一百〇三条　发行人或执票人于票面画平行线二道，或于其线内并记载"银行"字样者，付款人仅得对于银行付款。

发行人或执票人于平行线内记载特①定银行之商号者，付款人仅得对于该银行付款。但该银行得涂销自己商号，记载其他银行之商号，委任其取款。

【理由】本条定平行线支票之支付。普通支票以无记名式、记名或②来人付式者居多，取其易于授受。然因此执票人是否正当，无从调查，而

---

① 原书为"时"字，参照上下文，此处应为错字。
② 原书为"式"字，参照上下文，此处应为错字。

于票据丧失时不易补救。平行线支票即防此种危险而设，英法系及法法系及日本等国多认之。此有两种：一为普通平行线，线内仅记"银行"字样；一为特别平行线，线内指明特定银行。付款人对于前者，凡属银行皆可支付；对于后者，非特定银行不得付款。但指定之银行，苟因自己不便取款者，得将其商号涂销，另托他银行代为请求，唯不得改为普通平行线耳。（英七六至七八条、法一九一一年十二月三十日法律、日五三五条、海牙议决案一九条）

第一百〇四条 第十六条第三项、第十七条、第二十四条、第二十五条、第二十七条至第二十九条、第三十一条至第三十三条、第五十七条第二项、第五十八条、第六十一条、第六十二条、第七十条第一项、第七十一条第一项、第二项、第七十三条至第七十五条、第七十六条第一项、第七十七条、第七十八条、第八十二条、第八十九条、第九十条、第九十一条第一项、第九十四条及第九十六条规定，于支票准用之。

【理由】本条定支票适用汇票之条文。支票与汇票，经济上作用固有不同，而其性质颇多类似，故就其相同者，准用汇票规定，以免重文迭出。至其差异者，约有两端：（一）关于全节者。如承受、保证、参加及复本与誊本，均不通用于支票。盖支票为见票即付，且流通期间极短，无认许承受等制度之理由也。（二）关于各条者。如发行节之担当付款人及付款处所之记载、背书节之还回背书、付款节之票据金额之提存、请求偿还节之回头票，均与支票速了债务、便利取款之性质不合，故亦无准用之必要。（日五三七条、英七三条二项、瑞八三六条）

第四章 本票

第一百〇五条 本票应记载左列各款事项，由发行人签名：

（一）表示其为本票之文字；

（二）一定金额之单纯约付；

（三）受款人之姓名或商号；

（四）满期日；

（五）付款地；

（六）发行地及其年月日。

未载付款地者，以发行地视为付款地。

未载发行地者，以票上所载发行人之所在地视为发行地。

【理由】本条定本票之发行及款式。此与汇票大略相同，唯所异者有三：（一）本票为自己约付之证券，故无委托文句；（二）本票之发行人即为付款人，故不列付款人之记载；（三）本票系自己发行、自己付款，故除于票上有反对记载外，即视发行地为付款地。（日五二五条，统一规则七七条、七八条）又原案第九二条一项未定票据文句，本案增入；同条二项规定不认对价文句，本案①以与汇票同一理由，故删。（原案第九二条）

第一百〇六条 本票之发行人，与汇票之承受人负同一责任。

【理由】本条定本票发行人之责任。本票发行人立于主债务人地位，与汇票承受人相同，对于执票人负绝对清偿之责，以期保全本票之信用，而维持交易之安全。吾国商业上，本票流用最广、效力亦最强大，几与现款相等，设遇发行商号或有倒闭，则以本票最先受偿为通例。本案参酌法理习惯，故特明定其旨。（统一规则八〇条、原案第九三条一号）

第一百〇七条 见票后定期付之本票，应于第三十七条所定期限内，为请求见票之呈示。发行人于见票时，应记载其日期。无记载时，执票人应于呈示期限内作成拒绝证书。执票人违反前二项规定者，对于背书人不得请求偿还。

【理由】本条定见票后定期付本票请求见票呈示之情形及执票人违反义务之效果。故于见票后定期付本票，其呈示期限与见票后定期付汇票之情形大略相同。执票人务须于法定呈示期限内请求见票之呈示或作成拒绝证书，否则对于背书人不得主张偿还请求权。唯发行人为主债务人之故，不得以此对抗执票人也。（日五二七条、五二八条，统一规则八〇条，原案第九三条七号、八号）

第一百〇八条 见票后定期付之本票，以见票或作成拒绝证书之日定满期日。

票上未载见票日期，执票人又未作成拒绝证书者，依第三十七条所定呈示期限之末日定满期日。

---

① 原书没有"案"字，参照上下文，此处应为漏字。

【理由】本条定见票后定期付本票之满期日。本票为约付证券，无所谓承受，不应直接准用第五十四条规定。故此项本票之满期日，不可无明确规定，以杜疑窦。（日五二七条、五二八条，统一规则八一条）

第一百○九条 第十六条第二项、第十八条、第十九条、第二十一条、第二十二条、第二十四条至第二十九条、第三十一条至第三十四条、第四十九条至第①六十三条、第六十五条至第七十一条、第七十二条第一项、第七十三条至第七十八条、第八十条至第八十二条、第八十九条、第九十条、第九十一条第一项、第九十四条及第九十六条规定，于本票准用之。

【理由】本条定本票适用汇票之条文。本票发行人为主债务人，无所谓承受及参加承受，亦无发行复本之必要，是与汇票差异之点，其余均与汇票相同。故特②准用汇票各条之规定，以避烦累而便援用。（日五二九条、统一规则七九条）

附删除原案第九十四条之理由

原案第九十四条不认无记名式（即来人付式）之本票。查吾国本票之发行，实际上属于无记名式者居大部分（如钱庄发行之本票是），且既适用汇票第十八条金额之制限，亦不致生滥发兑换券之流弊。原案似与吾国商情不合，故删。

---

① 原书没有"第"字，对照上下文，此处应为漏字。
② 原书为"将"字，从文义上看，此处应为错字。

附录三　商法法典草案票据法编（爱氏案）*

第二编　有价证券
第二卷　特别适用条例
第一部　票据

目　录

第一章　汇票

　第一节　总则

　第二节　汇票之发行及款式

　第三节　背书

　第四节　承受

　第五节　保证

　第六节　满期日

　第七节　付款

　第八节　拒绝承受及拒绝付款时之溯求权

　第九节　参加承受或付款

　第十节　复本及缮本

　第十一节　遗失、伪造及变造

---

* 民初票据法草案众多、本案无固定名称、因此按照其在法典草案中的编号及当时学界习惯称呼命名。

第十二节　时效

第二章　本票

第三章　支票

第一章　汇票

第一节　总则

第一条　凡民法上有能力者,得为汇票发行人、背书人、承受人或付款人。签名票上,依票上所载文义负责。

第二条　汇票上虽有无能力人之签名,他之签名人仍负票据上之责任。

第三条　凡非商人在汇票上签名负责者,其行为不视为商行为。

第四条　汇票签名人之责任,专依汇票上所载而定。

第五条　发行汇票违反国库征收之规则时(如未粘贴印花),不影响于票据债务之效力,但票据债务之效力因而中止,须俟印花税费缴清之后,汇票始得行用。至未粘贴印花,刑法上有否科①罚,不必置问。

第六条　汇票之付款及请求承受之呈示、拒绝承受或付款证书之作成,须于营业日为之。应于休假日为前项行为时,于次之营业日为之;应于一定期限内为前项行为,其期限末日值休假日时,于次之营业日为之。

期限内之一日为休假日,计算期限,该休假日亦算在内。

第七条　法定或约定之期限,第一日不算在内。法律上或裁判上展限偿还,均所不许。

第八条　关于汇票,本法与外国法有抵触时,应适行民国七年(1918年)八月五号所公布《法律适用条例》第五条及第二十六条之规定。

第二节　汇票之发行及款式

第九条　汇票上应具左列各款②:

支付一定金额之单纯委托;

---

① 原书为"料"字,从文义上看,此处应为错字。
② "爱氏案"条款之下的项,均未标明序号。

付款人之姓名或商号；

受款人之姓名或商号；

满期日；

付款地；

发行地及其年月日；

发行人签名。

第十条 欠缺前条所揭各款之一之证券，不生汇票之效力。但法律有相反规定时，不在此限。该项证券仅生通常债权转让之效力。

第十一条 汇票上之金额用中国文记载时，当记载于汇票票首及票内两处。两处记载不同时，以金额最少者为准。

第十二条 汇票上之金额用外国文记载时，当记载两处：一用文字记载、一用数字记载。文字与数字不符时，以文字为准。文字或数字前后数次记载汇票之金额有不符时，以金额最少者为准。

第十三条 汇票上未载满期日者，视为见票即付。

第十四条 见票即付或见票后定期付之汇票发行人，得记载对于汇票金额交付利息。但他种汇票纵有付息之特约，应视为原无此项记载。

未载利率时，应依商业上之法定利率。

未载利息从何日起算时，应自汇票发行日起算。

第十五条 汇票发行人不得以自己为受款人。

第十六条 发行人不得以自己为付款人。

发行人得以自己所设商铺之支号为付款人，但付款地与发行地须不同在一处。

第十七条 汇票得为①第三者计算发行之。

第十八条 汇票得指定于付款人住所地或在他地方之第三者之住所付款。

第十九条 未载付款地时，以票上所载付款人之所在地，视为付款地并付款人之住所地。

第二十条 未载发行地时，以票上所载发行人之所在地，视为发

---

① 原书没有"为"字，从文义上看，此处应为漏字。

行地。

第二十一条 汇票上须慎重签名，凡任意用指印或其他记号，纵有证人证明，亦不生签名之效力，该项证券仅生通常债权转让之效力。

第二十二条 无代理之权限而署名于汇票者，应自行担负票据上之责任，代理人逾越权限时亦然。

第二十三条 发行人担保承受及付款。

发行人定呈示请求承受之期限时，期限内负担保承受之责，期限外则否。

记载发行人不负担保支付之责之附款，视为无记载。

第三节 背书

第二十四条 汇票得依背书行转让。

背书由背书人在汇票之背面或黏单上为之，并签名或记载商号。

第二十五条 背书人未记载被背书人姓名时，执票人得为左列行为之一：

记载自己或他人为被背书人；

另行背书，记载背书人与否听其便；

转让第三者，并不另行背书、亦不记载被背书人。

第二十六条 背书须单纯始生权利转让之效力，附记条件者，视为无记载。

一部背书不生效力。

来人付款式背书亦不生效力。

第二十七条 正当执票人票上之最后背书为空白（即未记载被背书人姓名），足以证明其权利时，得将空白背书以前之连续背书涂销。但背书如系非空白时，不得将被背书人姓名涂销使为空白。背书之取消，须于背书上记载"取消"字样。

第二十八条 汇票得依背书让与付款人、承受人、发行人或其他票据债务人，此项人得更为背书，转让他人。

第二十九条 由汇票发生之一切权利，因背书而转让。

除背书人有相反约定外，关于汇票上动产、不动产之担保，亦因背书而转让。

第三十条 因汇票缪辗而被诉者，不得以自己与发行人或前手执票人间之事由对抗执票人。但转让出于诈欺合意时，不在此限。

第三十一条　背书人担保承受及付款。

背书人得明白约定不负担保承受及付款之责。

汇票上特载"不负责"、"不担保"或与此意义相同之文句，应视为背书人不负担保承受及付款之责。

在此场合，汇票债务者倘无资力偿还时，与背书人无关。

第三十二条　背书人得于①汇票上记载"禁止背书"及与此意义相同之文句。

虽有禁止背书之附款，被背书人仍得依背书而转让。但记载该附款之背书人，对于受款人后手不负担保之责。

第三十三条　背书载有"代理"、"委任取款"或其他表示单纯委任之语句时，执票人得行使票据上之一切权利，但须用代理背书人之名义。

执票人仅得以委任名义更为背书。

在此场合，票据债务人对于执票人所得提出之抗辩，以得对抗背书人者为限。

第三十四条　背书载有"作担保品"、"用备抵押"或其他表示设定质权之语句时，执票人得行使票据上之一切权利，但须用为背书人之债权者之名义。

于债务履行期未到之前，执票人仅得以委任名义更为背书。

票据债务者不得以自己与背书人间关系之事由对抗执票人，但背书出于诈欺合意时，不在此限。

第三十五条　满期日后之背书与满期日前之背书有同一效力，但拒绝付款证书作成后或拒绝付款证书作成期限经过后之背书，仅生通常债权转让之效力。

第四节　承受

第三十六条　执票人或单纯之占有者，于满期日前，得于付款人住所地呈示汇票，请求承受。

---

① 原书为"依"字，从文义上看，此处应为错字。

第三十七条 无论何种汇票发行人，得指定或不指定期限，载明应为请求承受之呈示。

发行人得于汇票上载明禁止请求承受之呈示，但关于第三者住所地付款或见票后定期付款之汇票，不在此限。

发行人得记载于一定日期前不得请求承受之旨。

背书人亦得为第一项之记载，但在发行人禁止请求承受期限内，不在此限。

第三十八条 见票后定期付之汇票，应从发行日起之六个月内为请求承受之呈示。

发行人得将前项期限延长，但延长不得逾一年。

发行人及背书人得将前项期限缩短。

第三十九条 执票人无须以请求承受之汇票存于付款人之处。

第四十条 承受应在汇票上记载"承受"或其他意义相同之语句，由付款人签名。付款人仅在汇票正面签名者，视为承受。

见票后定期付或有约定呈示期限之汇票，付款人承受时应记载其日期。除持票人请求作呈示日承受而记载其日期者，不在此限。不记载日期时，执票人为保存对背书人及发行人之溯求权，须于呈示期限内请求作成拒绝证书。

第四十一条 承受非单纯不可，但承受人得就票据金额之一部为之承受。附以条件或变更票据所记载者，视为拒绝承受。

第四十二条 发行人将不在付款人住所地之付款处所记载于汇票，又未指定担当付款人时，承受人于承受时指定之。倘不指定，应认为承受人担任，于付款处所付款。

应于付款人住所付款之汇票，付款人于承受时，得指定在付款地内之付款处所。

第四十三条 付款人既已承受，应于满期日负付款之责。承受后不付款时，执票人虽系原发行人，亦得就第六十八条及第六十九条所定金额之全部，直接请求其支付。

第四十四条 汇票仍在付款人之手时，付款人得取消其承受。

前项取消当于票上载"取消"或其他意义相同之语句，由付款人签名①。

第五节　保证

第四十五条　汇票之付款，得由一人或二人以上之第三者，或票据签名人担保之。

第四十六条　保证于汇票或黏单上为之。保证用"保证"或其他意义相同之语句表示之，由保证人签名。

除付款人或发行人签名外，在汇票正面签名者，应视为保证。

保证当载明为何人保证，未载明时，视为为发行人保证。

第四十七条　保证人与被保证人负同一责任，所保证之主债务纵为无效，而保证债务仍然有效。但主债务因方式欠缺而无效时，不在此限。

保证人清偿债务时，对于被保证人及其前手之保证人，得行使溯求权。

第六节　满期日

第四十八条　汇票得依左列各式之一发行之：

确定日期付款；

某某市场开会日期付款；

端午节、中秋节、除夕付款；

发行日后定期付款；

见票付款；

见票后定期付款。

于汇票同项金额上，不得载有二个以上及不同一之满期日。

第四十九条　见票后定期付之汇票，以承受或作成拒绝承受证书之日定满期日。

无拒绝证书之场合，未载日期之承受，认为承受人在法定或约定呈示期限之末日为之。

第五十条　发行日后或见票后一个月或数个月付款之汇票，以在应付

---

① 原书为"由付款人签人名"，从文义上看，后一个"人"字应为赘字。

款之月与发行或见票日期相当之日为满期日，无相当之日，以该月末日为满期日。

发行日后或见票后一个月半或数个月半付款之汇票，先计算全月。

票上载"月初"、"月中"、"月底"者，月之一日、十五日、末日之谓。

票上载"八日"① 或"十五日"者，满八日或十五日之谓，非指一星期或两星期。

票上载"半月"者，满十五日之谓。

某某市场开会日期付之汇票，以市场开会末日为满期日。

端午、中秋、除夕付之汇票，以节日前一日为满期日。

第五十一条 确定日期付之汇票，若付款地之日历与发行地不同时，应认其满期日系依付款地日历而定。

发行日后定期付之汇票，向日历不同地发行时，应将发行日期就付款地日历推算而知，即付款地之某日，满期日因此而定。

汇票之呈示期限依前项规定计算之，汇票上载明反对之规则时，不适用前数项之规定。

第七节　付款

第五十二条 执票人应于满期日呈示汇票于付款人，请求付款。

于满期日后或于第六条二项所规定外，如满期日后承受人得以拒绝付款，证书期限之已经过，将汇票金额提存裁判所或商事公断处或本地方之银行，所有寄托费用及危险由执票人负担。

第五十三条 付款人付款时，得请求执票人在票上记载收受之旨，并交付汇票。

付款人不得强执票人承受一部之付款。

执票人承受一部之付款时，得要求付款人在票上记载其旨，并交与汇票收领证。

第五十四条 执票人得拒绝满期日前之付款。付款人于满期日前付款

---

① 原书为"八月"，对照下文，此处应为错字。

时，应自行负担其危险；付款人于满期日付款，完全免其责任。但出于恶意或有重大过失时，不在此限。付款人当确保执票人为正当执票人，凡执票人能以汇票连续齐整之背书证明其权利时，视为正当执票人。

第五十五条 汇票须依票上所指定之货币支付。表示汇票金额之货币倘系在发行地与付款地名同价异之货币时，应推定其为付款地之货币；表示汇票金额之货币倘系不通用于付款地之货币时，得依付款日行市，以其地通用之货币支付之。

第五十六条 汇票上载明采用反对之规则时，不适用前条两项之规定。

发行人得载明须依票上指定之货币付款。（应用他国国币支付之条款）

第五十七条 除有约定及相反之习惯外，用他国货币付款，其货币价格依汇票呈示前一日之时价定之。

发行人得约定依票面所定汇兑率或背书人所定汇兑率，以计算票据金额。在此场合，其金额应以付款地通用之货币支付之。

第八节 拒绝承受及拒绝付款时之溯求权

第五十八条 付款人于满期日不付款时，执票人得对背书人、发行人及其他票据债务者行使溯求权。如有左列各项情形之一，虽在满期日前，亦得行使溯求权：

承受被拒绝时；

付款人无论其承受与否，受破产宣告时；

未经承受，汇票之发行人受破产宣告时。

第五十九条 承受或付款之拒绝，应作成拒绝证书证明之。

第六十条 拒绝证书形式上为一种挂号书函，寄交付款人。

此种书函由邮政局管理员作成，当具缮本三通：一寄交付款人、一交与执票人、一存于发函之邮政局。

缮本须由邮政局管理员签名，并粘贴印花。

第六十一条 拒绝证书由执票人请求作成之，拒绝证书应具左列各款：

执票人之姓名或商号；

被拒绝者之姓名或商号；

汇票原文之记载。

第六十二条 拒绝付款证书当于满期日之翌日作成之。

拒绝承受证书当于呈示请求承受之确定期限内作成之。

拒绝承受证书作成后，执票人可免呈示请求付款及请求作成拒绝付款证书。

在第五十八条第二项所规定之场合，拒绝证书之作成视为必要。

在第五十八条第三项所规定之场合，执票人依宣告发行人破产之判决，即足以行使溯求权。

第六十三条 执票人当将承受或付款被拒绝之情由通知背书人及发行人。

此种通知不拘何种方法，仅将汇票发还以代通知亦可。

执票人当于作成拒绝证书日后四营业日内，对自己之背书人通知承受及付款之被拒绝。在免除作成拒绝证书之场合，当于呈示日后四营业日内通知。

第六十四条 背书人收到通知后，当转告与自己直接之背书人，并列明曾为此项通知者之姓名、住所，以次递推达于发行人为止。

背书人中有不将其住所开示或开示欠明了或错误时，则收受通知之背书人仅将承受或付款被拒绝情由转告前手背书人亦可。

第六十三条末项所规定之期限，于本条适用之，即于收到通知后四营业日内当行转告。

第六十五条 不依前两条所定期限内行通知时，并不丧失票据之溯求权。但因此发生损害时，须负赔偿之责，唯损害赔偿额不得超过票据金额。

第六十六条 发行人或背书人于票上记载"无费用偿还"、"免用拒绝证书"或其他意义相同之附款时，执票人得不作成承受或付款拒绝证书，径向该发行人或该背书人请求偿还。

虽有免除作成拒绝证书附[①]款之记载，执票人仍应于本法所定期限内

---

① 原书为"付"字，从文义上看，此处应为错字。

负呈示汇票之义务，对背书人及发行人负通知之义务。

免除作成拒绝证书之附款，由发行人记载于汇票时，对一切票据签名人发生效力；由背书人记载时，仅对背书人发生效力。

在第一场合，执票人仍请求作成拒绝证书时，须自行担负其费用；在第二场合，执票人请求作成拒绝证书时，其费用由所有票据签名人偿还之。

第六十七条　汇票之发行、承受、背书、保证各人，对于执票人连带负责。

执票人得不依担负债务之先后次序，对于前项所列债务人之一人或全体行使溯求权。

汇票上之签名人清偿汇票时，有上项所列之权利。

执票人对于债务人之一人虽已为请求，对于他债务人仍不失其请求权。

第六十八条　执票人对于偿还义务人，得请求左列各款金额：

汇票金额；

自满期日起，依法定利率计算之利息；

作成拒绝证书及通知之费用。

第六十九条　偿还汇票金额之背书人，对于前手，得请求左列各款金额：

所支付之总金额；

所支付总金额自偿还日起，依法定利率计算之利息；

所支出之费用。

第七十条　偿还义务人偿还汇票金额时，得请求执票人交付汇票与拒绝证书及附有收受证之偿还计算书。

第七十一条　执票人如于一部承受后，请求偿还时，对未承受之部分担认偿还之人，得向执票人请求在票上记载其旨，并交与收受证及由商事公断处证明之汇票缮本、及拒绝证书。

第七十二条　执票人不于本法所定期限内呈示汇票请求付款或作成承受或付款证书时，则对于所有汇票签名人不得请求偿还，唯对于承受人则否。

执票人不于发行人约定期限内呈示请求承受时，依发行人约定，应不得请求偿还。

第七十三条　执票人因不可抗拒之事变，不能于所定期限内呈示汇票或作成拒绝证书时，得依普通法所规定证明方法证明之。

第九节　参加承受或付款

第七十四条　依下列条件，参加人得为汇票签名人为参加承受或参加付款：

参加人得由发行人或背书人指定；

第三者或付款人，以及已担负票据债务人均得为参加人，但承受人不得为参加人。

参加人应从速将参加事由通知被参加人。

第七十五条　于承受未被禁止汇票之执票人满期日前行使溯求权之场合，得为参加承受。

执票人允许参加承受时，不得在满期日前向其前手行使溯求权。

执票人得拒绝参加承受，纵使参加人为发行人或背书人所指定，亦得行拒绝。

第七十六条　参加承受，当于汇票记载其旨，并载明被参加人。未载明时，视为为发行人参加。

第七十七条　参加承受人应负被参加人一切之义务。

第七十八条　参加付款，得于执票人在满期日前或满期日得请求偿还之场合为之。

参加付款，至迟亦应于满期日后第二日为之。

第七十九条　对于承受人或预备付款人不付款时，当依五十九条至六十二条规定，作成拒绝证书证明之。

执票人不为拒绝之证明时，对于预备付款人之指定人或被参加承受人及其后手之背书人，不得请求偿还。

第八十条　参加付款，应就被参加人应支付之金额全部为之。

拒绝参加付款之执票人，对于得借参加以免除债务者，不得请求偿还。

第八十一条 参加付款，当于汇票上书"清偿"字样，并记载被参加人以证明之。未记载时，视为为发行人参加。

参加付款人得援用第七十条之规定。

第八十二条 参加付款人对被参加人及其前手，得行执票人之权利，但不得更为背书。被参加人后之背书人，因参加付款之事实，得免于债务。

第十节　复本及缮本

第八十三条 汇票得发行复本，复本应记载同一文句，编列号数。

于复本之一通付款时，其他各通一律免除债务。但签名人于已签名而未收回之各通，仍应负责。

第八十四条 执票人有作成汇票缮本之权利。

缮本当照原本所载缮出，并记明迄何处为止。

缮本与原本得以同一之方法使用，并发生同一之效力。

第八十五条 缮本上当载明原本之持有人。原本持有人遇正当执票人请求返还原本时，当将原本交付。

原本持有人拒绝交付时，执票人非由商事公断处证明不交付之事实，对于缮本之背书人，不得请求偿还。

第十一节　遗失、伪造及变造

第八十六条 于汇票遗失之场合，执票人依第五十四条末项规定，能以连续齐整之背书证明其权利时，即视为正当执票人，无交还汇票之义务。除其出于恶意或重大过失时，不在此限。

第八十七条 签名之伪造，不影响于其他真正签名之效力。

第八十八条 汇票正文被变造时，变造后之签名者，依变造之文义负责；变造前之签名者，依原有之文义负责。

第十二节　时效

第八十九条 对于承受人汇票上之请求权，以三年为时效期限，从满期日起算。

执票人对背书人及发行人之请求权，以一年为时效期限。拒绝证书于适当期限作成时，从作成拒绝证书之日起算。在免除作成拒绝证书之场合，从满期日起算。

背书人对他背书人及发行人之请求权，以六月为时效期限，从背书人偿还之日或被诉之日起算。

第二章　本票

第九十条　本票上应具左列各款：

一定金额之单纯约付；

受款人之姓名或商号；

满期日；

付款地、发行地及其年、月、日；

发行人之签名。

第九十一条　本票发行人所负责任，与汇票承受人同。

第九十二条　关于汇票第十条及第十三条规定，适用于本票。

第二十条规定，适用于本票发行人。

未载付款地时，以发行地为付款地并发行人之住所地。

第九十三条　本法第一章、第三章、第五章至十二章关于汇票之规定，如不及于本票之性质，均适用于本票。

第九十四条　见票后定期付之本票，当于第三十八条所定期限内呈示于发行人，请求签名盖印。见票后之期限，从发行人签名盖印之日起算定满期日。

遇发行人拒绝盖印并记日期时，依第四十条规定作成拒绝证书证明之，即以作成拒绝证书之日为见票后期限之起算点定满期日。

第三章　支票

第九十五条　支票上应具左列各款：

发行地及其年、月、日；

支付一定金额之单纯委托；

付款人之姓名；

付款地；

发行人签名。

第九十六条　欠缺前条所揭各款之一之证券，不生支票之效力，但有例外如下：

未载付款地时，以票上所载付款人之所在地，视为付款地并付款人之住所地。

未载付款地并付款人所在地之支票，视为于发行地付款。

第九十七条　对于付款人，须有应为支付之契约，始得发行支票。但因商事上习惯，得不明定契约，而默认此项契约之已成立者。

第九十八条　对于付款人，须有得为支付之资金，始得发行支票。

支票之总金额超过于支付资金时，于支付资金额内，支票仍发生效力。

第九十九条　可处分之金钱以外之物，不得为支付资金。

第一百条　支票付款人以银行业者为限。

第一百〇一条　支票得记载由确定人或其所指示之人取款。

支票得记载由执票人取款。

第一百〇二条　支票得记载由发行人自己取款。

支票须对第三者发行之，但发行人对于自己所管理银行之分号，亦得发行支票，唯付款地与发行地须不同在一处。

第一百〇三条　第一部第二章所规定之条文，适用于支票。但反于支票之性质及法律上有相反规定者，不在此限。

第一百〇四条　支票不必经承受，于支票上记载承受者，视为无记载。

第一百〇五条　一部背书视为无效。

于有指图附款之支票为来人付款之背书，亦视为无效。

凡于来人付款之支票背面签名者，应视为发行人之保证人。

对付款人为保证，视为无记载。

第一百〇六条　支票为见票即付。

具载满期日之证券，不生支票之效力。

第一百〇七条　执票人须于下列期限内呈示支票，请求付款：

于发行地付款,自发行日起十日内;

于国内他地付款,自发行日起一月内;

于外国付款,自发行日起二月内。

第一百〇八条 就支票上一定金额用为移账或抵销,等于支付。

第一百〇九条 发行人于发行支票后死亡、受破产宣告或为无能力,不影响于支票之效力。

第一百一十条 付款人于付款时,得要求执票人于票上载"收清"字样。

对付款人为背书,等于收领证。但付款人如有数处支号,而背书人系对不在发行地之支号为背书时,则不在此限。

票上有执票人"收清"字样,付款人得免于债务。但出于诈伪或有重大过失时,不在此限。

第一百一十一条 发行人于第一百〇七条所定呈示期限内,不得撤销支付之委托或为付款之反抗。但支票遗失或被盗或执票人受破产宣告时,不在此限。

发行人不为撤销时,付款人于呈示期限满后,仍得付款。

第一百一十二条 执票人不依第一百〇七条所定期限内呈示请求付款,对于背书人及其前手,不得请求偿还。

支票不于法定期限内呈示,发行人已将票上所载金额之全部或一部作别用时,执票人不得对发行人请求为全部或一部之偿还。

第一百一十三条 支付资金如有不足时,执票人对于付款人所为一部之付款、承受或拒绝,得随其便。执票人承受一部付款时,当将所受之款额记载于票上,并交还支票于付款人。

付款人将支票收领证交与执票人,并载明遇有执票人请求偿还涉讼时,有提出支票于法庭之义务。

支票收领证记明一部付款,并登载于拒绝付款证书之上。

第一百一十四条 票上画平行线二道之支票,仅得对于银行付款。

票上二道平行线由发行人或执票人画成之。票上二道平行线,或为普通、或为特别。

平行线内毫无记载,或仅载"银行"、"公司"或其他意义相同之文字，是为普通二道平行线之支票。

平行线内载明银行主之姓名者，是为特别二道平行线之支票。

普通二道平行线之支票得改为特别二道平行线之支票，而特别二道平行线之支票则不得改为普通二道平行线之支票。

二道平行线及线内所载银行主之姓名，不得行涂销。

第一百一十五条 特别二道平行线之支票，仅得对于特定之银行付款，但该银行得委任他银行取款。付款人于银行（普通二道平行线之支票）或特定银行（特别二道平行线之支票）以外之人为支付时，对于银行或特定银行若有损害，应负赔偿之责，但损害赔偿额不得超过票上所载总金额。

附录四　前北京修订法律馆票据法第三次草案

目　录

第一编　总则

第二编　汇票

　第一章　汇票之发行及款式

　第二章　背书

　第三章　承受

　第四章　参加承受

　第五章　保证

　第六章　满期日

　第七章　付款

　第八章　参加付款

　第九章　拒绝承受及拒绝付款时之溯求权

　第十章　复本

　第十一章　缮本

第三编　期票

第四编　支票

第五编　票据之伪造、遗失及被窃

第一编　总则

第一条　本草案内所谓票据者，即指汇票、期票、支票而言。

第二条 凡有缔结契约能力者,一经在票据上署名,即应负票据之责。

第三条 票据上之印名,得以指名代之,但须加署名人之印章。

第四条 票据上虽有一个或数个无能力人署名,其他之签名人仍负票上之责。

第五条 票上署名之代理人未载明其资格时,应自行担负票据上之责任,与委任者无涉。

第六条 无权利而代他人在票据上署名者,应自行负票上之债务,与所谓委任者当然无涉。

第七条 票据署名人之责任,专依票据上所载文义而定。

第八条 执票人云者,系指占有票据而能接受其利益之人之谓也。

第九条 被背书人须以连续背书证明其权利后,始视为正当背书人。倘票上之最后背书为空白(即未记载被背书人姓名),则仅以空白背书署名者,为取得票据人。背书之涂销或废止,视为空白。

第十条 欠缺本草案所规定条文之一之票据,不生票据之效力。但法律有相反规定时,不在此限。

第十一条 关于票据之法定或约定期限之第一日不算在内。

规定期限若以年月计算,应自第一日起至满最后一月之先一日为满期日。倘与起点日无符合之一日,则应以最后一月之最后一日为满期日。

第十二条 关于行使票据之种种行为,如票据支付、为承受之呈示及作成拒绝证书,皆须于营业日为之。上项行为如应于星期日或休假日或在一定期限内行使时,而此一定期限之末日或为星期日或为法定休假日,得延长此期限至第一营业日。

星期日与所定期限内之休假日,皆须计算在此期限内。

第十三条 因票据被诉者,不得依其个人与发行人或前执票人相互间之关系对抗执票人。但合意诈欺之转让,不在此限。

第十四条 对于票据承受人或期票发行人之权利,自满期日起,以三年不行使时效而消灭。执票人对于各背书人或发行人之溯求权,自作成拒绝证书日起,或在免除作成拒绝证书之场合,自满期日起,以一年时效消灭之。

各背书人相互间之溯求权或背书人对于发行人之溯求权,自背书人偿还日起或其被诉日起，以六个月时效消灭之。

第十五条 时效中断，仅对于债务人发生效力。

第十六条 凡对票据债务人之一切行为，其目的为保全或行使票据权利，则债权人得寄通知于债务人之办事处，无办事处时即通知其住所。倘办事处或住所不明晰时，商事裁判所得向警察厅或邮政局调查。倘经此调查后仍无结果，应将上项行为通知商事裁判所。

第十七条 为偿还债务所发行或背书之票据权利，倘因时效或必要手续之遗漏废止时，其原有债务仍行存在。但已因时效废止之原有债务，不在此限。

第十八条 关于票据本法与外国法有抵触时，应适行千九百十八年八月五号所公布法律适用条例第五条及第二十六条之规定。

第十九条 票上无空位记载背书、担保、拒绝证书或其他一切事项时，应贴一白纸，名谓"延长部分"于票上，此纸完全为票据部分，其面上之第一背书或第一记载，应以一部封写于延长纸上、一部封写票上。

第二编 汇票

第一章 汇票之发行及款式

第二十条 汇票乃一种证书，证明发行人委托承受人交付一定金额于第三者或于其所指定之人。

第二十一条 汇票应具左列各款：

（一）发行之年、月、日及发行人之签名盖印；

（二）应以本国文表示为"汇票"字样；

（三）发行地；

（四）支付一定金额之单纯委托；

（五）付款人之姓名或商号；

（六）受款人之姓名或商号；

（七）付款地；

（八）满期日。

汇票未载满期日时，应视为见票即付。

第二十二条　汇票上所记金额之字，应以普通文字与数字并用之，如文字与数字不符时，则应以普通文字为准。

以文字或数字数次记载汇票金额，而该金额有不符时，则应以最少者为准。

第二十三条　票上未经载明发行地或付款地，即依所载付款人或受款人住所为付款地。

第二十四条　发行人得在票上约定金额利率，否则以年息六分利率计算。

利率应自发行日起算，但有特约者，不在此限。

第二十五条　发行人得以自己或其指定之人为受款人。

第二十六条　发行人得以自己为付款人。

第二十七条　汇票之发行，有为空白者或为见票即付者。

第二十八条　发行人得约定于第三者住所地或于付款人住所地或其他地方付款。

第二十九条　发行人得约定付款者非真正付款人，乃担保付款人也。

第三十条　发行人得指定他人姓名为参加付款人。

第三十一条　发行人担保依票上文义承受及付款。发行人得依特约免除担保承受之责，但记载不负担付款责任之附①款，视为无记载。

第二章　背书

第三十二条　汇票上虽无指图附②款，亦得依背书行转让。此种规则于发行人或背书人记载非指图或同等字样时，皆应适行。但发行人或背书人不得对于在背书禁止后承受汇票之他人担负债务。

第三十三条　汇票得依背书让与付款人、承受人、发行人或其他票据债务人，此种人得更为背书，转让他人。

第三十四条　背书由背书人在汇票之背面为之，并记载被背书人姓名或商号，由本人署名盖印，方为有效。背书亦得以见票即付或空白背书

---

① 原书为"付"字，从文义上看，此处应为错字。
② 原书为"付"字，从文义上看，此处应为错字。

为之。

第三十五条　汇票之背面仅由背书人署名，即为空白背书。

第三十六条　见票即付之汇票或其最后之背书为见票即付，得依口头而转让，亦可为空白背书或对一定之承受人背书。

第三十七条　空白汇票或其最后之背书为空白，得依口头而转让。

空白汇票或其最后之背书为空白之执票人，得为左列行为之一：

（一）记载本人或他人为被背书人；

（二）另外空白背书或见票即付背书或记名一定被背书人。

第三十八条　见票即付之汇票或其最后之背书为见票即付，让与一定之被背书人时，其见票即付之实质即行中止。一俟该票背书复为见票即付或属空白，始得恢复其原质。

第三十九条　汇票金额须全数背书，其一部背书不生效力。

第四十条　背书须单纯始生效力，附记条件者，视为无记载。

第四十一条　由汇票发生之一切权利及其担保，皆因背书而转让。

第四十二条　背书人得指定他人为预备付款人。

第四十三条　背书人担保依票上文义承受及付款，但亦得在票上明白约定，以免除担保之责。汇票上特载"不担保"之字样，应视为背书人不负担保承受及付款之责。

第四十四条　背书载有"代理"、"委任取款"或其他表示单纯委任之语句时，被背书人得行使票据上之一切权利，但仅得以委任名义更为背书。

在此场合，票据债务人对于被背书人所得提出之抗辩，以得对抗背书人者为限。

第四十五条　背书载有"作担保品"、"用备抵押"或其他表示设定质权之语句时，被背书人得行使票据上之一切权利，但仅得以委任名义更为背书。

票据债务人不得以自己与背书人间关系之事由对抗执票人，但背书于诈欺合意时，不在此限。

第四十六条　满期日后之背书与满期日前之背书有同一效力，但拒绝付款证书作成后或拒绝付款证书作成期限经过后之背书，仅生通常债权转让之效力。

第三章　承受

第四十七条　执票人于满期日前，得于付款人住所地呈示汇票，请求承受。

第四十八条　除随到随付之汇票外，其他之各种汇票，发行人得指定或不指定期限，载明应为请求承受之呈示。

发行人得于汇票上载明禁止请求承受之呈示，但关于第三者住所地付款或见票后定期付款之汇票，不在此限。

发行人得记载于一定期限前不得请求承受之旨。

第四十九条　背书人得指定或不指定期限，载明应为请求承受之呈示。但在发行人禁止请求承受期内，不在此限。

第五十条　见票后定期付款之汇票，应自发行日起之六个月内为请求承受之呈示。发行人得将前项期限延长或缩短，但延长不得超过六个月，否则仍以六个月期限计算。

第五十一条　承受非单纯不可，倘得执票人同意，亦可就票据金额之一部为之承受。

付款人于承受时若附以条件，应视为拒绝承受，但承受人依其承受之文义而负其责任。

第五十二条　执票人已为请求承受之呈示，付款人得要求于其呈示次日，复为请求承受之呈示。

第五十三条　承受应在汇票上记载"承受"或其他意义相同之语句，由付款人签名。付款人仅在汇票正面签名者，视为承受。

第五十四条　见票后定期付款或有约定呈示期限之汇票，付款人承受时，应记载其日期者。未记载，后之持票人得记载之。

承受日期既未记载，则应以所许请求承受之呈示之末日，视为承受日。

第五十五条　发行人将不在付款人住所地之付款处所记载于汇票，又未指定担当付款人时，承受人于承受时得指定之。倘不指定，应认为承受人担任于付款处所付款。

第五十六条 发行人未记载担当付款人，则付款人于承受时得指定之，并应指定在付款地内之付款处所。

第五十七条 汇票仍在付款人之手时，承受付款人得取消其承受。但承受付款人已将其承受之意旨通知执票人或其他票据署名人时，仍应依其承受之文义负其责任。

第五十八条 付款人既已承受，应于满期日负付款之责。承受后不付款时，执票人虽系原发行人，亦得就本法之第一百一十二条及第一百一十三条所定金额之全数，直接请求其支付。

第五十九条 执票人遇承受拒绝时，对于背书人、发行人及其他票据债务人有溯求权，并得就本编第九章之规定，在偿还义务人中任意择其一员为偿还之请求。

第四章 参加承受

第六十条 执票人于满期日前行使溯求权时，倘得其同意，亦可由他人代票据债务人为参加承受，付款人或已负票据债务人皆得为参加承受。

第六十一条 参加承受，当于汇票上记载其旨，由参加承受人署名。

参加人应指明被参加人姓名，否则视为为发行人参加承受。但参加承受系预备付款人为之时，则应以指定预备付款人者为被参加人。

第六十二条 参加人应从速将参加事由通知被参加人，倘不通知，须对于有关系人负担因其懈怠所生之损害。

第六十三条 执票人得拒绝参加承受，纵参加承受系预备付款人所为，亦得拒绝。

第六十四条 执票人允许参加承受时，不得于满期日前请求偿还。

参加承受后，被参加人及其前手依本法第一百一十二条所指定金额支付时，得向执票人索回票据，其有拒绝证书者，亦得讨回。

第五章 保证

第六十五条 汇票之付款，得由保证人担保。关于保证，无论何人皆可为之，故票据签名者亦可保证付款。

第六十六条 保证于汇票上为之，保证用"保证"或其他意义相同之语句表示之，由保证人签名。

除付款人或发行人①签名外，在汇票正面签名者，应视为保证。

第六十七条 保证须载明其为何人保证，其未载明者，应视为为承受人保证。其未经承受者，则认为为发行人保证。

第六十八条 对于汇票金额之一部，亦得为保证。

第六十九条 保证人与被保证人负同一责任。

第七十条 保证人清偿债务时，得对被保证人及其前手行使请求偿还权。

第六章　满期日

第七十一条 汇票应于满期日付款。

第七十二条 汇票得依左列各式之一发行之：

（一）确定日期付款；

（二）发行日后定期付款；

（三）见票即付；

（四）见票后定期付款。

汇票若为分期付款或与本条文义有抵触时，应为无效。

第七十三条 确定日期付款或发行日后定期付款之汇票，不得以逾越发行日一年后为满期日。

汇票付款在发行日一年后时，应自发行日起，以满一年时为满期日。

第七十四条 见票即付之汇票，应以呈示日为满期日。汇票呈示须于发行日后一年内为之，但发行人得缩短期限记于票上。

第七十五条 见票后定期付款之汇票之满期日，依第九十七条第二节之规定，或由承受日、或由拒绝承受日或由拒绝承受证书作成日确定之。

汇票未载明承受或拒绝承受、或拒绝证书日期时，即以呈示期限之末日起算满期日。

第七十六条 票上载"月初"、"月中"、"月底"者，月之一日、十

---

① 原书没有"人"字，从文义上看，此处应为漏字。

五日、末日之谓。

票上载"八日"或"十五日"者,满八日或十五日之谓,非指一星期或两星期。

发行日后或见票后一个月或数个月半付款之汇票,应计算全月后再加十五日。

第七章 付款

第七十七条 执票人应于满期日或满期日之第二日为请求付款之呈示。

汇票上若指定担当付款人,则执票人应向其为请求付款之呈示。向一银行所为呈示,即等于请求付款之呈示。

第七十八条 执票人对于付款,得自满期日起延长三日为限。

第七十九条 付款人当确保受款人为合本法第八条及第九条所定资格之正当执票人。

付款人不得负确保一切背书人签字之确实及为真正执票人之义务,但出于诈欺或重大过失时,不在此限。

第八十条 执票人不得于满期日被迫受款,但有特约规定者,不在此限。

付款人于满期日前付款时,应自行负担其危险。

第八十一条 虽有金额全数承受,执票人亦不得拒绝一部付款。

第八十二条 付款人付款时,得请求执票人在票上记载收受之旨,并交付汇票。

金额一部付款时,付款人亦得请求执票人在票上记载其旨,并另交付收款证书。

第八十三条 表示汇票金额之货币,倘系不通用于付款地之货币,则须用付款地通用货币,依付款日行市支付之。但有特约载明执票人采用他种规则时,则不适用前项规定。倘发行人预定货币价格,应依指定货币价格付款。无指定时,则依时价计算支付之。

表示汇票金额之货币,倘系在发行地与付地款名同价异之货币时,应推定其为付款地之货币。

第八十四条　呈示付款未在第七十七条所定期限内为之时，其他之票据债务人得以拒绝付款。证书期限之已经过，将汇票金额提存裁判所或商事公断处或本地方之银行，此种金额提存，有免除提存人债务之效力。

第八章　参加付款

第八十五条　参加付款，得于执票人在满期日或满期后得请求偿还之场合为之。

参加付款，至迟亦须于拒绝证书作成后之第三日为之。

第八十六条　付款人或担保付款人不依第七十七条及第七十八条所定期限内付款时，执票人得于第九十八条关于作成拒绝付款证书所定期限之末日为请求付款之呈示。

参加付款人或预备付款人或此二人皆未于呈示付款时偿还金额，执票人应请求管辖官署将此拒绝情形记明于拒绝证书上。

第八十七条　执票人倘不遵行第八十六条之规定，则对于被参加人、预备付款人之指定人及后手背书人，即丧失其偿还请求权。

第八十八条　无论何人，皆得代票据签名人为参加付款，执票人亦不得拒绝此种付款，否则对于被参加人及后手背书人丧失其偿还请求权。

第八十九条　参加付款有数人时，执票人须择其能免除多数债务者，受其支付。

倘有债务人不依上项规定付款，则不得对其他能免除多数债务人行使偿还请求权。

第九十条　参加付款，应就被参加人应支付之金额全部为之。

第九十一条　参加付款人须于票面载明被参加人姓名，倘不载明，则认为为发行人所为。但参加承受人付款，应认为为被参加承受人所为。

预备付款人付款，应认为为其之指定人所为。

参加付款人应从速将参加付款通知被参加人，若不通知，须对于其关系人担负因其懈怠所生之损害。

第九十二条　参加付款，当在汇票上书"清偿"字样证明之。

偿还汇票金额时，执票人应将汇票及附有收受证之偿还计算书交付参加付款人，其有拒绝证书者，亦得向执票人索回。

第九十三条 参加付款人对于被参加人及其前手，得行使执票人之权利，但不得更为背书。被参加后之一切背书人，因参加付款之事实，得免其债务。

第九十四条 不负票上文句义务之人，于对于参加付款所允许期限后付款时，不得依票上权利行使偿还请求权。

第九章　拒绝承受及拒绝付款时之溯求权

第九十五条 遇有左列各项情形之一，执票人对背书人、发行人及其他票据债务人，得行使溯求权：

（一）于满期日不付款时；

（二）虽在满期日前，亦得行使溯求权：

a. 承受拒绝时；

b. 无一定处所为请求承受之呈示时；

c. 付款人或承受人受破产宣告时。

第九十六条 如汇票金额之承受或支付系为一部，则执票人之溯求权，仅得对其他未承受或未支付之一部行使之。

第九十七条 汇票未经承受或未付款，或无一定处所为请求承受呈示时，应作成拒绝证书证明之。

付款人或承受人在票上所书及签名之请求承受呈示，与承受拒绝或付款拒绝①之记载，与拒绝证书有同一效力。

承受人或付款人宣告破产时，即无作成拒绝证书之必要，但此破产须以与破产判决相合之誊本证明之。

第九十八条 拒绝承受证书应在关于呈示承受所定期限内或满此期限之翌日作成之。拒绝付款证书应于满期日或其后二日内作成之，倘执票人允许恩惠日，则应于此恩惠日之第二日或第三日作成拒绝证书。

第九十九条 拒绝证书得由执票人请求付款地之商事公断处作成之。

第一百条 拒绝证书应具左列各款：

（一）执票人与被拒绝者之姓名或商号；

---

① 原书为"付款日期"，从文义上看，此处应为排版之误。

（二）登记第二十一条规定汇票原文；

（三）向被拒绝者虽有呈示，而被拒绝人未经承受或付款事实之证明；

（四）呈示日期及地点；

（五）如有参加承受或参加付款，须记明此种承受或付款之事实，并承受人或付款人之姓名或商号；

（六）作成拒绝证书日期及地点；

（七）作成拒绝证书之商事公断处与其官员之签名盖印。

第一百〇一条 拒绝证书原本应交付执票人，其缮本存于商事公断处，以备原本遗失时提代之。

第一百〇二条 拒绝证书亦得书在票上，于此情节，仅将第一百条之第二款所指定记于商事公断处缮本上，即为有效。

一个汇票附有数个缮本时，则仅在一个缮本上作成拒绝证书，即可发生效力，但以记载此拒绝证书于原本及其他缮本上为宜。

原本或缮本上之拒绝证书，须在其末之记载后作成之。

第一百〇三条 原本上之唯一拒绝证书，亦得对数个债务发生效力。

第一百〇四条 商事公断处得于作成拒绝证书日或其翌日，将拒绝证书之事实通知被拒绝人。

第一百〇五条 拒绝证书作成之后三日内，被拒绝人得对执票人为左列行为之一：

（一）如系拒绝承受证书，即自行承受并交付拒绝证书费用；

（二）如系拒绝付款证书，即自行偿还并交付拒绝证书费用。

被拒绝人付款后，即得将拒绝证书撤销收回。

第一百〇六条 拒绝承受证书得免除付款呈示与拒绝付款证书。

第一百〇七条 执票人应于拒绝证书作成之后四日内，或在免除作成拒绝证书之场合，于拒绝承受或拒绝付款之后四日内，对自己之背书人及发行人通知承受及付款之被拒绝。各背书人当于收到上项所规定通知后二日内，转告前手背书人。

背书人中有不将其住所开示或开示欠明了时，则收受通知之背书人，仅将承受或付款被拒绝情由转告前手背书人亦可。

此种通知不拘何种方法，但未收到通知时，通知人应负证明依法定期限已行通知之责。

依法定期限送交邮之通知，应为正当通知。

通知人不于法定期限内通知时，亦不丧失其溯求权，但须负担因其懈怠所生之损害，唯赔偿不得超过票据金额。

第一百〇八条 发行人①或背书人于票记载"无费用偿还"、"免用拒绝证书"或其他意义相同之附款时，执票人得不作成承受或付款拒绝证书，径向该发行人或该背书人请求偿还。

第一百〇九条 免除作成拒绝证书之附款，倘由发行人记于票上，则对一切票据签名人发生效力。

在此场合，执票人仍请求作成拒绝证书时，须自行负担其费用。

免除作成拒绝证书之附款，倘由背书人记于票上，则仅对此背书人发生效力。在此场合，执票人仍请求作成拒绝证书时，其费用得由一切票据签名人偿还。

第一百一十条 虽有免除作成拒绝证书附款之记载，执票人仍应于本法所定期限内负呈示汇票之义务，对背书人及发行人负通知之义务。

倘此种呈示或通知未于法定期限内收到时，收受人应负证明之责。

第一百一十一条 汇票之发行、承受、背书、保证各人，对于执票人连带负责。

执票人得不依担负债务之先后次序，对于前项所列债务人之一人或全体行使溯求权。

执票人对于债务人之一人虽已为请求，对于其他债务人仍不失其请求权。

第一百一十二条 执票人对于偿还义务人，得请求左列各款金额：

（一）汇票金额及其约定利率；

（二）如无约定利率，自满期日起，依法定利率计算；

（三）作成拒绝证书与通知以及其他之必需费用。

如在满期日前请求付款，自偿还日至满期日之利息，应在票据全额内

---

① 原书没有"人"字，从文义上看，此处应为漏字。

扣除。倘无约定利率，则依法定利率计算。

第一百一十三条　偿还汇票金额之背书人对其前手，得请求左列各款金额：

（一）所支付之总金额；

（二）所支付总金额自偿还日起，以年息六分利率计算；

（三）所支出之费用。

第一百一十四条　发行人或前手背书人复为背书人时，对其前手不得行使溯求权。

第一百一十五条　偿还义务人偿还汇票金额时，得请求执票人交付汇票与拒绝证书、及附有收受证之偿还计算书。

背书人支付金额时，得将本人与后手背书人之姓名涂销。

第一百一十六条　汇票金额一部承受时，对于未承受之部分之偿还人，得请求汇票人在票上记载其旨并交付收受证与汇票缮本及拒绝证书。

第一百一十七条　请求偿还权利人得对其前手发行一种见票即付之汇票，自行偿还。但有相反规定时，不在此限。

此种见票即付之汇票，其金额除第一百一十二条及第一百一十三条所指定外，得将其发行所需之中证人手数料及印花税等费一并加算。

第一百一十八条　执票人发行汇票时，其金额应依原汇票之付款地所发行见票即付之汇票市价确定之。

背书人自行发行汇票时，其金额应依背书人住所地所发行见票即付之汇票市价确定之。

第一百一十九条　执票人不于本法所定期限内依法行使或保全其溯求权时，则对于一切票据之签名人不得请求偿还，唯对承受人则否。

第一百二十条　倘执票人因不可抗拒之事变，不能依法定期限内为承受或付款之呈示或作成拒绝证书，应依第一百〇七条之规定，将此意旨从速通知背书人。

不可抗拒之事变一经终止，执票人应从速呈示承受或付款或作成拒绝证书。不可抗拒之事变若延至满期日后一个月①以外，执票人得向债务人

---

① 原书为"人"字，从文义上看，此处应为错字。

请求偿还。于此情节，即无呈示与作成拒绝证书之必要。关于见票即付之汇票与见票后定期付款之汇票，此三十日期限应自执票人将不可抗拒之事变通知背书人日起算。

第十章　复本

第一百二十一条　汇票得发行同一复本，复本应载编列号数，否则视为异票。

第一百二十二条　于复本之一通付款时，其他各票一律免除债务。但承受人于已签名而未收回之各通，仍应负责。

第一百二十三条　为复本之一通承受呈示者，得在其他各通上指明承受人姓名或商号，该承受对其他一通之正当执票人，如其要求应负交付所受之一通之义务。

对于拒绝交付者，执票人仅得以拒绝证书证明左列各事后，请求偿还：

a. 为请求承受所送之一通，执票人虽求而不得其交付；

b. 虽为他一通之呈示，仍未得其承受或支付。

第十一章　缮本

第一百二十四条　执票人有作成汇票缮本之权利，缮本当照原本所载缮出，誊写其他之一切记载与背书，并记明迄何处为止。

缮本与原本得以同一方法背书及担保，并发生同一之效力。

第一百二十五条　缮本上当载明原本持有人姓名或商号，原本持有人遇正当执票人请求返还原本时，将原本交付。

原本持有人拒绝交付时，执票人得对缮本签字人将原本未交事由记载拒绝证书证明后，始能请求偿还。

第三编　期票

第一百二十六条　期票者，乃一种有价证券，其发行人在票上记明对一定之人应付一定之金额。

第一百二十七条　发行人应在期票上载明发行日并签名。

期票上应具左列各款：

（一）表示为"期票"字样；

（二）发行地；

（三）一定金额之单纯约付；

（四）受款人姓名或住址；

（五）满期日；

（六）付款地。

未载明付款地时，则应以发行处视为付款地。

未载明发行地时，应以票上所载发行人地址或住所视为发行地。

第一百二十八条 期票发行人所负支付责任，与汇票承受人同。

第一百二十九条 见票后定期付款之期票，应于第五十条所规定期限内向发行人呈示签名盖印。

发行人应记明签名盖印之日期，倘未记载，执票人得记载之。

既未载明日期，则应以对于呈示签名盖印所定期限之末日为签名盖印之日。发行人拒绝签名盖印时，执票人得于确定呈示签名盖印之期限内作成拒绝证书。执票人于本条所定期限内，因其忽略未为呈示签名盖印或作成拒绝证书时，对于一切背书人及其他票据签名人，即失其偿还请求权。

第一百三十条 关于汇票第二十二条、第二十四条、第二十七条、第二十八条、第三十二条至第四十一条、第四十三至第四十六条、第六十五条至第七十二条、第六十四条至第七十七条第一节、第七十八条至第八十五条、第八十八条至第九十七条、第九十八条、第九十九条至第一百○五条、第一百○七条至第一百一十五条，及第一百一十七条至第一百二十条之一切规定，皆适用于期票。

第四编 支票

第一百三十一条 支票为支付证券，其发行人委托银行业者对于第三者支付一定之金额。

第一百三十二条 发行人应在支票上载明发行日并签名。

支票上应具左列各款：

（一）表示为"支票"字样；

（二）发行地；

（三）一定金额之单纯委托；

（四）银行商号；

（五）受款人姓名或商号；

（六）付款地。

第一百三十三条　支票为见票即付。

支票上载有字样，指明不为见票即付时，应视此种字样为无记载。就支票上一定金额用为移账或抵①销，等于支付。

第一百三十四条　支票发行人应担保依票上文义支付。

第一百三十五条　支票发行地为付款地时，执票人须于发行后之一月内请求付款。倘付款地不在发行地，执票人应于发行后之二月内请求付款。

支票发行在国外、付款在国内时，执票人得于发行后之四个月呈示请求付款。

第一百三十六条　银行业者于呈示时拒绝付款，执票人得向背书人及发行人请求付款。

执票人不于第一百三十五条所定期限内呈示付款，或于呈示日或其后二日内，因其忽略未作成拒绝证书时，即失其请求权。

第一百三十七条　发行人于上条所定呈示期限内，不得撤销支付之委托。但支票遗失或被盗时，不在此限。

第一百三十八条　银行业者除左列各项外，应负支付之义务：

a. 发行人无存银行支付之资金；

b. 于发行之满一年后为付款之呈示。

第一百三十九条　票上之总金额超过于支付资金额时，银行业者仅得支付其支付金额。

第一百四十条　银行业者遇有下列情节之一，应拒绝支付：

（一）发行人撤销支付，或执票人未于第一百三十五条所定期限内为付款呈示；

---

① 原书为"低"字，从文义上看，此处应为错字。

（二）银行业者收到发行人死亡通知。

第一百四十一条 银行业者若在票上载有"妥当支付"或其他同意之字样，其所负支付之义务，与汇票承受者同。

若票上载有"于某日妥当支付"字样，银行业者仅向于所定期间为呈示者负付款之义务。

倘银行业者仅载"发行人之签名已证明"字样，上项规定即不适用。

第一百四十二条 票上画二道平行线之支票，而其平行线内载有"银行"、"公司"或其他意义之文字与否，皆名谓"二道平行线支票"，此种支票仅得对于银行付款。

倘银行商号载于二道平行线内，则付款人仅得对所指定之银行付款。但此银行得为支票背书，自行偿还。

发行人、执票人或背书人皆得于票上画二道平行线。

第一百四十三条 银行不依第一百四十二条之规定支付二道平行线支票时，应负赔偿损害之责，但损害赔偿额不得超过票上总金额。

第一百四十四条 明知无支付资金存于某银行，而故意对此银行发行支票，其付款者应受罚金与拘役之责罚或二罚之一之处分，但罚金不得逾票上之总金额。

发行人故意将①票上总金额超过于其所存某银行之支付资金或该银行所许借之款项时，应科以罚金，但此罚金不得逾未付之差数。

支票发行人于第一百三十五条所定期限内，将所存银行之支付资金全部或一部取回，使不能全部支付，则应适用上二节之规定。

第一百四十五条 关于汇票第二十二条、第二十三条、第二十五条至第二十八条、第三十二条、第三十四条至第四十一条、第四十三条至第四十五条、第七十七条第一节、第七十九条、第八十一条至第八十三条、第九十六条、第九十七条、第九十九条至第一百○五条、第一百○七条至第一百十四条、第一百十五条、第一百十九条至第一百二十条之一切规定，皆适用于支票。

---

① 原书没有"将"字，参考"爱氏案"，此处应为漏字。

第五编　票据之伪造、遗失及被窃

第一百四十六条　票据之伪造人或签名之伪造人，不得因伪造取得票据权利。

第一百四十七条　伪造之票据或伪造签名之票据，不影响于其他真正签名之效力。

第一百四十八条　汇票正文得当事人同意后被变造时，变造后之签名人，依变造之文义负责。其票上之签名不能断定在变造之先后时，应视为变造前之签名。

第一百四十九条　票据遗失或被窃后，执票人一经查出，即应从速函告发行人、付款人或银行业者、担保付款人、代人付款人、参加付款人及保证人等，请其拒绝付款。

第一百五十条　倘以遗失或被窃之票向上条所指定人中之一人为承受或付款之呈示，该被通知人应拒绝此承受或付款，并须一面保守所遗失或被窃之票据，一面将此事由转告通知人。

第一百五十一条　票据义务人虽收第一百四十九条及第一百五十条所指定通知函件，仍行支付时，应自负其危险。

第一百五十二条　占有遗失或被窃之票据人，应将取得票据交还与最后之执票人。倘以恶意或重大过失取得票据时，则不得向执票人请求赔款。

第一百五十三条　遗失或被窃之票据，不于满期日请求付款，其最后之执票人得请求缮本，此缮本须由连续背书人代为请求并指定其性质，所有原本上之一切正文，皆应由当事人记明于缮本上并签名盖印，执有缮本者与执有原本者有同一权利。

第一百五十四条　遗失或被窃之票据，系为见票后定期付款，或见票即付之票据但未经承受者，执票人得于发行人或银行业者、代人付款人及保证人收到关于汇票遗失或被窃通知后，请求缮本。

第一百五十五条　执票人不能依第一百五十三条及第一百五十四条之规定取得缮本时，得依民事诉讼律第六百五十五条及其下项之规定，开始起诉。

第一百五十六条　持有遗失或被窃之票据人请求付款并收受支付后，若承认因其恶意或重大过失取得票据，即应负赔款之责。

附录五　前北京修订法律馆票据法第四次草案

目录

第一章　总则

第二章　汇票

　第一节　发票及款式

　第二节　背书

　第三节　承兑

　第四节　参加承兑

　第五节　保证

　第六节　到期日

　第七节　付款

　第八节　参加付款

　第九节　追索权

　第十节　复本

　第十一节　誊本

第三章　本票

第四章　支票

第一章　总则

第一条　本法称票据者，谓汇票、本票及支票。

第二条　签名于票据者，依票上所载文义负其责任。

第三条 票据上之签名，得以记名盖章或记名画押代之。

第四条 无能力人在票据上之签名，不影响于其他签名人之责任。

第五条 代理人未记载代理之旨而签名于票据者，应自负其责任。

第六条 以代理人名义签名于票据而无代理权者，应自负其责任。

代理人逾越权限者，就其权限外之部分亦同。

第七条 记载本法无规定之事项者，不生票据上之效力。

第八条 以恶意或重大过失取得、伪造或变造①他人丧失之票据者，不得享有票据上之权利。

第九条 票据之伪造或票据上之签名之伪造，不影响于真实签名之效力。

票据经变造时，签名在变造前者，依原有文义负其责任；签名在变造后者，依变造文义负其责任。

第十条 票据丧失时，原执票人得为公示催告之声请。

公示催告程序开始后，声请人得提供担保，请求票据债务之清偿；不能提供担保者，得请求票据金额之提存，其提存费用由声请人负担。

第十一条 因票据关系被诉者，不得以自己与执票人之前手间所存抗辩对抗执票人。但让受出于恶意者，不在此限。

第十二条 为行使或保全票据上权利，对于票据关系人应为之行为，应在其营业所为之。无营业所者，在其住址或寓所为之。但有特约者，不在此限。

票据关系人之营业所、住址或寓所不明者，得因作成拒绝证书，请求其地之公证机关、该管法院或商会调查其人之所在。其所在仍不明者，得在该公证机关、法院或商会作成之。

第十三条 对汇票承兑人及本票发票人之票据上权利，自到期日起算，三年间不行使者，因时效而消灭。

执票人对于前手之追索权，自作成拒绝证书日起算。免作拒绝证书者，自到期日起算，一年间不行使者，因时效而消灭。

背书人对于前手之追索权，自其为清偿或被诉之日起算，六个月间不

---

① 原书为"伪造或变造或"，从文义上看，后一个"或"字应为赘字。

行使者，因时效而消灭。

第十四条 中断时效之行为，仅对于其相对人发生效力。

第十五条 票据余白不敷记载者，得粘单延长之。粘单后之第一记载，应在骑缝上书写，并加盖印章。

第二章 汇票

第一节 发票及款式

第十六条 汇票应记载左列各款，由发票人签名：

（一）标明"汇票"字样；

（二）无条件支付一定金额之委托；

（三）付款人之姓名或商号；

（四）受票人之姓名或商号；

（五）发票年、月、日；

（六）发票地；

（七）付款地；

（八）到期日。

未记载到期日者，视为见票即付。

未记载发票地或付款地者，以发票人或付款人营业所住址或寓所所在地为发票地或付款地。

第十七条 发票人得发凭票付款式之汇票，但以其金额在五十元以上者为限。

第十八条 记载汇票金额之数字与数码不符者，以数字为准。

记载汇票金额之数字或数码有数处而不符者，以金额最少者为准。

第十九条 发票人得就汇票金额记载支付利息之旨，未记载利率者，按年利六厘计算，利息自发票日起算。但有相反之记载者，不在此限。

第二十条 发票人得以自己为受票人或付款人。

第二十一条 发票人得记载在付款地之付款处所。

第二十二条 发票人得于付款人外，记载一人为担当付款人。

第二十三条 发票人得于付款人外，记载一人为预备付款人。

第二十四条 发票人担保汇票之承兑及付款,但得记载不担保承兑之旨。

第二节 背书

第二十五条 汇票依背书而转让,非指示式之记名汇票亦同。

发票人或背书人记载"禁止背书"者,仍得以背书转让之。但为此记载者,对于禁止后再由背书取得汇票之人不负责任。

第二十六条 发票人、承兑人、付款人或其他票据债务人由背书取得汇票者,得更以背书转让之。

第二十七条 背书应在汇票背面记载被背书人姓名或商号,由背书人签名。

背书人得仅签名而为空白背书。

第二十八条 背书人得记载一人为预备付款人。

第二十九条 汇票为凭票付款式或其最后背书为空白者,得仅以汇票之交付转让之。

前项汇票,亦得以空白背书或记载被背书人姓名或商号转让之。

第三十条 汇票之最后背书为空白者,其执票人得于空白内填写自己或他人为被背书人,再为转让。

第三十一条 就汇票金额一部分所为之背书,不生效力。

第三十二条 背书附有条件者,其所附条件不生效力。

第三十三条 执票人应以背书之连续证明其权利。

凭票付款式汇票之第一背书人认为受票人。

背书为空白者,其次之背书人认为由空白背书取得汇票。

背书之涂销,视为无记载。

第三十四条 背书人担保汇票之承兑及付款,但得记载不负担保之责任。

第三十五条 背书内有委任取款之记载者,被委任人得行使票据上一切权利,但仅得以委任取款之目的更为背书。

前项情形,票据债务人①对于被委任人所得提出之抗辩,以得对抗委

---

① 原书没有"人"字,从文义上看,此处应为漏字。

任人者为限。

第三十六条 到期日后之背书与到期日前之背书有同一效力，但拒绝付款证书作成后或作成期限经过后所为之背书，仅有通常债权转让之效力。

第三节 承兑

第三十七条 承兑应在汇票记载"承兑"或其他同义字样，由付款人签名。

付款人仅签名于汇票正面者，视为承兑。

第三十八条 执票人于到期日前，得向付款人为承兑之提示。

第三十九条 发票人或背书人得在票上记载应为承兑提示之旨，并指定其期限。

发票人得记载于一定日期前，禁止为承兑提示之旨。

背书人所定应为承兑提示之期限，不得在发票人所定禁止期限之内。

第四十条 见票后定期付款之汇票，应于发票日后六个月内为承兑之提示。

发票人得将前项期限缩短或延长之，但延长不得过六个月。

第四十一条 除得执票人之同意者外，附有条件之承兑，视为承兑之拒绝，但承兑人仍应依承兑文义负其责任。

经执票人同意者，承兑得仅就汇票金额之一部分为之。

第四十二条 执票人为承兑之提示时，付款人得请其延期为之，但至长不得过二日。

第四十三条 见票后定期付款之汇票或经指定承兑提示期限之汇票，由承兑人记载承兑日。

承兑人不记载承兑日者，执票人得记载之。

承兑日未经记载者，以承兑提示期限之末日为承兑日。

第四十四条 票上未经发票人记载担当付款人或付款处所者，付款人得于承兑时记载之。

第四十五条 付款人于交还汇票前，得撤销其承兑。但已向执票人或票上签名人以书面通知承兑者，不在此限。

第四十六条 付款人为承兑者，应负付款责任。

承兑人到期不付款者，执票人虽系原发票人，就第八十八条及第八十九条所定金额，对之仍有直接之诉权。

第四节 参加承兑

第四十七条 执票人于到期日前得行使追索权者，不问何人，经执票人同意，得以票据债务人中一人为被参加人而为参加承兑。

第四十八条 参加承兑，应在汇票记载其旨，由参加人签名。

未记载被参加人者，以发票人为被参加人。但预备付款人所为之参加承兑，不在此限。

第四十九条 参加人非受被参加人之委托而为参加者，应于参加后从速将其事由通知被参加人。参加人怠于为前项通知，因而发生损害者，应负赔偿责任。

第五十条 执票人允许参加承兑后，不得于到期日前行使追索权。

参加承兑后，被参加人及其前手得支付第八十八条所定金额，请求执票人交出汇票及拒绝证书。

第五十一条 汇票不获付款者，参加承兑人应负支付①第八十八条所定金额之责任。

第五节 保证

第五十二条 票据债务得以保证担保之，前项保证，不问何人均得为之。

第五十三条 保证应在汇票记载"保证"或同义字样，由保证人签名。

未记载被保证人者，有承兑时，以承兑人为被保证人；无承兑时，以发票人为被保证人。

第五十四条 保证人与被保证人负同一责任。

保证债务在其所保证之债务无效时，仍为有效。但其所保证之债务因

---

① 原书为"票"字，从文义上看，此处应为错字。

款式上之瑕疵而无效者，不在此限。

第五十五条 保证人清偿债务后，得对于被保证人及其前手请求偿还。

第六节 到期日

第五十六条 汇票之到期日，应依左列各款方法之一定之：

（一）定日付款；

（二）发票日后定期付款；

（三）见票即付；

（四）见票后定期付款。

分期付款之汇票或所定到期日违反前项规定者，其汇票无效。

第五十七条 见票即付之汇票，以提示日为到期日。

前项提示，应于发票日后六个月内为之，但发票人得于票上为缩短提示期限之记载。

第五十八条 见票后定期付款之汇票，依承兑日或拒绝承兑证书作成日计算到期日。

汇票未记载承兑日，又无拒绝证书者，依承兑提示期限之末日计算到期日。

第七节 付款

第五十九条 执票人应于到期日或其次日为付款之提示。

汇票上载有担当付款人者，付款之提示仅须向担当付款人为之。

向票据交换所为抵销之提示，与为付款之提示有同一效力。

第六十条 执票人得允准延期付款，但以三日为限。

第六十一条 付款人之付款出于恶意或有重大过失，或对于背书不连续之汇票付者，不得免其责任。

付款人对于背书人签名之真伪及执票人是否本人，得不负调查责任。

第六十二条 到期日前之付款，执票人得拒绝之。但汇票附有提单者，不在此限。

付款人于到期日前付款者，应自负其危险。

第六十三条 一部分之付款，执票人不得拒绝之。

第六十四条 支付汇票金额者，得请求执票人在票上记载"收讫"字样，并交出汇票。

支付汇票金额之一部分者，得请求执票人在票上记载所收金额，并交付附有收据之汇票缮本。

第六十五条 汇票上所载货币在付款地不通用者，除有相反之记载外，得依付款日行市，以其地通用之货币支付之。

汇票上所载货币在发票地与付款地名同价异者，推定其为付款地之货币。

第六十六条 执票人在第五十九条所定期限内不为付款之提示者，票据债务人得于拒绝付款证书作成期限经过后，将汇票金额提存该管法院或其他得受提存之机关，其提存费用由执票人负担。

前项提存，有免除提存人债务之效力。

第八节 参加付款

第六十七条 参加付款，应于执票人得行使追索权时为之，但至迟不得逾拒绝证书作成期限末日之翌日。

第六十八条 不问何人，得为参加付款。

执票人拒绝参加付款者，对于被参加人及其后手丧失追索权。

第六十九条 有参加承兑人或预备付款人者，执票人至迟应于拒绝付款证书作成期限末日之翌日，向之为付款人之提示。

参加承兑人或预备付款人不于提示时付款者，执票人应请求作成拒绝证书之机关于拒绝证书上记载之。

第七十条 执票人违反前条规定者，对于被参加承兑人与记载预备付款人之人及其后手丧失追索权。

第七十一条 数人请为参加付款者，应由能免除最多数人之债务者为之。

故意违反前项规定为参加付款者，对于因之未能免除债务之人丧失追索权。

第七十二条 参加付款，应就被参加人应支付金额之全部为之。

第七十三条 参加付款,应在汇票记载其旨。未记载被参加人者,以发票人为被参加人。但参加承兑人或预备付款人所为之参加付款,不在此限。

执票人应将汇票及收款清单交付参加付款人,有拒绝证书者,应一并交付。

第四十九条之规定,于参加付款准用之。

第七十四条 参加付款人对于承兑人、被参加人及其前手取得执票人之权利,但不得更为背书而转让。

被参加人之后手,因参加付款而免除债务。

第九节 追索权

第七十五条 汇票到期不获付款者,执票人对于背书人、发票人及其他票据债务人,得行使追索权。

有左列情形之一者,虽在到期日前,执票人亦得行使前项权利:

(一)汇票不获承兑时;

(二)无从为承兑提示时;

(三)付款人或承兑人受破产宣示时。

第七十六条 汇票不获承兑或付款或无从为承兑提示时,应请求作成拒绝证书证明之。

付款人或承兑人在票上记载提示日期及承兑或付款之拒绝,经其签名后,与作成拒绝证书有同一效力。

付款人或承兑人之破产,得以破产宣示书之誊本证明之。

第七十七条 拒绝承兑证书应于提示承兑期限内或其后四日内作成之。

拒绝付款证书应于到期日或其后四日内作成之,但执票人允准延期付款者,应于延期之末日或其后四日内作成之。

第七十八条 拒绝证书由执票人请求付款地之公证机关、该管法院或商会作成之。

第七十九条 拒绝证书应记载左列各款:

(一)执票人与拒绝者之姓名或商号;

（二）第十六条所定之票上各款记载；

（三）拒绝承兑或付款，或无从为承兑提示之事由；

（四）提示之日期及地点；

（五）有参加承兑或参加付款者，其事由及参加承兑人或参加付款人之姓名或商号；

（六）作成拒绝证书之日期及地点；

（七）作成拒绝证书人员之签名及该机关之盖印。

第八十条 作成拒绝证书时，应作成正、副本各一份。正本交付执票人，副本留存作成机关。

正本灭失时，得①请求作成机关给予副本之誊本。

第八十一条 在汇票上作成拒绝证书者，第十六条所定票上之各款记载，仍应记载于副本上。

汇票有副本或誊本者，得仅在一份上作成拒绝证书。但于可能时，应在其他各份上记载已作拒绝证书之事由。

在汇票或其誊本上作成拒绝证书者，应连接其原有之最后记载为之。

第八十二条 对于多数人行使追索权时，仅须拒绝证书一份。

第八十三条 拒绝承兑证书作成后，无须再为付款提示与请求作成拒绝付款证书。

第八十四条 执票人应于拒绝证书作成后四日内，如有免作拒绝证书者，应于拒绝承兑或拒绝付款后四日内，对于发票人及自己之背书人通知拒绝之事由。

背书人应于收到前项通知后二日内，各通知其直接前手。

背书人未于票上记载住址或记载不明者，前项通知得对于该背书人之直接前手为之。

通知得用任何方法为之，但主张于本条所定期限内曾为通知者，应负举证之责任。

证明于本条所定期限内已将通知付邮者，认为遵守通知期限。

不于本条所定期限内为通知者，仍得行使追索权。但因其怠于通知而

---

① 原书为"是"字，参考第五次草案，此处应为错字。

发生损害者，应负赔偿责任，其赔偿额不得超过汇票金额。

第八十五条　发票人或背书人得为免作拒绝证书之记载。

发票人为前项记载者，执票人得不请求作成拒绝证书而行使追索权。但执票人仍请求作成拒绝证书者，应自负其费用。

背书人为第一项记载者，仅对于该背书人发生效力。执票人作成拒绝证书者，得向一切票上签名人请求偿还其费用。

第八十六条　票上虽有免作拒绝证书之记载，执票人仍应于所定期限内负提示及通知之责任。

第八十七条　汇票之发票人、承兑人、背书人及保证人，对于执票人连带负其责任。

执票人得不依负担债务之先后，对于前项债务人之一人或数人或全体行使追索权。

对于债务人之一人或数人为追索者，对于其他债务人仍得行使追索权。

已为清偿之票据债务人，与执票人有同一权利。

第八十八条　执票人行使追索权时，得请求左列金额：

（一）未经承兑或付款之汇票金额，如有约定利息者，及其利息；

（二）到期日后之利息；

（三）作成拒绝证书与通知及其他必要费用。

于到期日前行使追索权者，应由汇票金额内扣除收款日至到期日之利息。

第八十九条　支付前条金额者，得向前手请求左列金额：

（一）所支付之金额；

（二）前款金额支付日后之利息；

（三）所支出之必要费用。

第九十条　发票人为被背书人时，对于其前手无追索权。

前背书人为被背书人时，对于其原有之后手无追索权。

第九十一条　票据债务人于清偿时，得请求受清偿人交出汇票及收款清单，有拒绝证书者，得一并请求交出。

背书人为清偿者，得涂销自己及其后手之背书。

第九十二条 汇票金额仅一部分获承兑时，清偿未获承兑之部分者，得请求执票人在汇票记载其事由并交出收据、汇票之缮本及拒绝证书。

第九十三条 有追索权者，得以一前手为付款人，向其住址地发见票即付之回头汇票。但有相反之记载者，不在此限。

前项汇票之金额，于第八十八条及第八十九条所列者外，得加经纪费及印花税。

第九十四条 执票人发前条汇票者，其金额依原汇票付款地汇往前手住址地之见票即付汇票之市价定之。

背书人发前条汇票者，其金额依其住址地汇往前手住址地之见票即付汇票之市价定之。

第九十五条 执票人不于本法所定期限内为行使或保全票据上之权利之行为者，对于前手丧失追索权。

执票人不于前手所记载之期限内为前项行为者，对于该前手丧失追索权。

第九十六条 执票人因不可抗力，不能于所定期限内为承兑或付款之提示或作成拒绝证书者，应将其事由从速通知其直接前手。

第八十四条之规定，于前项通知准用之。

不可抗力终止时，执票人应速为承兑或付款之提示，或作成拒绝证书。

不可抗力延至到期日后三十日以外时，执票人得径行使追索权，无须提示或作成拒绝证书。

汇票为见票即付或见票后定期付款者，前项三十日之期限，自执票人将不可抗力之事由通知其直接前手之日起算。

第十节　复本

第九十七条 发票人得发汇票之复本。

复本各份上应标明"复本"字样，其未经标明者，视为独立之汇票。

第九十八条 就复本之一份付款者，其他各份失其效力。但承兑人对于经其承兑而未收回之他份，仍负责任。

背书人将复本各份分别转让者，该背书人及其后手对于经其背书而未收回之各份，应负责任。

第九十九条 为提示承兑送出复本之一份者，应于其他各份上记载接收人之姓名或商号及其住址，执票人得请求接收人交还其所接受之一份。

接收人拒绝交还时，执票人非以拒绝证书证明左列各款事项，不得行使追索权：

（一）曾向接收人请求交还，而未经交还；

（二）以他份为承兑或付款之提示，而不获承兑或付款。

第十一节　誊本

第一百条 执票人得作成汇票之誊本。

誊本应标明"誊本"字样，誊写原本上所载一切事项，并注明至何处止为誊写部分。

誊本上得为背书及保证，其效力与原本上之背书及保证同。

第一百〇一条 为提示承兑送出原本者，应于誊本上记载原本接收人之姓名或商号及其住址，执票人得请求接收人交还原本。

原本接收人拒绝交还时，执票人非以拒绝证书证明其事由，不得对于誊本上之签名人行使追索权。

第三章　本票

第一百〇二条 本票应记载左列各款，由发票人签名：

（一）标明"本票"字样；

（二）无条件付一定金额；

（三）受票人之姓名或商号；

（四）发票年、月、日；

（五）发票地；

（六）付款地；

（七）到期日。

未记载付款地者，以发票地为付款地；未记载发票地者，以发票人之营业所、住址或寓所所在地为发票地。

第一百〇三条 本票发票人之付款责任，与汇票承兑人同。

第一百〇四条 见票后定期付款之本票，应于第四十条所定期限内提示发票人，请其签名并记载见票日及"见票"字样。发票人不记载见票日者，执票人得记载之。

见票日未经记载者，以见票提示期限之末日为见票日。

发票人于为见票提示时拒绝签名者，执票人应于见票提示期限内请求作成拒绝证书。

执票人不于第四十条所定期限内为见票之提示或请求作成拒绝证书者，对于一切票上签名人丧失追索权。

第一百〇五条 第十六条第二项、第十七条至第十九条、第二十一条、第二十五条至第二十七条、第二十九条至第三十六条、第五十二条至第五十八条、第五十九条第一项及第三项、第六十条至第六十八条、第七十一条至第七十四条、第七十五条第一项、第七十六条、第七十七条第二项、第七十八条至第八十二条、第八十四条至第九十一条，及第九十三条至第九十六条之规定，于本票准用之。

第四章　支票

第一百〇六条 支票应记载左列各款，由发票人签名：

（一）标明"支票"字样；

（二）无条件支付一定金额之委托；

（三）付款人之商号；

（四）受票人之姓名或商号，或凭票付款字样；

（五）发票年、月、日；

（六）发票地；

（七）付款地。

支票之付款人，以银钱业者为限。

第一百〇七条 支票限于见票即付，记载其他到期日者，视为无记载。

第一百〇八条 以支票转账或为抵销者，与付款有同一效力。

第一百〇九条 支票之执票人应于左列期限内，为付款之提示：

在发票地付款者，发票日后十日内；

在发票地所属省区内付款者，发票日后一个月内；

在发票地之毗连省区内付款者，发票日后二个月内；

在前三款所揭以外之地付款者，发票日后四个月内。

第一百一十条　支票不获付款者，执票人得对于前手行使追索权。

执票人不于前条所定期限内为付款之提示，或不于提示日或其后四日内请求作成拒绝证书者，丧失追索权。

第一百一十一条　发票人撤销付款之委托，执票人又未于第一百〇九条所定期限内为付款之提示者，付款人应拒绝付款。

第一百一十二条　发票人之存款不敷付款者，付款人应就其所有之存款额而为支付。

第一百一十三条　付款人于支票上记载"照付"或其他同义字样后，其付款责任与汇票承兑人同。前项情形记载照付日期者，其记载无效。

第一百一十四条　发票人、背书人或执票人在支票正面画有平行线二道者，付款人仅得对于银钱业者付款。

前项平行线内载有银钱业者之商号者，付款人仅得对于该银钱业者付款。但该银钱业者得涂销自己商号，记载其他银钱业者之商号，委任其取款。

第一百一十五条　付款人违反前条规定者，应负损害赔偿责任，但其赔偿额不得超过支票金额。

第一百一十六条　明知已无存款，又未经付款人允许垫借，而对之发支票者，得科以五元以上之罚金，但其最高额不得超过支票金额。

发支票时，故意将金额超过其存款或超过付款人允许垫借之金额者，得科以五元以上之罚金，但其最高额不得逾超过之金额。

发票人于第一百〇九条所定期限内，故意提回其存款之全部或一部，使支票不获付款者，准用前二项之规定。

第一百一十七条　第十八条、第二十条、第二十四条、第二十五条至第二十七条、第二十九条至第三十五条、第五十九条第三项、第六十一条、第六十三条至第六十五条、第七十六条、第七十八条至第八十二条、第八十四条至第九十一条，及第九十六条之规定，于支票准用之。

附录六　前北京修订法律馆票据法第五次草案

目　录

第一章　总则

第二章　汇票

    第一节　发票及款式

    第二节　背书

    第三节　承兑

    第四节　参加承兑

    第五节　保证

    第六节　到期日

    第七节　付款

    第八节　参加付款

    第九节　追索权

    第十节　复本

    第十一节　誊本

第三章　本票

第四章　支票

第一章　总则

第一条　本法称票据者，谓汇票、本票及支票。

第二条　有行为能力人得签名于票据，负其责任。

第三条　票据上之签名，得以记名盖章或记名画押代之。

第四条　无行为能力人①在票据上之签名，不影响于其他签名人之责任。

第五条　代理人未载明代理之旨而签名于票据者，应自负其责。

第六条　以代理人名义签名于票据者，如无代理权时，应自负其责。代理人逾越权限时，就其权限外之部分亦同。

第七条　票据签名人之责任，依票上所载文义而定。

第八条　伪造或变造票据者，或以恶意或重大过失占有伪造或变造之票据者，不得享有票据上之权利。

第九条　票据之伪造或票上签名之伪造，不影响于真实签名之效力。

票据经变造时，签名在变造前者，依原有文义负责；签名在变造后者，依变造文义负责；不能辨别其前后时，推定签名在变造前。

第十条　无恶意或重大过失，取得他人丧失之票据者，享有票据上之权利。

第十一条　票据丧失时，原执票人得为公示催告之声请。

公示催告程序开始后，声请人得提供担保，请求票据金额之支付。不能提供担保时，得请求票据金额之提存，其提存费用由声请人负担。

第十二条　因票据关系被诉者，不得以自己与发票人或执票人之前手间所存抗辩对抗执票人。但转让出于诈欺之合意时，不在此限。

第十三条　为行使或保全票据上权利，对于票据关系人应为之行为，应在其营业所为之。无营业所者，在其住址或居址为之。但有特约时，不在此限。票据关系人之营业所住址或居址不明时，如因作成拒绝证书者，得请求法院或商会向警署或邮局调查其人之所在。若仍不明时，得在该法院或商会作成之。

第十四条　对汇票承兑人及本票发票人之票据上权利，自到期日起算，三年间不行使者，因时效而消灭。

执票人对于前手之追索权，自作成拒绝证书日起算。如免除作成拒绝证书者，自到期日起算，因一年间之不行使而消灭。

背书人对于前手之追索权，自其为清偿之日或其被诉之日起算，因六

---

① 原书没有"人"字，从文义上看，此处应为漏字。

个月间之不行使而消灭。

第十五条 中断时效之行为，仅对其相对人发生效力。

第十六条 票据余白不敷记载时，得粘单延长之。粘单后之第[①]一记载，应在骑缝上书写，并加盖印章。

第二章 汇票

第一节 发票及款式

第十七条 汇票应记载左列各款，由发票人签名：

（一）标明"汇票"字样；

（二）无条件支付一定金额之委托；

（三）付款人之姓名或商号；

（四）受票人之姓名或商号；

（五）发票日；

（六）发票地；

（七）付款地；

（八）到期日。

未记载到期日者，视为见票即付。

未记载发票地或付款地者，以发票人或付款人营业所住址或居址所在地为发票地或付款地。

第十八条 发票人得发凭票付款式之汇票。

第十九条 记载汇票金额之数字与数码不符时，以数字为准。

第二十条 发票人得记载约定利息，其利率未经载明时，以年利六厘计算，利息自发行日起算。但有相反之记载时，不在此限。

第二十一条 发票人得以自己为受票人或付款人。

第二十二条 发票人得记载付款地之付款处所。

第二十三条 发票人得于付款人外，记载一人为担当付款人。

第二十四条 发票人得于付款人外，记载一人为预备付款人。

[①] 原书为"非"字，从文义上看，此处应为错字。

第二十五条　发票人应按照汇票文义，担保汇票之承兑及付款。

发票人得记载免除担保承兑责任，若有为免除担保付款之记载者无效。

第二节　背书

第二十六条　汇票依背书而转让。

发票人或背书人于汇票上禁止转让者，亦得以背书转让之，但禁止转让者对于禁止后再由背书取得汇票之人不负责任。

第二十七条　发票人、承兑人、付款人或其他票上负责人由背书取得汇票时，得更以背书转让之。

第二十八条　背书应在汇票背面记载被背书人姓名或商号，由背书人签名。

背书人得为凭票付款式之背书，或仅签名而为空白背书。

第二十九条　背书人得在票上指定一人为预备付款人。

第三十条　汇票为凭票付款式，或其最后背书为空白或凭票付款式者，得仅以汇票之交付转让之。

前项汇票，亦得以空白背书、凭票付款式背书或记载被背书人姓名或商号转让之。

第三十一条　汇票之最后背书为空白者，其执票人得于空白内填写自己或他人为被背书人，再为转让。

第三十二条　就汇票金额之一部分之所为之背书，不生①效力。

第三十三条　背书附有条件者，其所附条件不生效力。

第三十四条　执票人应以背书之连续证明其权利。

背书为空白或凭票付款式者，其次之背书人，认为由空白或凭票付款式背书取得汇票。

背书之涂销，视为无记载。

第三十五条　背书人应按照汇票文义，担保汇票之承兑及付款，但得于票上记载不负担保之责任。

---

① 原书没有"生"字，从文义上看，此处应为漏字。

第三十六条　背书内有委任取款之记载者，被委任人得行使票上一切权利，但仅得①以委任取款之目的更为背书。

前项情形，票上负责人对于被委任人所得提出之抗辩，以得对抗委任人者为限。

第三十七条　到期日后之背书与到期日前之背书有同一效力，但作成拒绝付款证书后或作成期限经过后②所为之背书，仅有通常债权转让之效力。

第三节　承兑

第三十八条　承兑应在汇票正面记载"承兑"或其他同义字样，由付款人签名。付款人仅签名于汇票正面者，亦视为承兑。

第三十九条　执票人于到期日前，得向付款人为承兑之提示。

第四十条　发票人或背书人得在票上记载应为承兑之提示，并指定其期限。

发票人得记载于一定日期前，禁止为承兑之提示。

背书人所定应为承兑提示之期限，不得在发票人所定禁止期限之内。

第四十一条　见票后定期付款之汇票，应自发票日起，于六个月内为承兑之提示。

前项期限，发票人得以特约缩短或延长之，但延长不得过六个月③。

第四十二条　附有条件之承兑，视为承兑之拒绝。

经执票人同意时，承兑得仅就汇票金额之一部分为之。

第四十三条　执票人为承兑之提示时，付款人得请其延期一日为之。

第四十四条　见票后定期付款之汇票或经指定承兑提示期限之汇票，由承兑人载明其承兑日。

承兑人不载明承兑日者，执票人得载明之。

承兑日未经载明时，以承兑提示期限之末日为承兑日。

---

① 原书没有"得"字，参考第四次草案，此处应为漏字。
② 原书没有"后"字，参考第四次草案，此处应为漏字。
③ 原书本句为"前项期限发票人得以特约缩短或延长但延之长不过六月"，从文义上看，此处应为排版之误。

第四十五条　票上未经发票人指定担当付款人或付款处所者，付款人得于承兑时指定之。

第四十六条　付款人于交还汇票前，得撤销其承兑。但已向执票人或票上签名人以书面通知承兑者，不在此限。

第四十七条　付款人为承兑者，应负付款之责。

承兑人到期不付款者，执票人虽系原发票人，就第九十二条及第九十三条所定金额，对之仍有直接之诉权。

第四节　参加承兑

第四十八条　执票人于到期日前得行使追索权时，不问何人，经执票人同意，得以票上负责人中之一人为被参加人而为参加承兑。

第四十九条　参加承兑，应在汇票正面记载其旨及被参加人姓名，由参加人签名。

未记载被参加人者，以发票人为被参加人。但预备付款人所为之参加承兑，不在此限。

第五十条　参加人非受被参加人之委托而为参加者，应于参加后从速将其事由通知被参加人。

参加人怠于为前项通知，因而发生损害者①，应负赔偿之责。

第五十一条　虽系预备付款人之参加承兑，执票人亦得拒绝之。

第五十二条　执票人允许参加承兑后，不得于到期日前行使追索权。

参加承兑后，被参加人及其前手得支付第九十二条所定金额，请求执票人交出汇票及拒绝证书。

第五十三条　汇票不获付款时，参加承兑人应负②支付第九十二条所定金额之责。

第五节　保证

第五十四条　汇票之付款，得以保证担保之。

---

① 原书没有"者"字，参考第四次草案，此处应为漏字。
② 原书为"负责"，但从语言逻辑上看，此处的"责"应为赘字。

前项保证，不问何人均得为之，票上签名人亦同。

第五十五条 保证应在票上记载"保证"或同义字样及被保证人姓名，由保证人签名。

第五十六条 保证未载明被保证人者，以承兑人为被保证人。无承兑人者，以发票人为被保证人。

第五十七条 保证人与被保证人负同一责任。

第五十八条 保证人清偿债务后，得对被保证人及其前手请求偿还。

第六节　到期日

第五十九条 汇票之到期日，应依左列各款方法之一定之：

（一）定日付款；

（二）发票日后定期付款；

（三）见票即付；

（四）见票后定期付款。

分期付款之汇票或所定到期日违反前项规定者，其汇票无效。

第六十条 见票即付之汇票，以提示日为到期日。

前项提示，应于发票日后六个月内为之，但发票人得于票上为缩短提示期限之记载。

第六十一条 见票后定期付款之汇票，依承兑日或拒绝承兑之证书作成日计算到期日。

汇票未载明承兑日，又无拒绝证书者，依承兑提示期限之末日计算到期日。

第七节　付款

第六十二条 执票人应于到期日或其次日为付款之提示。

汇票上载有担当付款人时，付款之提示仅须向担当付款人为之。

向票据交换所为抵销之提示，与为①付款之提示有同一效力。

第六十三条 执票人得允准延期付款，但以三日为限。

---

① 原书没有"为"字，参考第四次草案，此处应为漏字。

第六十四条 付款人对于背书不连续之汇票付款者，应自负其责。

付款人对于背书人签名之真伪及执票人是否本人，不负认定之责。但有诈欺或重大过失时，不在此限。

第六十五条 到期日前之付款，执票人得拒绝之。但附有提单之汇票，不在此限。

付款人于到期日前付款者，应自负其责。

第六十六条 一部分之付款，执票人不得拒绝之。

第六十七条 汇票之付款者得要求执票人在票上记载"收讫"字样，并交出汇票。为一部分之付款者，得要求执票人在票上记载所收金额，并另给收据。

第六十八条 汇票上所载之货币为付款地不通用者，除票上有特约外，得依付款日行市，以其地通用之货币支付之。

汇票上所载之货币，如在发票地与付款地名同价异者，推定其为付款地之货币。

第六十九条 执票人在第六十二条所定期限内不为付款之提示时，票上负责人得于作成拒绝付款证书期限经过后，将汇票金额提存该管法院或其他得受提存之机关，其提存费用由执票人负担之。

前项提存，有免除提存人债务之效力。

第八节　参加付款

第七十条 参加付款，得于执票人得行使追索权时为之。

参加付款，至迟应于拒绝证书作成后三日内为之。

第七十一条 不问何人，得为参加付款。

执票人拒绝参加付款者，对于被参加人及其后手丧失追索权。

第七十二条 有参加承兑人或预备付款人者，付款人或担当付款人不于第六十二条及第六十三条①所定期限内付款时，执票人应于作成拒绝付款证书期限之末日后两日内，向参加承兑人或预备付款人为付款之提示。

参加承兑人或预备付款人不于付款提示时为清偿者，执票人应请作成

---

① 原书为"及第六十三条及第六十三条"，从文义上看，此处应为排版之误。

拒绝证书之机关于拒绝证书上载明之。

第七十三条 执票人违反前条规定时，对于被参加承兑人与指定预备付款人之人及其后手丧失追索权。

第七十四条 数人请为参加付款时，应由能免除最多数人之债务者为之。故意违反前项规定为参加付款者，对于因之未能免除债务之人丧失追索权。

第七十五条 参加付款，应就被参加人应支付金额之全部为之。

第七十六条 票上未载明被参加付款人姓名时，以发票人为被参加人。但参加承兑人或预备付款人所为之参加付款，不在此限。

第五十条之规定，于参加付款准用之。

第七十七条 参加付款，应于汇票上载明之。

执票人应将汇票及收款清单交付参加付款人，有拒绝证书者①，应一并交付。

第七十八条 参加付款人对于承兑人、被参加付款人及其前手取得执票人之权利，但不得更为背书。

被参加付款人之后手，因参加付款而免除债务。

第九节　追索权

第七十九条 汇票到期不获付款时，执票人对于背书人、发票人及票上其他负责人，得行使追索权。

有左列情形之一者，虽在到期日前，执票人亦得行使前项权利：

（一）汇票不获承兑时；

（二）无从为承兑提示时；

（三）付款人或承兑人受破产宣告时。

第八十条 汇票不获承兑或支付或无从为承兑提示时，应请求作成拒绝证书证明之。

付款人或承兑人在票上记载提示日期及承兑或付款之拒绝，经其签名后，与作成拒绝证书有同一效力。

---

① 原书没有"者"字，参考第四次草案，此处应为漏字。

付款人或承兑人之破产，应以破产宣告书之誊本证明之。

第八十一条　拒绝承兑证书应于提示承兑期限内或其后二日内作成之。拒绝付款证书应于到期日或其后二日内作成之，但执票人允准延期付款时，应于延期之末日或其后二日内作成之。

第八十二条　拒绝证书由执票人请求付款地之法院或商会作成之。

第八十三条　拒绝证书应记载左列各款：

（一）执票人与拒绝者之姓名或商号；

（二）第十七条所定之票上各款记载；

（三）拒绝承兑或付款，或无从为承兑提示之事由；

（四）提示之日期及地点；

（五）有参加承兑或参加付款时，其事由及参加承兑人或参加付款人之姓名或商号；

（六）作成拒绝证书之日期及地点；

（七）作成拒绝证书人员之签名及该机关之盖印。

第八十四条　作成拒绝证书时，应作成正副本各一份。正本交付执票人，副本留存作成机关。

正本灭失时，得请求作成机关给予副本之誊本。

第八十五条　在汇票上作成拒绝证书时，第十七条所定票上各款记载，仍应记载于副本上。

汇票有复本或誊本时，得仅在一份上作成拒绝证书。但于可能时，应在其他各份上记载已作拒绝证书之事由。

在汇票或其复本或誊本上作成拒绝证书时，应连接原有之最后记载为之。

第八十六条　对多数人行使追索权时，仅须拒绝证书一份。

第八十七条　拒绝承兑证书作成后，无须再为付款提示与请求作成拒绝付款证书。

第八十八条　执票人应于拒绝证书作成后四日内，如有免除作成拒绝证书特约时，应于拒绝承兑或拒绝付款后四日内，对于自己之背书人及发票人通知拒绝之事由。

背书人应于收到前项通知后二日内，各通知其直接前手。

背书人未于票上记载住址或记载不明时，前项通知得对该背书人之直接前手为之。

通知得用任何方法为之，但主张于本条所定期限内曾为通知者，应负举证之责。

证明于本条所定期限内，已将通知付邮者，认为遵守通知期限。

不于本条所定期限内为通知者，仍得行使追索权。但因其怠于通知发生损害时，应负赔偿之责，其赔偿金额不得超过汇票金额。

第八十九条　发票人或背书人得为免作拒绝证书之记载。

发票人为前项记载时，执票人得不请求作成拒绝证书而行使追索权。但执票人仍请求作成拒绝证书者①，应自行负担其费用。

背书人为第一项记载时，仅对于该背书人发生效力。执票人作成拒绝证书者，得向票上其他签名人要求偿还其费用。

第九十条　票上虽有免作拒绝证书之记载，执票人仍应于所定期限内负提示及通知之责。

第九十一条　汇票之发票人、承兑人、背书人及保证人，对于执票人连带负责。

执票人得不依负担债务之②先后，对于前项债务人之一部分或全体行使追索权。

对于债务人之一部分为追索者，对于其他债务人仍得行使追索权。

已为清偿之票上负责人，与执票人有同一权利。

第九十二条　执票人行使追索权时，得要求左列金额：

（一）未经承兑或支付之汇票金额，如有约定利息者，及其利息；

（二）到期日后之利息，无约定利率者，按年利六厘计算。

（三）作成拒绝证书与通知及其他必要费用。

于到期日前请求支付款者，应由汇票金额内扣除自付款日至到期日之利息。无约定利率者，按年利六厘计算。

第九十三条　为前条清偿者，得向前手要求左列金额：

---

① 原书没有"者"字，参考第四次草案，此处应为漏字。
② 原书没有"之"字，参考第四次草案，此处应为漏字。

（一）所支付之金额；

（二）前项金额之利息，其利率自支付日起，按年利六厘计算；

（三）所支出之必要费用。

第九十四条 发票人为被背书人时，对其前手无追索权。

前背书人为被背书人时，对①其原有之后手无追索权。

第九十五条 票上负责人于清偿时，得请求执票人交出汇票及收款清单，有拒绝证书时，得一并请求交出。

背书人为清偿时，得涂销自己及其后手之背书。

第九十六条 汇票金额仅一部分获承兑时，清偿未获承兑之部分者，得要求执票人在票上记载其事由并交出收据、汇票之誊本及拒绝证书。

第九十七条 有追索权②者，得以一前手为付款人，向其住址地发见票即付之回头汇票。但有相反约定时，不在此限。

前项汇票之金额，于第九十二条及第九十三条所列者外，得加经纪费及印花税。

第九十八条 执票人发前条汇票时，其金额依原汇票付款地汇往前手住址地之见票即付汇票之市价定之。

背书人发前项汇票时，其金额依其住址地汇往前手住址地之③见票即付汇票之市价定之。

第九十九条 执票人不于本法所定期限内为行使或保全票上权利之行为者，对于前手丧失追索权。

执票人不于约定期限内为前项行为者，对于该前手丧失追索权。

第一百条 执票人因不可抗力，不能于所定期限内为承兑或付款之提示，或作成拒绝证书者，应将其事由从速通知其直接前手。

第八十八条规定，于前项通知准用之。

不可抗力终止时，执票人应速为承兑或付款之提示，或作成拒绝证书。

不可抗力延至到期日后三十日以外时，执票人得径行使追索权，无须

---

① 原书没有"对"字，从文义上看，此处应为漏字。
② 原书没有"权"字，从文义上看，此处应为漏字。
③ 原书没有"之"字，对照上一款，此处应为漏字。

提示或作成拒绝证书。

汇票为见票即付或见票后定期付款者，前项三十日之期限，应自执票人将不可抗力之事由通知其直接前手之日起算。

第十节 复本

第一百〇一条 发票人得发①汇票之复本。

复本上应标明"复本"字样，其未经标明者，视为独立之汇票。

第一百〇二条 就复本之一付款时，其他复本失其效力。但承兑人对于经其承兑而未收回之复本，仍应负责。

背书人分别转让复本时，该背书人及其后手对于经其背书而未收回之复本，应负其责。

第一百〇三条 为提示承兑送出复本之一者，应于其他复本上载明接收人之姓名、商号及其住址，执票人得请求接收人交还其所接收之复本。

接收人拒绝交还时，执票人非以拒绝证书证明左列各款事项，不得行使追索权：

（一）曾向接收人请求交还前项复本，而未经其交还；

（二）以他复本为承兑或付款之提示，而不获承兑或付款。

第十一节 誊本

第一百〇四条 执票人得作成汇票之誊本。

誊本应标明"誊本"字样，誊写原本上之一切事项，并注明至何处止为誊写部分。

誊本上得为背书及保证，其效力与原本上之背书及保证同。

第一百〇五条 为提示承兑送出原本者，应于誊本上载明原本接收人之姓名或商号及其住址，执票人得请求接收人交还原本。

原本接收人拒绝交还时，执票人非以拒绝证书证明其事由，不得对于誊本上签名之人行使追索权。

---

① 原书没有"发"字，参考第四次草案，此处应为漏字。

第三章　本票

第一百〇六条　本票应记载左列各款，由发票人签名：

（一）标明"本票"字样；

（二）无条件担任支付一定金额；

（三）受票人之姓名或商号；

（四）发票日；

（五）发票地；

（六）付款地；

（七）到期日。

未记载付款地者，以发票地为付款地；未载明发票地者，以发票人之营业所住址或居址所在地为发票地。

第一百〇七条　本票发票人之付款责任，与汇票承兑人同。

第一百〇八条　见票后定期付款之本票，应于第四十一条所定期限内提示发票人，请其签名并记载"见票"字样及日期。发票人未记载见票日期者，执票人得记载之。

未记载见票日期者，应以提示见票所定期限之末日为见票日。

发票人于提示见票时拒绝签名者，执票人应于提示见票期限内，请求作成拒绝证书。

执票人不于第四十一条所定期限内为见票之提示或求作成其拒绝证书者，对于一切票上签名人丧失追索权。

第一百〇九条　第十七条第二项、第十八条至第二十条、第二十二条、第二十六条至第二十八条、第三十条至第三十七条、第五十四条至第六十一条、第六十二条第一项及第三项、第六十三条至第七十一条、第七十四条至第七十八条、第七十九条第一项、第八十条、第八十一条第二项、第八十二条至第八十六条、第八十八条至第九十五条，及第九十七条至第一百条之规定，于本票准用之。

第四章　支票

第一百一十条　支票应记载左列各款，由发票人签名：

（一）标明"支票"字样；

（二）无条件支付一定金额之委托；

（三）付款人之商号；

（四）受票人姓名或商号；

（五）发票日；

（六）发票地；

（七）付款地。

支票之付款人，以银行业者为限。

第一百一十一条 支票限于见票即付，有相反之记载者，其记载无效。

第一百一十二条 以支票转账或为抵销者，视为支票之支付。

第一百一十三条 在发票地付款之支票，执票人应于发票日后十日内为付款之提示；不在发票地付款之支票，执票人应于发票日后两个月内为付款之提示。

第一百一十四条 付款人拒绝付款时，执票人对于前手得行使追索权。

执票人不于前条所定期限内为付款之提示，或不于提示日或其后二日内请求作成拒绝证书者，丧失追索权。

第一百一十五条 发票人于第一百一十三条所定期限内，不得撤销付款之委托。

第一百一十六条 执票人未于第一百一十三条所定期限内为付款之提示，经发票人撤销付款之委托者，付款人应拒绝付款。

第一百一十七条 发票人之存款不敷支付时，付款人应就其所有之存款支付之。

第一百一十八条 付款人于支票上记载"照付"或其他同义字样后，其付款责任与汇票承兑人同。

第一百一十九条 发票人、背书人或执票人在支票正面画平行线二道者，为画线支票。

前项支票，仅得对银行业者付款。

平行线内载有银行业者之商号时，付款人仅得对该银行业者付款。但该银行业者得为背书，由他银行业者取款。

第一百二十条 付款人违反前条规定者，应负赔偿损害之责，但赔偿金额不得超过支票金额。

第一百二十一条 明知已无存款，又未经付款人允许垫借，而对之发支票者，得科以罚金，但罚金不得超过支票金额。

发支票时，故意将金额超过其存款或超过付款人允许垫借之金额者，得科以罚金，但罚金不得逾超过之金额。

发票人于第一百一十三条所定期限内，故意提回其存款之全部或一部，使支票不获支付者，适用前二项规定。

第一百二十二条 第十八条至第二十一条、第二十五条第一项、第二十六条至第二十八条、第三十条至第三十六条、第六十二条第三项、第六十四、第六十六条至第六十八条、第七十九条第一项、第八十条、第八十二条至第八十六条、第八十八条至第九十五条、第九十九条及第一百条之规定，于支票准用之。

参考文献

一　古籍文献与档案史料

1. （宋）欧阳修、宋祁：《新唐书》。
2. （宋）王钦若、杨亿：《册府元龟》。
3. （宋）李攸：《宋朝事实》。
4. （宋）马端临：《文献通考·钱币考》。
5. （清）贺长龄：《皇朝经世文编》。
6. （清）沈家本：《寄簃文存》。
7. 《北华捷报》1853 年 5 月 7 日。
8. 中国海关编《海关贸易报告》，1867。
9. 北洋政府《商务官报》1906 年第 5 期、第 23 期、第 26 期。
10. 直隶宪政调查局编《直隶调查局法制科第一股调查书》（四），宣统年间。
11. 俞廉三、刘若曾等：《大清民律草案》，宣统三年修订法律馆印刷。
12. 《临时公报》，1912。
13. 朱寿朋、张静庐编撰《光绪朝东华录》，中华书局，1958。
14. 《清实录·德宗景皇帝实录》，中华书局，1987。
15. 修订法律馆编《商习惯调查问题》，光绪三十四年。
16. 故宫博物院明清档案部编《清末筹备立宪档案史料》，中华书局，1979。
17. 《修订法律馆全宗》（524 - 10 - 1）第七档，中国第一历史档案馆藏。
18. 《北洋政府大理院全宗》1051，中国第二历史档案馆藏。
19. 《北洋政府国务院（政事堂）全宗》1002，中国第二历史档案馆藏。
20. 湖南高等审判厅 1917 年 "函字第一〇八二号"，中国第二历史档案馆藏，全宗号：241，卷号：2421。

21. 《奏为遵章续陈第三年第二届筹备成绩折》,清法部档第32174号,中国第一历史档案馆藏。

22. 《上海银行公会致各银行公会、钱业公会和商会函》,载《上海银行公会档案》,上海市档案馆藏,S173-1-206。

23. 北洋政府司法部参事厅编《司法公报》,1912~1928。

24. 北洋政府工商部编《工商会议报告录》,1913。

25. 大理院编辑处编《大理院判例要旨汇览》,民国二年版。

26. 大理院书记厅编《大理院判决录》,民国三年四月。

27. 中国银行编《各省金融概略》,1915。

28. (旌德)吕世芳编《直隶高等审判厅民三庭判决录》,出版不详(中国社会科学院法学研究所图书馆藏)。

29. 大理院编辑处编《大理院判例要旨汇览》,民国八年版。

30. 上海总商会编《上海总商会商事公断处报告》,1922。

31. 京师商事公断处编《京师商事公断处公断书录》第一、二集,出版不详(中国社会科学院法学研究所图书馆藏)。

32. 调查法权委员会编《调查治外法权委员会报告书》,商务印书馆,1926。

33. 大理院编辑处编《大理院判例要旨汇览》,民国十五年版。

34. 工商部工商法规委员会编《工商法规辑览》第一部,中华书局,1930。

35. 实业部总务司编《全国工商会议汇编》,京华印书馆,1931。

36. 杨幼炯:《近代中国立法史》,商务印书馆,1936。

37. 中国科学院近代史研究所编《辛亥革命资料》,中华书局,1961。

38. 郭卫编《大理院解释例全文》,台湾成文出版社,1972。

39. 郭卫编《大理院判决例全书》,台湾成文出版社,1972。

40. 郭卫编《大理院解释例全文检查表、大理院判决例全书检查表》,台湾成文出版社,1972。

41. 天津市档案馆编《天津商会档案汇编(1903~1911)》,天津人民出版社,1987。

42. 章开沅编《苏州商会档案(1905-1911)》第一辑,华中师范大学出版社,1991。

43. 张之洞:《张文襄公全集》,中国书店,1990。

二 著作类文献

1. 王敦常：《票据法原理》，商务印书局，1922。
2. 银行周报社编《票据法研究》，银行周报社，1922。
3. 徐沧水编《票据法研究续编》，银行周报社，1925。
4. 谢菊曾：《票据法概论》，世界书局，1930。
5. 张知本：《破产法论》（上册），上海法学编译社，1930。
6. 丘汉平：《中国票据法论》，上海世界政法学社，1933。
7. 王效文：《商事法概论》，上海法学编译社，1933。
8. 陈天表：《票据通论》，商务印书局，1937。
9. 陈其田：《山西票庄考略》，商务印书馆，1937。
10. 王孝通：《商事法要论》，商务印书馆，1938。
11. 卫聚贤编《山西票号史》，中央银行经济研究处，1944。
12. 刘笃：《海商法》，国立同济大学法学院法律学会，1947。
13. 彭信威：《中国货币史》，群联出版社，1954。
14. 严中平编《中国近代经济史统计资料选辑》，科学出版社，1955。
15. 中国人民银行上海市分行编《上海钱庄史料》，上海人民出版社，1960。
16. 中国科学院近代史研究所编《辛亥革命资料》，中华书局，1961。
17. 杨端六：《清代货币金融史稿》，三联书店，1962。
18. 汪敬虞编《中国近代工业史资料》，中华书局，1962。
19. 杨幼炯：《近代中国立法史》，商务印书馆，1966。
20. 赵靖、易梦虹编《中国近代经济思想资料选辑》，中华书局，1982。
21. 谢怀栻主编《票据法概论》，法律出版社，1990。
22. 陆仰渊、方庆秋主编《民国社会经济史》，中国经济出版社，1991。
23. 李贵连：《沈家本年谱长编》，台湾成文出版社，1992。
24. 周华孚、颜鹏飞编《中国保险法规暨章程大全（1865~1953）》，上海人民出版社，1992。
25. 《中华民国史法律志（初稿）》，台湾省历史馆，1994。
26. 高其才：《中国习惯法论》，湖南出版社，1995。
27. 朱苏力：《法治及其本土资源》，中国政法大学出版社，1996。

28. 严昌洪：《中国近代商事习惯的变迁》，华中理工大学出版社，1997。
29. 胡长清：《中国民法总论》，中国政法大学出版社，1997。
30. 直隶高等审判厅编《华洋诉讼判决录》，中国政法大学出版社，1997。
31. 史若民：《票商兴衰史》，中国经济出版社，1998。
32. 王小能：《中国票据法律制度研究》，北京大学出版社，1999。
33. 张晋藩：《中华法制文明的演进》，中国政法大学出版社，1999。
34. 朱勇主编《中国法制通史》（第九卷），载张晋藩总主编《中国法制通史》，法律出版社，1999。
35. 谢振民编著《中华民国立法史》，张知本校订，中国政法大学出版社，2000。
36. 上海市工商业联合会、复旦大学历史系编《上海总商会组织史资料汇编》，上海古籍出版社，2004。
37. 汪敬虞编《中国近代经济史（1895～1927)》，人民出版社，2000。
38. 黄源盛：《民初法律变迁与裁判（1912～1928)》，台北政治大学，2000。
39. 李胜渝：《中国近代票据立法通论》，重庆出版社，2001。
40. 何勤华编《法的移植与法的本土化》，法律出版社，2001。
41. 黄鉴晖：《山西票号史》，山西经济出版社，2002。
42. 胡旭晟等点校：《民事习惯调查报告录》，中国政法大学出版社，2000。
43. 施沛生编《中国民事习惯大全》（影印版），上海书店出版社，2002年影印版。
44. 李贵连：《近代中国法制与法学》，北京大学出版社，2002。
45. 朱勇：《中国法律的艰辛历程》，黑龙江人民出版社，2002。
46. 季怀银：《中国传统民商法兴衰之鉴》，中国民主法制出版社，2003。
47. 〔美〕黄宗智：《法典、习俗与司法实践：清代与民国的比较》，上海书店出版社，2003。
48. 何勤华、李秀清：《外国法与中国法——20世纪中国移植外国法反思》，中国政法大学出版社，2003。
49. 张德美：《探索与抉择——晚清法律移植研究》，清华大学出版社，2003。
50. 张晋藩：《近代社会与中国法制文明》，中国政法大学出版社，2003。
51. 张家镇、秦瑞玠等编著《中国商事习惯与商事立法理由书》，中国政法大学出版社，2003。

52. 尹伊君：《社会变迁的法律解释》，商务印书馆，2003。
53. 张生：《中国近代民法法典化研究》，中国政法大学出版社，2004。
54. 眭鸿明：《清末民初民商事习惯调查之研究》，法律出版社，2005。
55. 张晋藩：《中国法律的传统与近代转型》，法律出版社，2005。
56. 李卫东：《民初民法中的民事习惯与习惯法》，中国社会科学出版社，2005。
57. 侯强：《社会转型与近代中国法制现代化：1840－1928》中国社会科学出版社，2005。
58. 曹全来：《国际化与本土化——中国近代法律体系的形成》，北京大学出版社，2005。
59. 季立刚：《民国商事立法研究》，复旦大学出版社，2006。
60. 江眺：《公司法：政府权力和商人利益的博弈》，中国政法大学出版社，2006。
61. 何勤华等：《法律移植论》，北京大学出版社，2008。
62. 张松：《变与常：清末民初商法建构与商事习惯之研究》，中国社会科学出版社，2010。

三 论文（集）

1. 李炘：《商法之沿革及其系统》，《法学会杂志》1922年第5期。
2. 李炘：《调查票据法习惯设问》，载《票据法研究·建言》，银行周报社，1922。
3. 李炘：《我国票据固有习惯之调查》，《法学会杂志》1923年第10期。
4. 王凤瀛：《票据习惯目次》，《法学会杂志》1923年第10期。
5. 王凤瀛：《起草票据法之管见》，《法律评论》1924年第37期。
6. 李炘：《爱氏票据法案评议》，载徐沧水编《票据法研究续编·论丛》，银行周报社，1925。
7. 余荣昌：《民国以来新司法制度——施行之状况及其利弊》，《法律评论》1928年第36期。
8. 胡汉民：《国民政府明令撤废领事裁判权的三大意义》，载《革命理论与革命工作》，民智书局，1932。

9. 魏友棐：《庄票信用问题之研究》，《钱业月报》1933 年第 13 卷。
10. 梅汝璈：《新破产法草案之特征与理论》，《中华法学杂志》，1935 年第 6 卷第 1 期。
11. 王其榘：《有关义和团臾论》，载中国史学会主编《义和团》（第 4 册），神州国光社，1951。
12. 汪宗义、刘宣：《清初京师商号会票》，《文献》1985 年第 2 期。
13. 唐传泗、黄汉民：《试论 1927 年以前的中国银行业》，载《中国近代经济史研究资料》，上海社会科学出版社，1985。
14. 张国福：《关于北洋政府援用清末法律的依据问题》，《法学研究》1986 年第 1 期。
15. 虞和平：《民国初年经济法制建设述评》，《近代史研究》1992 年第 4 期。
16. 帅天龙：《1840～1930 年中国商事立法思想研究》，博士学位论文，中国政法大学，1995。
17. 刘广安：《传统习惯对清末民事立法的影响》，载《比较法研究》1996 年第 1 期。
18. 江旭伟：《中国近代商法研究》，博士学位论文，中国政法大学，1997。
19. 胡旭晟：《20 世纪前期中国之民商事习惯调查及其意义》，《湘潭大学学报》（哲学社会科学版）1999 年第 2 期。
20. 李胜渝：《北洋政府票据立法论略》，《法商研究》2000 年第 6 期。
21. 戴建兵：《上海钱庄庄票略说》，《档案与史学》2002 年第 2 期。
22. 袁明圣：《司法解释"立法化"现象探微》，《法商研究》2003 年第 2 期。
23. 俞江：《清末民事习惯调查说略》，载梁慧星《民商法论丛（第 30 卷）》，法律出版社，2004。
24. 张群、张松：《北洋时期对票据习惯的调查研究及其与立法的关系》，载许章润主编《清华法学（第六辑）》，清华大学出版社，2005。
25. 张勤、毛蕾：《清末各省调查局和修订法律馆的习惯调查》，《厦门大学学报》（哲学社会科学版）2005 年第 6 期。
26. 朱勇：《私法原则与中国民法近代化》，《法学研究》2005 年第 6 期。
27. 沈四宝、薛源：《论我国商事仲裁制度的定位及其改革》，《法学》2006 年第 4 期。

28. 肖海军:《论我国商会制度的源起、演变和现状》,《北方法学》2007年第 4 期。
29. 张榕:《司法能动性何以实现?——以最高人民法院司法解释为分析基础》,《法律科学》2007 年第 5 期。
30. 赵钢:《我国司法解释规则的新发展及其再完善——〈07 规定〉与〈97 规定〉的比较分析》,《现代法学》2008 年第 4 期。

图书在版编目（CIP）数据

民国初期商法本土化：以票据法为视角 / 林伟明著. -- 北京：社会科学文献出版社，2018.12
（华侨大学哲学社会科学文库. 法学系列）
ISBN 978 - 7 - 5201 - 3958 - 8

Ⅰ.①民… Ⅱ.①林… Ⅲ.①商法 - 研究 - 中国 - 民国 ②票据法 - 研究 - 中国 - 民国 Ⅳ.①D923.994 ②D922.287.4

中国版本图书馆 CIP 数据核字（2018）第 265149 号

华侨大学哲学社会科学文库·法学系列

民国初期商法本土化
——以票据法为视角

著　　者 / 林伟明

出 版 人 / 谢寿光
项目统筹 / 王　绯
责任编辑 / 高　媛　蒋北娟

出　　版 / 社会科学文献出版社·社会政法分社 (010) 59367156
　　　　　地址：北京市北三环中路甲29号院华龙大厦　邮编：100029
　　　　　网址：www.ssap.com.cn
发　　行 / 市场营销中心 (010) 59367081　59367083
印　　装 / 三河市龙林印务有限公司

规　　格 / 开　本：787mm × 1092mm　1/16
　　　　　印　张：28.5　字　数：446千字
版　　次 / 2018年12月第1版　2018年12月第1次印刷
书　　号 / ISBN 978 - 7 - 5201 - 3958 - 8
定　　价 / 128.00元

本书如有印装质量问题，请与读者服务中心（010 - 59367028）联系

版权所有 翻印必究